비도서자료의 이해

비도서자료의 이해

김정현 · 문지현 · 김효숙 공저

전남대학교출판부

Introduction to Nonbook Materials

by

JEONG-HYEN KIM · JI-HYUN MOON · HYO-SOOK KIM

국립중앙도서관 출판시도서목록(CIP)

비도서자료의 이해 / 김정현, 문지현, 김효숙 공저. -- 광주 :
전남대학교출판부, 2010.
385 p. ; 삽화 ; 26 cm

ISBN : 978-89-7598-786-1 (93010)

024.9 - KDC5
025.17 - DDC22 CIP2010000362

머리말

15세기 중엽 쿠텐베르그가 인쇄술을 발명하면서 책자형태의 자료가 도서관의 주된 자료로 취급되어왔다. 그러나 과학의 발달과 정보의 폭발적인 증가로 새로운 정보매체에 대한 요구가 급증하게 되었으며, 문자뿐만 아니라 그림, 소리, 동영상까지도 디지털로 변화하여 새로운 매체로서 우리에게 이미 익숙하게 다가왔다. 물론 인쇄술 발명이전에도 동굴의 벽화나 점토판, 죽간, 목독 등의 비도서가 인류의 역사를 기록하여 전달하는 역할을 하고 있었고, 인쇄술이 발달하여 도서가 주류를 이루고 있던 시대에도 다양한 그림이나 지도, 차트, 모형 등과 같은 비도서자료들이 공존하고 있었으며, 오늘날 이러한 비도서자료들이 디지털로 변환되고 있을 뿐이다.

이와 같이 비도서자료는 시대를 불문하고 항상 존재하여 왔으며, 앞으로도 발전 가능성이 무한한 정보자원이다. 또한 교육매체로서 일반도서와는 다른 특수한 학습효과를 거둘 수 있어 관종을 불문하고 도서관자료로서 더욱 비중이 높아지고 있다.

그런데 오늘날 일반도서의 관리나 운영에 대한 교재는 많이 개발되어 있으나 비도서자료에 대한 개론서는 거의 개발되어 있지 않다.

이 저서의 특징은 비도서자료의 조직뿐만 아니라 비도서자료의 일반적인 특성과 관리부분도 함께 기술한 점이다. 즉, 각종 비도서자료에 대한 기본적인 이해를 할 수 있도록 알기 쉽게 설명하고 있을 뿐만 아니라 특히 전자자료 등과 같이 최근의 연구성과가 많은 부분은 충분하게 최신의 내용을 반영하였다. 목록관련 수험생뿐만 아니라 실무중심으로 일선 도서관에서도 곧바로 이해하고 적용할 수 있도록 다양한 자료예시와 함께 KCR4와 KORMARC 형식을 바탕으로 목록레코드 작성과정을 자세하게 설명하였다.

목차를 크게 8개 부문의 본문과 부록으로 구성하였다. 우선 제1장에서는 비도서자료의 일반적인 특징, 종류, 수집, 이용, 보존, 분류, 목록 등 비도서자료의 기본적인 이해를 중심으로 기술하였으며, 제2장은 지도자료, 제3장은 녹음자료, 제4

장은 화상자료, 제5장은 영상자료, 제6장은 전자자료, 제7장은 입체자료, 제8장은 마이크로자료, 그리고 부록에서는 KORMARC 형식의 데이터필드 부분을 수록하였다. 제2장부터 제8장까지의 순서는 KCR4의 목차 순서대로 기술하였으며, 매체별로 구분된 각 장별에서는 공통적으로 자료의 특성, 자료의 관리, 자료의 조직, 자료의 실례를 중심으로 상술하였다. 특히 자료의 조직부분에서는 해당 자료의 특수 분류체계나 메타데이터가 있으면 소개하였고, KCR4의 목록기술 부분을 중심으로 소개하였다. 그리고 자료의 실례부분에서는 각 장별로 다양한 사례를 제시한 후 KCR4와 KORMARC 형식을 중심으로 레코드의 기술을 상세하게 설명하였으며, KCR4와 KORMARC 형식이 다르게 적용되고 있는 부분은 차이점을 비교 설명하였다.

이 저서는 다년간 편목과 MARC에 대해 연구해온 연구자와 도서관현장에서 자료조직 분야의 실무에 오랜 기간 종사하면서 연구를 병행해온 현장의 전문가가 나름대로 심혈을 기울여 공동작업으로 결실을 맺은 것이라 할 수 있다. 그러나 막상 원고가 완성되고 보니 여전히 부족함과 함께 두려움이 앞선다. 미진한 부분은 앞으로 계속해서 보완할 것을 약속드리며, 독자 여러분의 아낌없는 질정과 지도편달을 기대해 본다.

끝으로 자료수집 과정에 많은 도움을 준 광주광역시 북구청의 기록관리담당 문재훈 선생님, KORMARC 형식의 실제적인 적용에 많은 도움말을 주신 국립중앙도서관의 박일심 선생님, 그리고 편집에 애써주신 전남대학교출판부 관계자 모두에게 진심으로 감사드린다.

2010년 1월 저자

목 차

제1장 비도서자료의 의의 _17

1.1 비도서자료의 특성 19
1.2 비도서자료의 종류 20
1.3 비도서자료의 관리 24
  1.3.1 비도서자료의 수집 24
  1.3.2 비도서자료의 이용 25
  1.3.3 비도서자료의 보존 26
1.4 비도서자료의 조직 29
  1.4.1 비도서자료의 분류 29
  1.4.2 비도서자료의 목록 32

제2장 지도자료 _35

2.1 지도자료의 특성 37
2.2 지도자료의 종류 39
2.3 지도자료의 관리 40
2.4 지도자료의 조직 41
  2.4.1 지도자료의 분류 41
  2.4.2 지도자료의 목록 45
2.5 지도자료의 실례 50
  2.5.1 낱장지도 50
  2.5.2 지도책 68
  2.5.3 지구의 78
  2.5.4 천구의 80
  2.5.5 원격탐사도 82
  2.5.6 지형모형 84
  2.5.7 조감도 86

제3장 녹음자료 _89

3.1 녹음자료의 특성 ······ 91
3.2 녹음자료의 종류 ······ 92
3.2.1 내용별 종류 ······ 92
3.2.2 형태별 종류 ······ 98
3.3 녹음자료의 관리 및 보관 ······ 100
3.4 녹음자료의 조직 ······ 102
3.4.1 녹음자료의 분류 ······ 102
3.4.2 녹음자료의 목록 ······ 105
3.5 녹음자료의 실례 ······ 111
3.5.1 음악자료: 음악제 ······ 111
3.5.2 음악자료: 성가 ······ 113
3.5.3 음악자료: 클래식 ······ 115
3.5.4 음악자료: 대중가요 ······ 135
3.5.5 음악자료: 개인작품집 ······ 139
3.5.6 비음악자료 ······ 141

제4장 화상자료 _149

4.1 화상자료의 특성 ······ 151
4.2 화상자료의 종류 ······ 152
4.2.1 평면영사자료 ······ 152
4.2.2 평면비영사자료 ······ 153
4.3 화상자료의 관리 ······ 158
4.4 화상자료의 조직 ······ 160
4.4.1 화상자료의 분류 ······ 160
4.4.2 화상자료의 목록 ······ 161
4.5 화상자료의 실례 ······ 166
4.5.1 평면영사자료 ······ 166
4.5.2 평면비영사자료 ······ 174

제5장 영상자료 _209

5.1 영상자료의 특성 ······ 211
5.2 영상자료의 종류 ······ 212
5.2.1 유형별 특성 ······ 212
5.2.2 형태별 특성 ······ 214
5.2.3 내용별 특성 ······ 217
5.3 영상자료의 관리 ······ 219
5.4 영상자료의 조직 ······ 220
5.4.1 영상자료의 분류 ······ 220
5.4.2 영상자료의 목록 ······ 220
5.5 영상자료의 실례 ······ 224
5.5.1 영화 ······ 224
5.5.2 비디오녹화자료 ······ 234

제6장 전자자료 _261

6.1 전자자료의 특성 ······ 263
6.2 전자자료의 종류 ······ 265
6.3 전자자료의 선택 ······ 267
6.4 전자자료의 조직 ······ 270
6.4.1 전자자료의 조직유형 ······ 270
6.4.2 전자자료의 목록 ······ 276
6.5 전자자료의 실례 ······ 280
6.5.1. 광디스크 자료 ······ 280
6.5.2. 인터넷 자료 ······ 296

제7장 입체자료 _317

7.1 입체자료의 특성 ······ 319
7.2 입체자료의 종류 ······ 320
7.3 입체자료의 관리 ······ 321

7.4 입체자료의 조직 ···· 322
7.4.1 입체자료의 분류 ···· 322
7.4.2 입체자료의 목록 ···· 323
7.5 입체자료의 예시 ···· 326
7.5.1 학습기기 ···· 326
7.5.2 게임기 ···· 328
7.5.3 모형 ···· 330
7.5.4 문화재 ···· 332

제8장 마이크로자료 _337

8.1 마이크로자료의 특성 ···· 339
8.2 마이크로자료의 종류 ···· 340
8.2.1 마이크로필름 ···· 340
8.2.2 마이크로피시 ···· 340
8.2.3 마이크로오패크 ···· 340
8.2.4 아파추어카드 ···· 341
8.3 마이크로자료의 관리 ···· 341
8.3.1 마이크로자료의 선택 ···· 341
8.3.2 마크로자료의 기본시설 ···· 341
8.3.3 마이크로자료의 보관 ···· 342
8.4 마이크로자료의 조직 ···· 342
8.4.1 마이크로자료의 분류 ···· 342
8.4.2 마이크로자료의 목록 ···· 343
8.5 마이크로자료의 실례 ···· 346
8.5.1 마이크로피시 ···· 346
8.5.2 마이크로오패크 ···· 350
8.5.3 마이크로필름 ···· 352

참고문헌 ···· 358

[부록] KORMARC 형식: 통합서지용 ···· 363

표 목차

〈표 1-1〉 AACR2R의 자료유형 구분 ····· 21
〈표 1-2〉 ISBD의 자료유형 구분 ····· 21
〈표 1-3〉 한국목록규칙 제4판의 자료유형 구분 ····· 22
〈표 1-4〉 RDA의 자료유형 구분 ····· 23
〈표 1-5〉 자료보존의 이상적인 환경기준 ····· 28
〈표 1-6〉 비도서자료 별치기호 (서울대학교 중앙도서관) ····· 30
〈표 1-7〉 비도서자료 별치기호 (연세대학교 학술정보원) ····· 30
〈표 2-1〉 Boggs & Lewis Classification Summary ····· 42
〈표 2-2〉 AGS Map Classificaiton System ····· 44
〈표 3-1〉 녹음자료의 종류 ····· 99
〈표 3-2〉 나가레야마 공공도서관의 AV 자료분류표의 일부 ····· 103
〈표 3-3〉 ANSCR 녹음자료 분류표 ····· 104
〈표 3-4〉 KCR4 녹음자료의 기타 형태사항 기술항목 ····· 108
〈표 3-5〉 KCR4 녹음자료 재생속도 단위환산표 ····· 143
〈표 3-6〉 KCR4 녹음자료 매체별 테이프 및 용기의 표준규격 ····· 143
〈표 4-1〉 화상자료의 종류 ····· 152
〈표 4-2〉 슬라이드의 종류 ····· 155
〈표 4-3〉 그림의 종류 ····· 156
〈표 4-4〉 판화의 종류 ····· 156
〈표 4-5〉 설계도의 종류 ····· 157
〈표 5-1〉 영상자료의 종류 ····· 213
〈표 5-2〉 인명전거의 예 ····· 241
〈표 6-1〉 CD-ROM 데이터베이스의 선택기준 ····· 268
〈표 6-2〉 인터넷 정보자원의 선택기준 ····· 269
〈표 6-3〉 LCSH(31th)의 '독도' 주제명 표기 (2010년 1월 현재) ····· 297
〈표 6-4〉 TV 광고자료의 목록 데이터 요소 ····· 313

그림 목차

〈그림 2-1〉 Boggs & Lewis Classification을 적용한 청구기호 ······ 43
〈그림 2-2〉 AGS Map을 적용한 청구기호 ······ 44
〈그림 2-3〉 낱장지도: 형태기술필드 ······ 50
〈그림 2-4〉 낱장지도: 부호화정보필드 ······ 52
〈그림 2-5〉 낱장지도: 대등표제와 표제관련정보 ······ 54
〈그림 2-6〉 낱장지도: 형태사항 ······ 56
〈그림 2-7〉 낱장지도: 지도자료의 수치데이터 ······ 58
〈그림 2-8〉 낱장지도: 이용대상자주기 ······ 60
〈그림 2-9〉 낱장지도: 입수처주기 ······ 62
〈그림 2-10〉 낱장지도(주제도): 내용주기 ······ 65
〈그림 2-11〉 낱장지도(주제도): 연관저록필드 ······ 66
〈그림 2-12〉 지도책: 형태사항, 전자적 위치 및 접근 ······ 68
〈그림 2-13〉 지도책: 투영법 ······ 70
〈그림 2-14〉 지도책: 특허제어정보 ······ 72
〈그림 2-15〉 지도책: 발행사항 ······ 74
〈그림 2-16〉 지도책: 판사항, 관제, 상이한 표제 ······ 77
〈그림 2-17〉 지구의: 형태기술필드, 형태사항 ······ 78
〈그림 2-18〉 천구의: 적경과 적위 표시 ······ 80
〈그림 2-19〉 원격탐사도: 형태기술필드, 특정자료종별표시 ······ 83
〈그림 2-20〉 지형모형: 형태사항, 본표제 ······ 84
〈그림 2-21〉 조감도 : 형태사항, 발행사항 ······ 86
〈그림 3-1〉 ANSCR을 적용한 청구기호 ······ 105
〈그림 3-2〉 음악자료(음악제): 형태기술필드 ······ 110
〈그림 3-3〉 음악자료(성가): 부호화정보필드 ······ 112
〈그림 3-4〉 음악자료(클래식): 통일표제 ······ 114
〈그림 3-5〉 음악자료(클래식): 연주자와 배역진 주기 ······ 117
〈그림 3-6〉 음악자료(클래식): 녹음일시와 장소 ······ 118

〈그림 3-7〉 음악자료(클래식): 종합표제가 없는 작품 ············ 120
〈그림 3-8〉 음악자료(국악): 내용주기 ············ 122
〈그림 3-9〉 음악자료(국악): 종합기술방식과 분할기술방식 ············ 124
〈그림 3-10〉 음악자료(국악): 총서사항 ············ 125
〈그림 3-11〉 음악자료(국악): 요약주기 ············ 128
〈그림 3-12〉 음악자료(국악): 모체저록주기 ············ 130
〈그림 3-13〉 음악자료(국악): 재생/연주시간 ············ 132
〈그림 3-14〉 음악자료(대중가요): 종합표제가 있는 작품 ············ 134
〈그림 3-15〉 음악자료(대중가요): 발행처번호 ············ 136
〈그림 3-16〉 음악자료(개인작품집): 기금정보주기, 로컬필드 ············ 138
〈그림 3-17〉 비음악자료: 원작이 영어로 된 자료 ············ 140
〈그림 3-18〉 비음악자료: 형태사항 ············ 142
〈그림 3-19〉 비음악자료: 판사항, 비통제색인어 ············ 144
〈그림 3-20〉 비음악자료: 원본주기 ············ 146
〈그림 4-1〉 트랜스페어런시: 형태기술필드 ············ 166
〈그림 4-2〉 필름스트립: 부호화정보필드 ············ 168
〈그림 4-3〉 슬라이드: 총서사항 ············ 170
〈그림 4-4〉 방사선사진: 촬영/녹음 일시와 장소주기 ············ 172
〈그림 4-5〉 사진: 형태기술필드 ············ 175
〈그림 4-6〉 사진: 입수처주기, 색인어-직업 ············ 176
〈그림 4-7〉 사진: 촬영일시와 장소, 전기적 또는 역사적 데이터 ············ 178
〈그림 4-8〉 그림(원화): 부호화정보필드 ············ 180
〈그림 4-9〉 그림(원화): 이용시간, 전시주기, 소장위치 ············ 182
〈그림 4-10〉 그림(원화): 형태사항, 입수처주기 ············ 184
〈그림 4-11〉 그림(복제화): 형태사항, 원본주기 ············ 186
〈그림 4-12〉 포스터: 모체레코드저록 ············ 188
〈그림 4-13〉 판화: 형태사항 ············ 190
〈그림 4-14〉 그림엽서: 이용가능한 다른 형태자료 주기 ············ 192
〈그림 4-15〉 입체사진: 형태사항, 이용과 복제 제한에 관한 주기 ············ 194
〈그림 4-16〉 건축설계도: 형태사항, 그래픽자료의 축척주기 ············ 196
〈그림 4-17〉 설계도(거북선): 발행사항, 이용제한주기 ············ 198

〈그림 4-18〉 괘도: 색인어-교과과정 목표 ······ 200
〈그림 4-19〉 플래시카드: 이용대상자 주기 ······ 202
〈그림 4-20〉 플립차트: 자료관련주소, 물리적 매체유형 ······ 204
〈그림 4-21〉 차트: 형태사항, 기금정보주기 ······ 206
〈그림 5-1〉 필름 카트리지: 형태기술필드 ······ 224
〈그림 5-2〉 필름 카트리지: 표제와 책임표시사항, 형태사항, 원작주기 ······ 226
〈그림 5-3〉 필름 릴: 부호화정보필드 ······ 228
〈그림 5-4〉 필름 카세트: 별표제, 재생시간 ······ 230
〈그림 5-5〉 필름 카세트: 제작진, 배역진, 수상주기 ······ 232
〈그림 5-6〉 비디오디스크(DVD, 액션영화): 형태기술필드 ······ 234
〈그림 5-7〉 비디오디스크(DVD, 라이브콘서트): 형태사항, 언어주기 ······ 236
〈그림 5-8〉 비디오디스크(DVD, 드라마영화): 시스템사항에 관한 주기 ······ 238
〈그림 5-9〉 비디오디스크(DVD, 일본영화): 인명전거 ······ 240
〈그림 5-10〉 비디오디스크(DVD, 볼쇼이발레): 내용주기 ······ 242
〈그림 5-11〉 비디오디스크(DVD, 애니메이션): 제작진 및 배역진주기 ······ 244
〈그림 5-12〉 비디오디스크(DVD, 다큐멘터리): 내용주기의 부출 ······ 246
〈그림 5-13〉 비디오디스크(LD, 영화): 녹음, 녹화, 음악관련 발행처번호 ······ 248
〈그림 5-14〉 비디오디스크(LD, 뮤지컬영화): 연관저록, 서지적 관련성 ······ 250
〈그림 5-15〉 비디오카세트(영화): 부호화정보필드 ······ 252
〈그림 5-16〉 비디오카세트(학습만화): 형태사항, 시스템사항 주기 ······ 254
〈그림 5-17〉 비디오카세트(다큐멘터리): 여러 형태의 표제 ······ 256
〈그림 5-18〉 비디오카세트(민속문화): 분할기술방식과 종합기술방식 ······ 258
〈그림 6-1〉 전자도서: 형태기술필드 ······ 280
〈그림 6-2〉 전자도서: 부호화정보필드 ······ 282
〈그림 6-3〉 전자도서: 형태사항 ······ 284
〈그림 6-4〉 전자도서: 내용주기 ······ 286
〈그림 6-5〉 전자백과사전: 컴퓨터파일의 유형, 시스템사항에 관한 주기 ······ 288
〈그림 6-6〉 전자백과사전: 판사항 ······ 290
〈그림 6-7〉 전자보고서: 이용가능한 다른 형태 주기 ······ 292
〈그림 6-8〉 전자연감: 권·연차사항 ······ 294
〈그림 6-9〉 인터넷 포털: 본표제의 정보원, 주제명부출표목-지명 ······ 296

〈그림 6-10〉 인터넷 전자문서: 여러 형태의 표제 ········ 298
〈그림 6-11〉 인터넷 전자소설: 상이한 물리적 형태 자료, 컴퓨터 파일 유형 ········ 300
〈그림 6-12〉 인터넷 전자잡지: 연관저록 ········ 302
〈그림 6-13〉 인터넷 전자저널: 발행사항 ········ 304
〈그림 6-14〉 인터넷 전자저널: 연관저록 설명주기, 컴퓨터 파일의 유형 ········ 306
〈그림 6-15〉 인터넷 전자지도: 지도제작의 수치데이터, 자료유형표시 ········ 308
〈그림 6-16〉 목록대상의 수준: 상위 컬렉션 ········ 310
〈그림 6-17〉 목록대상의 수준: 하위 개별아이템 ········ 312
〈그림 6-18〉 레코드 구성방법: 단일레코드와 복수레코드 ········ 314
〈그림 7-1〉 영어학습기기 세트: 형태기술필드 ········ 326
〈그림 7-2〉 게임기: 부호화정보필드 ········ 328
〈그림 7-3〉 모형: 형태사항 ········ 331
〈그림 7-4〉 문화재(고려청자): 발행사항 ········ 332
〈그림 7-5〉 문화재(병풍): 본표제 ········ 334
〈그림 8-1〉 마이크로피시: 형태기술필드 ········ 346
〈그림 8-2〉 마이크로피시: 부호화정보필드 ········ 348
〈그림 8-3〉 마이크로오패크: 학위논문 ········ 350
〈그림 8-4〉 마이크로필름 릴: 신문 ········ 352
〈그림 8-5〉 마이크로필름 릴: 고서 ········ 354
〈그림 8-6〉 마이크로필름 릴: 저널 ········ 356

제1장 비도서자료의 의의

1.1 비도서자료의 특성
1.2 비도서자료의 종류
1.3 비도서자료의 관리
1.4 비도서자료의 조직

제1장 비도서자료의 의의

1.1 비도서자료의 특성

인류 기록의 역사를 살펴보면 도서가 있기 이전에 이미 동굴의 벽화, 점토판, 죽간, 목독, 양피지, 파피루스 등 자연물을 그대로 이용하거나 가공하여 기록을 하였으며, 정보전달 매체로 사용하였다. 이러한 초창기 정보전달 매체는 15세기 중엽 인쇄술의 발명으로 출판량의 급증과 함께 인쇄형태의 도서자료가 최근까지 도서관의 주된 소장 자료로 취급되어 왔다. 20세기 들어 과학기술의 발전으로 전자적 커뮤니케이션이 가능하게 되어 이제는 문자의 기록만이 아니라 소리와 움직이는 영상까지도 기록할 수 있게 되었다. 또한 정보의 의존도는 도서에서 전자자료를 비롯한 각종 비도서자료로 더욱 확장되고 전환되어 가고 있다.

여기서 비도서자료란 일반적으로 정보전달을 위한 도서이외의 모든 정보매체를 통칭한다. 문헌정보학용어사전에서는 "비도서자료(non-book materials)란 도서관자료 가운데 도서를 제외한 것을 말하며, 비책자자료 혹은 특수자료라고도 한다. 마이크로 형태자료, 시청각자료, 지도, 박물관자료, 컴퓨터 소프트웨어 등으로서 도서와는 정리나 보존방법이 상이한 자료를 총칭하는 말인데, 일반적으로 미제본 연속간행물이나 소책자류는 정리나 보존방법이 도서와는 다르기 때문에 비도서자료에 포함된다. 다만 이들 자료는 제본이 되면 도서로 취급되는 것이 보통이기 때문에 협의의 비도서자료에는 포함되지 않는 것이 일반적이다"[1)]라고 정의하고 있다. 또한 시청각자료(audio-visual materials; nonprint materials)란 "차트, 그래프, 그림, 사진, 지도, 도면, 슬라이드, 필름스트립, 음반·녹음테이프 등의 녹음자료, 비디오물, 영화, 각종 모형 등의 입체적 전시자료 등과 같은 시각 및 청각형태의 자료를 총칭한다. 이들 자료의 상당수는 보고 듣는데 특별한 기기의 사용을 필요로 하고 있다. 읽기 위주 자료가 아니라는 의미에서 비인쇄자료라고도 한다"[2)]라고 정의하고 있다.

그런데 위에서 살펴본 바와 같이 문헌정보학용어사전에서 비도서자료와 시청각자료를 구분하여 정의하고 있지만 실제로는 이들 용어를 구분하지 않고 혼용하기

---

1) 사공철 등편. 문헌정보학용어사전(서울 : 한국도서관협회, 1996), p.176.

2) 상게서, p.221.

도 한다. 즉, 현재 대부분의 국내 문헌에서는 비도서자료, 시청각자료, 특수자료, 특수매체 등으로 나타내고 있으며, 국외 문헌에는 nonbook materials(비도서자료), nonprint materials(비인쇄자료), nonprint media(비인쇄매체), special media (특수매체), audiovisual materials(시청각자료) 등으로 나타내고 있다. 그렇지만 여기에 대당되는 자료들의 범주를 분석해 보면 용어만 달리할 뿐 실제로는 대부분이 유사한 의미로 사용되고 있다.

이와 같이 비도서자료는 도서가 아닌 모든 비인쇄자료를 포함하고 있으므로 다양한 매체의 특성이 자료마다 내포되어 있으며, 그 가운데 특히 최근에는 시간과 공간을 초월한 전자매체의 특성이 두드러지게 내포되어 있는 자료라고 생각할 수 있다. 또한 시청각자료를 비도서자료와 혼용하고 있는 것을 감안하면 시청각자료의 어의에 나타나고 있는 인간의 감각가운데 특히 시각적, 청각적 특성이 잘 반영되어 있는 자료라고 생각할 수도 있다. 그리고 비도서자료는 대부분 교육공학자들에 의해 교육 보조 자료로서의 기능이 강조되고 있는 교육매체로서의 특성도 내포되어 있다. 특히 오늘날 컴퓨터와 디지털기술의 발달로 이러한 비도서자료들이 서로 융합되어 나타나는 멀티미디어로서의 특성도 내포되어 있다.

1.2 비도서자료의 종류

비도서자료는 매체의 형태나 수록용기, 구성방법, 내용 등 관점에 따라 다양하게 나눌 수 있으며, 여기서는 주로 목록규칙에서 정의하고 있는 자료의 유형가운데 비도서자료를 중심으로 살펴보기로 한다.

먼저 AACR2R에서는 자료유형 즉, 일반자료표시(GMD)를 지역에 따라 〈표 1-1〉과 같이 List 1(영국)과 List 2(호주, 캐나다, 미국)로 구분하고 있다.[3)]

ISBD에서는 자료의 유형을 Printed texts(인쇄문자자료), Cartographic resources 지도자료), Electronic resources(전자자료), Moving images(동영상), Multimedia resources(멀티미디어자료), Notated music resources(악보자료), Sound recordings (녹음자료), Still images(정지화상) 등을 구분한 다음 〈표 1-2〉와 같이 일반자료표시와 특정자료표시로 세분하였다.[4)]

---

3) ALA. *Anglo-American Cataloging Rules*, 2nd ed. 2002 rev. (Chicago : ALA, 2002), p.1-10.

4) IFLA. *International Standard Bibliographic Description (ISBD)*, preliminary consolidated edition. 2007. 〈http://www.ifla.org.sg/VII/s13/pubs/ISBD_consolidated.pdf〉 [cited 2009. 12. 20].

〈표 1-1〉 AACR2R의 자료유형 구분

List 1	List 2
braille, cartographic material, electronic resource, graphic, manuscript, microform, motion picture, multimedia, music, object, sound recording, text, videorecording (13종)	activity card, art original, art reproduction, braille, cartographic material, chart, diorama, electronic resource, film strip, flash card, game, kit, manuscript, micro form, microscope slide, model, motion picture, music, picture, realia, slide, sound recording, technical drawing, text, transparency, toy, videorecording (27종)

〈표 1-2〉 ISBD의 자료유형 구분

일반자료표시	특정자료표시
Cartographic resource (지도자료)	atlas, diagram, globe, map, model, profile, remote sensing image, section, view (10종)
Electronic resource (전자자료)	CD-ROM, CD-RW, CD-WO, DVD-Audio, DVD-Date, DVD-RW, DVD-RAM, DVD-Video, electronic chip cartridge(s), electronic disk(s), electronic optical disc(s), electronic tape cassette(s), electronic tape reel(s) (13종)
Graphic (화상자료)	art reproduction, flashcard, flipchart, photograph, picture, playing cards, postcard, poster, print(or specific graphic process), stereograph card, study print, technical drawing, wallchart (13종)
Hologram (홀로그램)	hologram film, hologram plate (2종)
Microform (마이크로자료)	aperture card, microopaque, microfiche, microfilm cartridge, microfilm reel, microfilm cassette, microfilm slip (7종)
Motion picture (영화)	film cartridge, film cassette, filmloop, film reel (4종)
Multimedia resource (멀티미디어자료)	construction set, game (2종)
Notated music resource (악보자료)	score, chorus score, close score, condensed score, part(s), piano (violin, etc.) conductor part, study score, vocal score (8종)
Printed texts (인쇄문자자료)	
Sound recording (녹음자료)	sound cartridge, sound cassette, sound disc, sound reel, SACD, DVD (6종)
Videorecording (비디오녹화자료)	videocartridge, videocassette, videodisc, videoreel, DVD-Audio, DVD-ROM, DVD-Video (7종)
Visual projection (평면영사자료)	filmslip, filmstrip, microscope slide, slide, stereograph, transparency (6종)

한국목록규칙 제4판에서는 자료의 유형을 단행본, 지도자료, 고서와 고문서, 악보, 녹음자료, 화상자료 및 영상자료, 전자자료, 입체자료, 마이크로자료, 연속간행물, 점자자료 등을 구분한 다음 〈표 1-3〉과 같이 일반자료표시와 특정자료표시를 세분하고 있다.5)

〈표 1-3〉 한국목록규칙 제4판의 자료유형 구분

자료의 종류	일반자료표시	특정자료표시
단행본		
지도자료	지도자료, map	단면도, 도표, 원격탐사도, 지도, 지도책, 지형모형, 전망도, 천체도, 측면도
	지구의, globe	지구의, 천구의
고서와 고문서		
악보	악보, music	성악보, 합주보, 클로즈 스코어, 합창보, 콘덴스 스코어, 총보, 파트보, 피아노 스코어, 미니어추어 스코어, 피아노[바이올린 등], 지휘용 파트보
녹음자료	녹음자료, sound recording	녹음카트리지, 녹음 카세트, 음반, 녹음 테이프 릴, 사운드 트랙 필름. (필요에 따라) 녹음시트, 녹음 필름, 녹음 롤, 오르간 롤, 피아노 롤
화상자료 및 영상자료	영화, motion picture	필름 카트리지, 필름카세트, 필름 릴
	비디오녹화자료, videorecording	비디오카트리지, 비디오카세트, 비디오디스크, 비디오릴
	화상자료, graphic materials	그림, 그림엽서, 괘도, 방사선사진, 복제화, 사진, 설계도, 슬라이드, 원화, 입체사진, 차트, 트랜스페어런시, 판화, 포스터, 플래시카드, 플립차트, 필름스트립, 필름슬립
전자자료	전자자료, electronic resource	전자 광디스크, 전자 디스크, 전자 디스크 카트리지, 전자 칩 카트리지, 전자 카드, 전자 테이프 릴, 전자 테이프 카세트, 전자 테이프 카트리지
입체자료	입체자료, 3D	건물, 석탑, 석등, 비, 부도, 모형, 표본 등
마이크로자료	마이크로자료, microform	마이크로필름 릴, 마이크로필름 카세트, 마이크로필름 카트리지, 마이크로피시, 마이크로오패크, 아파추어카드
연속간행물		
점자자료	점자자료, braille	

5) 韓國圖書館協會. 韓國目錄規則, 第4版(서울 : 韓國圖書館協會, 2003), p.26.

그런데 위에서 살펴본 바와 같이 문헌정보학사전이나 목록규칙에서 구분하고 있는 비도서자료의 유형을 분석하면 구분의 방법이 편의적이며, 비논리적임을 알 수 있다. 구분의 기준이 혼용되어 있다. 즉, 매체유형, 수록용기유형, 내용유형 등의 개념이 혼재되어 있다. 예를 들면, 지도자료는 '지도'라는 내용이 수록된 자료이다. 지도를 전자형태의 내비게이션으로 제작하면 지도자료와 전자자료의 2가지 개념이 포함되어 있다. 그래서 RDA에서는 지금까지의 자료유형표시를 기재하지 않고 대신에 매체유형, 수록용기유형, 내용유형 등으로 구분하여 자료를 구분하고 있다.

매체유형(media type)은 자료의 내용을 보거나 구동하는데 필요한 중개장치의 일반적인 유형을 반영하고 있다. 수록용기유형(carrier type)은 〈표 1-4〉와 같이 자료의 내용을 보거나 구동하는데 필요한 중개장치의 유형과 조합하여 저장매체나 운반형식을 반영하고 있다.[6]

지금까지 살펴본 바와 같이 비도서자료의 유형은 관점이나 목록규칙에 따라 여

〈표 1-4〉 RDA의 자료유형 구분

매체유형	수록용기유형
audio	audio cartridge, audio cylinder, audio disc, sound-track reel, audio roll, audiocassette
computer	computer card, computer chip cartridge, computer disc, computer disc cartridge, computer tape cartridge, computer tape cassette, computer tape reel, online resource
microform	aperture card, microfiche, microfiche cassette, microfilm cartridge, microfilm cassette, microfilm reel, microfilm slip, microopaque,
microscope	microscope slide
projected	film cartridge, film cassette, film reel, filmslip, filmstrip, filmstrip cartridge, overhead transparency
stereographic	stereographic card, stereographic disc
unmediated	card, flipchart, roll, sheet, volume
video	video cartridge, videocassette, videotape reel

6) ALA. *RDA: Resource Description and Access, Full Draft*. 2008. 조항 3.2, 3.3. 〈http://www.rdaonline.org/constituencyreview/〉 [cited 2009. 12. 20].

러 가지로 구분되고 있지만 여기서는 편의상 한국목록규칙 제4판에서 규정하고 자료유형을 기준으로 비도서자료의 유형을 지도자료, 녹음자료, 화상자료, 영상자료, 전자자료, 입체자료, 마이크로자료로 구분하여 각 장별로 설명하기로 한다.

1.3 비도서자료의 관리

앞서 비도서자료의 종류에서 살펴본 바와 같이 일반도서외에도 이미 CD-ROM이나 온라인 DB, 웹자원, 비디오나 음반, 마이크로자료 등 각종 비도서자료들이 도서관의 자료로서 중요한 역할을 하고 있다. 학위논문이나 참고자료, 학술저널 등은 이미 인쇄형 자료대신에 마이크로자료나 디지털자료로 병행 또는 대체되기도 한다. 이러한 비도서자료의 관리도 일반도서와 마찬가지로 선택, 수집, 등록, 배가, 보존, 이용 등의 과정이 동일하게 이루어지고 있다. 그렇지만 도서관에서 비도서자료를 실제로 관리하기 위해서는 관종이나 이용자를 비롯한 여러 가지 요인들에 따라 관리방법이 달라질 수 있으므로 도서관의 기본적인 목적과 이용자의 요구 등을 충분히 고려하지 않으면 안된다.

1.3.1 비도서자료의 수집

지금까지 도서관의 자료는 일반도서가 주종을 이루고 있어 일반도서에 대한 수집과 조직, 이용에 대해서만 충실하면 되었다. 그런데 최근 새로운 정보원을 포함한 비도서자료의 변화와 증가는 도서관으로 하여금 CD나 DVD와 같은 영상자료를 비롯하여 CD-ROM이나 웹자원과 같은 전자자료를 수집하여 제공하도록 요구받고 있다. 특히 영상자료는 도서관서비스 확대의 측면에서 크게 증가하였으며, 이는 도서관의 문화활동과 무관하지 않다. 특히 공공도서관과 대학도서관을 중심으로 전자자료실, 멀티미디어실, 영상음향자료실, 시청각실 등의 이름으로 비도서자료 이용을 위한 별도의 공간을 설치하여 운영함으로써 비도서자료에 대한 수요가 널리 확산되었다고 할 수 있다. 그리고 학교도서관에서는 교육매체로서 오래전부터 비도서자료의 중요성이 강조되고 있었다.

일반적으로 대학도서관의 이용목적은 학문연구, 수업과제물, 비공식적인 일반교육, 또는 교양이나 여가활용까지 포함될 수 있으며, 학교도서관은 대학도서관과 비슷하나 학문적 등급에서 다르다. 공공도서관은 매우 다양하지만 일반적인 관심사항에 관한 정보, 비공식교육, 여가활용을 위한 주제 또는 아동의 관심분야에 집중되어 있다. 전문도서관의 경우 법률이나 의학, 연구소 등 특정 분야의 깊이 있는 정보를 요구한다. 따라서 비도서자료의 수집은 일반도서와 마찬가지로 관종이나 이용자의 요구 등에 따라 크게 달라진다. 예를 들어 공공도서관이나 학교도서관에서 외국의 전자저널이나 UMI의 마이크로화한 박사학위논문을 수집할 필요는 없다. 또는 전문도서관에서 대중적인 영상자료를 수집할 필요도 없을 것이다.

한편 비도서자료도 종류마다 특성이 다르므로 선택할 때 신중히 고려해야 한다. 예를 들어 외국 학술저널의 경우 전자저널과 인쇄저널을 병행하여 발행하거나 소급자료의 경우 완전히 전자저널로 대체한 경우도 있다. 실제 도서관에서는 인쇄저널과 전자저널 가운데 어느 것을 구독할 것인지 지금도 치열한 논쟁이 벌어지고 있지만 이미 전자저널의 구독이 일반화되어 있다.

영상자료나 음향자료의 경우 CD나 비디오테이프 등과 같이 매체간의 차이가 있을 뿐 대부분이 인쇄자료와 대체할 수 없는 원자료가 많다. 인쇄자료냐 영상자료냐의 고민없이 도서관의 형편이나 선정기준에만 부합된다면 이용자 입장에서는 이러한 영상자료나 음향자료를 가능한 많이 갖추고 있는 것이 유리할 것이다.

학위논문의 경우 미국의 UMI에서 북미와 유럽의 박사학위논문을 마이크로화한 다음에 출력본, 마이크로형태, CD-ROM으로 판매하고 있으며, 최근에는 웹버전도 제공하고 있다. 국내의 경우도 이미 인쇄본과 파일을 제출받은 다음 디지털형태로 변환하여 인터넷접근 및 이용서비스를 하고 있다. 이는 대학도서관의 특성을 감안하면 당연히 수집대상의 상위순위에 들어갈 것이다.

오늘날 도서관 이용자들은 컴퓨터의 대중적인 보급과 더불어 인터넷을 통해 다양한 정보를 접하고 있기 때문에 도서관에서 이들이 쉽게 접할 수 없는 양질의 콘텐츠를 비치하지 않으면 굳이 도서관을 이용하지 않으려는 성향이 강하다. 결국 비도서자료의 수집은 도서관의 환경이나 여러 가지 특성을 고려하되 무엇보다 이용자 요구의 변화에 부응하는 입장에서 접근하는 것이 바람직하다고 생각된다.

1.3.2 비도서자료의 이용

도서관의 모든 자료는 Ranganathan의 도서관 5원칙에 나타난 바와 같이 이용을 위해서 존재한다고 할 때 비도서자료도 결국 이용자에게 어떻게 서비스하느냐가 중요한 문제이다. 이용과 관련하여 비도서자료도 관외대출을 하느냐의 여부는 이용자에게 매우 민감하다고 할 수 있다. 따라서 이들 자료를 모두 일반도서와 같이 관외대출을 할 것인지, 자료는 물론 기기까지 대출을 할 것인지 도서관의 방침이 먼저 결정되어야 한다.

일반도서와 달리 비도서자료를 이용하기 위해서는 기기가 필요한 경우가 대부분이며, 간단히 휴대하기 곤란한 자료들이 많다. 그리고 이용하는 가운데 사소한 부주의로 쉽게 손상될 수 있는 자료들도 많다. 그래서 도서관에 따라서는 자료를 열어보거나 브라우징하면서 생길 수 있는 손상을 줄이기 위해 자료는 폐가제 서가로 운영하고, 배열은 자료의 형태에 따라 수입순으로 배열할 수도 있다.

만약 모든 자료들에 대해 관외대출을 허용하기로 한다면 거기에 맞게 준비를 하면 된다. 예를 들면, 모든 자료에 포장을 하고 도난방지 장치나 레이블을 부착한다. 반대로 특정한 자료가 관외대출이 허용되지 않는다면 관내에서 이용이 가능하도록 특별한 준비를 해야 한다. 컴퓨터 소프트웨어, 멀티미디어, DVD, 음반, 비디오테이프, 영화필름, 마이크로자료, 슬라이드 등은 이용하기 위한 기기가 필요하며, 이들 기기들은 이용에 편리하도록 별도의 도서관 공간을 마련하여 편리한 장소에 비치해야 한다. 실물교재나 평면사진, 지도 등은 비교적 넓은 책상을 필요로 한다. 때로는 이들 자료를 위한 복사시설이 필요할 수도 있다.

1.3.3 비도서자료의 보존

도서관의 기능을 크게 두 가지로 요약하면 자료이용과 자료보존이라고 할 수 있다. 자료이용 기능이라고 하면 이용자가 정보를 원할 때 최상의 서비스를 제공하는 것이며, 자료보존 기능이란 정보를 수록하고 있는 자료의 물리적인 형태자체를 잘 보관하는 것을 의미한다. 일반도서도 마찬가지겠지만 특히 비도서자료의 경우 자료자체뿐만 아니라 이를 이용하기 위한 기기의 물리적인 특성도 고려하지 않을 수 없다. 물론 이용을 하기 위해서는 자료의 수명이 다할 때까지 자료를 잘 보관하는 것을 전제로 하지만 어디에 주안점을 두느냐에 따라 자료의 관리방법이 달라진다고 할 수 있다.

한편 비도서자료는 종이를 비롯하여 사진, 필름, 자기테이프, 디스켓 등 매체마다 다양한 재료로 구성되어 있으며, 이들 재료들은 특성상 자연적 노화과정을 거치므로 적절한 보존환경을 마련해주어도 열화(劣化)와 손상을 완전히 멈추기는 사실상 불가능하다. 적절한 보존환경을 제공하지 않으면 이러한 열화는 더욱 가속화될 것이다.

1) 비도서자료의 열화요인

자료를 훼손하게 하는 원인은 아래와 같이 내적인 요소와 외적인 요소의 두 가지로 구분할 수 있다.[7)]

첫째, 내적인 요소는 매체가 자체적으로 지니고 있는 요소이며, 태생적 한계이다. 자료자체에 포함되어 있는 성분이나 혹은 자료를 만들 때 생성되거나 첨가하는 물질 때문에 일어나는 것으로 내적인 열화라고 한다. 열화의 구체적인 요인은 아래와 같다.

① 목재의 리그닌과 헤미셀룰로즈, 디스켓의 산화철 등 매체자체에 함유된 성분
② 백반, 로진, 표백제, 가성소다 등과 같이 매체의 제작과정에서 생성되거나 삽입된 물질
③ 잉크, 먹, 안료나 염료 등 정보를 삽입할 때 사용되는 물질

둘째, 외적인 요소는 외부의 환경조건에 의해서 일어나는 것으로 이용자나 관리자가 정보를 이용하거나 관리하는 가운데 자연적으로 혹은 부주의에 의해 손상되는 것이다. 구체적인 요인은 아래와 같다.

① 자료의 이용
② 자료의 이용자나 관리자의 관리부족
③ 온도, 습도, 먼지, 광선 등의 부적절한 외부환경

그러나 어떤 매체이든지 자연적으로 노화가 진행되므로 절대적인 수명이 정해진 것은 마찬가지이다. 더욱이 보존을 위한 특별한 자료를 제외하고 이용을 제한하거나 금지할 수는 없다. 따라서 단지 무익한 물질이 들어가지 않도록 하고 최대한 각 자료에 알맞은 보존환경을 유지하는 것이 수명을 최대한 연장하는 것이며, 최대의 봉사를 하는 길일 것이다.

2) 비도서자료의 보존환경

자료보존에 있어 가장 중요한 것은 자료가 심각한 훼손을 입지 않도록 예방을 하는 것이다. 어떤 자료이든 자연적인 열화는 막을 수 없지만 최적의 환경을 구비하면 그만큼 속도를 늦출 수는 있다. 자료보존에 필요한 환경적 조건은 여러 가지가 있지만 대체로 온도, 습도, 광선, 먼지 및 공해가스 등의 물리적 환경을

---

7) 정선영. "비도서자료의 보존," 비도서자료관리과정(서울 : 국립중앙도서관, 2002), p.142.

들 수 있다. 적절한 온도나 습도의 유지, 직사광선의 차단은 필수적이다. 만약 비도서자료를 인쇄자료와 별도로 비치한다면 온도, 환기, 냉방기 등의 시설을 갖추어야 한다.

〈표 1-5〉는 기록물관리기관의 기록물에 대한 보존환경 유지 기준[8]을 나타낸 것이다. 여기에는 종이자료뿐만 아니라 각종 비도서매체들의 보존을 위한 이상적인 환경기준을 제시하고 있다. 그리고 자료의 이용보다는 보존을 위주로 하고 있는 국가기록원에서는 관련법령[9]에 따라 시청각기록물이나 전자기록물과 같은 비도서자료의 보존상태를 주기적으로 점검하면서 관리하고 있다. 보존환경이나 이용도에 따라 이들 매체의 보존상태가 달라질 수 있으므로 일반 도서관에서도 주기적인 점검이 필요하다.

〈표 1-5〉 자료보존의 이상적인 환경기준

구분	종이기록물	전자기록물	시청각기록물	행정박물
온도(℃)	18~22℃	18~22℃	필름매체류 : -2~2℃ 자기매체류 : 13~17℃	18~22℃
습도(%)	40~55% (변화율은 10% 이내)	35~45% (변화율은 10% 이내)	필름매체류 : 25~35% 자기매체류 : 35~45% (변화율은 10% 이내)	40~50% (변화율은 10% 이내)
공기질	미세먼지(PM-10) : 50㎍/㎥ 이산화황(SO_2) : 0.05ppm 이하 산화질소(NOx) : 0.05ppm 이하 오존(O_3) : 0.05ppm 이하 포름알데히드(HCHO) : 120㎍/㎥ 일산화탄소(CO) : 10ppm 이하 휘발성 유기화합물(VOC) : 400 ㎍/㎥			
조명	보존서고 100~300 lux, 전시관 50~200 lux (원본전시 기준)			

* 비고: 흑백 사진 필름, 마이크로필름은 자기매체 온·습도의 기준에 따른다.

8) 기록물관리기관의 보존시설 및 장비의 기준(제60조 제1항 관련).

9) 행정안전부(국가기록원). 공공기록물 관리에 관한 법률 시행규칙, 제31조 관련(2008. 12. 31).

1.4 비도서자료의 조직

1.4.1 비도서자료의 분류

1) 비도서자료의 분류

비도서자료는 종류에 따라 다양한 분류방법이 있으나 일반적으로 다음과 같이 주제별 분류와 종류별 분류의 두 가지 방법을 생각해 볼 수 있다. 그런데 이 두 가지 방법도 어느 것에 우선점을 두느냐에 따라 차이가 있을 뿐 실제로는 대부분의 도서관에서 이들 방법을 병행하여 적용하고 있다.

(1) 주제별 분류

비도서자료가 지니고 있는 주제나 내용에 따라 분류하는 방법으로 자관의 도서관에서 자료분류를 위해 적용하고 있는 KDC나 DDC를 그대로 적용하는 방법이다. 즉, 이는 기존의 자료와 동일한 주제를 갖고 있는 모든 자료를 한데 모을 수 있는 가장 효과적인 방법으로 오늘날 대부분의 도서관이나 정보센터에서 적용하고 있는 방법이다. 일반 이용자가 자료를 찾을 때 자료의 형태에 상관없이 필요한 연구나 학습에 도움이 되는 내용이 수록되어 있다고 생각하면 누구나 이들 자료를 필요로 할 것이므로 주제별 분류의 효용성을 중시하지 않을 수 없다.

그런데 주제별로 분류하는 것은 쉬우나 이들 자료를 서가에 배열하기 위해서는 자료의 특성상 종류별 또는 매체별로 구분하여 배열하지 않으면 안된다. 실제로 도서관에서는 인쇄매체와 구분하기 위한 매체기호나 별도의 공간에 비치하기 위한 별치기호를 부여하여 관리를 하고 있다. 매체기호나 별치기호는 대체로 그 자료의 특성(자료형태나 용기)을 나타내는 한글 또는 영문 약어를 사용하고 있으며, 기호의 구성방법은 그 도서관이 소장하고 있는 비도서자료의 종류나 규모에 따라 달라질 수 있다.

〈표 1-6〉과 〈표 1-7〉은 각각 서울대학교 중앙도서관[10]과 연세대학교 학술정보원[11]의 별치기호 가운데 비도서자료와 관련이 있는 기호들을 일부 발췌한 것이다. 표에서 알 수 있는 바와 같이 이러한 별치기호는 아직 표준화되어 있지 않아 동일한 종류의 매체라도 국내 대부분의 도서관이 자관의 특성에 따라 서로 다르게 부여되어 있다.

---

10) 서울대학교 중앙도서관. 〈http://library.snu.ac.kr/〉 [인용 2009 12. 20].

11) 연세대학교 학술정보원. 〈http://library.yonsei.ac.kr/main/〉 [인용 2009 12. 20].

〈표 1-6〉 비도서자료 별치기호 (서울대학교 중앙도서관)

기호	자료	기호	자료
AC	음향카세트테이프	EB	E-book 전자자료(웹)
AD	음 반	EJ	E-journal 전자자료(웹)
AVC	컴팩트 디스크	ER	E-reference 전자자료(웹)
AVV	비디오 테이프	M	악 보
CF	CD-ROM, 플로피디스크	MA	지도자료(낱장지도)
DVD	DVD	MFF	마이크로피시
SL	슬라이드	MFR	마이크로필름

〈표 1-7〉 비도서자료 별치기호 (연세대학교 학술정보원)

기호	자료	기호	자료
AMA	성도(별자리)	M	악보
BA	딸림자료를 가진 도서(CD, 실물 등)	MA	지도(낱장물)
BD	비디오녹화자료 Blu-ray Disc	MC	마이크로카드
CD	전자자료 CD	MF	마이크로필름
CDS	녹음자료 CD	MFI	마이크로피시
CDV	비디오녹화자료 CD(동영상 CD)	MP	마이크로프린트
DVD	비디오녹화자료 DVD	OBJ	입체적인 Art original, game model, diorama 등의 실물
DVD	전자자료DVD		
Disk	컴퓨터 디스켓	PIC	사진(낱장물), 탁본(낱장물), 설계도면, 낱장그림, 옷 Pattern
EP	음반(7 in.)		
FL	필름 릴	SL	슬라이드
FS	필름 스트립	SP	음반(10 in.)
LP	음반(12 in.)	TA	사운드 테이프
LVD	광학식 비디오디스크(지름 12 in.)		

한편 기존의 도서분류법과는 상관없이 비도서자료별로 주제별 전문 분류체계를 개발하여 분류할 수도 있다. 예를 들면 지도자료 전문도서관의 경우 지도자료의 특성에 적합한 지도자료 전문분류표를 개발하여 분류하거나 음악 전문도서관의 경우 음악자료의 특성에 맞는 음악 전문분류표를 개발하여 분류하는 것이 효과적일 것이다. 이러한 전문도서관의 경우에는 매체기호나 별치기호를 부여할 필요가 없다.

(2) 종류별 분류

비도서자료를 종류별로 분류하는 방법은 앞서 주제별 분류에서 배열시에 언급한 매체기호나 별치기호를 사용하여 분류하는 방법이다. 그런데 종류별로 분류할 경우에는 매체를 세분하여 기호화한 후, 다시 수입순 일련번호나 발행년도, 저자별로 기호화 한다. 종류별 수입순에 의한 분류방법은 소규모 도서관에서 실제로 많이 사용되고 있는 방법이다.

2) 비도서자료의 배가

비도서자료의 분류는 배가문제를 함께 고려하지 않을 수 없다. 대부분의 도서관에서 일반도서와 비도서자료를 구분하여 별도로 배열하고 있으며, 배가방법에 따라 크게 고정식 배가법과 상관식 배가법으로 나눌 수 있다.

(1) 고정식 배가법

고정식 배가는 각각의 자료에 고정될 수 있는 부호나 연번을 주어 서가나 보관함에 그 배가위치가 고정되게 한 것이다. 비도서자료의 특성상 서가상의 위치를 자주 이동함으로써 자료의 손상을 가져올 수밖에 없다. 이러한 이유로 수입순으로 고정식 배가를 하는 것이 자료의 손상을 적게 하고, 공간 활용 면에서도 경제적일 수 있다. 또한 수입순 연번을 부여하면 자료분류에 대한 전문적인 지식이 없어도 누구나 쉽게 분류기호를 부여할 수 있으며, 자료가 종류별로 서가에 일련번호순으로 계속 배열되어 자료의 분실유무를 쉽게 확인할 수 있고, 새롭게 입수되는 자료의 배열 때문에 서가 조정이나 자료 이동을 거의 하지 않고 자료를 보존 관리할 수 있는 이점이 있다.

반면에 동일한 주제의 자료를 한 곳에 모을 수 없고, 동일한 세트자료가 동시에 입수되지 않을 경우 입수한 날짜에 따라 서가위치를 달리할 수도 있는 단점이 있다.

(2) 상관식 배가법

상관식 배가는 비도서자료에 수록되어 있는 내용의 주제나 형식에 따라 KDC나 DDC와 같은 해당 분류기호를 부여하여 배가하는 방법으로 형태별이나 용기별에 의한 별치기호로 구분한 후, 분류기호와 도서기호순으로 배열되게 한 것이다.

그런데 주제나 분류순 배가는 자료가 증감될 때마다 대부분의 자료위치가 이동되어야 하기 때문에 수시로 서가작업이 이루어져야 하고, 이로 인한 자료의 손상을 피할 수 없다. 반면에 도서자료와 동일한 분류체계를 사용한다는 점에서 모든 자료를 동일 주제를 가진 분류기호에서 함께 확인할 수 있다는 장점이 있어 실제로 많은 도서관에서 이 방식을 채택하고 있다.

1.4.2 비도서자료의 목록

1) 전통적인 목록조직

비도서자료는 대체로 도서관에서 일반도서와 마찬가지로 목록규칙과 MARC 형식을 적용하여 목록레코드를 작성하고 있으며, 최근 매체에 따라 고유의 메타데이터를 개발하여 구조화하는 경우도 많이 있다.

일반 목록규칙과 마찬가지로 비도서자료의 국제표준적인 목록규칙도 IFLA의 ISBD에서 비롯되고 있다. 즉, IFLA의 주관으로 서지기술의 국제적 표준화와 목록의 기계화를 고려하여 제정된 것이 ISBD라고 할 수 있는데, 1974년 단행본용 ISBD(M)이 처음으로 제정된 이후 비도서자료용 ISBD(NBM), 지도자료용 ISBD(CM), 악보용 ISBD(PM), 전자자료용 ISBD(ER), 계속자료용 ISBD(CR) 등 모든 매체들의 ISBD에 기본규칙이 되었다. 2007년에는 매체별로 제정된 ISBD를 하나의 통합된 형태로 제정하기 위한 ISBD 예비통합판이 발행되었다.

이러한 ISBD를 근간으로 각국에서는 그동안 독자적인 목록규칙을 정비하여 왔다. 즉, 1978년 영미목록규칙 AACR2는 이것을 바탕으로 만들어졌으며, 현재 AACR2R 2002년 개정판이 발간되어 있다. 2008년에는 AACR의 전면 개정판이라 할 수 있는 RDA 초안이 발간되었다. 그리고 한국에서는 1983년 한국목록규칙 제3판이 ISBD를 적용하여 제정되었으며, 2003년 한국목록규칙 제4판이 발간되었다. 이보다 앞서 1991년 국립중앙도서관에서 KORMARC 형식을 개발하기 위한 일환으로 정보관리학회에 연구를 위촉하여 제정한 「한국문헌자동화목록법(KORMARC)에 관한 연구: 비도서자료기술규칙」이 한국 최초의 비도서자료에 관한 실제적인 목록규칙으로 볼 수 있으며, 이는 1996년 「한국문헌자동화목록기술규칙: 비도서자료용」으로 발간된 후 2003년 한국목록규칙 제4판으로 통합되었다.

그리고 영미목록규칙의 구조화를 통해 컴퓨터에 의해 실제적인 목록레코드를 작성하기 위해 1960년대부터 개발되기 시작한 MARC 형식은 많은 변화와 개정을 거듭한 후 1999년 MARC 21 형식으로 개정되어 오늘에 이르고 있다. 그리고 한국에서는 1980년대부터 MARC 형식이 개발되기 시작하여 2005년 KORMARC

형식(통합서지용)이 제정되었다. LC에서 비롯된 MARC 형식은 목록규칙의 구조화를 통해 오늘날 세계서지제어에 결정적인 역할을 했다고 볼 수 있다.

한편 앞서 언급한 RDA 초안은 AACR2를 기반으로 하고 있으나 단순히 기존 규칙에 새로운 것을 부가한 규칙이 아니라 자원기술에 대해 새로운 접근법을 취하고 있는 표준이다. 특히 RDA 초안은 주로 도서관이 사용할 것을 전제로 하지만 기록관, 박물관, 출판사 등 다른 커뮤니티에서도 사용할 수 있도록 그러한 기관에서 사용하는 메타데이터 표준과 일치시키기 위해 노력하고 있다. 이는 비도서자료와 관련하여 아직 출현하지 않은 새로운 유형의 자원을 포함하여 쉽게 확장될 수 있도록 개발되었다고 할 수도 있다. 즉, 내용과 매체의 범주화, 매체 유형을 만들어내는데 많은 관심을 기울였다. 내용이나 매체, 매체 유형에 상관없이 동일지침이 자원의 범위에 적용될 수 있도록 사용설명을 일반화하였고, 그 뒤에 상세지침을 제시함으로써 다양한 유형의 비도서자료를 기술하는데 적합하다고 할 수 있다.

2) 메타데이타

메타데이터라는 용어는 1990년대 이후 인터넷 컴퓨팅 및 웹의 등장과 더불어 네트워크상의 정보를 기술하는 것과 관련하여 사용되기 시작하였다. 이는 사용하는 사람에 따라 다양한 의미로 해석되고 있지만, Harrod's Librarians' Glossary에서 정의 하고 있는 바와 같이 '데이터에 관한 구조화된 데이터(structured data about data)'[12]라고 요약할 수 있다.

메타데이터의 기술대상에는 전통적인 인쇄형 자료뿐만 아니라 전자자료를 비롯한 다양한 매체의 비도서자료 등이 모두 해당될 수 있으며, 적용분야나 이용자 수준, 기술관점, 기술목적 등에 따라 다양한 유형의 메타데이터가 개발되어 있다. 여기서 특히 전자자료의 범주에는 CD-ROM나 DVD 자료와 같은 오프라인 자료, 온라인 데이터베이스나 웹사이트 등과 같은 네트워크 자료가 있으며, 협의의 메타데이터 기술대상으로 전자자료 가운데 네트워크상의 자료 즉, 온라인 자료나 인터넷 자료로 국한하여 사용하기도 한다.

일반적으로 정보자원의 관리나 검색을 위한 메타데이터에는 크게 기술용 메타데이터(description metadata), 관리용 메타데이터(administration metadata), 구조

12) Ray Prytherch ed. *Harrod's Librarians' Glossary and Reference Book, 10th ed.* (Burlington, VT : Ashgate, 2005), p.453.

용 메타데이터(structural metadata)의 3종류가 있다. 기술용 메타데이터는 주로 정보자원의 검색을 목적으로 하고 있으며, 관리용 메타데이터는 보존이나 저작권 관리에 관한 내용의 기술을 목적으로 하고 있고, 구조용 메타데이터는 정보자원의 논리적 내부구조 특성에 관한 기술을 목적으로 하고 있다. 예를 들면 DC와 MODS는 기술용 메타데이터이며, 아카이브에 관한 메타데이터인 METS는 기술용 메타데이터의 특성뿐만 아니라 관리용 및 구조용 메타데이터의 측면도 갖고 있다. 일반적으로 자원의 관리목적을 위한 기술(記述)은 검색을 위한 기술에 비해 상세한 것이 요구되므로 메타데이터 스키마도 비교적 상세하게 되어 있다.

한편 메타데이터에 대한 표준화도구는 DC나 MODS를 비롯하여 상당한 수준으로 개발되어 있으며, 이들 간에는 물론 MARC 형식과도 크로스워크가 가능하다. 이러한 표준화도구를 이용하여 메타데이터를 효과적으로 생성하여 관리하기 위해 OCLC Connexion과 NII 메타데이터 데이터베이스와 같은 프로젝트들이 수행되어 성공을 거두고 있다. DC와 MODS, MARC 형식과 같은 범용 메타데이터 외에도 지리정보 시스템을 위한 CSDGM, 교육학습자원을 위한 IEEE LOM, 미국 연방정부의 정보기술을 위한 GILS, 예술작품을 위한 CDWA, 온라인 서점과 관련된 ONIX, 참조모형을 기반으로 디지털장서보존을 위한 OAIS, 전자상거래를 위한 indecs 등 다양한 형식이 개발되어 있으며, 새로운 형식의 메타데이터가 계속 개발되고 있다.

제2장 지도자료

2.1 지도자료의 특성
2.2 지도자료의 종류
2.3 지도자료의 관리
2.4 지도자료의 조직
2.5 지도자료의 실례

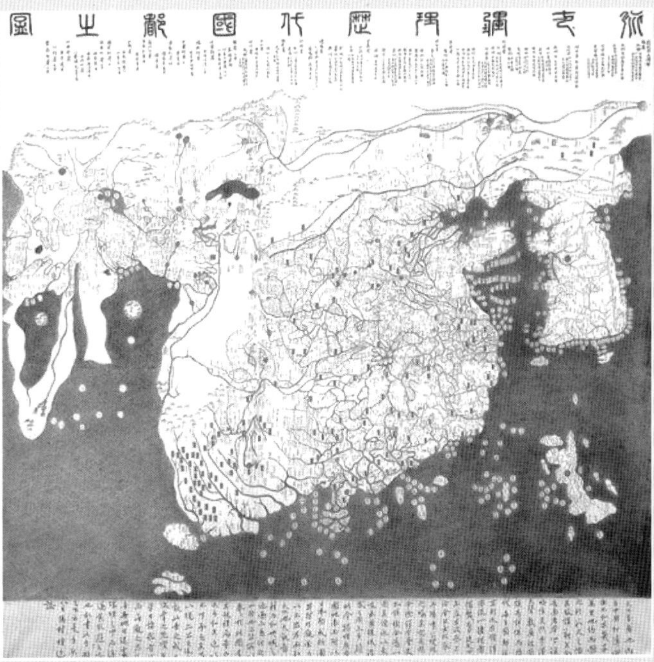

제2장 지도자료

2.1 지도자료의 특성

지도는 지표 전체나 일부를 일정 비율로 축소하여 특정한 현상의 분포나 상관관계를 기호로 나타낸 것이다.[13] 다시 말해 지구와 천체표면의 전부 또는 일부를 사용목적에 따라 필요한 요소만 취사선택하여 지면에 축소해서 재표현한 것이라 할 수 있다. 정보나 의사를 전달하는 방법에는 언어·음악·부호·수화(手話)·손짓 등 여러 가지가 있으나, 공간정보를 전달하는 방법으로 지도보다 더 효율적인 것은 없다. 오늘날 과학의 발달과 지역 간, 국가 간 교류의 증진에 따라 일상생활과 직·간접적으로 연관되는 공간의 규모가 확대되고, 교통수단의 발전으로 보다 쉽게 접근할 수 있게 되었다. 지도는 이렇게 접하고자 하는 미지의 지역에 대해 근본적이고, 기본적으로 유용한 정보들을 나타내고 전달해 줄 수 있는 하나의 중요한 매체이다.

지도는 고대로부터 현대로까지 발전되어 왔는데, 현존하는 지도로서 가장 오래된 것으로 알려진 지도는 B.C. 2500년경에 제작된 북구 메소포타미아지방을 나타낸 지도이다.[14] 우리나라는 선사시대에 바위에 새겨진 암각화에 지도 같은 요소들이 많이 나타나 있으며, 삼국시대에 세 나라가 지도를 제작하여 외국에 보내기도 하고 행정구역을 정비하는데 이용했다는 기록이 보인다. 또한 고려시대에는 한반도의 모양을 현재와 비슷하게 파악하여 지도를 만들었다고 전한다. 조선후기에는 지도 제작에 비약적인 발전을 보이는데, 정상기가 1740년에 만든 동국지도(東國地圖)는 1:420,000의 축척으로 인문지리학적인 내용과 조선의 윤곽이 정확하게 표현되었다.[15]

한편 지도의 특성 및 기능은 다음과 같이 몇 가지로 설명할 수 있다.[16]

첫째, 지도는 위치정보를 알려준다. 지표상 모든 현상들은 위치의 속성을 가지고 있다. 위치에는 X, Y 좌표 또는 경·위선으로 표시하는 절대적 위치와 다른

13) 한균형. 지도학 원론(서울 : 민음사, 1996), p.18.

14) 이희연. 지도학(파주 : 법문사, 1995), p.4.

15) 윤경철 외. 지도학개론(서울 : 진샘미디어, 2008), p.47.

16) 한균형. 전게서, pp.20-22.

현상과의 거리나 방위로 나타내는 상대적 위치 두 가지가 있다.

둘째, 지도는 장소의 개념을 쉽게 이해시킨다. 즉, 어느 한 장소의 자연·인문 환경이 지도상에서 쉽게 이해된다는 뜻이다. 지도에는 지형·지질·토양·식생·기후 등 자연 현상을 주로 나타내는 지도와 인구·산업·종교·언어·교통 등 인문 현상을 주로 나타내는 인문도가 있어 장소 이해에 절대적인 도움을 준다.

셋째, 지도를 통하여 장소내에서의 인간과 환경과의 상호 작용 관계를 알 수 있다. 인간이 주변 환경을 어떻게 이용하여 왔는가를 과거 지도와 비교하여 연구할 수 있으며, 앞으로 어떻게 개조, 이용할 것인가를 예측할 수 있게 해준다.

넷째, 지도를 통하여 장소 간의 이동 개념을 쉽게 파악할 수 있다. 즉, 도로·철도·항로·항공로·금융·통신 등 수송로를 통해 이동하는 사람, 물자, 정보의 양을 장소 간의 상호의존성과 물자의 부족 측면에서 파악할 수 있다.

다섯째, 지도는 지역이 어떻게 형성되어 있으며, 어떻게 변화되어 왔는가를 나타내준다. 지역이라는 것은 어떤 기준으로 지표를 나눌 때 같은 특징이 나타나는 지표의 일부분을 말한다.

다음으로 지도가 갖추어야 할 기본요소에 대한 여러 학자들의 의견을 종합하면 아래와 같다.

① 자료의 상태를 종이 위에 나타내는 축소의 비율인 축척(scale)

② 지도에 사용된 기호에 대한 설명인 범례(legend)

③ 지도위에 나타난 어떤 지점의 방향인 방위

④ 구형인 지구의 표면을 종이 위에 투영하여 표현하는 방법인 투영법

⑤ 지도의 제작자, 제작년월일

⑥ 지도의 효율적 보관과 검색을 위한 지도의 고유번호인 도엽번호 등.

지도의 정보적인 가치는 직접 경험할 수 없는 현상, 위치, 거리, 기타 여러 관계를 축척과 평면도법에 의해 그 위치를 일정한 비율로 표시해서 지면을 통해 쉽게 이해시키고 한 지역의 정보를 제공하는데 의의가 있다.

시각자료로서 지도는 내용과 형태별에 있어 다양성을 가지고 있기 때문에 학교교육에서는 학습자료로 중요시되고 있고, 자료기관에서는 일상적이고 전문영역의 지식정보자료로 이용되고 있다. 따라서 지도자료는 자료기관에서 정보재로 보존되어야 하기 때문에 기획성 있는 자료의 수집방법과 이용에 공헌할 수 있도록 조직되어야 한다.

2.2 지도자료의 종류

지도자료에는 1매로 된 인쇄자료(낱장), 지도책, 도서나 잡지 중에 인쇄된 지도, 지구의, 지형의 모형, 천체도 등이 포함된다. 또한 표현방법, 수록내용, 구성형태 등 필요에 의해 다양하게 생산되고 있기 때문에 지도자료라는 범주 내에서도 다음과 같은 구분방법에 따라 여러 가지로 세분된다.[17)]

1) 기능에 따른 분류

(1) 일반도(general map)

전 영토에 대해 통일된 축척으로 국가가 제작하는 지도로 국가기본도를 일컫는다. 다른 주제도 및 특수도의 기본도로서 널리 이용된다.

(2) 주제도(thematic map)

어느 특별한 주제를 강조하여 표현한 지도로서 지형도를 기초로 하며 일정한 색채와 기호로 제작되며, 일반적으로 관 주도하에 제작된 대민용(對民用) 주제도, 특수주제도(specific map), 일반 주제도로 구분할 수 있다.

① 대민용 주제도: 주로 국토의 이용과 개발에 관한 내용을 표시한 지도. 지적도, 도시계획도, 임상도, 지하시설물도, 토지이용현황도, 행정구역도 등

② 특수 주제도: 한정된 사람들이 사용하기 위하여 특수한 제작기법에 의해 제작된 지도. 해도, 지질도, 토양도, 군용 지도, 수맥도, 맹인용 점자지도 등

③ 일반 주제도: 특정 현상의 분포나 형태 그리고 구조를 나타내주며 주로 통계에 이용. 기온도, 강수량도, 인구분포도, 항공도, 관광여행도, 산업분포도, 항해도 등

2) 축척에 따른 분류

① 대축척지도: 지표상의 거리를 적게 줄인 지도로, 지표상의 매우 좁은 면적만을 포함한다. 일반적으로 1/50,000 이하일 때 대축척지도라고 한다.

② 중축척지도: 1/50,000이상 1/500,000 이하를 일컫는다.

③ 소축척지도: 지표상의 거리를 많이 줄인 지도로, 소축척 지도일수록 넓은 면적을 포함하게 된다. 일반적으로 1/500,000이상은 소축척 지도로 분류된다.

---

17) 윤경철. 전게서, pp.7-10.

3) 제작기법에 따른 분류

① 실측지도: 실제 측량한 성과를 이용하거나 항공사진 측량에 의해 작성된 지도
② 편집도: 기존 지도를 이용하여 편집・제작한 지도
③ 집성도: 기존의 지도와 도면, 사진 등 기타 자료를 이용하여 만든(오려붙임) 지도
④ 사진지도: 정사사진이나 집성사신에 좌표선, 지명, 중요고도 등을 추가하여 만든 지도
⑤ 기복지도: 지형의 기복을 입체적으로 나타낸 지도
⑥ 입체영상지도: 위성영상을 이용하여 지형・지물을 입체적으로 판독할 수 있도록 제작된 영상지도
⑦ 수치지도: 기존지도, 항공사진지도, 위성영상지도 등에 의하여 지형・지물을 분석・편집하여 컴퓨터를 이용하여 3차원의 수치형태로 제작한 지도

4) 형태별에 따른 분류

① 지구의: 실제 지구 모양을 축소한 것으로, 지구의 실체를 파악하는데 가장 적합
② 평면지도: 평면의 종이에 그린 것으로, 일반적으로 가장 많이 사용
③ 모형도: 지형의 입체감을 실감있게 나타냄으로 조망도와 같은 전시용 지도에 사용

2.3 지도자료의 관리

1) 선택

지도자료의 선택을 위해 알아야 할 범주를 Ealker는 다음과 같이 6가지를 들고 있다.[18] ① 가시도(visibility), ② 크기(size), ③ 요구에 맞는 상세함과 적합성, ④ 색채(color), ⑤ 내수성(durability), ⑥ 정확성(accuracy) 등이다. 이외에도 지도자료 선택시 공통적으로 적용될 수 있는 유의점을 열거하면 다음과 같다.[19]

・ 내용과 구도가 정확하고, 인쇄가 선명해야 한다.

---

18) Barbara Ealker, "Map," In: *Handling Special Materials in Libraries* / ed. by Frances E. Kaiser(New York : Special Libraries Association, 1974), p.70.

19) 김남석, 조도희. 비도서자료의 조직이론(대구 : 계명대학교, 2007), p.302.

· 표제가 명확하고 읽기에 편리해야 한다.
· 축척이 정확하고, 쉽게 이해할 수 있어야 한다.
· 게재된 자료는 출처가 분명해야 한다.
· 위도와 경도에 대한 방위표시가 있어야 한다.
· 표현방법과 색상이 밝아야 한다.
· 제작년도가 확실하고 최신판이어야 한다.
· 지질이 좋고 내구성이 있어야 하며, 보관이 편리한 것이어야 한다.

2) 보관 및 배가

지도자료를 정리 보관하는 용기는 그 지도의 외형적인 형태에 따라 적합한 용기를 사용하여야 한다.

① 낱장지도: 낱장지도를 담고 있는 폴더를 정리할 수 있는 파일캐비닛이나 개방된 파일서가를 이용한다.
② 지도책(첩): 일반도서와 같이 정리하여 보관하되, 대형 지도첩은 선반에 뉘어서 보관할 수 있도록 선반형식의 지도첩 보관대를 사용한다.
③ 벽지도: 두루마리 형식의 지도는 세워서 보관할 수 있는 함이나, 크기에 따라 걸어서 보관할 수 있는 벽걸이 보관대를 사용한다.

2.4 지도자료의 조직

2.4.1 지도자료의 분류

지도자료의 분류에 사용되는 분류체계로는 LCC, DDC, UDC 등과 같은 일반분류표와 지도만을 위해서 개발된 특수 분류표로 구별할 수 있다. 대표적인 지도자료용 분류체계인 Boggs & Lewis Classification과 American Geographical Society Map Classification System(이하 AGS Map Classification System로 명명)에 대해 간단히 살펴보면 다음과 같다.

1) Boggs & Lewis Classification[20)]

이 분류체계는 미국 State Department의 지도도서관의 요구에 맞추어 개발된

20) Heather Daly, Eleanor Kleiber, Claudette Rocan. *Boggs & Lewis Classification*. 2005. 〈http://www.slais.ubc.ca/courses/libr517/04-05-wt2/projects/Maps/Maps/Boggs.htm〉 [인용 2009. 12. 10].

것으로 지도를 대상으로 삼고 있다. 이 분류체계의 핵심은 숫자를 이용한 지역구분과 알파벳을 사용한 주제별 구분이다. 분류기호 체계는 5가지 요소로 구성되어 있는데, ① 지도의 유형을 표시하기 위한 별치기호, ② 우주 및 지구와 함께 대륙별로 나라를 구분하고 있는 십진식 기호(3자리 이상), ③ 지도를 위해 특별히 만들어진 주제구분을 위한 알파벳 소문자 기호, ④ 지도제작 시기, ⑤ 저자 혹은 제작자의 이니셜 등이다. 따라서 해당 자료의 제작일자와 저자(또는 제작자)에 관한 정보가 나타나 있는 경우, 지도의 유형, 지역, 주제, 제작일자, 저자 순으로 분류기호가 배열된다.

〈표 2-1〉은 Boggs & Lewis Classification의 지역 및 주제구분과 별치기호의 요약표로서, 특히 주제구분은 LCC의 G(Geography. Maps. Anthropology. Recreation)류의 주제구분과 매우 유사하다. 지도의 유형을 표시하기 위한 별치기호를 w, s, r, g 등 네 종류로 제시함으로써 지도자료가 유형별로 배가되고 검색될 수 있도록 하였다. 또한 실제 분류체계 내에는 지역 색인과 색인 지도를 추가함으로써 효과적인 사용을 도모하고 있다. 하지만 1945년 개발된 이후로 수정 및 개정이

〈표 2-1〉 Boggs & Lewis Classification Summary

지역구분(areas of the world)	주제구분(subjects)
000 Universe	a special categories
100 World	b mathematical geography
200 Europe	c physical geography
300 Europe	d biogeography
400 Asia	e human geography
500 Africa	f political geography
600 North America	g economic geography
700 Latin America	h history, naval geography
800 Australia, New Zealand	n history of geographical knowledge
900 Oceans	p history
	별치기호(location symbols)
	w wall maps
	s sets of maps filed apart
	r relief maps
	g globes

이루어지지 않고 있어, 이후에 발생되는 지역적 변화는 반영하지 못하고 있는 형편이다. 〈그림 2-1〉은 미국에서 1932년에 제작된 벽지도를 Boggs & Lewis Classification을 적용하여 분류하고 청구기호를 생성한 예시이다.

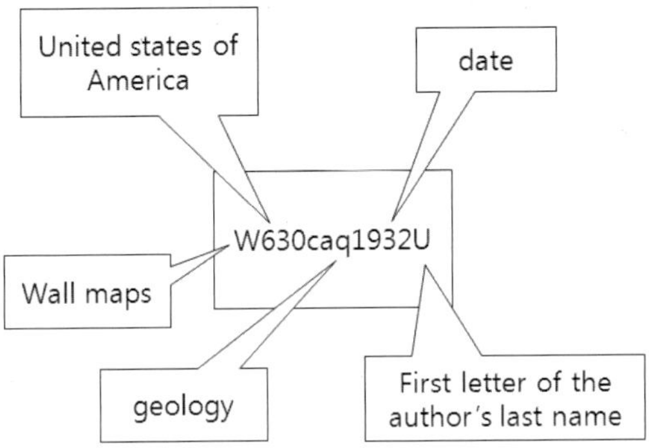

〈그림 2-1〉 Boggs & Lewis Classification을 적용한 청구기호

2) AGS Map Classification System[21)]

Boggs & Lewis의 분류표와 같이 지도자료의 분류에 많은 영향을 미친 미국지리학회의 분류표는 1947년에 첫판이 출판된 이후, 1952년과 1969년에 개정이 이루어졌다. 이 분류표의 기본체제도 Boggs & Lewis와 같이 지역표시를 위해 숫자로 된 분류기호를 사용하고 광범위한 주제분류를 위해서 알파벳 기호를 사용하고 있는데, 그 대강을 요약하면 〈표 2-2〉와 같다.

위의 지역구분 및 주제구분을 핵심으로 한 AGS Map Classification System 청구기호들은 다음과 같은 요소와 순서로 구성되는데, 〈그림 2-2〉는 AGS Map Classification System을 적용한 청구기호의 예시이다. 단 제시된 예시는 희귀자료나 수직배열자료 등을 의미하는 접두어가 적용되지 않은 상태이다.

① 접두어(prefix): 형식, 위치, RARE, VF(vertical file), OV(oversize) 등

② 지역기호(regional number): 숫자로 구성됨

③ 지역기호 수식어(regional number modifier):

- a Wall Maps
- b Map Sets or Series

21) American Geographical Society. *AGS Map Classification System*. 〈http://www4.uwm.edu/libraries/AGSL/ags_main_subject_divisions_class.cfm〉 [인용 2009. 12. 10]

- c Map of a part or section of geographic unit
- d Map or plan of a city

④ 지도에서 표현되고 있는 도시명이나 지역명(name of section)

⑤ 주제구분기호(subject division)

⑥ 지도자료의 내용일자(situation date) 및 발행일자(publication date)

〈표 2-2〉 AGS Map Classification System

지역구분 (areas of the world)	주제구분 (subjects)
000 - 099 Universe, World	A Physical
100 - 199 North America	B Historical - Political
200 - 299 Latin America	C Population
300 - 399 Africa	D Transportation and Communications
400 - 499 Asia	E Economic
500 - 599 Australasia	F Geophysics
600 - 699 Europe	G Geology
700 - 799 Oceans	H Hydrography
800 - 899 United States	I Meteorology and Climatology
900 - 999 Non-Geographic	J Mathematical Geography
	K Astronomy
	L Zoogeography
	M Miscellaneous

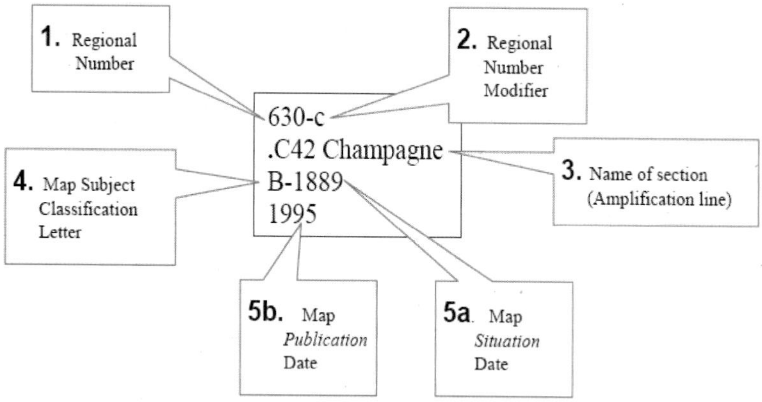

〈그림 2-2〉 AGS Map을 적용한 청구기호

2.4.2 지도자료의 목록

지도자료의 목록도 분류와 마찬가지로 자료의 종류에 따라 전문적인 데이터기술요소 및 방법이 개발되어 있다. 즉, 미 연방 지리정보 위원회(FGDC: Federal Geographic Data Committee)가 발행한 CSDGM(Content Standard for Digital Geospatial Metadata), 유럽공동체(EC) 산하의 표준화위원회 기술분과위원회(CEN/TC 287)의 메타데이터, 그리고 ISO/TC211의 ISO 19115 등과 같은 지리정보의 표현과 서비스를 위한 다양한 메타데이터가 개발되어 있지만 도서관의 일반 목록규칙과 MARC 형식으로도 이러한 데이터를 기술할 수 있다.

아래의 내용은 전통적인 목록규칙인 한국목록규칙 제4판과 KORMARC 형식을 바탕으로 지도자료의 목록규칙을 설명한 것이다. 목록의 대상은 지구나 천체의 전부 또는 일부분을 표현한 자료로서, 평면도, 입체도, 항공도, 항해도, 천체도, 지구의, 지도, 우주도 등이 해당된다. KORMARC 형식의 007 필드 자료범주표시(007/00)에는 지도관련 자료를 지도자료(a), 구체(d), 원격탐사도(r)의 세 가지로 구분하여 기술하고 있다.

1) 정보원의 우선순위 (3.0.3.1)

기술대상인 지도자료에 나타난 정보 그대로 다음과 같은 우선순위로 기술한다. 다만 지도책은 2.0.3.1(단행본의 정보원 우선순위)의 규정에 준한다.

- 제자란(題字欄), 또는 이에 준하는 것
- 제자란 이외
- 인쇄된 딸림자료나 보관용기, 지구의의 받침대 등
- 지도자료 이외의 정보원

2) 기술사항별 정보원(3.0.3.2)

- 표제와 책임표시사항: 제자란, 또는 이를 대치하는 것
- 판사항: 제자란, 또는 이를 대치하는 것
- 축척 및 좌표사항 : 제자란, 또는 이를 대치하는 것
- 발행사항: 제자란, 또는 이를 대치하는 것
- 형태사항: 해당 지도자료 자체에서
- 총서사항: 해당 지도자료 자체에서
- 표준번호 및 입수조건사항: 어디에서나

3) 표제와 책임표시사항(3.1)

축척표시 등 식별상 필요한 숫자와 불가분의 관계에 있는 표제는 이를 포함한 표제를 본표제로 기술한다. 그러나 자료의 어느 부위에도 표제의 표시가 없는 경우에는 대상지명을 나타내는 어구를 포함하여 본표제를 보기한다. 자료유형 표시는 '지도자료', 'map', '지구의', 'globe'로 표시한다.

245 20 ▼a(1:250,000) 地勢圖 ▼h[지도자료]

245 00 ▼aRoad map of 50 miles around London ▼h[map]

245 00 ▼aCoronelli terrestrial globe ▼h[globe]

4) 축척 및 좌표사항(3.3)

지도자료의 제작기법을 제시한 축척, 도법, 경위도·분점표시(좌표) 등을 순서대로 기술한다.

(1) 축척표시

'축척' 또는 'scale'라는 어구를 앞세워 축소율(1:)로 기술하되, 본표제나 표제관련정보의 일부로 기재되어 있는 경우에도 이를 축척표시에 기술한다. 축척정보를 으뜸정보원이나 딸림자료 이외에서 채기하였거나, 축척표시가 도시(圖示) 및 어구로 표시된 경우에는 각괄호로 묶어 기술한다. 그러나 자료의 어디에서도 축척에 관한 사항을 발견할 수 없는 경우에는 '축척불명', 'Scale not given'으로 기술한다.

255 ▼a축척 1:100,000

255 ▼a[축척불명]

255 ▼a[Scale not given]

한 지도내에 축척이 여러 개 기재되어 있는 경우, 축소율이 큰 축척과 작은 축척을 짧은 붙임표(-)로 연결하여 기술한다. 또한 한 자료에 축척이 서로 다른 지도를 수록하고, 그 축척이 두 가지인 경우에는 두 개의 축척을 비율이 큰 것을 앞세워 기술하고, 세 가지 이상인 경우에는 '축척다양', 'Scales vary'로 기술한다.

255 ▼a축척 1:15,000-25,000

255 ▼aScale 1:100,000 and 1:200,000

255 ▼a[축척다양]

천체도, 상상도, 조감도 및 비선형 축척 지도자료인 경우에는 그 자료에 표시된 축척을 기술한다. 축척에 따라 제작된 지도가 아닌 경우에는 '축척지도 아님', 또는 'Not drawn to scale'이라는 어구를 기술한다.

255 ▼a축척 2cm 당 1피트

255 ▼a축척 1' per 2 cm

255 ▼a[축척지도 아님]

255 ▼a[Not drawn to scale]

모형도나 입체도인 경우에는 수평축적 다음에 수직축적을 기술한다.

255 ▼a축척 1:744,080. 수직축적 1:96,000

255 ▼aScale 1:744,080. 1 in. to. ca. 28 miles. Vertical scale ca. 1:96,000

(2) 도법표시

지도자료의 용기나 딸림자료에 도법이 기재되어 있는 경우에 쌍반점(;)을 앞세워 도법의 명칭을 기술한다.

255 ▼a축척 1:100,000 ;▼b횡축 메르카토르도법

255 ▼aScale 1:50,000 ;▼btranverse equidisstant proj.

(3) 경위도, 분점표시

경위도표시, 천체도의 경위도표시, 천체도의 분점표시를 기술한다. 이중 경위도 표시는 그리니치 본초자오선으로부터 취한 도(°), 분('), 초(")로 기재하되, 방위를 나타내는 좌표(E, W, S, N)를 앞세운다. 즉, "지도의 최서단(경도)-지도의 최동단(경도)/지도의 최북단(위도)-지도의 최남단(위)" 형식으로 기술한다.

255 ▼a축척 1:100,000▼c(E79° -E86° /N20° -N12°)

천체도의 경위도표시 즉, 적위는 '존', 또는 'Zone'이란 어구를 앞세워 기술하며, 북반구는 '+', 남반구는 '-', 동쪽과 서쪽의 적위는 '시'와 '분'으로 표시한다. 한편 천체도의 분점[22]은 '분점' 또는 'eq.'라는 어구를 앞세워 원괄호속에 기술한다.

255 ▼a축척 1:100,000▼d(Zone + 30°, 2 hr. 18 min)

22) 1년 중 태양이 정확하게 적도위에 있으며 밤낮의 길이가 같은 시기.

적위 북방한계선 30° 2시 18분

255 ▼a축척 1:100,000▼d(Zone -25°, -85°)

적위 남방한계선 25°와 85°

255 ▼a축척 1:100,000▼e(Eq. 1971)

5) 형태사항(3.5)

특정자료종별과 수량, 기타 형태사항, 크기, 딸림자료순으로 해당 식별기호를 사용하여 지도자료의 형태사항을 기술한다.

(1) 특정자료종별과 수량(3.5.1)

사용가능한 특정자료종별은 단면도(map section), 도표(diagram), 원격탐사도(remote-sensing image), 지구의(globe), 지도(map), 지도책(atlas), 지형모형(relief model), 전망도(view), 천구의(celestial globe), 천체도(celestial map), 측면도(profile) 등이다. 수량표시는 지도와 단면도는 '매' 나머지는 모두 '개'로 기술하며, 매수와 수록 도수(圖數)가 일치하지 않으면 매수 다음에 도수를 부기한다.

(2) 기타 형태사항

지도자료의 채색, 종이 이외의 재질, 대지(받침대)의 형태적 특성을 포함한다.

(3) 크기

지도자료의 크기는 자료의 유형에 따라 다음과 같이 기술한다.

- 평면지도 : 지도의 내곽경계선을 기준으로 세로 × 가로를 cm 단위로 기술
- 평면상의 원형지도 : '직경' 또는 'in diam.'이라는 어구를 앞세워 직경의 크기를 기술
- 접어서 표지가 나오는 지도인 경우 : 폈을 때의 크기와 접었을 때의 크기를 함께 기술
- 지구의 : '직경' 또는 'in diam.'이라는 어구를 앞세워 직경의 크기를 기술
- 지구모형 : 세로 × 가로 × 높이
- 용기에 보관된 지도 : 지도자체의 크기와 보관용기의 크기를 함께 기술

300 ▼a지도 1매 :▼b천연색, 아마포대지 ;▼c45 × 65 cm

300 ▼a1 map :▼bcol., mounted on linen ;▼c45 × 65 cm

300 ▼a지구의 1개 :▼b천연색, 목재, 금속받침대 ;▼c직경 35 cm

300 ▼a1 globe :▼bcol., wood, on mental stand ;▼c35 cm in diam.

6) 주기사항(3.7)

(1) 축척 및 좌표에 관한 주기

축척이 다양하여 축척 및 좌표사항에 '축척다양'이라고 기재한 경우 자세한 축척을 기재한다.

500 ▼a축척 1:50,000, 1:100,000, 1:200,000

(2) 내용주기

지도 이면에 중요한 사항이 기재되었거나 삽입된 지도가 있는 경우 이를 주기한다.

505 8 ▼a이면: 수도권 교통도. 축척 1:80,000

505 8 ▼aOn verso: Indiana -- Iowa -- Missouri. Scale 1:60,000

505 8 ▼aInsets: Connaught Place -- Chanakypuri -- Delhi & New Delhi City. Scale [ca. 1:23,000]

505 80 ▼aContents: ▼tThe world in 3000 B.C. -- ▼tThe world in 1500 B.C. -- ▼tThe world in 500 B.C. -- ▼tThe world in A.D. 1

2.5 지도자료의 실례

2.5.1 낱장지도

KORMARC

001 000013362838

007 aj canun

008 091205s2008 ulk a 0a kor

020 ▾a9788987163680▾g13980 : ▾c₩5000

020 ▾a8987163687

082 ▾a912.519▾222

090 ▾a912.51▾b영79ㅅ

245 00▾a서울특별시전도▾h[지도자료] /▾d영진문화사 편집부

255 ▾a축척 1:40,000

260 ▾a서울 :▾b영진문화사,▾c2008

300 ▾a지도 1매 (양면) :▾b천연색 ;▾c108 × 75 cm, 접으면 28 × 20 cm

505 8 ▾a이면: 수도권 입체형 도로지도. 축척 1:80,000

710 ▾a영진문화사

740 2▾a수도권 입체형 도로지도▾h[지도자료]

〈그림 2-3〉 낱장지도: 형태기술필드

〈그림 2-3〉은 축척 1:40,000의 「서울특별시전도」 낱장지도이며, 이면에는 축척 1:80,000의 「수도권 입체형 도로지도」가 있다.

007 형태기술필드는 자료의 형태사항에 관한 상세한 정보를 부호로 제시하기 위한 필드로, 지시기호와 식별기호를 사용하지 않는다. 구체를 제외한 모든 지도자료의 형태기술필드는 00-07자리까지 모두 8자리의 고정길이필드로 구성되어 있다. 자수위치와 해당 데이터요소는 다음과 같다.

00(자료범주표시): 지도자료는 모두 'a'로 표시.

01(특정자료종별): 지도집(atlas) 'd', 도표(diagram) 'g', 지도(map) 'j', 측면도(profile) 'k', 모형(model) 'q', 원격탐사도(remote-sensing image) 'r', 단면도(section) 's', 조감도(view) 'y', 기타 'z'로 표시.

02(미정의)

03(색채): 단색은 'a', 천연색은 'c'로 표시.

04(물리적 매체(재질)): 종이는 'a', 금속은 'd', 가죽은 'f', 섬유는 'g'로 표시.

05(복제유형): 복제물은 'f', 복제물이 아닌 것은 'n', 유형을 알지 못할 때는 'u'로 표시.

06(제작/복제내용): 지도를 제작하는데 사용된 사진기법을 나타하며, 청사진복사는 'a', 사진복사는 'b', 필름복사는 'd'로, 미상은 'u', 기타는 'z'로 표시.

07(감광상태): 지도자료의 복사 또는 필름의 감광상태를 나타내며, 양화는 'a', 음화는 'b', 적용불가는 'n'으로 표시.

	00	01	02	03	04	05	06	07
007	a	j		c	a	n	u	n

예를 들어 007 필드가 위의 예시와 같이 기술되어 있는 경우, 그 의미를 살펴보면 다음과 같다. 즉, 자료의 범주는 지도자료(a)이며, 특정자료종별은 지도(j), 색채는 천연색(c), 물리적 매체는 종이(a), 복제물이 아닌 자료(n), 제작/복제내용은 알 수 없음(u), 감광상태는 적용불가(n)임을 알 수 있다.

505 필드에는 지도 이면에 중요한 사항이 기재되었거나 삽입된 지도가 있는 경우 이를 주기한다(KCR4 3.7.3.18).

245 00 ▼a서울특별시전도▼h[지도자료] / ▼d영진문화사 편집부

505 8 ▼a이면: 수도권 교통도. 축척 1:80,000

KORMARC

001 000013362669
007 aj canun
008 091205s2008 ulkj a 0a kor
020 ▾a9788985433372▾g13980: ▾c₩6000
034 ▾aa▾b1010000
082 ▾a912.519▾222
090 ▾a912.51▾b동61ㄷ
245 00▾a대한민국전도▾h[지도자료] = ▾xMap of Korea :▾b지형도편 :▾b새롭게 발견하는 우리강산 /▾d동아지도 편집부
246 31▾aMap of Korea▾h[지도자료]
246 30▾a새롭게 발견하는 우리강산▾h[지도자료]
255 ▾a축척 1:1,010,000
260 ▾a서울 :▾b동아지도,▾c2008
300 ▾a지도 1매 :▾b천연색 ;▾c112 × 76 cm, 접으면 23 × 14 cm
490 00▾aOrange Guide Map ;▾v101
710 ▾a동아지도

〈그림 2-4〉 낱장지도: 부호화정보필드

〈그림 2-4〉는 축척 1:1,010,000의 지형도로 제작된 「대한민국전도」이다.

008 부호화정보필드는 지도자료의 레코드 전반과 서지적인 특성에 대한 정보를 데이터 관리와 검색에 편리하도록 부호화하여 나타낸 40자리 고정길이필드이다. 007필드와 마찬가지로 지시기호와 식별기호는 표시하지 않는다. 모든 자료에 공통으로 적용되는 00-17, 26-28, 32, 35-39를 제외한 지도자료에 적용되는 자수위치와 해당 데이터요소는 다음과 같다.

18-21(모형도): 모형도 형식만이 가장 두드러지게 나타날 때 부여하고, 모형도가 네 자리에 미치지 못할 경우에는 좌측으로 맞추고 나머지는 빈칸으로 채운다. 등고선지도 'a', 음영도 'b', 경사도 'c', 고저도 'd', 수심도 'e', 지형선도 'f', 표고도 'g', 지형도 'j', 해심도 'k'로 표시.

22-23(도법): 지도가 제작될 때 사용된 투영도법을 두 자리 부호로 나타내며, 크게 방위도법, 원통도법, 원추형도법, 기타도법 등으로 구분하고 거기에서 다시 세분하여 부호로 표시.

24(미정의)

25(지도자료의 유형): 단매지도 'a', 지도모음(지도책과는 별개) 'b', 연속발행되는 지도 'c', 구체 'd', 지도집 'e'로 표시.

29(자료의 형태): 마이크로 형태나 점자자료 등의 형태상의 특성을 표시.

30(미정의):

31(색인): 해당 자료가 색인을 포함하고 있는지의 여부를 나타내며, 색인이 없으면 '0', 색인이 있으면 '1'로 표시.

33-34(형태상의 특징): 수작업지도나 엽서지도와 같은 지도자료의 형태상의 특성을 표시.

	00-05	06	07-10	11-14	15-17	18-21	22-23	24	25	26-27	28	29	30	31	32	33-34	35-37	38-39
008	091205	s	2008		ulk	j			a					0	a		kor	

예를 들어 008 필드가 예시와 같이 기술되어 있는 경우, 그 의미를 살펴보면 다음과 같다. 즉, 입력일자는 2009년 12월 5일, 발행년의 유형은 단일년도(s), 발행년도는 2008년이며, 발행국가는 한국(서울), 지도자료의 유형은 단매지도(a)로 한국어로 된 지형도(j)이다. 여기서 빈칸으로 표시된 부분은 대부분 해당사항이 없다고 보면 된다.

KORMARC

001　000013362667
007 aj canun
008 091205s2008　　ulk　　　a　　0a　kor
020　▾a9788985433365▾g13980:▾c10,000
082　▾a912.5191▾222
090　▾a915.51▾b동61ㅊㄷ
245 20▾a충남북개발도▾h[지도자료] =▾xMap of Chouncheongnambuk-do :▾b중부권 종합 계획도 :
　▾b행정수도 주변 장기 발전 계획도 /▾d동아지도 편집부
246 30▾a중부권 종합 계획도▾h[지도자료]
246 30▾a행정수도 주변 장기 발전 계획도▾h[지도자료]
255　▾a축척 1:200,000
260　▾a서울 :▾b동아지도,▾c2008
300　▾a지도 1매 :▾b천연색 ;▾c77 × 85 cm, 접으면 23 × 14 cm
440 00▾aOrange Guide Map ;▾v601
500　▾a한자표제: 忠南北開發圖
710　▾a동아지도

〈그림 2-5〉 낱장지도: 대등표제와 표제관련정보

〈그림 2-5〉는 동아지도 편집부에서 2008년에 발행한 축척 1:2000,000의 「충남북개발도」로서, 1매의 낱장지도이다.

하나의 자료가 2개 이상의 언어로 된 지도명을 가진 경우, 본문의 언어와 동일한 표제를 본표제로 기술하고 다른 언어의 지도명은 245 필드에 '='을 앞세워 대등표제(▾x)로 기술한다. 다만 대등표제가 여러 종류가 있을 경우에는 가장 으뜸이 되는 대등표제만 245 필드에 기술하고 나머지는 246 필드에 기술한다.

245 00 ▾a전국도로 관광지도 ▾h[지도자료] = ▾xKorea road atlas

245 00 ▾aMobile street map of Durban ▾h[지도자료] = ▾xStraatkaart van Durban

본표제와 관련된 여러 형태의 표제 즉, 검색을 위한 부분표제(필드 내 저작의 일부를 나타내는 표제나 별표제), 대등표제, 식별표제, 기타표제(발행인명란 표제, 약표제, 제본자표제, 출판 이전의 도치된 형태의 표지표제 등), 표지표제, 부표제지표제, 권두표제, 난외표제, 책등표제, 원표제 등은 246 필드(여러형태의 표제)에 기술함으로써 부출표목이 되도록 한다.

246 30 ▾a중부권 종합 계획도 ▾h[지도자료]

246 30 ▾a행정수도 주변 장기 발전 계획도 ▾h[지도자료]

한편 자료의 어느 부위에도 표제의 표시가 없는 경우에는 대상지명을 나타내는 어구가 포함되도록 하여 본표제를 기재한다. 그리고 본표제에 지명이 포함되지 않고 표제관련정보에도 지명이 포함되지 않은 경우, 해당 지명을 표현하는 단어나 간략한 어구를 표제관련정보로 각괄호로 묶어 부기한다.

245 00 ▾a[설악산 등반지도] ▾h[지도자료]

245 00 ▾a동식물도감 ▾h[지도자료] : ▾b[제주도]

245 00 ▾aVegetation ▾h[map] : ▾b[in Botswana]

본문이 한글인 간행물에 한글표제와 그에 상응하는 한자표제가 기재되어 있는 경우, 한자표제는 대등표제로 기재하지 않고, 주기사항에 기재한다. 다만 두 표제가 서로 달리 발음되는 경우에는 한자표제를 대등표제로 기재한다.

500 ▾a한자표제: 忠南北開發圖

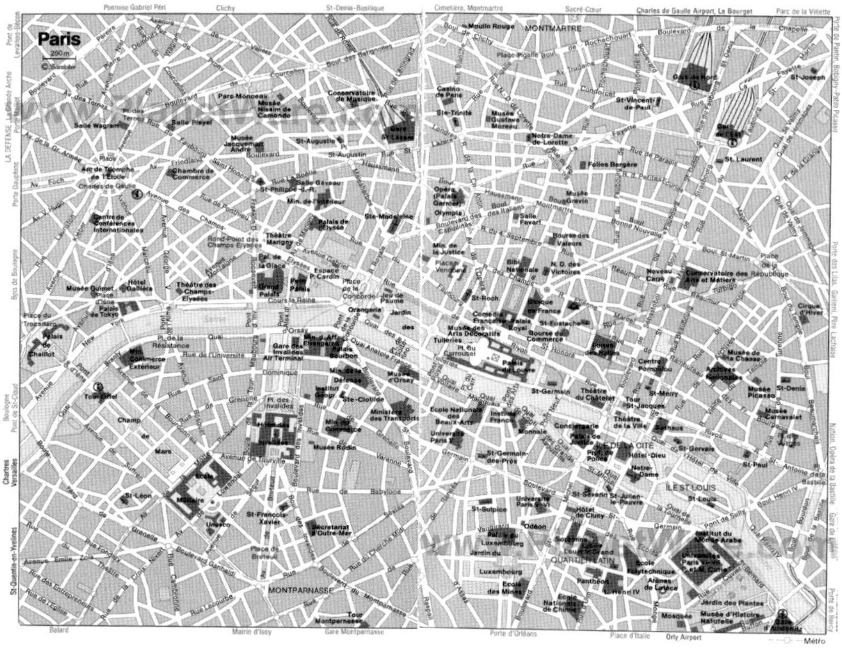

KORMARC

001　000000426996
005　20010912135421
007 aj canun
008 091205s2000　ulk　　a　　0a　eng
034　1▾aa▾b15000
082　　▾a910▾220
090　　▾a910▾bD92cK ㄱA
245 20▾a(City pack) Paris▾h[map] /▾dFiona Dunlop
255　　▾aScale 1:15,000
260　　▾aSeoul :▾b중앙M&B,▾c2000
300　　▾a1 map :▾bcol. ;▾c66 × 99 cm, folded to 19 × 10 cm
490 10▾aCity Pack ;▾v7
653 1　▾aWorld travel▾aParis▾aCity map
700 1　▾aDunlop, Fiona
772　0▾tParis▾w400293[658907]
830　0▾aCity Pack ;▾v7▾h[map]

〈그림 2-6〉 낱장지도: 형태사항

〈그림 2-6〉은 2000년 중앙M&B에서 세계의 유명한 여행지를 대상으로 총서형태로 제작한 가이드북과 낱장지도로서, 낱장지도(보유판이나 별책부록)를 중심으로 레코드를 작성한 예시이다.

일반적으로 지도자료의 형태사항은 ▾a(특정자료종별과 수량), ▾b(기타 형태사항), ▾c(크기), ▾e(딸림자료)를 사용하여 기술한다. 낱장지도의 특정자료종별은 '지도' 또는 'map'으로 기술하되, 그 매수를 아라비아 숫자로 기술한다. 이 때 지도자료의 매수와 수록 도수(圖數)가 일치하지 않은 경우에는 필요에 따라 지도의 매수 다음에 도수를 부기한다.

300 ▾a지도 1매 :▾b천연색 ;▾c45 × 65 cm

300 ▾a1 map :▾bcol. ;▾c45 × 65 cm

300 ▾a지도 3매 (7도) :▾b천연색 ;▾c40 × 50 cm

300 ▾a7 map sections on 3 sheets :▾bcol. ;▾c40 × 50 cm

평면지도의 크기는 지도의 내곽경계선을 기준으로 세로 × 가로를 기술한다. 경계선이 없거나 있더라도 불규칙적인 경우에는 지도자체의 세로와 가로에서 가장 긴 길이를 기준으로 기재하되 이를 측정하기 어려운 경우에는 인쇄된 용지의 세로와 가로를 '전지' 또는 'on sheet'라는 어구를 덧붙여 기술한다.

300 ▾a지도 1매 :▾b천연색 ;▾c전지 55 × 80 cm

300 ▾a1 map :▾bcol. ;▾con sheet 55 × 80 cm

한편 위의 예시와 같이 접어서 표지가 나오는 지도인 경우에는 폈을 때의 크기와 함께 접었을 때의 크기도 '접으면' 또는 'folded to'라는 어구를 덧붙여 기술한다. 지도자료가 용기에 보관되어 있을 경우에는 자료자체의 크기와 함께 보관용기의 크기도 덧붙여 기술할 수 있다. 보관용기의 크기는 세로 × 가로를 cm 단위로 기재하며, 높이를 덧붙일 수 있다.

300 ▾a지도 1매 :▾b천연색 ;▾c40 × 60 cm, 접으면 21 × 10 cm

300 ▾a1 map :▾bcol. ;▾c40 × 60 cm, folded to 21 × 10 cm

300 ▾a지도 5매 :▾b천연색 ;▾c40 × 60 cm, 접으면 21 × 10 cm,
플라스틱케이스 25 × 20 × 10 cm

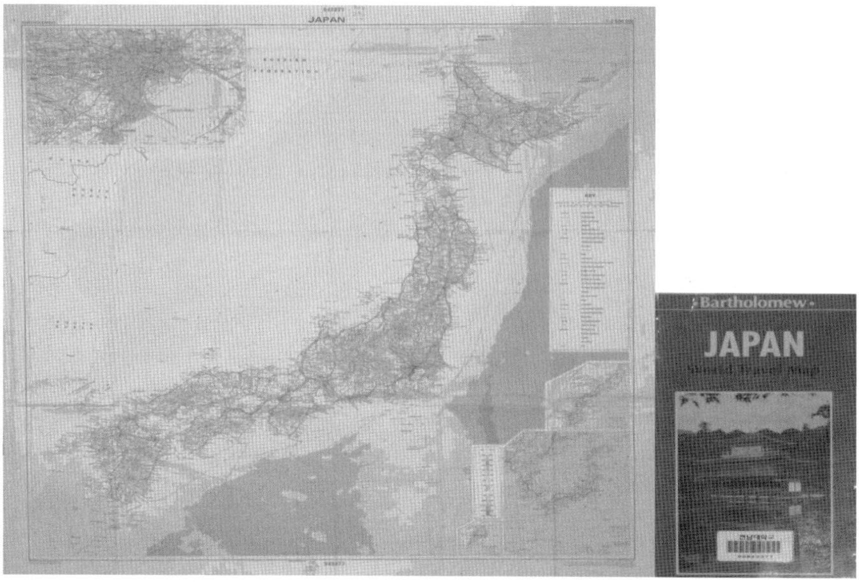

KORMARC

001 000000550751
007 aj canun
008 091205s1992 uk a 0a eng
020 ▾a070280245X
034 ▾aa ▾b2500000 ▾dE1280000 ▾eE1480000 ▾fN0460000 ▾gN0300000
082 00 ▾a912.52 ▾220
090 ▾a912.53 ▾bJ66j
245 00 ▾aJapan ▾h[map] : ▾bWorld travel map / ▾dJohn Bartholomew & Son
246 1 ▾iCover title: ▾aWorld travel map, Japan ▾h[map]
255 ▾aScale 1:2,500,000 ▾c(E 128°--E 148°/N 46°--N 30°)
260 ▾aEdinburgh, Scotland : ▾bJohn Bartholomew & Son, ▾c1992
300 ▾a1 map : ▾bcol. ; ▾c76 × 69 cm, folded to 27 × 14 cm
490 10 ▾aBartholomew world travel series ; ▾v17
500 ▾aRelief shown by gradient tints, contours, and spot heights. Depths shown by gradient tints
500 ▾aIncludes 4 insets
651 8 ▾aJapan ▾xmaps
710 ▾aJohn Bartholomew and Son
830 0 ▾aBartholomew world travel series ; ▾v17 ▾h[map]

〈그림 2-7〉 낱장지도: 지도자료의 수치데이터

〈그림 2-7〉은 1992년에 Edinburgh의 John Bartholomew & Son사에서 발간한 축척 1:2,500,000의 낱장지도로서, 제자란(題字欄)의 표제와 표지표제가 상이한 형태이다.

2.1절에서 설명한 바와 같이 축척, 도법, 경위도 등의 수치데이터는 지도자료가 갖는 기본요소이자 대표적인 특성이라 말할 수 있다. 특히, 지표상의 실제거리와 지도상에 나타낸 거리와의 비율인 축척은 지도자료의 핵심요소로서, 위의 예시와 같이 지표상의 거리를 많이 줄인 지도는 소축척에 해당된다.

KORMARC에서 지도자료의 수치데이터는 034 필드와 255 필드로 기술하는데, 255 필드(지도제작의 수치데이터)는 실제적인 수치데이터를 기술하며, 034 필드(지도제작의 수치데이터부호)는 255 필드의 정보에 기초하여 수치데이터를 부호 형식으로 기술한다. 034 필드의 ▾a와 ▾b는 각각 축척의 종류와 등비수평축척을 의미하며, 모형이나 실물자료와 같이 등비수직축척에 대한 수치가 자료에 표시된 경우는 ▾c를 사용하여 이를 기술한다.

034 ▾aa ▾b100000
255 ▾a축척 1:100,000

034 1 ▾aa ▾b744000 ▾c96000
255 ▾a축척 1:744,000. 수직축척 1:96,000
255 ▾aScale 1:744,000. Vertical scale 1:96,000

경위도표시는 255 필드(지도제작의 수치데이터 필드)에서 ▾c를 사용하여 기술한다. 이때 경위도는 최서단 경도, 최동단 경도, 최북단 위도, 최남단 위도 순으로 기술하며, ISBD원칙에 따라 원괄호로 묶어 기술한다. 경도와 위도 사이는 빗금으로 구분하고, 경도와 경도, 위도와 위도 사이는 이중붙임표로 구분한다.

255 ▾a축척 1:7,500,000 ▾c(W125°--W65°/N49°--N25°)
255 ▾a축척 1:250,000 ▾c(E 32°30'--E 34°30'/N 35°30'--N 35°00')
255 ▾aScale [ca. 1:10,000] ▾c(W9°13'52"--W9°04'47"/N38°48'35"--N38°41'29")

(KOMARC과 MARC 21에서는 경도와 경도, 위도와 위도 사이에 이중붙임표로 구분하지만 KCR4에서는 짧은 붙임표로 구분한다.)

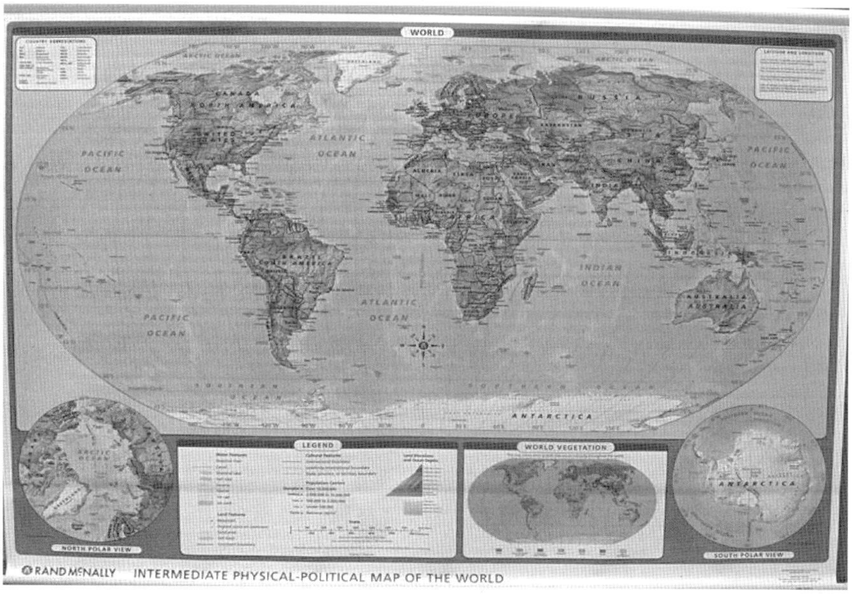

KORMARC

001 15551074
007 aj cenzn
008 091205s2005 us bz a 0a0 eng
034 1 ▼aa ▼b23633280 ▼dW1800000 ▼eE1800000 ▼fN0900000 ▼gS0900000
245 00 ▼aIntermediate physical-political map of the world ▼h[map] / ▼dRand McNally and Company
246 1 ▼iTitle at top of map: ▼aWorld ▼h[map]
255 ▼aScale [ca. 1:23,633,280]. 1 in. represents about 373 miles ; ▼bRobinson proj. ; ▼c(W 180°--E 180°/N 90°--S 90°)
260 ▼a[Chicago] : ▼bRand McNally, ▼c[2005?]
300 ▼a1 map : ▼bcol., plastic ; ▼c87 × 170 cm
500 ▼aWall map
500 ▼aRelief shown by shading and spot heights
500 ▼aMarkable surface
500 ▼aIncludes notes, legend, north polar view, south polar view, and "world vegetation" map
521 8 ▼aAudience: 8-12 year olds
650 0 ▼aWorld maps, Physical
650 0 ▼aWorld maps
650 0 ▼aMaps for children
710 ▼aRand McNally and Company

〈그림 2-8〉 낱장지도: 이용대상자주기

〈그림 2-8〉은 Rand McNally & Company사에서 2005년경에 제작 발행한 어린이용 벽지도로서 원통도법의 하나인 Robinson 도법을 사용하고 있다. 〈그림 2-13〉에서 상술하겠지만 지도자료의 도법은 008 필드의 22-23에 나타내는데, Robinson 도법에 대한 부호가 없으므로 bz(기타 원통도법)로 표시한다.

해당 지도의 특성을 살펴보면, 중앙의 세계지도 이외에도 주기, 범례, 북극 조감도, 남극 조감도, 세계식물지도 등을 포함하고 있으며 종이가 아닌 플라스틱을 사용하여 표면이 올록볼록하게 제작된 특성을 가지고 있다. 따라서 300필드의 ▼b(기타 형태사항)에 해당자료의 구성재질을 기술하고 500 필드에도 형태상의 특성을 기술할 수 있다. 또한 벽지도가 KORMARC 통합서지용에 특정자료종별로 제시되어 있지 않으므로 일반주기 필드에 이에 대한 사항을 기술한다.

300 ▼a1 map :▼bcol., plastic ;▼c87 × 170 cm

300 ▼a지도 1매 :▼b천연색, 플라스틱 ;▼c87 × 170 cm

500 ▼aMarkable surface

500 ▼aWall map

한편 자료가 특수한 이용자층을 고려하여 간행된 경우, 521 필드(이용대상자주기)에 이를 기술한다. 이 때 제1지시기호를 통해 표출어가 자동 생성되며, 양서의 경우에는 제1지시기호에 8을 입력한 후, 적절한 표출어를 기술하여야 한다.

521 ▼a초등학생용

521 8 ▼aMotivation interest level: First year undergraduate

521 필드가 특정 이용자층에 대한 기술을 위한 필드인 반면에 이용에 대한 제한은 506 필드(이용제한주기)에 기술한다. 또한 자료에 접근한 후 그 자료를 이용하거나 복제하는데 따른 제한이 있는 경우에는 그 정보를 540 필드(이용과 복제제한에 관한 주기)에 기술한다.

506 ▼a대외비

506 ▼aFor official use only

540 ▼a도서관 내부에서만 이용가능

540 ▼aRestricted: Information on reproduction rights available at Reference Desk

KORMARC

001 5534819
007 aj canzn
008 091205s1800 xx a 0a chi
245 00▾a中國十三省圖▾h[map] :▾b天下
246 1 ▾iAlternate title in Chinese:▾aDa ming hun yi tian xia quan tu▾h[map]
255 ▾aScale not given
260 ▾a[S.l. :▾bs.n.,▾c1800?]
300 ▾a2 maps on 1 sheet :▾bcol. ;▾c29 × 29 cm and 27 × 27 cm, on sheet 32 × 64 cm
500 ▾aOne map shows Ming Empire of China and the other map shows the world
500 ▾aPen-and-ink and watercolor
500 ▾aText on verso unrelated to map
505 8 ▾aVerso: 天下中國
530 ▾aAvailable also through the Library of Congress Web site as a raster image
541 ▾cGift ;▾d1992 ;▾aAndrew Saylor
650 0▾aWorld maps, Manuscript
651 0▾aChina▾vMaps, Manuscript▾vEarly works to 1800
740 2▾a天下中國▾h[map]
856 41▾3Recto▾uhttp://hdl.loc.gov/loc.gmd/g7820.ct000214
856 41▾3Verso▾uhttp://hdl.loc.gov/loc.gmd/g7820.ct000215
940 ▾a중국십삼성도▾h[map]
940 ▾a중국13성도▾h[map]
940 ▾a천하중국▾h[map]

〈그림 2-9〉 낱장지도: 입수처주기

〈그림 2-9〉는 중국에서 1800년대에 제작된 고지도로, 펜과 잉크 그리고 수채물감을 이용하여 필사된 낱장지도이다.

이 지도는 한 장의 종이에 "中國十三省圖"와 "天下中國"이라는 표제가 앞뒷면으로 표시되어 있는데, 이것은 각각 명나라와 세계도에 해당된다. 앞면의 지도는 245 필드에, 뒷면의 지도는 내용주기로 간주하여 505 필드에 기술한다. 505 필드의 내용이 부출표목으로 되기 위해서는 740 필드에 다시 기술해야 한다.

245 00 ▾a中國十三省圖 ▾h[map] : ▾b天下

505 8 ▾aVerso: 天下中國

740 2 ▾a天下中國 ▾h[map]

현재는 개인의 기증에 따라 미국 의회도서관에서 소장하고 있으며, American Memory 사업의 일환으로 지도의 원문이 전자화되어서 웹상으로도 접근이 가능하다. 따라서 856 필드(전자적 위치 및 접속)의 ▾3을 이용하여 앞뒷면 각각에 대한 위치를 기술한다(〈그림 2-12〉 참조).

856 41 ▾3Recto ▾uhttp://hdl.loc.gov/loc.gmd/g7820.ct000214

856 41 ▾3Verso ▾uhttp://hdl.loc.gov/loc.gmd/g7820.ct000215

기증과 같은 해당 자료의 직접적인 입수원에 관한 정보는 541 필드(입수처 주기)에 기술한다. 이 필드는 주로 원본, 역사적인 자료 또는 보존장서에 사용한다. 지시기호는 정의되어 있지 않으며, 식별기호 ▾a는 입수처, ▾b는 입수처의 주소, ▾c는 입수방법, ▾d는 입수일자를 나타낸다.

541 ▾c구입 ; ▾a好古堂 ; ▾b서울시 종로구 인사동 167번지 ; ▾d1998

541 ▾cGift ; ▾d1992 ; ▾aAndrew Saylor

541 ▾aSparkling Brew Beer Company ; ▾bNew Hops Road, Port Washington

한편 필사된 지도자료의 경우, 필사재료에 대한 내용을 주기하며, 지도의 성격이나 범위에 관하여도 주기한다.

500 ▾a서유럽 전체와 동유럽 일부를 보여줌

500 ▾a손으로 채색한 삽화

500 ▾aPrinted on both sides of sheet

2) 낱장지도 - 주제도

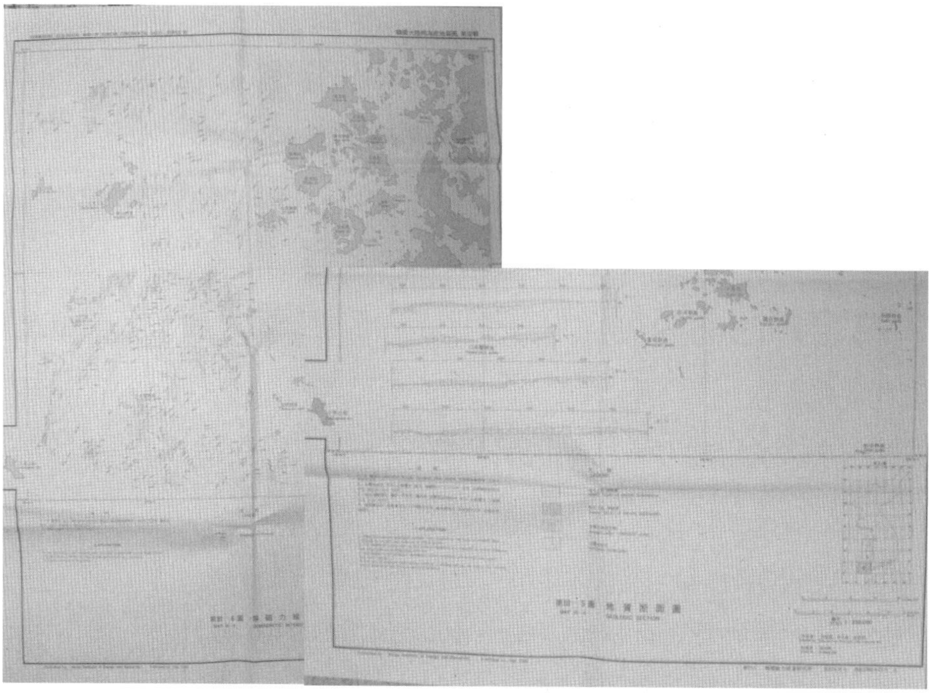

KORMARC

001　000000427119

005　20010913112539

007 aj canun

008 091205s1982　　ulk　　　b　　0a　kor

034　1 ▾aa ▾b250000

082　　▾a551.41 ▾220

245 00 ▾a韓國大陸棚海底地質圖 縮尺 1:250,000. ▾n3 ▾h[지도자료] / ▾d韓國動力資源研究所

255　　▾a축척 1:250,000

260　　▾a서울 : ▾b韓國動力資源研究所, ▾c1982

300　　▾a지도 1매 (3도) : ▾b천연색 ; ▾c69 × 54cm

490 10 ▾aSubmarine geological map of Korean continental shelf ; ▾v제3권

505 00 ▾n4. ▾t現生堆積物等層厚圖 / ▾d朴根苾, ▾e金哲民, ▾e申元澈 작성 ; ▾e具滋興 제도 -- ▾n5. ▾t地質斷面圖 / ▾d朴根苾, ▾e金哲民, ▾e申元澈 작성 ; ▾e具滋興 제도 -- ▾n6. ▾t等磁力線圖 / ▾d朴根苾, ▾e申元澈, ▾e曺圭張 작성 ; ▾e具滋興 제도

700 1　▾a박근필, ▾e작성

700 1 ▾a김철민, ▾e작성
700 1 ▾a신원철, ▾e작성
700 1 ▾a조규장, ▾e작성
700 1 ▾a구자흥, ▾e제도
710 ▾a한국동력자원연구소
710 ▾aKorean Institute of Energy and Resources
740 2 ▾a현생퇴적물등층후도. ▾n4 ▾h[지도자료]
740 2 ▾a지질단면도. ▾n5 ▾h[지도자료]
740 2 ▾a등자력선도. ▾n6 ▾h[지도자료]
830 0 ▾aSubmarine geological map of Korean continental shelf ; ▾v제3권 ▾h[지도자료]

〈그림 2-10〉 낱장지도(주제도): 내용주기

〈그림 2-10〉은 韓國動力資源硏究所에서 1982년에 제작한 「韓國大陸棚海底地質圖」로서, 축척은 1:250,000이다.

505 필드(내용주기)는 형식화된 내용주기를 기술하며, 대개 개별 저작들이나 자료 일부분의 표제들, 저작이나 자료일부와 관련한 책임사항 등을 포함한다. 위의 예시는 내용주기를 확장형(제2지시기호 '0')으로 작성한 형태로, 여러 가지 식별기호를 반복 사용하여 자세하게 기술하고 있다.

내용주기를 확장형으로 기술한 경우에는 505 필드에서 표제 및 저자명 색인파일을 직접 생성할 수 도 있다. 그러나 정확한 색인파일 작성을 위하여 7XX 필드에 부출표목을 생성하여 저자명의 도치나 표제의 첫머리에 오는 문자를 제외할 수도 있고, 자료유형표시(▾h)를 부기할 수도 있다. 즉, 위의 예시에서도 ▾t, ▾d, ▾e를 사용하여 개별 저작들의 표제와 책임표시를 기술하고 있으나 한문형이기 때문에 그것의 한글형을 700과 740에 직접 부출하고 있다. 740 필드에서는 ▾h를 표시하였으며, 개인명을 부출하는 700 필드에서는 식별기호 ▾e를 사용하여 '작성'이나 '제도'와 같은 지도제작상의 역할을 표시한다.

505 00 ▾n4. ▾t現生堆積物等層厚圖 / ▾d朴根苾, ▾e金哲民, ▾e申元澈 작성 ;
▾e具滋興 제도 -- ▾n5. ▾t地質斷面圖 / ▾d朴根苾 ...
700 1 ▾a박근필, ▾e작성
700 1 ▾a구자흥, ▾e제도
740 2 ▾a현생퇴적물등층후도. ▾n4 ▾h[지도자료]
740 2 ▾a지질단면도. ▾n5 ▾h[지도자료]

KORMARC

001 000000427029
005 20010912160312
007 aj canun
008 091205s1999 ulk a 0a korlA
034 1 ▾aa ▾b50000
082 ▾a551.49 ▾220
245 00 ▾a화순지구 광역수맥도 ▾h[지도자료] = ▾xHydrogeological map of Hwasun area / ▾d농림수산부, ▾e농업기반공사 발행
255 ▾a축척 1:50,000
260 ▾a서울 : ▾b농림수산부, ▾c1999
300 ▾a지도 1매 : ▾b천연색 ; ▾c105 × 77 cm
653 1 ▾a지질 ▾a주상도 ▾aGeology ▾a지하수 ▾a지질구조 ▾a화순
710 ▾a농림수산부
710 ▾a농업기반공사
772 0 ▾t화순군광역수맥조사보고서 ▾w396750[650925]

〈그림 2-11〉 낱장지도(주제도): 연관저록필드

〈그림 2-11〉은 농림수산부와 농업기반공사에서 1999년에 제작 발행한 「화순지구 광역수맥도」이다.

연관저록필드(76X-78X)는 해당 자료와 관련자료 사이의 각각 다른 서지적 관계를 보여준다. 즉, 관련자료가 개별레코드로 존재할 때 해당 자료의 서지레코드와 관련자료의 서지레코드간을 기계적으로 연결시켜주기 위해 사용된다. 연관저록필드로 나타낼 수 있는 서지적 관계는 다음 세 가지로 구분할 수 있다.

- 선후관계 : 시간순서에 따른 서지자료간의 관계 즉, 지명이 변경된 연속간행물의 선후관계 등이 여기에 해당된다. (777, 780, 785 필드)
- 파생관계 : 다른 언어, 형식, 매체 등과 같이 하나의 서지자료에서 파생된 상이 한 판(version)간의 관계가 여기에 해당된다. (765, 767, 775, 776 필드)
- 계층관계 : 부분에 대한 전체와 전체에 대한 부분의 계층관계 즉, 학술저널과 수록 논문, 회의자료집의 종합표제와 그것을 구성하는 개별표제, 상위총서와 하위총서 등이 여기에 해당된다. (760, 762, 770, 772, 773, 774 필드)

한편 연관저록에서 설정된 링크들은 관련된 서지 레코드 상호간에 연결된다. 즉, 파일내에 관련자료가 레코드로 존재한 경우, 연관저록필드는 관련자료에 연결된다.

760 필드 (상위총서저록)	762 필드 (하위총서저록)
765 필드 (원저저록)	767 필드 (번역저록)
770 필드 (보유판 및 특별호저록)	772 필드 (모체레코드저록)
773 필드 (기본자료저록)	774 필드 (구성단위저록)
775 필드 (이판저록)	775 필드 (이판저록)
776 필드 (기타형태저록)	776 필드 (기타형태저록)
777 필드 (동시발간저록)	777 필드 (동시발간저록)
780 필드 (선행저록)	785 필드 (후속저록)
787 필드 (비특정적 관계저록)	787 필드 (비특정적 관계저록)

예시와 같이 해당 지도자료가 모체레코드의 보유판이나 특별호인 경우, 모체자료에 관한 사항을 772 필드에 기술한다. 반대로 해당 자료가 별도의 레코드로 목록되는 보유판이나 특별호가 있는 경우, 그 사항을 770 필드에 기술한다.

245 00▼a충주지역 지하수 기초조사보고서 /▼d한국수자원공사
770 0 ▼t충주지역 지하수 기초조사 수문지질도▼h[지도]▼w13382019

2.5.2 지도책

KORMARC

001 000013310038
007 ad cauzn
008 091205s2007 ulk e 1a kor
008 070509s2007 ulk zz b c kor
034 ▾aa ▾b14000 ▾b35000
082 ▾a912.519 ▾222
090 ▾a912.51 ▾b학68ㄷ
245 00 ▾a도로관광안내도 ▾h[지도자료] = ▾xKorea road guide atlas / ▾d학은미디어 편집부
250 ▾a최신개정판
255 00 ▾a축척 서울 1:14,000과 지방시 1:35,000
260 ▾a서울 : ▾b학은미디어, ▾c2007
300 ▾a지도책 1책 (239 p.) : ▾b천연색 ; ▾c26 cm
500 ▾a부록: 지하철안내도
710 ▾a학은미디어. ▾b편집부
856 41 ▾3Table of Contents ▾uhttp://www.riss4u.net/keris_abstoc.jsp?no=10817695

〈그림 2-12〉 지도책: 형태사항, 전자적 위치 및 접근

〈그림 2-12〉는 2007년에 발간된 지도책 형태의 도로관광안내도로서, 서울과 지방의 축척이 서로 다르며 해당 지도책의 목차를 전자적으로 확인할 수 있다.

지도책의 경우 300 필드(형태기술사항)의 ▾a에서 괄호 속에 전체 면수와 도수를 부기하며, 그 크기는 단행본의 규정에 따라 기술한다.

300 ▾a지도책 1책 (330 p.) ; ▾c29 cm

300 ▾a1 atlas (xvii, 37 p. 74 leaves of plates) ; ▾c26 cm

300 ▾a지도책 1책 (320 p.) : ▾b천연색지도 ; ▾c45 × 20 cm

300 ▾a1 atlas (xii, 100, 32 p.) : ▾b100 col. maps ; ▾c29 cm

한편 위의 예시와 같이 한 자료에 축척이 서로 다른 지도를 수록하고 있는 경우, 그 축척이 두 가지이면 비율이 큰 것을 앞세워 기술하고 034 필드도 ▾b를 반복하여 기술한다. 그러나 세 가지 이상이면 '축척다양' 또는 'Scales vary'로 기술한다. 반면에 하나의 기술대상 지도내에 축척이 여러 개 기재되어 있는 경우는 큰 축척과 작은 축척을 짧은 붙임표로 연결하여 기술한다.

034 ▾aa ▾b14000 ▾b35000

255 00 ▾a축척 서울 1:14,000과 지방시 1:35,000

034 3 ▾aa ▾b25000 ▾b50000

255 ▾aScale 1:25,000-50,000

또한 지도자료의 내용이나 목차를 전자적으로 접근 가능한 경우에 856 필드(전자적 위치 및 접근)를 사용하여 이를 기술한다. 이때 제1지시기호는 접근방법에 관한 정보를 나타내며, 4는 http를 의미한다. 제2지시기호는 856필드의 정보와 레코드에 기록된 정보원과의 관련을 나타내며 1과 2는 각각 '자료의 전자버전'과 '관련자료'를 의미하며 표출어도 자동 생성한다. 또한 식별기호는 모두 28개가 있으며, ▾u는 URL, ▾3은 자료범위지정을 나타낸다.

856 41 ▾3Table of Contents
▾uhttp://www.riss4u.net/keris_abstoc.jsp?no=10817695

856 42 ▾uhttp://www.cdc.gov/ncidod/EID/eid.htm

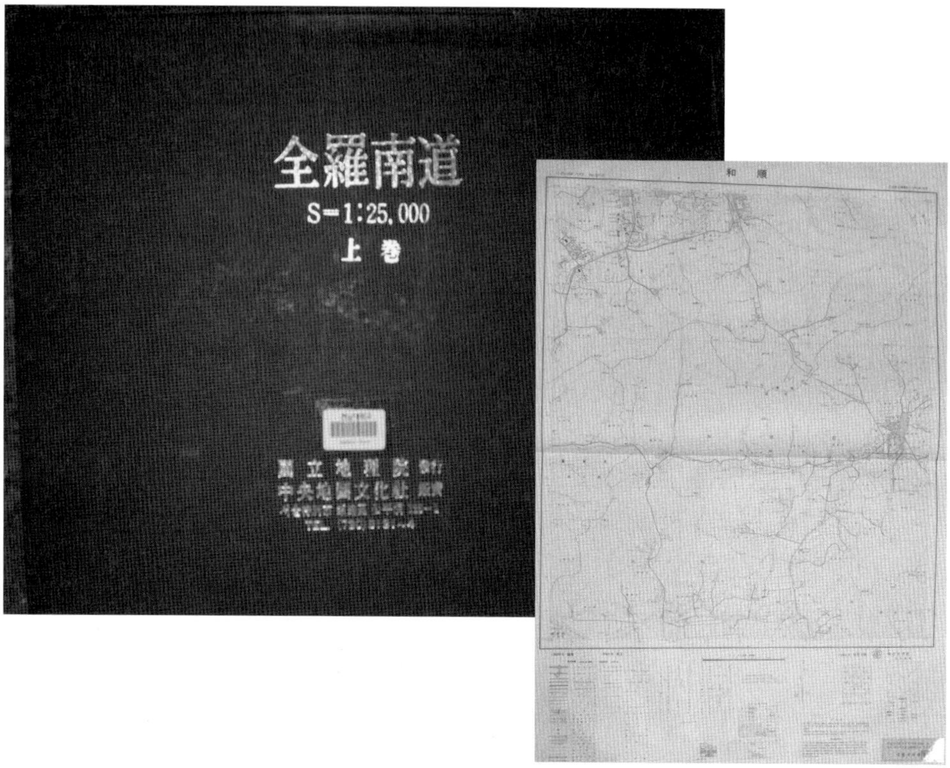

KORMARC

001　000000426277
005　20010910172646
007 ad canun
008 091205s2000　　ggk　　bh e　　0a　kor
008 010905s2000 ggkaj bh b 0a kor
024 8 ▾a도엽번호 NI52-1-02 ～ NI52-2-27
034 1 ▾aa▾b25000
082　▾a915.19▾220
090　▾a915.195▾b국239ㄱ
245 00▾a全羅南道▾h[지도자료] :▾bS-1:25,000 /▾d國立地理院 제작
255　▾a축척 1:25,000 ;▾b횡축 메르카토르도법
260　▾a수원 :▾b國立地理院,▾c2000
300　▾a지도책 2책 :▾b천연색 ;▾c54 x 40 cm
710　▾a국립지리원

〈그림 2-13〉 지도책: 투영법

〈그림 2-13〉은 국토지리원에서 2000년에 제작한 2권의 지도책으로, 축척은 1:25,000이고 횡축 메르카토르도법을 적용하였다.

구형인 지구의 표면을 평면상의 지도로 변환하는 과정과 방법을 일컫는 투영법은 지구본이 갖는 특성 즉, 등각성(모양), 등적성(면적), 등거리성(거리), 정방위성(방향)중 어떤 속성을 유지하는가와 투영형태에 따라 다음과 같이 구분할 수 있다.

구 분	등(정)적도법	등(정)각도법	등(정)거리도법	기타 도법 (절충도법)
원통도법	· 람베르트 등적원통도법 · 상송도법 · 몰와이데도법 · 구드도법	· 메르카토르도법 (정축) · 국제 횡축 메르카토르도법 (UTM) · 가우스-크루거 도법(TM)	· 등거리원통도법 · 카시니-솔드너 도법(등거리 횡 원통도법)	· 심사원통도법 · Gall도법 · 밀러도법
원뿔도법 (원추형도법)	· 알베르트 등적원추도법 · 본느도법 · 다면체도법	· 등각원추도법 · 람베르트 등각원추도법 · 메르카토르도법	· 등거리원추도법 · 프톨레미도법 (정축) · 정규다원추도법	· 단원추도법 · 다원추도법 · 심사원추도법 (정축)
방위도법 (평면도법)	· 람베르트 등적 방위도법	· 평사도법	· 등거리방위도법 · 정사도법	· 심사도법 · 외사도법

· 원통도법 : 지구의를 원통으로 둘러싼 후에 광원을 지구의의 중심에 두고 투영·전개하는 방법으로 가장 보편적인 방법이다.

· 원뿔도법 : 지구의를 원추모양으로 투영시켜 전개하며 투영면이 극중심일때 극에서 발산되는 등간격의 직선(경선)으로 나타난다.

· 방위도법 : 전구가 지구의 중심에서 지구의 표면을 비추는 것처럼 지구를 평면 위에 올려놓고 투영하는 도법이다.

KORMARC 형식에서 투영법은 255 필드(지도제작의 수치데이터)의 ▾b와 008 필드의 22-23에 기술된다. 위의 008필드의 22-23에 표시된 'bh'는 원통도법중의 하나인 횡축 메르카토르 도법을 부호화 한 것이다.

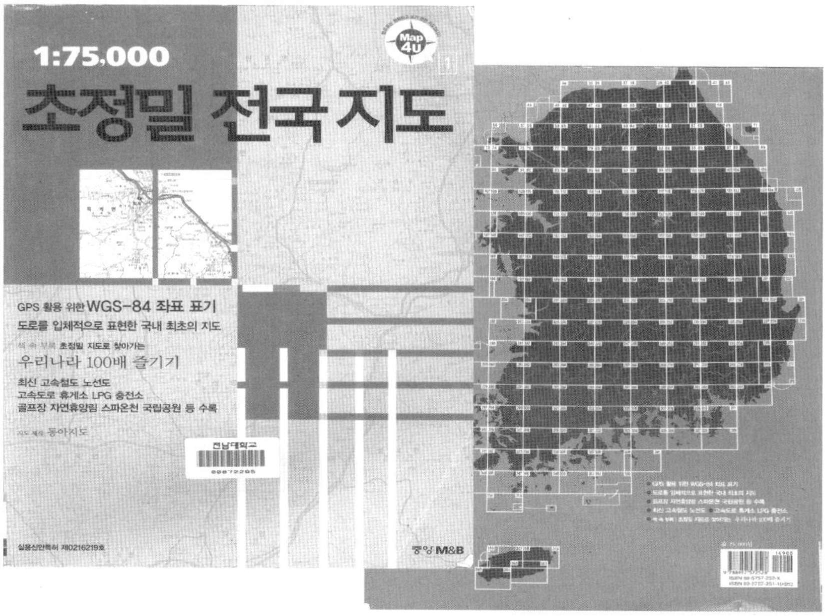

KORMARC

001　000013201765
007 ad canan
008 091205s2004　　ulk　　　e　　0a　kor
013　▾a0216219▾bKOR▾c실용신안특허
020　▾a8957572511(세트)
034　▾aa▾b75000
082　▾a912.519▾221
245 20▾a(1:75,000) 초정밀 전국지도▾h[지도자료] /▾d동아지도 제작
246 30▾a전국지도▾h[지도자료]
255　▾a축척 1:75,000
260　▾a서울 :▾b랜덤하우스중앙,▾c2004
300　▾a지도책 1책 (363 p.) :▾b천연색 ;▾c35 cm
490 10▾aMap 4U ;▾v1
500　▾a이 지도는 국토지리정보원 발행 1:50,000 기본도를 사용하여 동아지도가 편집, 제작하였으며, 기본도상에 표기된 지형, 지물 이외의 자료는 제작자가 수집 또는 표기하였음
500　▾a지도의 도곽 구성은 위도 13' 30", 경도 22' 30" 차의 경위선 좌표에 의해 구획되었음
500　▾a경위도 좌표 측지계인 동경 측지계(Tokyo Datum)에 의해 좌표 수치가 기입되어 있으며, 위성 항법 장비인 GPS 사용을 위해 세계 측지계인 WGS-84 좌표 수치가 적색으로 표기되어 있음
500　▾a권말에 고속철도 및 전국 철도 안내도, 지하철 노선도, 여행길 퍼즐 등 수록
710　▾a동아지도
830　0▾aMap 4U ;▾v1▾h[지도자료]

〈그림 2-14〉 지도책: 특허제어정보

〈그림 2-14〉는 '실용신안특허 제0216219호'로 등록된 「1:75,000 초정밀 전국지도」이다.

특허제어정보는 013 필드에 기술한다. 여기에는 특허정보 이외에도 다른 종류의 보호를 받고자 할 때 각 체약국별로 발명자인증, 실용신안증명, 실용신안, 추가특허나 추가인증, 발명자의 추가인증, 추가 실용신안증명, 이들에 관한 공보발행된 출원과 관련된 정보 등이 포함될 수 있다. 식별기호는 번호(▼a), 국가(▼b), 번호의 유형(▼c), 일자(▼d) 등의 순으로 기재한다. 이때 국가는 KORMARC 형식의 '부속서 8. 국가부호표' 기호를 적용한다.

013 ▼a0216219▼bKOR▼c실용신안특허

013 ▼a91-13005▼bUSA▼cpatent▼d19920217

총서사항에는 매체표시를 나타내는 식별기호(▼h)가 포함되어 있지 않으므로 비도서자료와 같이 총서부출표목에 매체표시가 필요한 경우 아래와 같이 490 필드와 830 필드를 사용하여 기술한다. 즉, 아래와 같이 490 필드에는 자료에 나타난 그대로의 내용을 기술하고, 830 필드에는 490 필드에 기술한 내용과 다르게 부출되는 총서표제를 기술한다.

490 10▼aMap 4U ;▼v1

830 0▼aMap 4U ;▼v1▼h[지도자료]

245 00▼a文化遺蹟分布地圖▼h[지도자료] /▼d忠北大學校 博物館 編

490 10▼a調査報告 ;▼v第100冊

830 0▼a調査報告 (忠北大學校 博物館) ;▼v第100冊▼h[지도자료]

500 필드에는 501부터 59X 필드까지의 주기사항에 해당되지 않는 일반정보를 기술하며, 501부터 59X에 관련 주기필드가 있는 경우에는 해당 주기필드에 우선 기술한다. 지시기호는 정의되어 있지 않으므로 빈칸이다. 주기사항에 기술되는 내용은 이 필드에서 직접 부출되지 않는다. 그리고 500 필드는 주기내용이 다를 때 필드를 반복 기술한다. 예시에서는 지도자료와 관련하여 지도 제작의 특이사항과 제작사항 등을 500 필드에 기술한 것이다.

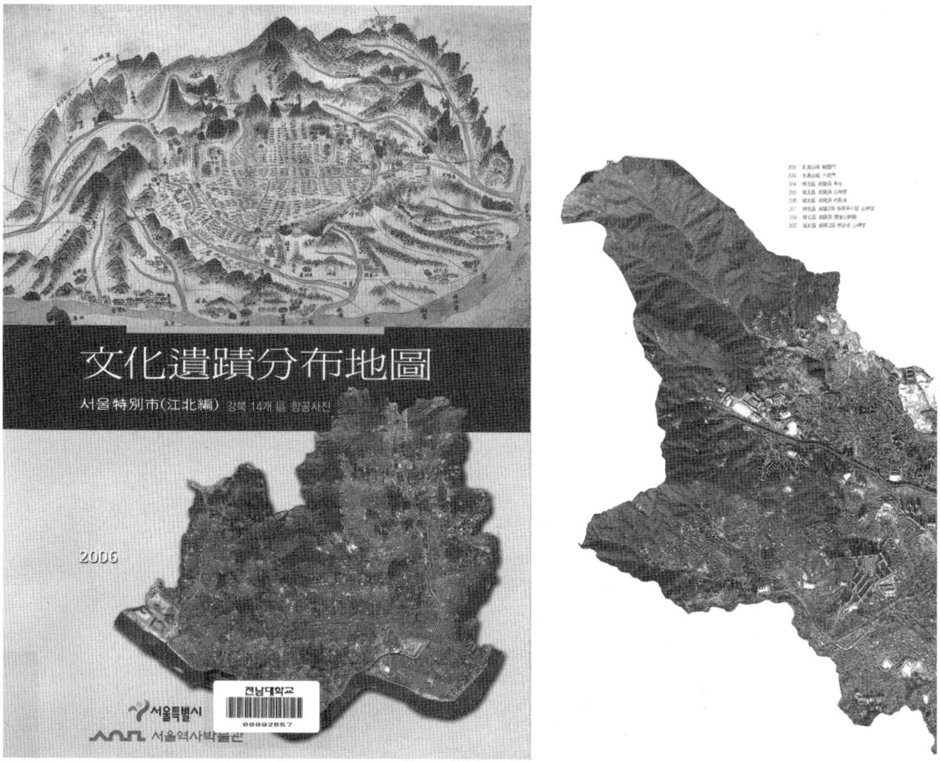

KORMARC

001 000013215422
007 ad canun
008 091205s2006 ulk e 0a kor
034 ▾aa▾b10000
082 ▾a912.519▾222
245 00▾a文化遺蹟分佈地圖▾h[지도자료] :▾b서울特別市(江北編) /▾d편집: 서울역사박물관
255 ▾a축척 1:10,000
260 ▾a서울 :▾b서울특별시,▾c2006
300 ▾a지도책 1책 (561 p.) :▾b사진, 지도 ;▾c37 cm
490 10▾a學術調査報告書 ;▾v第45册
500 ▾a강북 14개 區 항공사진
653 1 ▾a문화유적▾a지도▾a서울특별시▾a강북
710 ▾a서울역사박물관
776 0 ▾t文化遺蹟分佈地圖 : 서울특별시(강북편)▾h[전자광디스크]▾w13295760
830 0▾a學術調査報告書 (서울역사박물관) ;▾v第45册▾h[지도자료]

〈그림 2-15〉 지도책: 발행사항

〈그림 2-15〉는 2006년 서울역사박물관에서 발행한 서울 강북지역의 「文化遺蹟分佈地圖」로, CD 형태의 전자자료로도 간행되어 이용이 가능하다.

지도자료의 발행사항은 일반 단행본과 마찬가지로 발행지, 발행처, 발행년의 순서로 260 필드에 기술한다. 하나의 발행처에 둘 이상의 발행지명이 표시된 경우에는 중요하게 기재되었거나 맨 처음에 표시된 발행지명을 기재한다.

복수의 발행처가 기재된 경우에는 중요하게 표시되었거나 맨 처음 기재된 발행처명을 기재함을 원칙으로 한다. 둘 이상의 언어로 표시된 발행처명은 본문의 언어와 일치하는 발행처명을 기재한다.

260 ▾a서울 : ▾b서울특별시, ▾c2006

(자료에는: 서울특별시와 서울역사박물관이 순서대로 표시되어 있음)

260 ▾aLondon : ▾bBenn, ▾c2009

(자료에는: London의 Benn사와 Chicago의 Rand McNally사의 순서대로 표시되어 있음)

6XX 필드는 주제명부출표목필드 집합으로, 6XX 대부분의 필드는 제2지시기호(주제명표/시소러스) 또는 식별기호 ▾2(주제명표/시소러스)에서 식별된 리스트와 전거파일에 기초한 주제명부출표목 및 접근어를 기술한다. 여기에는 주제명으로 사용되는 개인명(600), 단체명(610), 회의명(611), 통일표제(630)가 포함되며, 지도자료의 경우 일반주제명(650), 지명(651), 비통제주제명(653) 필드 등이 많이 사용된다.

650 ▾aCartography ▾xHistory

651 0 ▾aUnited States ▾xHistorical geography ▾vMaps

일반적으로 6XX 필드는 반복이 가능하지만, 비통제 주제명의 기술에 사용되는 653 필드는 반복이 불가능하다. 하지만 위의 예시와 같이 식별기호 ▾a를 반복하여 여러 개의 색인어를 입력할 수 있다.

653 1 ▾a문화유적 ▾a지도 ▾a태백시

653 1 ▾aworld map ▾atravel map

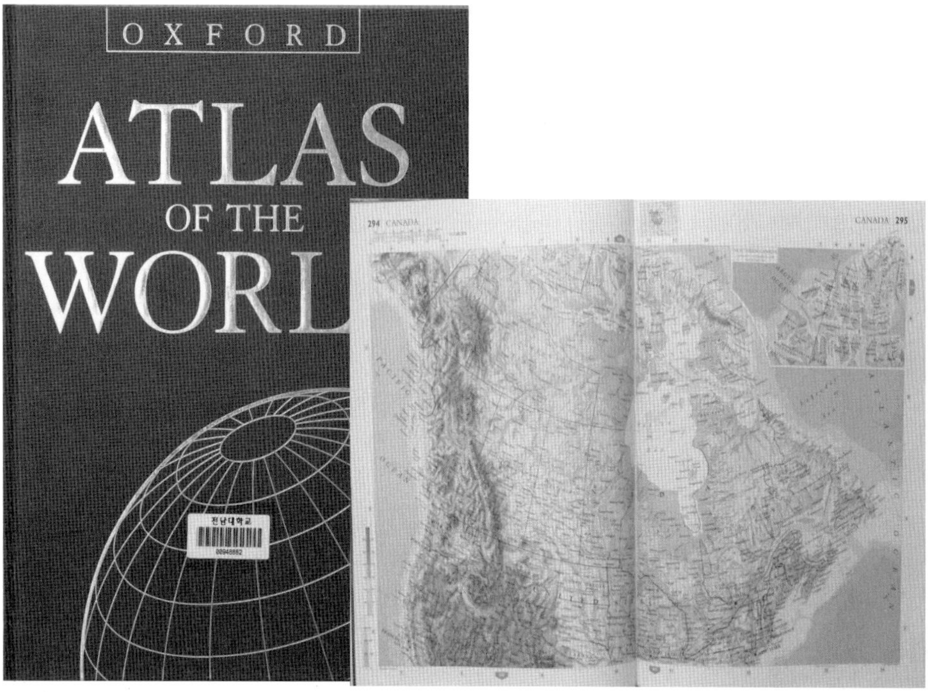

KORMARC

001 000013303088
007 ad canun
008 091205s2006 us e 1a eng
020 ▾a0195313216 : ▾c$80
082 00 ▾a912 ▾222
090 00 ▾a912 ▾bA88go13
245 21 ▾a(Oxford) atlas of the world ▾h[map] / ▾dGeorge Philip & Son
246 30 ▾aAtlas of the world ▾h[map]
250 ▾a13th ed.
255 ▾a[Scales vary]
260 ▾aNew York : ▾bOxford University Press, ▾c2006
300 ▾a1 atlas (448 p.) : ▾bcol. ill., col. maps ; ▾c38 cm + ▾e1 map (1 sheet 77 × 107 cm, folded to 26 × 14 cm)
500 ▾aOne folded col. map entitled "(Oxford University Press)World reference map" inserted
505 0 ▾aWorld statistics -- Images of Earth -- Gazetteer of nations -- World geography -- World cities -- World maps-the world -- Europe -- Asia -- Africa -- Australia and Oceania -- North America -- South America
650 0 ▾aAtlases
710 ▾aGeorge Philip & Son

710　▼aOxford University Press
740　2▼aWorld reference map▼h[map]
740　2▼aOxford University Press World reference map▼h[map]

〈그림 2-16〉 지도책: 판사항, 관제, 상이한 표제

〈그림 2-16〉은 2006년도에 뉴욕의 Oxford University Press에서 책자로 발행한 *Oxford Atlas of the World* (13th ed.)이다. 지도책 속에는 지도 1매가 접힌 형태로 삽입되어 있는데, "Oxford University Press World reference map"이라는 별개의 표제를 갖고 있다.

일반적으로 해당 저작의 판과 관련되는 정보는 250 필드(판사항)에 기술하되, 숫자와 문자 그리고 이에 따르는 어구나 축약어로 기술한다. 이 때 제1, 2지시기호는 정의되지 않았으므로 빈칸으로 표시한다.

250　▼aEnglish ed.

250　▼a1974 new ed.

본표제 앞이나 뒤에 기재되어 있는 문구로서 총서표제, 대등표제, 저작자, 발행처, 회차, 간행빈도 등의 요소에 옮겨 기술하도록 규정된 것을 제외하고는 이를 관제로 취급한다. 그 관제가 본표제에 종속되어 있을 때에는 이를 원괄호로 묶어 본표제 앞에 기술하되, 본표제에 종속되어 있지 않은 관제적 성격의 어구는 표제관련정보로 보아 기술할 수 있다.

위의 예시에서는 'Oxford'를 종속적 성격의 관제로 보아 245 필드에서 괄호속에 기술하고, 이를 제외시킨 표제를 246 필드(여러 형태의 표제)에서 변형표제로 기술하고 있다. 이 때 제2지시기호 '0'은 검색을 위한 부분표제를 의미한다.

한편 위의 예시와 같이 지도책에 낱장지도가 딸려있는 경우, 이에 대한 사항을 주기하되, 낱장지도에 대한 표제를 740에서 부출할 수 있다.

740　2▼aWorld reference map▼h[map]

740　2▼aOxford University Press World reference map▼h[map]

2.5.3 지구의

KORMARC

001　5514503
007 dc cen
008 091205s1989　us　d　0a　eng
0341　▾aa▾b41849600▾dW1800000▾eE1800000▾fN0900000▾gS0900000
245 00▾aReplogle 12 inch diameter globe world classic series▾h[globe] /
▾dLeRoy M. Tolman, cartographer
246 3 ▾a Replogle twelve inch diameter globe world classic series▾h[globe]
255　▾aScale 1:41,849,600▾c(W 180°--E 180°/N 90°--S 90°)
260　▾a[Chicago] : ▾bReplogle Globes, Inc., ▾c[1989?]
300　▾a1 globe : ▾bcol., plastic, mounted on wooden base ; ▾c31 cm in diam.
500　▾aRelief shown by shading and spot heights
650　▾aGlobes
700　▾aTolman, LeRoy M.
710　▾aReplogle Globes

〈그림 2-17〉 지구의: 형태기술필드, 형태사항

〈그림 2-17〉은 Replogle Globes사에서 제작한 12인치 지구의(globe)이다. 지구와 천구의 모양을 본떠 만든 구의의 형태기술필드는 00-05자리까지 모두 6자리로 구성되어 있다. 자수위치와 해당 데이터요소는 다음과 같다.

00(자료범주표시): 구체는 모두 'd'로 표시.

01(특정자료종별): 천구의는 'a', 지구의는 'c'로 표시.

02(미정의)

03(색채): 단색은 'a', 천연색은 'c'로 표시.

04(물리적 매체): 종이는 'a', 금속은 'd', 합성수지(플라스틱, 비닐)는 'e'로 표시.

05(복제유형): 복제물은 'f', 복제물이 아닌 것은 'n'으로 표시.

따라서 007필드가 위의 예시와 같이 기술되어 있는 경우, 재료가 합성수지로 된 천연색의 지구의로 복제물이 아님을 알 수 있다.

지도제작의 수치데이터를 부호로 기술하는 034 필드에서 식별기호 ▼d(좌표-최서경선), ▼e(좌표-최동경선), ▼f(좌표-최북위선), ▼g(좌표-최남위선)는 자료의 네 가지 좌표를 나타내며, 이 네 가지 기호는 항상 함께 기술하여야 한다. 각 좌표는 방향을 나타내는 영문자 약자(W, E, N, S)를 포함해 모두 8자리로 구성되어 있다.

034 1 ▼aa ▼b22000000 ▼dW1800000 ▼eE1800000 ▼fN0840000 ▼gS0700000

034 1 ▼aa ▼b253440 ▼dE0790000 ▼eE0860000 ▼fN0200000 ▼gN0120000

한편 지구의의 형태적 특성인 구체의 구성재질이나 받침대에 대한 내용은 300필드의 ▼b(기타 형태사항)에 기술하며, 크기는 지구의의 직경을 '직경' 또는 'in diam.' 이라는 어구를 덧붙여 기술한다. 또한 지도자료가 용기에 보관되어 있는 경우에는 자료자체의 크기와 함께 보관용기의 크기도 덧붙여 기술할 수 있다.

300 ▼a지구의 1개 : ▼b목재, 금속받침대 ; ▼c직경 35 cm, 상자 40 × 40 × 40 cm

300 ▼a1 globe : ▼bcol., plastic, mounted on wooden base ; ▼c31 cm in diam.

300 ▼a1 globe : ▼bwood, on metal stand ; ▼c35 cm in diam. in box 40 × 40× 40 cm

2.5.4 천구의

KORMARC

001 13019694
007 da can
008 091205s1840   us   d   0a eng
245 00 ▾aJoslin's six inch celestial globe from the best authorities ▾h[globe] / ▾dGilman Joslin ; ▾edrawn & engd. by W.B. Annin
246 30 ▾aSix inch celestial globe from the best authorities ▾h[globe]
255 ▾aScale not given ▾d(RA 0 hr. to 24 hr./Decl. +90° to -90°)
260 ▾aBoston : ▾bG. Joslin, ▾c1840
300 ▾a1 celestial globe : ▾bhand col., paper gores over papier-mâché and plaster, mounted in a three-legged wooden stand 17 cm high, supporting a wooden zodiacal circle and a brass meridian ring ; ▾c16 cm in diam.
500 ▾aImperfect: Some cracking, spotting, and slight losses, and cracking on zodiacal circle
541 ▾cGift ; ▾aPhilip Colman ; ▾dDec. 2002
650 0 ▾aCelestial globes
700 1 ▾aJoslin, Gilman
700 1 ▾aAnnin, William B., ▾d1791?-1839

〈그림 2-18〉 천구의: 적경과 적위 표시

〈그림 2-18〉은 1840년에 Gilman Joslin이 제작한 6인치 천구의(celestial globe)로서, 2002년 Philip Colman이 기증하여 현재는 미국의회도서관에서 소장하고 있다. 천구의는 별과 별자리들을 천구위에 놓여 있는 것처럼 표시한 천구의 모형으로, 항성(恒星), 별자리, 황도(黃道), 적도(赤道) 등을 나타내어 천체의 위치를 확인하거나 천문학적·점성학적인 계산을 위해서 또는 장식품으로도 사용된다. 천구의는 고대 그리이스때부터 만들어졌으며, 일반적으로 밀레투스의 탈레스(BC 6세기)가 처음으로 만들었다고 알려져 있다.

예시로 제시된 천구의의 주된 재질은 혼응지(混凝紙: 펄프에 아교를 섞어 만든 종이), 석고, 종이 등이며, 17 cm 높이의 목재 다리 받침대와 수작업 채색도 형태상의 특성으로 기술할 수 있다. 따라서 007 필드에 예시와 같이 기술된 경우, 재료가 종이로 된 천연색의 천구의로 복제물이 아님을 알 수 있다. 또한 이러한 형태상의 특성을 포함하여 특정자료종별과 수량, 크기(직경) 등을 300 필드에 해당 식별기호를 사용하여 기재한다.

300 ▾a1 celestial globe : ▾bcol. ; ▾c23 cm in diam.

300 ▾a천구의 1개 : ▾b천연책, 플라스틱, 목재받침대 ; ▾c직경 23 cm

한편 지구의 경위도 표시를 천구상에서는 적경과 적위로 표시하는데, 255 필드의 ▾d가 여기에 해당된다. 이 때 적경(right ascension : RA)은 서쪽에서 동쪽으로 측정한 경도에 해당되며, 적위(Declination : Decl.)는 북쪽에서 남쪽으로 측정한 위도에 해당된다. KCR4에서의 적위표시 방법은 '존' 또는 'Zone'이란 어구를 앞세워 기술하며, 북반구는 '+', 남반구는 '-', 적경(동쪽과 서쪽의 적위)표시는 '시'와 '분'으로 표시한다.

KORMARC에서는 위의 방법이외에도 적경과 적위를 의미하는 'RA'과 'Decl.'을 직접 사용하여 표시하기도 한다.

255 ▾a축척 1:100,000 ▾d(Zone +30°, 2 hr. 18 min)

적위 북방한계선 30° 2시 18분

255 ▾a[Scale not given] ▾d(RA 16 hr./Decl. +30°)

2.5.5 원격탐사도

KORMARC

001 14907610

005 20070705085717.0

007 ru cnnna

008 091205s2001 us a 0a eng

050 00 ▾aG3804.N4:2W7A43 2001 ▾b.U5

245 00 ▾aWorld Trade Center, September 23, 2001 ▾h[map]

255 ▾aScale [ca. 1:1,500 at center]

260 ▾a[Washington, D.C.] : ▾bNational Oceanic and Atmospheric Administration, ▾c[2001]

300 ▾a1 remote-sensing image : ▾bcol., photocopy ; ▾c92 × 93 cm + ▾e1 exhibit identification sign ([1] sheet : 9 x 39 cm)

500 ▾aOn accompanying NOAA exhibit identification sign: Aerial photograph of the World Trade Center, taken by National Oceanic and Atmospheric Administration on September 23, 2001, from an altitude of 3,300 feet, showing the devastation and the ongoing recovery effort

504 ▾aIncludes alphanumeric technical photographic data in lower margin

530 ▾aAvailable also through the Library of Congress Web site as a raster image

610 20▼aWorld Trade Center (New York, N.Y.)▼vRemote-sensing images
650 0▼aWall Street (New York, N.Y.)▼vRemote-sensing images
710 ▼aUnited States.▼bNational Oceanic and Atmospheric Administration
856 41▼uhttp://hdl.loc.gov/loc.gmd/g3804n.ct002130

〈그림 2-19〉 원격탐사도: 형태기술필드, 특정자료종별표시

〈그림 2-19〉는 Washington, D.C.의 'World Trade Center'를 중심으로 제작된 원격탐사도(remote-sensing image)이다. 원격탐사도는 멀리 떨어져 있는 대상물을 물리적인 접촉 없이 항공기, 인공위성 등에 탑재된 카메라나 스캐너를 이용하여 지표면, 해양, 대기 등으로부터 반사 또는 복사되어오는 전자파 에너지를 감지하여 그 물리적 특성을 측정·기록·분석함으로써 작성되는 지도를 일컫는다.

이러한 제작상의 특성으로 인해 KORMARC의 007 필드에서는 원격탐사도(r)를 지도자료(a)와 구별하고 있으나, 지도자료(a)의 01번째 자리인 특정자료종별에서 원격탐사도(r)를 설정해두는 오류를 범하고 있다. 즉, 위의 예시에 KORMARC 007 필드 기준을 적용하면 "ar cazba"와 "ru cnnna"을 모두 사용할 수 있어 목록작성자의 혼란을 야기할 수 있으므로 이에 대한 개정이 필요하다고 하겠다. 한편 원격탐사도의 형태기술필드는 00-10자리까지 모두 11자리로 구성되어 있으며, 자수위치와 해당 데이터요소는 다음과 같다.

00(자료범주표시): 원격탐사도는 모두 'r'로 표시.
01(특정자료종별): 특정화하지 않으면 'u', 부호화하지 않으면 공백으로 표시.

02(미정의)	03(탐사기 고도)
04(탐사기 각도)	05(구름비율)
06(탑재기 유형)	07(탑재기 이용 범주)
08(탐사기 유형)	09-10(데이터 유형)

따라서 007필드가 위의 예시와 같이 기술되어 있는 경우, 우주공간(03/c)의 기상용(07/a) 탐사기를 이용하여 제작된 지도임을 알 수 있다. 또한 300 필드의 ▼a에서 특정자료종별 표시를 수량과 함께 기재한다.

300 ▼a1 remote-sensing image :▼bcol. ;▼c74 × 99 cm,
on sheet 76 × 101 cm
300 ▼a원격탐사도 1매 :▼bcol. ;▼c74 × 99 cm, on sheet 76 × 101 cm

2.5.6 지형모형

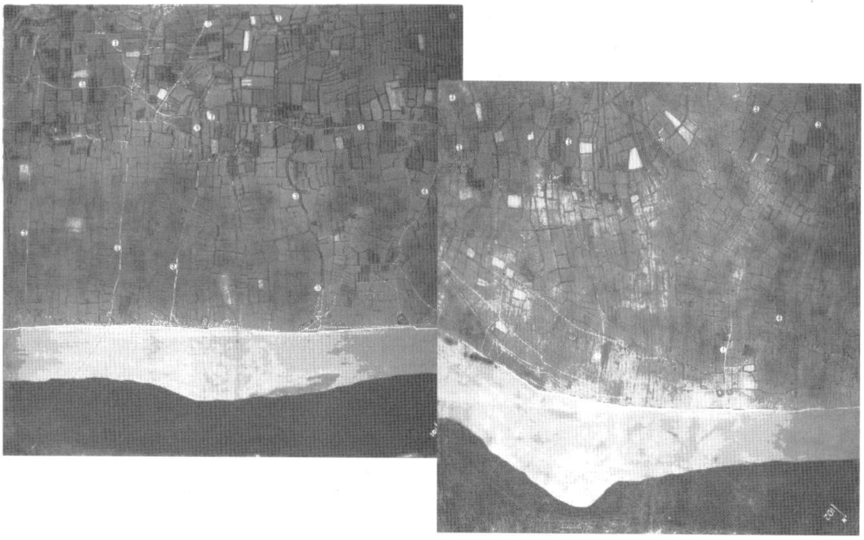

KORMARC

001　5546825
007 aq czn n
008 091205s1944　　vauc　　　　0a　eng
034 1　▾aa▾b5000▾c2500
245 00▾a[Map of Utah Beach, Normandy, France]▾h[map]
255　▾aScale 1:5,000. Vertical scale 1:2,500
260　▾aCamp Bradford, Va. : ▾b [United States Navy, ▾c1944]
300　▾a1 relief model on two sections : ▾bcol., rubber on foam backing ; ▾cboth 120 × 120 cm
500　▾aRelief shown by bathymetric tints
500　▾aShows tide lines, slope of the beach, buildings beyond the beach, and the location of hedgehogs (an anti-landing craft system). Numbers on the map correspond with other more traditional maps developed for the invasion
530　▾aAvailable also through the Library of Congress Web site as a raster image
650　▾aWorld War, 1939-1945▾xCampaigns▾zFrance▾zNormandy
651　▾aNormandy (France)▾vRelief models
700 1　▾aBurwell, Charles Lee, ▾d1917-
710　▾aUnited States. ▾bNavy
740　▾aNormandy Invasion▾h[map]
856 41▾3Section 1▾dg5833n▾fct002437a▾uhttp://hdl.loc.gov/loc.gmd/g5833n.ct002437a▾qc
856 41▾3Section 2▾dg5833n▾fct002437b▾uhttp://hdl.loc.gov/loc.gmd/g5833n.ct002437b▾qc

〈그림 2-20〉 지형모형: 형태사항, 본표제

〈그림 2-20〉은 1944년 미합중국 해군에서 간행한 지형모형(relief model)으로, 제2차 세계대전 당시 연합군이 노르망디 상륙작전(Normandy Invasion)을 펼쳤던 유타해변(Utah Beach)을 대상으로 제작되었다. 모형 제작에는 고무가 사용되었고, 크기가 동일한 두 부분으로 구성되어 있다.

지형모형은 일정한 축척으로 축소하여 토지의 기복이나 이용 상황을 입체적으로 나타낸 모형을 말하는데, 007 필드에서 자료범주표시를 'a', 특정자료종별은 'q'로 나타내고 있다. 또한 300 필드의 ▾a에서 특정자료종별 '지형모형'을 수량과 함께 기재한다.

300 ▾a1 relief model on two sections :▾bcol., rubber on foam backing ;▾cboth 120 × 120 cm

300 ▾a지형모형 1개 (2부분) :▾b천연색, 고무, 거품 받침대 ;▾c둘 다 120 × 120 cm

〈그림 2-5〉에서 설명한 바와 같이 자료의 어느 부위에도 표제의 표시가 없는 경우에는 대상지명을 나타내는 어구가 포함되도록 하여 본표제를 보기한다. 예시와 같이 지역명과 국명을 함께 기술하는 경우, 지역명을 앞세워 기술한다.

245 00 ▾a[Map of Utah Beach, Normandy, France] ▾h[map]

245 00 ▾a[설악산 등반지도] ▾h[지도자료]

한편 008/18-21은 지도자료의 모형도 형식을 네 자리로 부호화 표시하는데 대개 500 필드에 기술된 정보에 의거한다. 예시에 표시된 'c'는 500 필드의 bathymetric tints에 의거해 경사도를 나타낸 것이다.

008/18-21 cbbb

500 ▾a경사도임

500 ▾aRelief shown by bathymetric tints

2.5.7 조감도

KORMARC

001 14452004
007 ay aanzn
008 091205s1884 us i 1a eng
245 00 ▾aLebanon, Grafton County, N.H., 1884 ▾h[map]
246 3 ▾aLebanon, Grafton County, New Hampshire, 1884 ▾h[map]
255 ▾aNot drawn to scale
260 ▾aBrockton, Mass. : ▾bPublished by George E. Norris, ▾c[1884] ▾e(Milwaukee, Wis. : ▾fBeck & Pauli, litho.)
300 ▾a1 view ; ▾c43 × 52 cm, on sheet 56 x 66 cm
500 ▾aRelief shown pictorially
505 0 ▾aInsets: [View of Scytheville] -- [View of Mt. Moosilauke] -- [View of Mt. Ascutney from Lebanon]
530 ▾aAvailable also through the Library of Congress Web site as a raster image
651 0 ▾aLebanon (N.H.) ▾vAerial views
700 1 ▾aNorris, George E.
710 ▾aBeck & Pauli
856 41 ▾dg3744l ▾fpm011600 ▾uhttp://hdl.loc.gov/loc.gmd/g3744l.pm011600

〈그림 2-21〉 조감도: 형태사항, 발행사항

〈그림 2-21〉은 New Hampshire주의 Lebanon지역에 대한 조감도(view)로, 조감도는 새가 하늘에서 내려다보는 듯한 상태의 그림이나 지도를 말한다.

KORMARC 형식 007 필드(형태기술)의 처음 두 자리 'ay'는 해당 자료가 조감도임을 나타내며, 이것은 300 필드의 ▼a와도 연계된다. KCR4에서는 조감도를 '전망도'라고도 한다.

300 ▼a1 view : ▼bcol. ; ▼c47 × 65 cm, on sheet 56 × 71 cm

300 ▼a조감도 1매 : ▼b천연색 ; ▼c47 × 65 cm, 전지 56 × 71 cm

500 필드에 기술된 모형도 표시의 'pictorially'은 '그림으로 그린 모형도'를 의미한다. 이것은 지형형태와 지형상의 특성이 높은 경사도로부터 그 지형의 외형을 그림으로 재현함으로써 정확하게 면적측정 위치를 표현한 자료에 적용한다. 이에 해당되는 008 필드의 18-21 자리의 부호는 'i'이다.

008/18-21 ibbb

500 ▼a그림으로 그린 모형도임

500 ▼aRelief shown pictorially

발행사항과 관련된 내용은 발행지, 발행처, 발행년의 순으로 260 필드에 기술한다. 이 때 제작사항(인쇄사항)이 발행사항과 다르고 서지 기술상 중요한 요소로 판단될 경우, 발행사항 다음에 식별기호 ▼e, ▼f, ▼g를 이용하여 원괄호로 묶어 제작지(인쇄지), 제작처(인쇄처), 제작년(인쇄년)을 기술할 수 있다.

260 ▼aNew York : ▼bPublished by W.Schaus, ▼cc1860 ▼e(Boston : ▼fPrinted at J.H. Bufford's)

260 ▼a[London? : ▼bs.n.], ▼c1781 ▼e(London : ▼fLord's Press)

한편 기술대상이 되는 지도자료가 다른 물리적 형태로도 간행된 경우, 이에 관한 사항을 530(이용가능한 다른 형태자료 주기)에 주기한다. 위의 예시와 같이 웹사이트에서 이용 가능한 경우, 그에 대한 전자적 위치 및 접근방법을 856필드에 기술할 수 있다.

530 ▼aAvailable also through the Library of Congress Web site as raster image

856 41 ▼dg3744l ▼uhttp://hdl.loc.gov/loc.gmd/g3744l.pm011600

제3장 녹음자료

3.1 녹음자료의 특성
3.2 녹음자료의 종류
3.3 녹음자료의 관리 및 보관
3.4 녹음자료의 조직
3.5 녹음자료의 실례

제3장 녹음자료

3.1 녹음자료의 특성

녹음자료는 "시청각자료 중 레코드(audiodisc), 녹음테이프(audiotape) 등 소리를 기록하여 복제한 자료"[23]로서 음을 재생하기 위하여 기계적인 방법이나 전기 및 전자적인 방법으로 채록한 음의 진동에 대한 기록이라고 할 수 있다. 즉, 인간의 음성, 악기 같은 기기음이나 자연음을 기계장치에 의해 수록하고 필요에 따라 재생하게 한 것이다. 1877년 Edison이 원통에 감은 주석박에 진동판을 붙인 작은 바늘로 음의 파형에 대응하는 홈을 새긴 다음에, 이것을 동일한 장치로 재생하여 음을 내는데 성공한 것이 축음기의 시초가 되었다. phonograph라 이름 붙여진 이 축음기는 소리를 녹음, 재생할 수도 있었다. 이후, 녹음매체는 SP, LP, EP를 거쳐 1980년대 디지털 녹음방식이 개발되어 DAD(digital audio disc)와 DAT(digital audio tape) 시대가 열리게 되었다.

소리를 녹음, 재생할 수 있는 녹음자료는 인쇄된 자료보다 구체적이고 감각적인 경험을 얻을 수 있는 매개체로서, 시간과 공간을 초월하여 필요한 정보를 전달할 수 있다. 녹음자료의 특성을 살펴보면 다음과 같다.[24]

· 시각자료의 경우와 같이 몇 번이라도 반복 이용이 가능하다.
· 시간적, 공간적 제한을 초월할 수 있다.
· 시각자료와 달리 상징성이 별로 개입되지 않는 자료이다.
· 사람·자연 및 인공의 소리를 그대로 기록할 수 있다.
· 필요에 따라 편집하기가 비교적 용이하다.
· 비교적 가격이 저렴하며 안정되어 있다.
· 보관이 쉽고 반영구적이다.
· 조작이 간편하여 개인적인 이용이나 연습이 쉽다.

녹음자료는 형태적 특징에 따라 크게 디스크형과 테이프형으로 구분하는데 그 특징을 살펴보면, 디스크는 되감기를 할 필요 없이 반복 재생이 가능하며, 녹음의

23) 사공철 등편. 문헌정보학용어사전(서울 : 한국도서관협회, 1987), p.63.
24) 이영준. 시청각교육론(서울 : 교학연구사, 1987), pp.257-258.

첫머리 찾기가 용이하고 녹음위치를 육안으로 확인할 수 있다. 또한 자료의 가격이 안정적이고, 자료의 정리 보관이 테이프에 비하여 편리하다. 디스크는 MD 등 일부를 제외하고는 반복 녹음이나 편집이 불가능하고 녹음 시간이 고정적이며 대부분을 재생을 위해 여러 장치가 필요하고, 자료가 전문적인 생산업체에서 제작되어진다. 반면 테이프형은 녹음과 재생이 간단히 이루어지며 편집도 가능하다. 녹음의 소거가 자유로우며 녹음시간이 유동적이고 사용자가 직접 조작할 수 있다. 그러나 녹음 위치를 육안으로 확인할 수 없고, 되감는 조작이 필요하며 오랜 사용으로 테이프의 음질이 변한다는 단점이 있다.

근래에는 디스크와 테이프가 서로 상대 매체의 장점을 수용한 매체를 개발하고 있어 디스크와 테이프의 특성구분이 모호해지고 있다.[25] 예를 들면 1992년에 최초로 개발된 MD(mini disc)는 녹음 후 편집이 가능하며 100만회 이상 반복녹음이 가능하고, 차세대 매체로 각광받는 DCC(digital compact cassette)는 기존 CD의 단점을 보완하여 제작되었다. 따라서 디스크와 테이프의 장점들만을 통합적으로 갖춘 보다 우수하고 편리한 매체들이 개발될 것임은 의심할 여지가 없다.

3.2 녹음자료의 종류

3.2.1 내용별 종류

녹음자료는 수록된 내용 즉, 장르별에 따라서 국악, 클래식, 대중음악, 비음악자료 등으로 대별할 수 있으며, 이들 유형의 특성을 중심으로 살펴보면 다음과 같다.

1) 국악

국악은 한국의 전통음악으로 우리 민족의 전통성과 고유성을 나타내는 음악을 일컫는다. 외래 음악이 이 땅에 들어오면서부터 서양음악에 대한 우리나라의 고유한 음악이라는 뜻에서 불리어 온 명칭이라고 하겠다.[26] 국내에 녹음자료가 최초로 등장한 것은 1928년 6월 빅터(Victor) 회사가 아악곡(雅樂曲)인 정읍(井邑, 아명(雅名)은 수제천(壽齊天)) 등 17곡을 SP판으로 발행한 때부터이다.[27] 그러다

25) 조명희. "오디오 자료관리," 비도서자료관리과정(서울 : 국립중앙도서관, 2004), p.23.

26) 徐漢範. 國樂通論(서울 : 태림, 1999), p.108.

27) 成慶麟. 朝鮮의 雅樂(서울 : 博文出版社, 1947), p.170.

가 1980년대에 들어서면서 대학 내의 본격적인 국악과 설립 및 국립국악원을 비롯한 각종 국공사립국악단들의 전국 규모 국악경연대회 개최가 활성화되면서 본격적인 국악의 재발현이 시작되었다.

한편 국악은 전통국악인 구국악과 창작국악인 신국악으로 대별된다. 즉, 1940년대 말을 분기점으로 하여 오랜 역사 속에서 생성되고 전래되어 온 작곡자 미상의 전통음악이 구국악이며 현대 국악인들이 재래적인 국악기를 연주수단으로 하여 작곡해 놓은 창작음악이 신국악인 것이다. 이들 중 먼저 구국악의 종류를 살펴보면 아래와 같다.

· 아악: 과거 궁정을 중심으로 연주되던 일체의 악, 가, 무를 비롯한 일부 민간 상류사회에서 다루어지던 풍류들을 포괄한다. 관현합주, 관악합주, 취타, 가악 등.
· 의식음악: 종묘 등에서 제사를 지내거나 절에서 제(齋)를 올릴 때 또는 무속의식을 행할 때 쓰이는 일체의 음악을 포괄한다. 제례악, 범패, 무악 등.
· 가악: 아정한 노래라는 뜻에서 정가(正歌)라고도 부르며, 속요나 잡가에 대칭되는 음악을 일컫는다. 시조, 가사(歌詞) 등.
· 민속악: 과거 궁정에서 연주되던 아악이나 의식 및 연회 때 연주되던 여러가지 정악과의 대칭되는 악곡을 말한다. 판소리, 시나위, 산조, 민요 등.

신국악은 구국악의 분류체계와는 달리, 한 부류는 서양음악의 고전음악, 종교음악, 대중음악에서 사용하는 악곡형식을 모방한 형태를 취하고 있고, 다른 분류는 대체로 전통음악의 선율을 모방하여 관현악곡이나 실내악곡으로 재편, 변주해 보는 단계인 두 가지 유형으로 대별해 볼 수 있다.

다음으로 구국악과 신국악간의 명확한 차이점을 중심으로 국악의 특성을 설명하면 다음과 같다.[28] 첫째, 구국악인 전통음악은 작곡자와 작사자가 미상인 것이 대부분이나 신국악인 창작국악은 작곡자 중심의 음악세계를 형성하고 있다. 둘째, 구국악의 호칭을 보면 동일곡이 두 가지 내지 세 가지로 불리워지는 경우가 허다하다. 특히 아악곡은 아명과 속명이 상당히 혼용되어 있다. 셋째, 구국악은 기존곡의 차용·변주 및 현대 작곡자에 의한 편곡(간략화, 확대 등의)으로써 그것을 발전시켰으나 신국악은 신작곡의 창작활동이 활발하다. 넷째, 구국악은 일정 악곡형식이나 연주수단이 표제상에 명기되어 있지 않으나 창작국악은 일정 악곡형식

28) 朴秀貞. 國樂錄音資料의 目錄記入에 관한 硏究(석사학위논문, 성균관대학교 대학원, 1984) ; 손정표. "한국전통음악 녹음자료의 통일표제 기술에 관한 연구," 한국도서관·정보학회지, 제38권 제3호(2007), pp.429-454의 내용을 분석 정리함.

이나 연주수단을 표제상에 명기하려는 경향이 많다. 다섯째, 국악의 성악곡은 대체로 독창이지만 신국악시대에 들어서 국악연주회의 발표곡을 보면 합창으로 불려지기도 하고, 심지어 전래민요를 양악의 성악처럼 편곡하여 독창내지 합창으로 불려지기도 한다.

2) 클래식

클래식은 고대 로마의 최상급 시민을 일컫는 라틴어 '클라시쿠스(Classicus)'에서 비롯되었는데, 이것은 '잘 정돈된, 품위 있는' 이라는 뜻이다. 또한 클래식 음악이란 서양에서 오래전부터 전해 내려오는 서양고전음악으로 주로 귀족 궁정이나 교회에서 연주하고 발전해온 17-9세기말까지의 음악을 뜻한다. 이러한 클래식 음악의 종류는 중세음악, 르네상스음악, 바로크음악, 고전주의, 낭만주의 등 시기별, 특성별로 구분하기도 하지만 일반적으로 악곡형식에 따라 다음과 같이 구분할 수 있다.

- 교향곡(Symphony, 심포니): 오케스트라가 연주하는 곡을 말하며, 웅장하고 화려한 관현악이 주류를 이룬다. 기악곡 중에서 가장 규모가 크고 완전한 짜임새를 특징으로 한다.
- 협주곡(Concerto, 콘체르토): 화려한 연주기교를 구사하는 독주악기(또는 독주악기군)와 관현악을 위해 작곡된 기악곡을 가리킨다.
- 실내악(Chamber Music, 챔버 뮤직): 문자 그대로 실내에서 연주하기에 적합한 규모의 곡을 말하는 것으로, 연주하는 악기 수에 따라 듀오(Duo, 이중주), 트리오(Trio, 삼중주), 콰르텟(Quartet, 사중주), 퀸텟(Quintet, 오중주) 등이 있다.
- 독주곡(Sonata, 소나타): 독주자가 연주하는 곡을 의미하며, '바이올린 소나타'나 '첼로 소나타' 같은 곡에서는 보통 피아노가 반주를 맡는다.

이외에도 형식에 구애받지 않는 한 악장의 관현악곡인 교향시(symphonic poem), 오페라나 모음곡 등의 첫머리에 연주되는 관현악곡인 서곡(overture)이나 전주곡(preludy), 형식에 구애받지 않고 악상이 떠오르는 대로 내용을 전개하는 환상곡(fantasia), 즉흥곡(impromptu), 녹턴(nocturne), 기상곡(capriccio), 광시곡(rhapsody), 발라드(ballade), 로망스(romance) 등이 있으며, 오라토리오(oratorio), 칸타나(cantata), 진혼곡(requiem) 등과 같은 종교음악도 악곡의 장르로 구분이 가능하다.

한편 클래식 자료가 갖는 목록적인 특성은 앞서 살펴본 구국악과 같이 동일 작품이 여러 호칭으로 불리고 있다는 점이다. 다시 말해, 한 작품에 대한 표제가 다양한 언어로 표현되고 있을 뿐만 아니라, 동일한 언어라도 생산기관에 따라 각각 다르게 표현되고 있어 동일 작품에 대한 목록상의 집중과 검색을 위해서 통일표제를 작성할 필요가 있다. 동일 작품이 다양한 표제로 표현된 사례를 제시하면 아래와 같다.29)

베토벤의 '월광소나타'의 경우
피나노소나타 'K' 제14번, 올림다단조, 작품 제27번의 2
피아노소나타 14번 올림C단조 작품 27-2 '월광'
피아노소나타 14번 C#단조 op. 27-2[월광]
피아노소나타 제14번 C샤프단조 '월광'
피아노 소나타 제14번 27-2 C#단조〈월광〉
피아노 소나타 제14번 C#단조 작품27의 2〈월광〉
피아노 소나타 14번 C#단조 27-2, 일명 〈월광 Mondschein〉소나타
Beethoven's Moonlight sonata op. 27, no. 2
Deux Sonates(quasi fantaisies) no. 2, ut min.
Gran Sonata per Cembalo o pianoforte, opera 27, n. 2.
Klaviersonate in Cis Moll, op. 27, no. 2
Sonata Op. 27 No. 2
Sonata(Moonlight) in C sharp minor op. 27, no. 2
Sonata quasi una fantasia per il clavicembalo o pianoforte opera 27, no. 2 (original title)
Sonata, op. 27, nr. 2 (Die sogenannte mondschein sonate)
Swei Sonaten in form von fantasien op. 27, no. 2.
ピアノ ソナタ 第14番 八短調 作品 27の 2 [月光]

뿐만 아니라 비악곡형식의 작품은 더욱 그러한데, Mozart의 가극 〈피가로의 결혼〉의 경우, 부르는 가사언어, 연주수단, 연주자조차 동일한 작품인데 단지 레이블에 기입된 표제의 기술언어에 따라 〈Le nozze di Figaro(이)〉, 〈Die Hochzeit des Figaro(독)〉, 〈Les noces de Figaro(불)〉, 〈The marriage of Figaro(영)〉, 〈フ

29) 김남석, 조도희. 비도서자료조직이론, 개정증보판(대구 : 계명대학교출판부, 2007), pp.76-77.

イガロの結婚(일)〉로 각기 다르게 표현되어 있어, 동일 작품의 분산을 막고 검색의 효율성을 높이기 위한 새로운 방법을 모색하는 것이 필요하다 하겠다.

3) 대중음악

대중음악은 역사적으로 사회의 지식인과 상류층이 향유하는 예술음악이나 오랜 세월에 걸쳐 구전되어 온 전통음악과 대비되는 개념으로, 대중들이 흥미롭게 즐겨 부르고 듣는 음악이라고 정의할 수 있다. 순수음악이 선율이나 형식의 다양성, 주제의 발전, 화성의 복잡성, 구조의 통일성과 다양성에 주목한 것이라면 대중음악은 가락, 리듬, 음색, 가사의 요소를 강조한 양식의 음악으로 대중들이 흥미롭게 쉽게 접할 수 있는 음악이라 할 수 있다.[30]

대중음악의 종류나 관련 용어들은 시대에 따라 변화되고 있으나, 일반적인 대중음악의 종류를 열거하면 다음과 같다.[31]

- 칸초네(canzone): 원래 이탈리아 가곡을 뜻했지만, 현재는 이탈리아 대중가요.
- 샹송(chanson): 프랑스의 대중음악.
- 뮤지컬(musical): 전통적인 오페레타를 이어 받은 음악, 노래, 무용이 결합된 종합예술.
- 포크(folk): 미국에서 시작된 민중들의 삶의 이야기를 주제로 하는 민요풍의 노래.
- 블루스(blues): 미국 남부 흑인들 사이에서 일어난 애조를 띤 악곡.
- 리듬 앤 블루스(rhythm & blues) : 기존의 블루스에 강렬한 비트가 결합되어 밝고 경쾌하며 한결 대중적인 음악.
- 팝송(pop song): 대중음악 전체를 의미하는 말로 쓰이기도 하지만, 미국을 중심으로 한 외국 가요의 전부를 지칭.
- 재즈(jazz): 19세기말 20세기 초에 미국 뉴올리언스의 흑인들 사이에서 시작된 장르로, 약동적이고 독특한 리듬 감각이 있으며 즉흥적 연주를 중시함.
- 로큰롤(rock & roll): 2차대전 이후 리듬 앤 블루스와 컨트리송 등이 결합되어 생겨났으며, 엘비스 프레슬리는 로큰롤의 제왕으로 불림.
- 솔(soul): 리듬 앤 블루스, 가스펠, 재즈, 록을 결합한 음악으로, 강한 감정과 간절함을 특징으로 함.

---

30) 동아출판사. 동아원색세계대백과사전(서울 : 동아출판사, 1990), p.589.

31) 이홍수. (고등학교) 음악 : 교사용 지도서(서울 : 두산, 2007), pp.210-212.

· 발라드(ballad): 영국의 통속적인 가곡을 지칭하는 말로, 감상적이고 낭만적인 사랑 노래들을 통칭하며 대게 느린 음악이 대부분임.
· 랩(rap): 노래하는 대신에 음악을 타며 경쾌하게 대사를 읊는 새로운 창법.
· 레게(reggae): 60년대 후반 자메이카에서 만들어진 흑인음악.
· 테크노(techno): 전자음을 이용한 일렉트로닉 댄스 음악을 총칭.

이들 대중음악들이 갖는 목록적인 특성을 몇 가지로 설명하면, 다음과 같다.[32] 첫째, 대중음악은 하나의 음반이나 녹음테이프에 일반적으로 20여곡 이상이 수록되어 있는 것이 대부분이다. 따라서 작곡자, 연주자, 작사자, 편곡자 등 저작에 책임이 있는 사람이 많고 다양함으로 부출이나 책임표시에 대한 기술의 주의가 필요하다. 둘째, 팝 음악 특히 재즈음악에서는 편곡에 의한 연주로 변화가 많고, 같은 변주라도 연주그룹에 따라 선호도가 차이가 있어 작곡자보다는 연주자 중심의 목록편성이 필요하다. 셋째, 최근의 국내외의 대중음악(팝송, 대중가요)은 대부분 개인이나 단체의 앨범형식으로 발행되고 있어 저자명에 해당되는 사항이 곡명의 일부가 되는 경우도 많다.

4) 비음악

녹음자료는 종래에는 음악적인 내용이 주종을 이루며 성장하였으나, 근래에는 비음악적인 자료들의 생산이 급격히 증가하고 있다. 비음악 녹음자료는 talking book(녹음도서 · 테이프도서 · 카세트북 · 사운드북)에서 시작되었는데, 이 용어는 미국의 어윈(Robert B. Irwin)에 의해 처음으로 사용되었다. talking book은 일반도서를 낭독하여서 카세트테이프에 담아 청취할 수 있도록 만든 도서로서, 별도의 낭독자가 필요하지 않으며 테이프를 사용함으로 재생과 복사가 가능하여 점자판독이 불가능한 시각장애인에게 중요한 독서수단이 되어왔다.

최근에는 일반인을 대상으로 한 녹음도서의 제작 및 시판의 양도 점차 증가되고 있는 추세이다. 특히 어린이를 위한 talking book은 대표적인 어린이도서의 형태별 유형 중의 하나이다. 또한 문학작품낭독, 어학학습, 강의 · 담화 · 토론 등의 연설과 같이 다양한 내용과 주제의 녹음자료가 생성되고 있어, 비음악 녹음자료의 비율이 점차 증가하고 있다.

---

32) 김남석, 조도희. 전게서, p58. ; 손정표. "음악녹음자료의 표목지시사항 관련 규칙에 관한 연구," 사회과학, 제16권(2004), pp.29-66의 내용을 분석 정리함.

3.2.2 형태별 종류

녹음자료는 자료의 형태, 녹음방법, 크기, 채널수 등의 기준에 따라서 여러 가지로 구분할 수 있으나, 본서에서는 녹음자료의 주종인 음반형인 사운드 디스크와 테이프형인 사운드 테이프를 중심으로 상술하도록 한다(〈표 3-1〉 참조).

1) 사운드 디스크 자료

사운드 디스크는 '음반', '레코드', 'sound record', 'gramophone record', 'audio disc' 또는 'phonograph record' 등의 명칭으로도 알려져 있다. 자료의 형태가 원반으로 되어 있기 때문에 디스크(disk, disc)라고 한다. 음반은 글자 그대로 둥근 판 위에 음을 기록하여 재생기기(턴테이블)로 원음에 가깝도록 연주한다는 뜻에서 '그라모폰(gramophone: phonograph)'이라 불렀다.

사운드 디스크 자료의 초기 형태는 음의 진폭을 음구에 각하여 기록하는 아날로그 방식이었으며, 이 방법은 음반의 재생을 위한 회전수에 따라 다음의 세 가지로 대별된다.

- SP(standard playing: 78회전): 1887년 독일의 에밀 베를리너(Emile Berliner)가 창안한 것으로, 연주속도가 1분간에 78회전이다.
- LP(long playing: 331/3회전): 피터 골드마크(Peter Goldmark)가 고안한 것으로 1948년 미국의 Columbia사에서 최초로 발매하기 시작하였다. CD가 나오기까지 주된 음향자료로 이용되었다.
- EP(extended playing: 45회전): 1949년 미국의 RCA 빅터사에 의해 발매된 직경 17 cm의 소형음반으로 도넛판으로 불린다. 음질은 LP판보다 우수하나 연주시간이 짧다.

위의 아날로그 방식은 음의 진폭을 이진부호의 디지털 신호로 바꾸어 녹음하는 PCM(pulse code modulation)에 의한 디지털 방식으로 발전되었으며 그 대표적인 매체가 바로 CD이다. 디지털 방식에 의한 CD는 디스크 자체는 점점 소형화되면서 연주시간은 배나 연장시켰고, 잡음을 최대로 줄이면서 원음에 가까운 재생을 가능하게 하였다.

〈표 3-1〉 녹음자료의 종류

녹음자료 (sound recording)	음반 (disc)	녹음방식, 연주속도	· 아날로그(analog) - 78rpm(SP: standard playing) - 331/3rpm(LP: long playing) - 45rpm(EP: extended playing) · 디지털(DAD: digital audio disk) - CD(compact disc) - AHD(audio high-density disc) - MD(mini disc)
		크기	· 43/4인치(12cm: CD), 7인치(17.8cm), 10인치(25.4cm), 11인치(27.9cm), 12인치(30.5cm), 16인치(40.5cm), 26cm(AHD), 6.4cm(MD)
		채널	· 단음(monaural: monophonic) · 스테레오(binaural: stereophonic) - 2신호 스테레오(2 channel stereo) - 4신호 스테레오(4 channel stereo, quadraphonic)
	테이프 (tape)	녹음방식, 연주속도	· 아날로그(analog): 15/16ips, 7.8ips, 3/4ips, 71/2ips, 15ips, 30ips · 디지털 (DAT: digital audio tape) - R-DAT(rotary head DAT) - S-DAT(stationary head DAT) - DCC(digital compact cassette)
		용기, 테이프크기	· 릴(open real) - 지름: 7.5cm, 10cm, 17.5cm, 26.3/27.5cm, 35cm - 폭: 6.35mm(1/4인치), 12.7mm(1.3인치) · 카트리지(cartridge) - 폭: 6.35mm(1/4인치) · 카세트(cassette) - 폭: 3.18mm(1/8인치)
		트랙수	· 전면트랙(single track), 반폭트랙(double track), 4분폭트랙(4 track), 8분폭트랙(8 track), 14분폭트랙(12 track), 16분폭트랙(16 track)
		채널	· 단음(monophonic) · 스테레오(stereophonic) - 2신호 스테레오(2 channel stereo) - 4신호 스테레오(4 channel stereo, quadraphonic)

2) 사운드 테이프 자료

사운드 테이프 자료는 음의 파형을 자기패턴으로 변형하여 기록한 자기녹음방식으로 음을 필요에 따라 테이프에 저장해 두었다가 원음에 가깝도록 재생하여 들을 수 있게 한 매체이다.

사운드 테이프 자료의 종류는 먼저 녹음방식에 따라 아날로그와 디지털 방식으로 구분할 수 있다. 아날로그 방식에는 사용하는 테이프의 형태(용기별 종류)나 그 감는 방식에 따라 다음 세 가지로 구분된다.

- 오픈릴 타입(open reel): 테이프를 감는 릴이 밖으로 나와 있는 오픈된 타입으로 대량의 데이터를 기록하기 위한 업무용으로 많이 사용되었다. 손으로 릴에 직접 테이프를 감아야 하는 어려움이 따르며, 그로 인해 지문이 묻거나 스크래치가 나기 쉽다.
- 카트리지 타입(cartridge): 한 릴로 연결된 엔드리스(endless) 테이프로 주로 카스테레오나 배경음악용으로 사용되어 왔으나, 현재 국내에서는 거의 생산되지 않고 있다.
- 카세트 타입(cassette): 내부에 두 개의 릴이 있어 테이프를 감아 넣어 두고, 외부에서 릴 샤프트를 끼워 넣어 회전할 수 있게 되어 있다. 다른 두 종류에 비해 취급과 사용이 편리하여 가장 널리 보급되고 있다.

한편 디지털 방식은 DAT(digital audio tape)로 개발되어 보급되고 있으며, DAT는 동일한 디지털 방식에 의한 CD를 상회하는 고음질의 재생이 가능하기 때문에 그 활용의 폭이 점점 확대되어 가고 있다. DAT는 R-DAT, S-DAT, 그리고 S-DAT의 일종으로서 아날로그 겸용인 DCC(digital compact cassette) 등이 있다.

3.3 녹음자료의 관리 및 보관

사운드 디스크 자료 중 LP자료의 슬립케이스(slip case, sleeve, pictural jacket)는 자료의 내용과 관련된 그림(회화 또는 사진)이나 표제, 작곡자, 연주자, 작사자, 노래가사 및 해설 등에 관한 제반정보가 수록되어 있기 때문에 케이스 자체가 이용자의 자료검색이나 선정을 위한 훌륭한 정보원이 된다. 따라서 디스크의 관외대출을 통한 손상을 최소화하기 위해 특별히 제작한 보관용 케이스에 넣어 보관관리하고, 슬립케이스는 전시대에 주제별이나 작곡자별 또는 연주자별로 전시하여 검색매체자료로 활용한다.[33)]

CD는 용기가 단단한 플라스틱으로 되어 있고 용기에는 표제, 저작자, 목차, 해설, 이용방법 등 다양한 정보를 수록하고 있어 자료정리나 이용을 위한 정보원으로 활용된다. CD는 대출로 인해 용기가 파손되는 경우가 있기 때문에 대출용 용기를 별도로 사용하는 것이 자료관리에 보다 효과적이다. 또한 레이저빔으로 가독되는 금속 표면에 레이블을 부착하게 되면 디스크 회전이나 소리의 균형에 영향을 미치게 되어 반대편의 투명 플라스틱 부분에 레이블 처리를 하거나 유성 잉크로 청구기호 등을 직접 기록하는 것이 데이터 손상을 막을 수 있는 방법이다.

사운드 테이프 자료는 녹음자료의 보호를 위해 반드시 방지탭을 처리하도록 한다. 또한 지워지지 않는 잉크를 사용하여 청구기호, 테이프번호 등을 카세트 위에 직접 기록하거나 레이블에 기록하여 카세트에 부착한다. 이 때 카세트상의 주요 정보를 가리지 않도록 주의한다. 사운드 디스크 자료와 사운드 테이프 자료를 포함한 모든 녹음자료의 취급 및 보관상의 유의사항을 살펴보면 다음과 같다.

- 고온다습한 곳이나 직사광선을 피해 보관한다. 녹음자료의 적절한 보관 온도는 18°±3°도, 습도는 50%±10%이 적당하다. 법규상의 온·습도기준은 〈표 1-5〉를 참조하도록 한다.
- 강한 자성체(전자모터, TV, 스피커 트랜스, 고압선 등) 주위에 방치하지 않아야 한다. 이들은 녹음내용을 지워지게 하거나 손상을 입힐 수 있다.
- 손가락이 디스크나 테이프 면에 직접 닿지 않도록 하며 되도록 면장갑을 끼고 관리한다.
- 사운드 테이프 자료에 지움방지 탭을 미리 제거하여 자료의 손상을 막는다.
- 테이프가 느슨하게 감겨져 있을 경우 연필 같은 것으로 잘 감아준 다음 사용한다. 그 상태에서 작동시키면 주행 불량의 원인이 된다.
- 테이프를 중간에 정지시킨 채 두면 노출된 부분에 먼지가 묻기 쉬우므로, 사용후에는 어느 한쪽으로 끝까지 감아 케이스에 보관한다. 또한 오랫동안 사용하지 않을 때는 가끔(1년에 3-5회) 다시 감아준다.

---

33) 김남석, 조도희. 전게서, pp.34-35.

3.4 녹음자료의 조직

녹음자료의 조직은 ① 자료의 관 내·외 대출여부 ② 열람방법의 개·폐가제 여부, ③ 수집자료의 양, ④ 수집대상자료의 내용(클래식, 팝음악, 또는 비음악), ⑤ 이용자의 수준, ⑥ 이용목적 등이 고려된 자료조직의 기본방침이 선행되어야 한다. 녹음자료는 열람방식을 개가제로 하느냐 폐가제로 하느냐에 따라 자료의 수명과 직결되기 때문에 영구보존을 필요로 하는 자료는 영구적으로 관리될 수 있게 보다 완전하고 논리적으로 세분된 자료조직이 되어야 하고, 폐가제로 하는 것이 좋으며, 대출의 경우도 자관의 기자재를 이용한 관내열람에 한정해야 한다.

3.4.1 녹음자료의 분류

녹음자료의 분류에 사용되는 분류체계는 일반 분류표와 특수 분류표로 구분할 수 있다. 먼저 모든 매체에 사용될 수 있는 KDC와 DDC의 경우 각각 '670-679'와 '780-789'에 관련 항목을 배정하고 있는데, 항목의 대부분이 클래식음악에 편중되어 있어 비음악이나 클래식이외의 음악장르에 대한 적용이 어려운 상황이다. 대표적인 열거식분류표인 LCC는 Class M에 음악을 설정하고, 하위의 ML과 MT에서 각각 'Literature on music'과 'Instruction and study'를 배정하여 다양한 음악관련 주제들을 항목으로 제시하고 있다.

녹음자료를 위한 특수 분류표로는 小川昻이 제작한 오디오자료정리용 분류체계와 일본방송협회(NHK)에서 만든 레코드 분류표가 있으며, 김남석과 조도희는 「비도서자료의 조직이론」에서 비클래식 음악자료 및 비음악자료를 위한 분류체계를 제안한 바 있다. 여기에서는 외국의 공공 및 대학도서관에서 자체적으로 개발하여 사용하고 있는 녹음자료를 위한 특수 분류표에 대해 간단히 살펴보도록 한다.

1) 나가레야마 공공도서관 AV 자료분류표

일본의 나가레야마(Nagareyama) 공공도서관에서는 소장하고 있는 AV자료를 위해 자관용 분류표를 개발하여 적용하고 있는데, 〈표 3-2〉는 그 일부이다.[34] 녹음자료의 분류항목은 총 18개로 구분되어 있으며, 레코드판, 카세트테이프, CD 등으로 형태별 종류를 구분하여 청구기호를 조합하고 있다. 여기서 레코드판은 앞

---

34) AV資料ジャンル表 : 分類表. 〈http://www.library-city-nagareyama.jp/avjyanruhyou.pdf〉. [인용 2009 12. 20].

서 설명한 아날로그 음반을 의미한다.

〈표 3-2〉 나가레야마 공공도서관의 AV 자료분류표의 일부

분류항목	청구기호		
	레코드판	카세트	CD
交響曲(교향곡)	C 1		D 1
管弦楽(관현악)	C 2		D 2
協奏曲(협주곡)	C 3		D 3
器楽 · 室内楽(기악 · 실내악)	C 4		D 4
声楽 · オペラ · バレエ(성악 · 오페라 · 발레)	C 5		D 5
宗教曲(종교곡)	C 6		D 6
ポピュラー(대중음악)		T 5	D 7
ホームミュージック(가정음악)		T 8	D 8
その他(기타)	C 7	T 9	D 9
邦楽 · 浪曲 · 詩吟(방악 · 낭곡 · 시음)		T 4 · T 7	D 10
ジャズ · フュージョン(재즈 · 퓨전)			D 11
ロック · ポップス(록 · 팝송)			D 12
イージーリスニング(편안하게 들을 수 있는 음악)			D 13
童謡 · お話(동요 · 동화)		T 3	D 14
落語(만담)		T 1	D 15
語学(어학)		T 2	D 16
朗読(낭독)		T 6	D 17
全集(전집)			D

2) ANSCR

ANSCR(Alpha-Numeric System for Classification of Recordings)은 미국 캘리포니아 주립대학도서관내에서 제작 · 사용하고 있는 녹음자료를 위한 분류표이다.[35] 〈표 3-3〉에서 보는 바와 같이, 녹음자료가 수록할 수 있는 주제를 총 46개로 구분하고 있는데, E, G, Z는 하위전개를 위한 공기호에 지나지 않는다.

위의 주제구분을 핵심으로 한 ANSCR의 청구기호들은 ① 주제구분기호, ② 작곡가, 연주자, 저자 등의 성(surname)의 4자리, ③ 표제의 앞 3자리(또는 표제의 처음 중요 3글자의 약자), ④ 연주자 (어린이 녹음자료의 경우에는 제작회사)

35) University Library, California State University, Los Angeles. *The ANSCR Classification System for Sound Recordings*. 2008. 〈http://www.calstatela.edu/ library/guides/anscr_class.htm〉 [인용 2009 12. 20].

〈표 3-3〉 ANSCR 녹음자료 분류표

기호	분류항목	기호	분류항목
A	Music Appreciation: History and Commentary	MJ	Jazz
B	Operas: Complete and Highlights	MN	New Age
C	Choral Music	MR	Rock, Rhythm and Blues, etc.
D	Vocal Music	P	Folk and Ethnic Music (National)
(E)	Orchestral music	Q	Folk and Ethnic Music (International)
EA	Orchestral music: General Orchestral	R	Holiday Music
EB	Orchestral music: Ballet Music	RC	Christmas Music
EC	Orchestral music: Concertos	S	Varieties and Humor
ES	Orchestral music: Symphonies	SR	Varieties and Humor: Radio Transcriptions
F	Chamber Music	ST	Varieties and Humor: Television Transcriptions
(G)	Solo Instrumental Music	T	Plays
GG	Solo Instrumental Music: Guitar	U	Poetry
GO	Solo Instrumental Music: Organ	V	Prose (Fiction)
GP	Solo Instrumental Music: Piano	VN	Prose (Nonfiction)
GS	Solo Instrumental Music: Stringed Instruments	W	Documentary: History and Commentary
GV	Solo Instrumental Music: Violin	X	Instructional or Informational Spoken Recordings
GW	Solo Instrumental Music: Wind Instruments	Y	Sounds and Special Effects
GX	Solo Instrumental Music: Percussion Instruments	(Z)	Children's Recordings
H	Band Music	ZI	Children's Recordings: Instructional
J	Electronic, Mechanical Music	ZM	Children's Recordings: Music
K	Musical Shows and Operettas: Complete and Excerpts	ZR	Children's Recordings: Holiday Music
L	Soundtrack Music: Motion Pictures and Television	ZRC	Children's Recordings: Christmas Music
MA	Popular Music	ZS	Children's Recordings: Spoken
MC	Country/Western	ZU	Children's Recordings: Poetry
MG	Contemporary Christian/Gospel		

성의 1자리와 제작번호의 마지막 두 자리 등의 요소와 순서로 구성된다. 다음은 ANSCR을 적용한 청구기호의 예시이다.

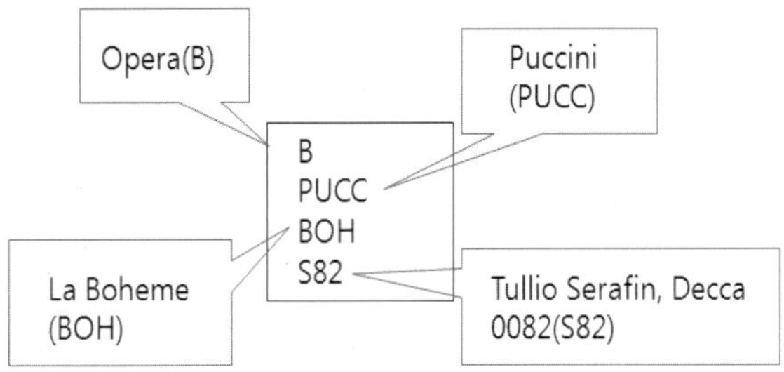

〈그림 3-1〉 ANSCR을 적용한 청구기호

3.4.2 녹음자료의 목록

서울대학교 중앙도서관 및 문화관광부가 개발한 메타데이터에는 녹음자료의 일부인 음악자료의 기술을 위한 메타데이터 표준이 포함되어 있지만 도서관의 일반 목록규칙과 MARC 형식으로도 기술할 수 있다.

아래의 내용은 전통적인 목록규칙인 한국목록규칙 제4판과 KORMARC 형식을 바탕으로 녹음자료의 목록규칙을 설명한 것이다. 목록의 대상은 디스크나 테이프(릴, 카트리지, 카세트) 등이 해당된다. 디스크나 테이프 이외의 형태의 녹음자료는 특별히 규정하고 있지는 않으나, 형태사항이나 주기사항을 통해 이들 자료도 기술할 수 있다.

1) 정보원의 우선순위 (6.0.3.1)

녹음자료의 목록작성을 위한 정보원은 녹음된 내용이 아니라 자료를 구성하는 부분(자료 자체나 용기, 딸림자료 등)에 표시된 문자정보를 우선으로 한다. 녹음자료의 각 매체별 으뜸정보원은 다음과 같다.

- 디스크: 디스크와 레이블
- 테이프(open reel-to reel): 릴과 레이블
- 테이프 카세트: 카세트와 레이블
- 테이프 카트리지: 카트리지와 레이블
- 롤: 레이블
- 필름에 수록된 녹음자료: 용기와 레이블

레이블이 복수로 존재하는 경우(디스크의 앞면과 뒷면)는 전체를 하나의 정보원으로 취급한다. 레이블에 종합표제가 없고 딸림자료나 용기에 종합표제가 기재된 경우에는 딸림자료나 용기를 으뜸정보원으로 취급하고, 이 경우 그 정보원을 주기한다.

2) 기술사항별 정보원(6.0.3.2)

· 표제와 책임표시사항: 으뜸정보원
· 판사항: 으뜸정보원, 인쇄된 딸림자료, 용기
· 발행사항: 으뜸정보원, 인쇄된 딸림자료, 용기
· 형태사항: 해당 자료 자체
· 총서사항: 으뜸정보원, 인쇄된 딸림자료, 용기
· 주기사항: 어디에서나
· 표준번호 및 입수조건사항: 어디에서나

3) 자료유형(6.1.2.1)

'녹음자료', 양서의 경우에는 'sound recording' 으로 표시한다.

245 00 ▾a저녁노래 ▾h[녹음자료] = ▾xSong in the dusk : ▾b실내악곡집
245 00 ▾aRequiem ▾h[sound recording] / ▾dWolfgang Amadeus Mozart

4) 책임표시(6.1.3)

녹음자료의 책임표시는 ① 저자, 작사자, 대본작가, 작곡자 등 직접 책임을 진 인물, ② 개작자(원작과 동일한 매체여부와 무관), ③ 기록이나 자연 소리 등의 채록자(collector)나 수록자, ④ 연주의 감독이나 지휘책임을 진 개인, ⑤ 연주자나 취입자(가수), ⑥ 대중음악의 제작자(프로듀서) 등을 그 범위로 한다. 특히 고전음악이나 연설녹음자료 등에서 작품의 연주나 제작, 해설에 국한된 개인이나 단체는 주기하거나 중요도에 따라 그 기재를 생략한다.

245 00 ▾a삼척의 소리기행 ▾h[녹음자료] / ▾d김진숙 채록
245 00 ▾a교향곡 ▾h[녹음자료] / ▾d하이든 작곡

5) 판표시(6.2.1)

개정이나 복제 등 자료의 내용에 변경이 있을 때는 변경에 관한 판차와 개정자

를 해당 식별기호로 기재한다. 녹음자료의 판표시는 ① 내용이 동일해도 원판이 다를 때는 별도의 판으로 취급, ② 동일 내용이 별도의 매체로 재발매되었고 용기나 딸림자료에 판이라는 용어가 표시된 경우에는 새로운 판으로 취급, ③ 연주에 사용된 악보 등의 판표시는 주기, ④ '결정판' 등과 같은 유사 판표시는 정보원에서 본표제의 일부로 표시된 경우에는 본표제로 기술하고, 그 이외에는 주기한다.

6) 자료특성사항(6.3)

단행자료로 취급되는 녹음자료에서는 자료특성사항을 기술하지 않는다. 연속적으로 간행되는 녹음자료에 대해서는 연속간행물의 규칙을 적용한다.

7) 발행사항(6.4)

녹음자료의 발행, 배포, 제작사항 등을 중심으로 기술하는데, 녹음자료의 발행사항에 대한 주된 기술원칙은 다음과 같다.

① 미발행(상업용으로 발행되지 않은) 녹음자료의 경우에는 발행지를 생략하며, 이 때에는 '발행지불명'이나 'S.l.'도 생략한다.

② 발행처는 국외이고 배포처가 국내인 녹음자료에서 배포처와 함께 국내용 발매번호가 기재되어 있는 경우는 발행처와 배포처를 모두 기술한다.

③ 발행처가 자료에 기재되어 있지 않은 경우라도 레이블명이 있으면 이 레이블명을 발행처로 기술한다. 레이블명이 없으면 필요에 따라 적절한 어구를 보기한다.

④ 녹음자료의 판권표시년은 'p' 다음에 계속해서 기술한다.

⑤ 발행년과 판권표시년도가 다른 경우에는 발행년 다음에 판권표시연도를 기술한다.

260 ▾aNew York, N.Y. :▾bNonesuch Records,▾cp1985 ;▾a서울 :
▾b아이에프씨 [발매]

260 ▾aLondon :▾bGrandolf Records :▾bDistributed by Middle Earth Co.

8) 형태사항(6.5)

특정자료종별과 수량, 기타 형태사항, 크기, 딸림자료순으로 해당 식별기호를 사용하여 녹음자료의 형태사항을 기술한다.

(1) 특정자료종별(6.5.1)

사용가능한 특정자료종별은 녹음 카트리지(sound cartridge), 녹음 카세트(sound cassette), 음반(sound disc), 녹음 테이프 릴(sound tape reel), 사운드 트랙 필름(sound track film) 등이며, 필요에 따라 녹음시트(sound sheet), 녹음 필름(sound film), 녹음 롤(sound roll), 오르간 롤(organ roll), 피아노 롤(piano roll) 등의 용어를 사용할 수 있다. 또한 녹음자료의 연주시간을 특정자료종별과 수량에 원괄호(())로 묶어 부기한다. 이 때, 재생시간이 5분 이상인 경우에는 분까지, 5분 이하인 경우에는 초까지 기술한다.

(2) 기타 형태사항

녹음자료를 재생할 때 필요한 사항인 녹음방식, 재생속도, 음구특성(아날로그 디스크), 트랙의 수(테이프), 채널수, 녹음 및 재생특성 등을 기술한다. 매체에 따라 기술되는 형태사항은 다음과 같다.

〈표 3-4〉 KCR4 녹음자료의 기타 형태사항 기술항목

녹음매체 / 형태사항	음반	테이프	사운드 트랙 필름
녹음방식	아날로그, analog, 디지털, digital		광학, optical, 자기, magnetic
재생속도	회전, rpm(아날로그), m/초, m/s(디지털)	cm/초	프레임/초, fps
음구특성	아날로그 음반의 표준규격 이외의 음구		
트랙수		2 트랙, 중앙트랙, 2 tracks, centre tracks	
채널수	모노, mono, 스테레오, stereo, 4채널, quad		
녹음 및 재생특성		돌비처리, Dolby processed, NAB 표준, NAB standard, DBX 암호, DBX encoded	

(3) 크기

음반의 직경, 릴의 직경과 테이프의 폭, 사운드 트랙 필름의 필름폭, 카세트(카트리지 포함)의 길이 × 높이 등을 기술한다. 롤(roll)은 크기를 기재하지 않는다.

300 ▼a음반 1매 (15분) : ▼b아날로그, 78 회전, 버티칼 ; ▼c30 cm

300 ▼a1 sound disc (30 min.) : ▼banalog, 33 1/3 rpm, stereo ; ▼c20 cm

300 ▼a녹음 카세트 1개 (50분) : ▼b아날로그, 스테레오, 돌비처리 ; ▼c 18.4 cm × 10.2 cm

300 ▼a사운드 트랙 필름 릴 1개 (약 10분) : ▼b자기, 25프레임/초, 중앙 트랙 ; ▼c16 mm

9) 주기사항(6.7)

(1) 책임표시에 관한 주기

표제와 책임표시사항에 기재되지 않은 책임표시는 주기에 기술한다. 특히 녹음자료의 경우 연주자나 연주수단의 기재가 필요하다고 판단되면 이를 주기한다.

511 8 ▼a앞소리: 김길임, 이인자, 박양애 ; 뒷소리: 해남 우수영 부인들

(2) 상이한 형태의 자료에 관한 주기

기술대상자료의 내용과 동일 내용이면서 다른 형태로 발행되었거나 제작된 매체가 있는 경우 이를 주기한다.

530 ▼a책자형태로도 발행: 한국사
(녹음자료의 표제는 '한국사강의'임)

530 ▼aIssued also as cassette and as cartridge

(3) 내용주기

하나의 자료가 그 내용으로 수 개의 작품을 수록하고 있을 때는 수록된 작품을 일람할 수 있도록 기술하며, 각 작품의 재생시간도 함께 기술한다.

505 0 ▼a정선아리랑 -- 강원도아리랑 -- 해주아리랑 -- 진도아리랑 -- 영암아리랑

505 0 ▼a1. 징글벨(2분 32초) -- 2. 화이트 크리스마스(3분 44초) -- 3. 어메이징 그레이스(4분 19초) …

10) 표준번호 및 입수조건사항(6.8)

표준번호와 발매번호가 모두 표시된 녹음자료의 경우, 발매번호도 함께 기술한다. 이 때 발매번호는 레이블에 근거하여 기술하되, 정보원에 기재된 형식 그대로 기술한다.

028 01 ▼aWCC-16 ▼b웅진미디어

3.5 녹음자료의 실례

3.5.1 음악자료: 음악제

KORMARC

001
007 sd fsngnniuned
008 080407s2007 ulkzzu a c kor
020 ▾c비매품
082 ▾a789 ▾220
090 ▾a789 ▾b소239ㄴ
245 00 ▾a소리정원 ▾h[녹음자료] : ▾b2007 나라음악큰잔치 / ▾d나라음악큰잔치 [편]
260 ▾a서울 : ▾b나라음악큰잔치, ▾c2007
300 ▾a음반 3매 : ▾b디지털 ; ▾c4 3/4 in.
505 0 ▾aDisc 1. 국악명품실내악축제 (42:15) -- Disc 2. 소리공감 (52:10) -- Disc 3. 송년 음악회 (69:43)
511 8 ▾a제작진: 추진위원장, 권오성 ; 추진위원, 윤미용, 송혜진, 이준호, 김승근, 전지영 ; 총감독 겸 사무국장, 임동지 ; 기술감독, 문종철 ; 사무차장, 심재흥 ; 공연 예술감독, 전무영, 이인호, 김한승
710 ▾a나라음악큰잔치

〈그림 3-2〉 음악자료(음악제): 형태기술필드

〈그림 3-2〉는 2007년도에 개최된 나라음악큰잔치의 공연실황을 녹음한 자료로서, 3장의 음반으로 구성되어 있다. 007 형태기술필드는 자료의 형태사항에 관한 상세한 정보를 부호로 제시하기 위한 필드로, 녹음자료의 형태기술필드는 00-13 자리까지 모두 14자리의 고정길이필드로 구성되어 있다.

00(자료범주표시): 녹음자료는 모두 's'로 표시.

01(특정자료종별): 음반인 경우 'd', 음향카세트인 경우 's'로 표시.

02(미정의)

03(속도): 컴팩트 디스크의 경우 1.4 m/s으로 'f'로 표시.

04(녹음재생형태): 단음은 'm', 4채널음은 'q', 스테레오는 's'로 표시.

05(음구의 폭/높이): 아날로그 음반에만 적용.

06(크기): 4 3/4 in인 컴팩트 디스크는 'g', 카세트는 'j', 카트리지는 'o'로 표시.

07(테이프의 폭): 대부분의 카세트는 1/8 in인 'l'로, 음반은 'n(적용불가)'으로 표시.

08(테이프 트랙의 수): 트랙수에 따라 부호화하며 음반은 'n(적용불가)'으로 표시.

09(음반, 실린더, 테이프의 종류): 마스터 테이프는 'a', 테이프 복제 마스터는 'b'로 표시.

10(재질): 음반 · 실린더의 재질로서, 금속은 'l', 금속 및 플라스틱은 'm', 플라스틱은 'p'로 표시.

11(음구의 깎임 종류): 삼각골형 깎임은 'h', 적용불가는 'n'으로 표시.

12(특수재생장치특성): 돌비는 'c', 디지털녹음(컴팩트 디스크)는 'e'로 표시.

13(녹음/저장기법): 디지털 저장은 'd', 아날로그 전기적 저장은 'e'로 표시.

	00	01	02	03	04	05	06	07	08	09	10	11	12	13
007	s	d		f	s	n	g	n	n	i	u	n	e	d

예를 들어 007 필드가 위의 예시와 같이 기술되어 있는 경우, 그 의미를 살펴보면 다음과 같다. 즉, 자료의 범주는 녹음자료(s)이며, 특정자료종별은 음반(d), 속도는 1.4 m/s(f), 녹음재생형태는 스테레오(s), 음구의 폭/높이는 적용불가(n), 크기는 4 3/4 in(g), 테이프의 폭은 적용불가(n), 테이프 트랙의 수는 적용불가(n), 음반 · 실린더 · 테이프의 종류는 현장녹음(i), 재질은 미상(u), 음구의 깎임 종류는 적용불가(n), 특수재생장치특성은 디지털녹음(e), 녹음/저장기법은 디지털로 저장(d)된 파일임을 알 수 있다. 따라서 최근 녹음자료에서 많은 비중을 차지하고 있는 CD의 경우, 05, 07, 08, 11 등은 적용이 불가능함을 알 수 있다.

3.5.2 음악자료: 성가

KORMARC

001　000013296472

005　20070426094827

007 sd fsngnzmuned

008 091205s2006　ulkhyn　a　　　　kor

082　▾a782.2▾222

090　▾a782.2▾b나67ㄴ

245 00▾a나운영 성가독창곡집▾h[녹음자료] = ▾x15 Sacred songs /▾d[나운영 독창] ;
▾e나운영기념사업회 편

260　▾a[서울] :▾b나운영기념사업회,▾c2006

300　▾a음반 1매 :▾b디지털 ;▾c4 3/4 in.

490 10▾a나운영 작품시리즈 ;▾v2

505 0 ▾a1.아흔 아홉 양(E.C.Clephane) (3:37) -- 2. 주기도 (2:44) -- 3. 여호와여 구원하옵소서 (2:26) -- 4. 피난처 있으니 (4:06) …

511 8 ▾a연주자: 명지영

700 1 ▾a나운영

710　▾a나운영기념사업회

830　0▾a나운영 작품시리즈 ;▾v2▾h[녹음자료]

〈그림 3-3〉 음악자료(성가): 부호화정보필드

〈그림 3-3〉은 작곡자 나운영의 성가독창곡집 음반으로, 나운영기념사업회에서 2006년 제작발행하였다.

008 부호화정보필드는 녹음자료의 레코드 전반과 서지적인 특성에 대한 정보를 데이터 관리와 검색에 편리하도록 부호화하여 나타낸 40자리 고정길이필드이다. 007필드와 마찬가지로 지시기호와 식별기호는 표시하지 않는다. 모든 자료에 공통으로 적용되는 00-17, 26-28, 32, 35-39를 제외한 녹음자료에 적용되는 자수위치와 해당 데이터요소는 다음과 같다.

18-19(작곡형식): 악보(필사악보 포함)와 음악적인 녹음자료의 작곡형식을 두 자리로 나타낸다. 작곡형식에는 음악장르에 대한 부호를 포함하고 있으며, 하나 이상의 부호가 부여될 수 있는 경우에는 복합형식(mu)을 부여한다. 비음악자료에 대해서는 작곡의 형식을 지니지 않으므로 적용불가(nn)로 부여.

20(악보형식): 인쇄나 필사된 악보의 형식을 나타내며, 녹음자료에는 적용불가(n)로 표시.

21(미정의)

22(이용대상자 수준): 특정 이용자층에 의해 연주되거나 이용되는 것을 식별하기 위해 표시하며, 일반이용자용은 빈칸, 취학전 아동 'a', 중학생 'c', 성인용 'e'로 표시.

23(자료의 형태): 인쇄나 필사된 악보의 자료형태를 표시.

24-25(딸림자료): 녹음자료의 딸림자료를 부호로 표시하며, 없으면 빈칸으로 표시.

29(미정의)

30-31(녹음자료의 내용): 음악 이외의 녹음자료에 대한 내용을 두 자리로 표시하며, 회의록 'c', 언어교육 'j', 강연 · 연설 'l', 소리 's', 면담 't'로 표시.

33-34(빈칸)

	00-05	06	07-10	11-14	15-17	18-19	20	21	22	23	24-25	26-27	28	29	30-31	32	33-34	35-37	38-39
008	091205	s	2006		ulk	hy	n				a							kor	

예를 들어 008 필드가 위의 예시와 같이 기술되어 있는 경우, 그 의미를 살펴보면 다음과 같다. 즉, 입력일자는 2009년 12월 5일, 발행년의 유형은 단일년도(s), 발행년도는 2006년이며, 발행국가는 한국(서울), 작곡형식은 찬가(hy), 악보형식은 적용불가(n), 딸림자료로 음반목록(a)을 갖는 한국어(kor)로 된 녹음자료이다. 여기서 빈칸으로 표시된 부분은 대부분 해당사항이 없다고 보면 된다.

3.5.3 음악자료: 클래식

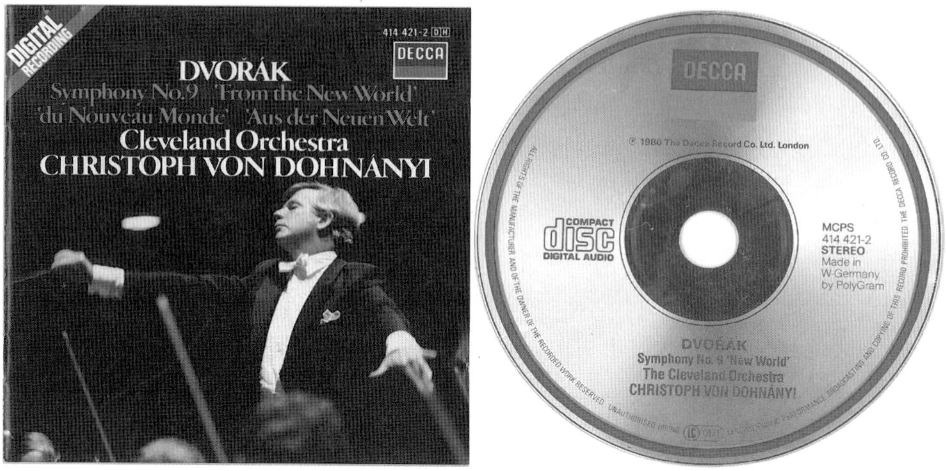

KORMARC

001
007 sd fsnnnnnnned
008 091205s1986 uk syn a eng
240 10 ▾a교향곡, ▾n제9번, 작품 95, ▾rE 단조 ▾h[녹음자료]
245 00 ▾aSymphony no. 9 in E minor, op. 95 "From the new world" ▾h[sound recording] = ▾xSymphonie nr. 9 e-moll, op. 95 "Aus der neuen welt" / ▾dAntonin Dvorak
246 30 ▾aSymphony, ▾nno. 9, op. 95, ▾rE minor ▾h[sound recording]
260 ▾aLondon : ▾bDecca Record Company Limited, ▾c1986.
300 ▾a1 sound disc (40 min., 43 sec.) : ▾bdigital, stereo ; ▾c4 3/4 in. + ▾e3 textbook
505 0 ▾aContents: 1. Adagio - allegro molto (9:19) -- 2. Largo (11:48) -- 3. Scherzo - molto vivace (7:52) -- 4. Allegro con fuoco (11:44)
511 1 ▾aCleveland Orchestra, Christoph von Dohnanyi, conductor
700 1 ▾aDvorak, Antonin, ▾d1841-1904
710 ▾aCleveland Orchestra

〈그림 3-4〉 음악자료(클래식): 통일표제

앞절 3.2 녹음자료의 종류에서 설명한 바와 같이, 클래식 녹음자료는 한 작품에 대한 표제가 다양한 언어로 표현되거나 동일한 언어라도 생산기관에 따라 각각 다르게 표현되는 경우가 많아 동일 작품에 대한 목록상의 집중과 검색을 위해서 다양한 형식의 표제를 제어할 수 있는 장치가 필요하다. 일찍이 도서관에서는 이러한 문제를 해결하기 위해 통일표제를 작성함으로써 다양하게 표현될 수 있는 형식을 가능한 한 통일하려는 노력을 하여왔으며, 미국의회도서관 등에서는 여전히 통일표제를 작성하여 이러한 문제를 해결하고 있다. 그렇지만 언어마다, 작성하는 기관마다 다르게 표현될 수 있는 것을 일률적으로 통일표제를 작성하여 표제를 통일하는 것도 쉬운 일이 아니다. 이를 해결하고자 최근에 국제표준전거데이터번호나 가상의 국제전거파일 등과 같은 새로운 전거방식이 제안되고 있지만 여전히 논란은 계속되고 있다.

KCR4판에서는 통일표목과 기본표목을 적용하지 않고, 표목의 선정과 형식은 전거에서 처리하도록 규정하고 있으나 구체적인 전거방식이 아직 제시되어 있지 않다. 따라서 여기서는 AACR2R을 중심으로 통일표제를 설명하기로 한다.

① 악곡형식을 중심한 통일표제의 기술

240 00▼a통일화된 악곡형식,▼m연주수단,▼n일련번호, 작품번호,▼r조.
▼l국어표시▼hGMD

240 00▼a소나타,▼m피아노,▼n제14번, 작품 27-2,▼r다단조.▼h[녹음자료]

〈출력〉 [소나타, 피아노, 제14번, 작품27-2, 다단조 [녹음자료]]

240 10▼aSonata,▼mpiano,▼nno. 14, op. 27-2,▼rC minor▼h[sound recording]

〈출력〉 [Sonata, piano, no. 14, op. 27-2, C minor [sound recording]]

240 00▼칸타타,▼m소프라노(2),▼m알토.▼h녹음자료

② 연주수단을 중심한 통일표제의 기술

연주수단을 악곡형식과 순서를 바꾸어 식별기호 ▼a로 기술하고, 악곡형식을 ▼k로 두 번째에 기술한다.

240 00▼a연주수단,▼k통일화된 악곡형식,▼n일련번호, 작품번호,▼r조.
▼l국어표시▼hGMD

240 00▼a피아노,▼k소나타,▼n제14번, 작품 27-2,▼r다단조▼h[녹음자료]

240 00▼aPiano,▼ksonata,▼nno. 14, op. 27-2,▼rC minor▼h[sound recording]

한편 AACR2R에서 규정하고 있는 통일표제의 언어는 첫째, 음악작품의 형식이나 연주수단으로 된 표제는 국제적으로 가장 널리 사용되는 영어로 기술하고, 둘째, 그 외의 표제는 원곡명이 영어, 불어, 독어, 이탈리어, 스페인어, 포르투칼어 또는 라틴어일 경우는 그것을 그대로 통일표제로 사용하며, 셋째, 자료기관의 이용자가 자국의 언어를 가장 많이 기술언어로 사용하는 경우는 영어와 자국어로 병행함을 원칙으로 한다. 따라서 〈그림 3-4〉의 예시를 AACR2R의 원칙에 따라 통일표제를 기술하면 다음과 같다.

240 10▼a교향곡,▼n제9번, 작품 95,▼rE 단조▼h[녹음자료]

또는 240 10▼aSymphony,▼nno. 9, op. 95,▼rE minor▼h[sound recording]

KORMARC

001 000000134275

005 20020709173444

007 sd fsngnzmuned

008 091205s1993 ulkcgn s kor

028 01 ▾aWCC-68▾b웅진미디어

082 ▾a780▾220

090 ▾a780▾b웅79ㅇㅇ▾cv.68

245 00 ▾a성악곡.▾n1,▾p모차르트▾h[녹음자료] = ▾xWolfgang Amadeus Mozart

246 3 ▾aRequiem in D minor, K.626 for Soloists, Choir and Orchestra▾h[녹음자료]

260 ▾a서울 :▾b웅진미디어,▾c1993.

300 ▾a음반 1매 :▾b디지털 ;▾c4 3/4 in. + ▾e해설서 2책

490 10 ▾a웅진클래식대전집 ;▾v68

500 ▾qCompact disc

511 8 ▾a노래 및 연주: 윌마 리프, 소프라노 ; 엘리자베스 호이겐, 알토 ; 머레이 디키, 테너 ; 루드비히 베버, 베이스 ; 아카데미 챔버 오케스트라, 야사 호렌슈타인, 지휘

534 ▾p원본출판사항: ▾cTuxedo Music, 1990

700 1 ▾aMozart, Wolfgang Amadeus

700 1 ▾a모차르트

700 1 ▾a리프, 윌마,▾e소프라노

700 1 ▾a호이겐, 엘리자베스,▾e알토

700 1 ▾a디키, 머레이,▾e테너

700 1 ▾a베버, 루드비히,▾e베이스

700 1 ▼a호렌슈타인, 야사,▼e지휘
710 ▼a웅진미디어
710 ▼a아카데미 챔버 오케스트라
770 0 ▼t웅진 클래식 대전집▼w130450-130451[506727-506728]
830 0▼a웅진클래식대전집 ; ▼v68▼h[녹음자료]

〈그림 3-5〉 음악자료(클래식): 연주자와 배역진 주기

〈그림 3-5〉는 웅진미디어에서 발행한 웅진클래식대전집 v.68로서, 1993년도에 해설서 2책과 함께 발행된 음반이다. 따라서 녹음자료는 모체자료로, 해설서는 보유판이나 특별호로 간주하여 레코드를 작성하게 된다. 이와 같이 해당 녹음자료가 별도의 레코드로 목록되는 보유판이나 특별호가 있는 경우, 그 사항을 770 필드에 기술한다(〈그림 3-12〉 참조).

245 00▼a성악곡.▼n1,▼p모차르트▼h[녹음자료] =▼xWolfgang Amadeus Mozart

770 0 ▼t웅진 클래식 대전집▼w130450-130451[506727-506728]

녹음자료나 시청각자료에서 연주자, 해설자, 배역진, 채록자, 구술자, 낭독자 등 그 저작에 참여한 사람에 관한 사항을 511 필드(연주자와 배역진 주기)에 기술한다. '배역'이라는 표출어는 제1지시기호 '1'에 의해 자동 생성되지만, 그 외의 표출어는 제1지시기호 '8(표출어를 생성하지 않음)'을 지시하고 해당 표출어를 기술한다.

511 1 ▼a에디스 마티스(소프라노), 쥬리아 하마리(앨토), 비스타프 오크만 (테너), 칼리 티부쉬(베이스), 한스 하젤블뢰그(오르간) ; 비엔나필하모닉 관현악단, 칼 뵘(지휘)

511 1 ▼a정경화, 바이올린 ; 정명화, 첼로

511 8 ▼aNarrator: Burl Ives

511 8 ▼aVoices: Peter Ustinov, Cloris Leachman, Sally Kellerman, Andy Devine

511 8 ▼a구술: 윤현진

511 8 ▼a노래: 김영임 ; 지휘: 박범훈 ; 합창: 국악관현악단 합창단 ; 합창지도: 엄기영

KORMARC

001 000000235883
007 sd fsngnzmuned
008 091205s1988 uk cgn eng
028 01 ▾a072 243-1 ▾bUnitel
033 0 ▾a198803 ▾ba-is
082 ▾a782.3238 ▾220
090 ▾a782.3238 ▾bM93uu
245 00 ▾aRequiem ▾h[sound recording] / ▾dWolfgang Amadeus Mozart
260 ▾aLondon : ▾bUnitel, ▾c1988
300 ▾a1 sond disc : ▾bdigital ; ▾c4 3/4 in.
306 ▾a003816
511 8 ▾aOrchestra: Bavarian Radio Chorus and Symphony Orchestra
511 8 ▾aConductor: Leonard Bernstein
518 ▾aRecorded in Mann Auditorium, Tel Aviv on March, 1988.
700 1 ▾aMozart, Wolfgang Amadeus, ▾d1756-1791
700 1 ▾aBernstein, Leonard
710 ▾aBavarian Radio Chorus and Symphony Orchestra
900 ▾a모차르트, 볼프강 아마데우스

〈그림 3-6〉 음악자료(클래식): 녹음일시와 장소

〈그림 3-6〉은 1988년 Tel Aviv의 Mann Auditorium의 공연을 Unitel사에서 녹음하여 음반으로 발행한 녹음자료이다. 공연음악은 〈그림 3-5〉와 같은 Mozart의 Requiem이며 Leonard Bernstein이 지휘하는 Bavarian Radio Chorus and Symphony Orchestra에 의해 연주되었다.

KCR 4판의 가장 큰 특징 중 하나는 기본표목을 규정하지 않는다는 점이다. 따라서 과거에는 녹음자료의 주된 책임자인 Mozart를 기본표목으로 채택하여 100 필드에 기술하였으나, 현재는 부출표목 필드인 700 필드에 기술하고 있다. 700, 710 그리고 711 필드 등은 해당 저작의 지적 및 출판 책임을 포함하여 저작의 창작에 대한 책임을 지고 있는 개인, 단체, 회의명을 추가로 접근점으로 제공하기 위한 부출표목 필드들이다. 따라서 예시에서 보는 바와 같이, 245 필드의 ▾d에 기술된 개인명을 시작으로 지휘자와 공연단체 등을 700과 710 필드에 기술함으로써 책임표시에 대한 접근점을 제공하고 있다. 이 때 700 필드를 둘 이상 기술하는 경우, 자료의 주된 책임자 즉, 기본표목의 성격을 갖는 개인명이나 단체명을 우선적으로 기술하여 저자기호의 생성에 차질이 없도록 하면 된다.

245 00 ▾aRequiem ▾h[sound recording] / ▾dWolfgang Amadeus Mozart

700 1 ▾aMozart, Wolfgang Amadeus, ▾d1756-1791

700 1 ▾aBernstein, Leonard

710 ▾aBavarian Radio Chorus and Symphony Orchestra

한편 녹음자료의 녹음일시와 장소에 대해서는 033 필드(사건일시와 장소)와 518 필드(촬영/녹음 일시와 장소주기)를 연계시켜 기술하되, 033 필드는 일시와 장소를 숫자적인 부호로 기술하고, 518 필드는 일시와 장소를 설명 주기한다. ▾a로 표시되는 포착·발견·방영일시는 "yyyymmddhhmm"와 같은 정형화된 형식으로 기술되며, ▾b의 지역표시는 KORMARC 부속서 5(한국지역구분부호표)와 6(외국지역구분부호표)을 적용한다.

033 0 ▾a198803 ▾ba-is

518 ▾aRecorded in Mann Auditorium, Tel Aviv on March, 1988

033 02 ▾a19710722 ▾b47130

518 ƀƀ ▾a1971년 7월 22일 경주에서 발견

KORMARC

001 000000220249
007 sd fsngnzmuned
008 091205s1995 ulkcgn eng
028 01▾a447 481-2/DO 0443▾bSungeum
082 00▾a787.2▾220
090 ▾a787.2▾bG78ss▾cv.23
245 00▾aMendelssohn▾h[sound recording] /▾dLudwig Felix Mendelssohn.▾aBruch /▾dMax Bruch
260 ▾aSeoul :▾bSungeum,▾c1995.
300 ▾a1 sound disc (54 min., 54 sec.) :▾bdigital ;▾c4 3/4 in.
306 ▾a005454
490 10▾aThe Great violin music of the world ;▾vv. 3
505 ▾a1-3. Violin concerto in e minor op. 64 -- 4-6. Violin concerto no.1 in g minor op. 26
511 8 ▾aViolin ; Shlomo Mintz, orchestra ; Chicago symphony, conductor ; Claudio Abbado
534 ▾pOriginally published:▾cBaarn, Netherlands : Polygram
700 1 ▾aMendelssohn, Ludwig Felix
700 1 ▾aBruch, Max
700 1 ▾aMintz, Shlomo,▾mviolin
700 1 ▾aAbbado, Claudio,▾econductor
710 ▾aSungeum Ltd.
710 ▾aChicago symphony,▾eochestra
740 2▾aViolin concerto in e minor op. 64.▾n1-3▾h[sound recording]
740 2▾aViolin concerto no.1 in g minor op. 26.▾n4-6▾h[sound recording]
830 0▾aThe Great violin music of the world ;▾vv. 3▾h[sound recording]

〈그림 3-7〉 음악자료(클래식): 종합표제가 없는 작품

종합표제 없이 둘 이상의 저작자의 작품을 수록한 경우, 표제 및 책임표시사항은 본표제와 각 작품의 저작자를 짝지어 245 필드에 기술하며, 각 작품은 식별기호 ▼a를 반복하여 기재하되, 온점(.)을 이용하여 구분한다. 이때 245 필드에서 두 번째 이하의 표제에 대한 부출표제는 505 필드(확장형)의 표제와 마찬가지로 740 필드에 자동 생성되는 부출표제이므로 기술할 필요가 없다. 그렇지만 대부분의 비도서자료에서와 같이 자료유형표시가 필요한 경우에는 아래와 같이 자료유형표시를 하여 다시 부출표목을 작성해야하며, 책임표시의 경우에도 700 필드에 다시 기술해야 한다.

245 00 ▼aMendelssohn ▼h[sound recording] / ▼dLudwig Felix
Mendelssohn. ▼aBruch / ▼dMax Bruch
700 1 ▼aMendelssohn, Ludwig Felix
700 1 ▼aBruch, Max
740 2 ▼aBruch ▼h[sound recording]

한 저작자의 2개 이상의 작품이 수록되어 있으면서 종합표제가 없는 자료는 다음과 같이 식별기호 ▼a를 반복하여 기재하되, 쌍점(;)을 이용하여 구분하며, 두 번째 이하의 표제에 대한 부출표제는 아래와 같이 자료유형을 표시하여 다시 작성하여야 한다.

245 00 ▼a하늘천따지 ▼h[녹음자료] ; ▼a소리 제3번 ; ▼a세개의 시편 /
▼d이영조 작곡
700 1 ▼a이영조, ▼e작곡
740 2 ▼a소리 제3번 ▼h[녹음자료]
740 2 ▼a세개의 시편 ▼h[녹음자료]

※ KCR4의 기술규칙(KCR4 1.1.2.2)에서는 종합표제 없이 2개 이상의 작품이 수록되어 있는 경우 자료유형을 마지막 표제 다음에 기술한다. 이 조항을 바탕으로 KORMARC 형식의 목록레코드를 작성하면 〈그림 3-7〉의 245 필드는 아래와 같이 자료유형(▼h)을 마지막 표제 다음에 기술해야 한다. 이는 KORMARC 형식(p.528)의 245 필드 예시와는 다르게 규정되어 있다.

245 00 ▼aMendelssohn / ▼dLudwig Felix Mendelssohn. ▼aBruch
▼h[sound recording] / ▼dMax Bruch
245 00 ▼a하늘천따지 ; ▼a소리 제3번 ; ▼a세개의 시편 ▼h[녹음자료] /
▼d이영조 작곡

KORMARC

001 000000551936

008 091205s2002 ulkkkn kor

056 ▾a679.59

245 00▾a은산 별신굿▾h[녹음자료] = ▾xEunsan Byeolsin Cut /▾d국립문화재연구소 [편]

246 31▾aEunsan Village Shaman Ceremony▾h[녹음자료]

260 ▾a서울 :▾b국립문화재연구소,▾c2002

300 ▾a음반 1매 (47분) :▾b디지털 ;▾c4 3/4 in.

490 10▾a국립문화재연구소 소장자료 시리즈 ;▾v21

505 0 ▾a1. 축원 (03:39) -- 2. 당산굿, 할아버지 무당의 노래 (03:37) -- 3. 칠성풀이 (13:31) -- 4. 제석굿 (12:57) -- 5. 마마굿 (04:33) -- 6. 장자풀이 (09:50)

508 ▾a기획 및 진행, 박상국, 송민선, 박대남 ; CD director, 양정환

511 8 ▾a연주: 이어인련 ; 국문해설, 이용식 ; 영문번역, 해이만 ;

653 1 ▾a별신굿▾a은산별신굿▾a무가굿

710 ▾a국립문화재연구소

710 ▾aNational Research Institute of Cultural Properties of Korea

740 2▾a축원.▾n.1▾h[녹음자료]

740 2▾a당산굿, 할아버지 무당의 노래.▾n.2▾h[녹음자료]

...

830 0▾a국립문화재연구소 소장자료 시리즈 ;▾v21▾h[녹음자료]

〈그림 3-8〉 음악자료(국악): 내용주기

〈그림 3-8〉은 2002년도에 국립문화재연구소에서 발행한 국악 음반자료이다.

해당 녹음자료의 작곡형식을 부호화하는 008/18-19 필드에서 'kk'는 '토속민요'를 나타낸다.

「은산 별신굿」이라는 본표제 이외에도 영문으로 표시된 대등표제가 두 개인데, 로마자표기법에 의한 대등표제는 245 필드의 ▾x를 사용하여 기술하고 나머지는 246 필드에 기술할 수 있다.

245 00 ▾a은산 별신굿 ▾h[녹음자료] = ▾xEunsan Byeolsin Cut / ▾d국립문화재연구소 [편]

246 31 ▾aEunsan Village Shaman Ceremony ▾h[녹음자료]

종합표제 아래 2개 이상의 저작이 수록된 경우, 그 저작들의 내용을 505 필드(내용주기)에 기술한다. 505 필드는 기본형과 확장형의 두 가지 기술방법이 있으며, 확장형으로 기술한 경우 일반적으로 505 필드의 내용이 자동부출되므로 740 필드의 기술이 필요하지 않다. 그런데 〈그림 3-8〉에서 505 필드의 내용을 확장형으로 기술한 후 자동부출하면 자료유형이 표시되지 않는다. 따라서 505 필드를 기본형으로 작성한 후 내용주기를 740 필드에 다시 입력해야 이들 내용이 부출표목으로 될 수 있다. 이와 같이 비도서자료의 경우 대부분 자료유형이 표시되므로 505 필드를 기본형으로 작성한 후 부출표목이 필요할 경우 740 필드를 작성하는 것이 바람직할 것이라 생각한다(〈그림 5-10〉 설명 참조).

505 0 ▾a1. 축원 (03:39) -- 2. 당산굿, 할아버지 무당의 노래 (03:37) -- 3. 칠성풀이 (13:31) -- 4. 제석굿 (12:57) -- 5. 마마굿 (04:33) -- 6. 장자풀이 (09:50)
740 2 ▾a축원. ▾n.1 ▾h[녹음자료]
740 2 ▾a당산굿, 할아버지 무당의 노래. ▾n.2 ▾h[녹음자료]
740 2 ▾a칠성풀이. ▾n3 ▾h[녹음자료]
740 2 ▾a제석굿. ▾n.4 ▾h[녹음자료]
740 2 ▾a마마굿. ▾n.5 ▾h[녹음자료]
740 2 ▾a장자풀이. ▾n.6 ▾h[녹음자료]

KORMARC

001
007 sd fsngnzmuned
008 091205s2006   ulkkkh   korOE
020   ▾a8981241163
028 21 ▾aKICP 098 ▾b국립문화재연구소
082   ▾a398.09519 ▾222
245 00 ▾a양주소놀이굿 ▾h[녹음자료] / ▾d국립문화재연구소 [편]
246 31 ▾a(The) Yangju cow ritual
260   ▾a대전 : ▾b국립문화재연구소, ▾c2006
300   ▾a음반 5매 (286분) : ▾b디지털, 스테레오 ; ▾c4 3/4 in.
490 10 ▾a국립문화재연구소 소장 음반자료 시리즈 ; ▾v40
505 0 ▾a1. 행추물림~초가망거리 (64분) -- 2. 조상거리~성주풀이 (64분) -- 3. 우용진 양주 소놀이굿 (55분) -- 4. 우용진, 고관성, 전춘성 양주소놀이굿 (39분) -- 5. 고관성, 오복삼 양주소놀이굿 (64분)
653 1 ▾a한국 민요 ▾a향토 민요 ▾a전통 놀이 ▾a굿놀이 ▾a양주 소놀이굿
710   ▾a국립문화재연구소
740 2 ▾a행추물림~초가망거리. ▾n1 ▾h[녹음자료]
740 2 ▾a조상거리~성주풀이. ▾n2 ▾h[녹음자료]
…
740 2 ▾a고관성, 오복삼 양주소놀이굿. ▾n5 ▾h[녹음자료]
830 0 ▾a국립문화재연구소 소장 음반자료 시리즈 ; ▾v40 ▾h[녹음자료]

〈그림 3-9〉 음악자료(국악): 종합기술방식과 분할기술방식

〈그림 3-9〉는 국립문화재연구소에서 2006년 전체 5개의 음반으로 발행한 국악 「양주소놀이굿」이며, 「양주소놀이굿」라는 종합표제 아래 전체 5개의 음반을 하나의 목록레코드로 작성한 것이다(종합기술방식).

그런데 〈그림 3-9〉에서 「양주소놀이굿」라는 종합표제를 총서표제(490 필드)로 기술하고, 내용주기의 개별표제 5개를 대상으로 각각 서지레코드를 작성할 수도 있다(분할기술방식). (〈그림 5-18〉의 설명도 참조).

■ 종합기술방식: 내용을 달리한 5개의 부출 표목(740 필드)이 작성되어야 함

```
245 00▼a양주소놀이굿▼h[녹음자료] /▼d국립문화재연구소 [편]
300    ▼a음반 5매 (286분) :▼b디지털, 스테레오 ;▼c4 3/4 in.
505 0  ▼a1. 행추물림~초가망거리 (64분) -- 2. 조상거리~성주풀이 (64분) --
          3. 우용진 양주소놀이굿 (55분) -- 4. 우용진, 고관성, 전춘성 양주소놀이굿
          (39분) -- 5. 고관성, 오복삼 양주소놀이굿 (64분)
490 10▼a국립문화재연구소 소장 음반자료 시리즈 ;▼v40
740  2▼a행추물림~초가망거리.▼n1▼h[녹음자료]
740  2▼a조상거리~성주풀이.▼n2▼h[녹음자료]
…
740  2▼a고관성, 오복삼 양주소놀이굿.▼n5▼h[녹음자료]
830  0▼a국립문화재연구소 소장 음반자료 시리즈 ;▼v40▼h[녹음자료]
```

■ 분할기술방식: 내용을 달리한 5개의 서지레코드가 작성되어야 함

```
245 00▼a행추물림~초가망거리▼h[녹음자료] /▼d국립문화재연구소 [편]
300    ▼a음반 1매 (64분) :▼b디지털, 스테레오 ;▼c4 3/4 in.
490 00▼a국립문화재연구소 소장 음반자료 시리즈. 1. 양주소놀이굿 ;▼v40
830  0▼a국립문화재연구소 소장 음반자료 시리즈.▼n1,▼p양주소놀이굿 ;▼v40▼h[녹음자료]
```

```
245 00▼a조상거리~성주풀이▼h[녹음자료] /▼d국립문화재연구소 [편]
300    ▼a음반 1매 (64분) :▼b디지털, 스테레오 ;▼c4 3/4 in.
490 10▼a국립문화재연구소 소장 음반자료 시리즈. 2. 양주소놀이굿 ;▼v40
830  0▼a국립문화재연구소 소장 음반자료 시리즈.▼n2,▼p양주소놀이굿 ;▼v40▼h[녹음자료]
```

…

```
245 00▼a고관성, 오복삼 양주소놀이굿▼h[녹음자료] /▼d국립문화재연구소 [편]
300    ▼a음반 1매 (64분) :▼b디지털, 스테레오 ;▼c4 3/4 in.
490 10▼a국립문화재연구소 소장 음반자료 시리즈. 5. 주소놀이굿 ;▼v40
830  0▼a국립문화재연구소 소장 음반자료 시리즈.▼n5,▼p양주소놀이굿 ;▼v40▼h[녹음자료]
```

KORMARC

001 000013296465

007 sd fsngnzmuned

008 091205s2006 ulknnn kor

082 ▾a780.9519▾222

245 00▾a세계를 위한 조율, 대화▾h[녹음자료] = ▾xTuning Korean music to worlds /▾d국립국악원

260 ▾a서울 :▾b국립국악원,▾c2006

300 ▾a음반 1매 (55분) :▾b디지털, 스테레오 ;▾c4 3/4 in.

490 10▾a국립국악원 창작음악 시리즈 ;▾v1

505 0 ▾a1. 국악관현악 연변목가 / 백대웅 (10:18) -- 2. 함지악(咸池樂) / 김영동 (11:03) -- 3. 해금협주곡 '축원' / 김영재 (12:07) -- 4. 합창과 관현악을 위한 '풀' / 김대성 작곡 ; 모테트 합창단 합창 (21:28)

511 8 ▾a악장: 곽태규 ; 지도위원: 노부영 ; 피리: 박승희(수석), 고우석, 윤형

520 ▾a이 음반은 국립국악원 창작악단 창단기념연주회(2004.11.4. 국립국악원 예악당)의 공연실황을 cd로 제작한 것임

653 1 ▾a창작악단▾a창작음악▾a국악

700 12▾a배대웅.▾t국악관현악 연변목가.▾n1▾h[녹음자료]

...

710 ▾a국립국악원

830 0▾a국립국악원 창작음악 시리즈 ;▾v1▾h[녹음자료]

〈그림 3-10〉 음악자료(국악): 총서사항

〈그림 3-10〉은 국립국악원 창작악단 창단기념연주회의 공연실황을 녹음한 자료로서, 국립국악원 창작음악 시리즈 v.1에 해당된다.

자료에 나타나 있는 총서사항은 4XX 필드에 기술하는데, 총서사항과 총서표제의 부출표목이 같은 경우 440 필드에 총서사항을 기술한다. 반면에 부출되지 않는 총서표제나 다르게 부출되어야 할 총서사항은 490 필드에 기술한다. 즉, 총서표제를 부출하지 않고 기록으로서만 기술하는 경우와 총서표제를 다르게 부출하는 경우의 출판물에 나타난 총서표제를 여기에 기술한다. 다르게 부출되는 총서표제는 80X-830 필드(총서부출표목)에 기술한다.

440 00▼a꿈 같은 생활 =▼xDoke vita classic ;▼v33

440 00▼aThe Great violin music of the world.▼pPiece ;▼vv. 3

출력형식은 (The Great violin music of the world. Piece ; v. 3)

490 00▼a클래식전집 ;▼v9

(제1지시기호 '0'은 총서표제를 부출하지 않을 때 사용)

490 10▼a한국인이 좋아하는 오디오 북 ;▼v2

(제1지시기호 '1'은 다르게 부출하는 경우 사용)

830 0▼a한국인이 좋아하는 오디오 북 ;▼v2▼h[녹음자료]

830 0▼a오디오 북 ;▼v2▼h[녹음자료]

한편 총서사항에는 매체표시를 나타내는 식별기호(▼h)가 포함되어 있지 않으므로 비도서자료와 같이 총서부출표목에 매체표시가 필요한 경우 490 필드와 830 필드를 사용하여 기술한다. 즉, 아래와 같이 490 필드에는 자료에 나타난 그대로의 내용을 기술하고, 830 필드에는 490 필드에 기술한 내용과 다르게 부출되는 총서표제를 기술한다.

490 10▼a국립국악원 창작음악 시리즈 ;▼v1

830 0▼a국립국악원 창작음악 시리즈 ;▼v1▼h[녹음자료]

490 10▼aMusica da camera ;▼vvol. 7

830 0▼aMusica da camera ;▼vvol. 7▼h[sound recording]

KORMARC

001　000000551942
007 sd fsngnzmuned
008 091205s2003　ulkkln　　　　kor
245 00 ▾a산조 ▾h[녹음자료] = ▾xSanjo / ▾d국립문화재연구소 [편]
246 31 ▾aFolk instrumental improvisational music ▾h[녹음자료]
260　▾a서울 : ▾b국립문화재연구소, ▾c2003
300　▾a음반 1매 (68분) : ▾b디지털, 스테레오 ; ▾c4 3/4 in.
490 10 ▾a국립문화재연구소 소장자료 시리즈 ; ▾v23
505 0 ▾a1. 대금산조-진양조 중모리 중중모리 자진모리 / 한주환 (15:56) -- 2. 호적산조-굿거리 자진모리 휘모리 / 방태근 (09:43) -- 3. 퉁소산조-진양조 중모리 중중모리 자진모리 / 한범수 ; 장고: 김윤덕 (07:37) -- 4. ▾t철현금산조-진양조 중모리 중중모리 자진모리 / 김영철 (19:22) -- 5. 산조합주 / 가야금: 성금련 ; 대금: 한주환 ; 호적: 방태근 (15:41)
520　▾a이 음반은 산조 중 널리 알려져 있지 않은 대금산조·호적산조·퉁소산조·철현금산조를 수록한 것이다. 뛰어난 산조 연주자였던 한주환, 방태근, 한범수 등의의 연주를 담고 있음
653 1 ▾a국악 ▾a산조
700 1 ▾a한주환
700 1 ▾a방태근
…
700 1 ▾a성금련
710　▾a국립문화재연구소
830 0 ▾a국립문화재연구소 소장자료 시리즈 ; ▾v23 ▾h[녹음자료]

〈그림 3-11〉 음악자료(국악): 요약주기

〈그림 3-11〉은 2003년도에 국립문화재연구소에서 발행한 국악음반 「산조」이다. 산조는 국악의 기악 독주곡 형태의 하나로서, 008/18-19(악곡형식)의 부호는 'kl'이다. 일반적으로 전라도, 충청도, 경기도 남부지역에서 발생한 것으로 보며, 가야금, 거문고, 대금, 해금, 아쟁 산조의 순으로 발생하였다. 느린 장단에서 빠른 장단으로 배열된 3~6개 장단 구성의 악장으로 구분된다.

해당 녹음자료에 대한 정보를 충분히 기술하고자 할 경우, 녹음자료의 내용을 간단히 요약하여 520(요약주기) 필드에 기술한다. 이때 제1지시기호는 표출어의 자동생성과 관련되며, '빈칸(요약)' '3(초록)', '4(해제)' '8(표출어를 생성하지 않음)' 등이 자주 사용된다. 제2지시기호는 정의되어 있지 않으며, 식별기호 ▾a는 '요약 등 주기'를 의미한다.

520 ▾a판소리 다섯마당 중 하나인 〈춘향가〉는 남원 퇴기 월매의 딸인 성춘향이 남원 부사의 아들인 이몽룡과 백년 가약을 맺었으나 이별한 뒤 신임 사또의 수청을 거절하여 옥에 갇히자 암행어사가 된 이몽룡이 구해 준다는 이야기를 판소리로 짠 것임

520 ▾aLecture by Prof. Lewis Lockwood about the Beethoven Stringquartet in E♭, op. 127 which the Juilliard String Quartet performed the following evening at the Library of Congress

520 ▾a이번에 수록한 곡들은 일제강점기 서민대중에게 많은 인기를 얻으며 널리 불렸던 남도민요와 잡가들로, 음반을 취입한 소리꾼들은 당대 판소리 또는 가야금병창으로 명성을 구가하던 대표적인 명창들이다. 이 곡들 가운데 '화초사거리', '보렴', '새타령'의 경우 전문 소리꾼들이 부르는 소리라는 점에서 일반적으로 잡가로 분류되고 나머지곡들은 일반 대중이 쉽게 따라 부를 수 있다는 점에서 민요로 분류됨

요약이외에도 다음과 같이 해당 자료의 주제, 초록, 그리고 해제 등을 기술할 수 있다.

520 0 ▾a개인의 실존, 교회, 민족, 인류에 대한 메시지

520 1 ▾a동초(東超) 김연수(金演洙·1907~74) 명창이 1967년 동아방송에서 녹음한 판소리 '춘향가' '심청가' '흥보가' '수궁가' '적벽가'를 총 26시간 분량의 전집 음반(24장)으로 제작한 것으로서, 한국 최초의 판소리 다섯 마당 완창 녹음이 발굴된 데 큰 의의가 있음

KORMARC

001　000000242400
007 sd fsngnzmuned
008 091205s1997　ulkkan　h　　　　kor
080　▼a789.31 ▼220
090　▼a789.31 ▼b이45ㄱ
245 00 ▼a고사소리 ▼h[녹음자료] = ▼xKorean traditional music Kosasori : ▼b이보형 채록 /
　▼d이보형 채록 ; ▼e손태도 사설채록 ; ▼e권도희, ▼e임혜정 제작
246 31 ▼a이보형 채록 고사소리 ▼h[녹음자료]
246 31 ▼aKorean traditional music Kosasori ▼h[녹음자료]
260　▼a서울 : ▼b한국고음반연구회, ▼c1997
300　▼a음반 1매 : ▼b디지털 ; ▼c4 3/4 in. + ▼e해설서
490 10 ▼a한국고음반연구회 음향자료선집 ; ▼vv. 3
505 0 ▼a1. 공대일 고사소리 -- 2. 최광열 고사소리 -- 3. 이용우 고사소리 -- 4. 조한춘 고사소리 --
　5. 최은창 고사반
653 1 ▼a제례악
700 1 ▼a이보형
700 1 ▼a손태도
710　▼a한국고음반연구회
710　▼a한국음반학회
772 0 ▼t한국음반학, ▼g제7호 ▼w159447
830 0 ▼a한국고음반연구회 음향자료선집 ; ▼vv. 3 ▼h[녹음자료]

〈그림 3-12〉 음악자료(국악): 모체저록주기

〈그림 3-12〉는 한국고음반연구회에서 연간으로 발행하는 「한국음반학」이라는 표제의 학술저널과 동시에 발간된 녹음자료의 예시이다. 이와 같이 해당 녹음자료가 모체레코드의 보유판, 별책부록, 특별호(수직적 관계)일 경우에, 관련된 모체레코드에 관한 사항을 772 필드에 기술한다.

245 00▼a한국의 통소가락▼h[녹음자료] =▼xKorean traditional music Tungso /▼d한국고음반연구회 편
772 0 ▼t한국음반학,▼g제10호▼w159447

이와는 반대로 해당 자료가 별도의 레코드로 목록되는 보유판이나 특별호가 있는 경우, 그 사항을 770 필드(보유판 및 특별호 저록)에 기술한다. 이때 770 필드의 ▼h에는 자료유형보다 더 구체적인 형태사항, 예컨대 특정자료종별 등을 기술할 수 있다(〈그림 5-13〉 설명 참조). 일반적으로 교재와 비도서형태가 동시에 발간되는 어학용 자료들의 경우, 교재는 모체자료로 녹음자료와 같은 비도서형태는 보유판 및 특별자료로 간주하여 상호간에 연관저록필드를 기술할 수 있다.

245 00▼a50 English /▼dSam Park 지음
770 0 ▼t50 English▼h[음반]▼w8748748

245 00▼a한국어 입문 =▼xLet's speak Korean /▼dJohn H. Koo 저
770 0 ▼t한국어입문▼h[음반] =▼xLet's speak Korean▼w34562

녹음자료의 책임표시에는 3.4.2절에서 설명한 바와 같이, ①해당 저작에 직접 책임을 진 저자, 작사자, 대본작가, 작곡자, ② 개작자, ③ 채록자나 수록자, ④ 연주의 감독이나 지휘책임자, ⑤ 연주자나 취입자(가수), ⑥ 대중음악의 제작자(프로듀서) 등을 그 범위로 한다. 특히 고전음악이나 연설녹음자료 등에서 작품의 연주나 제작, 해설에 국한된 개인이나 단체는 주기하거나 중요도에 따라 그 기재를 생략한다.

245 00▼a고사소리▼h[녹음자료] /▼d이보형 채록 ;▼e손태도 사설채록 ;▼e권도희,▼e임혜정 제작

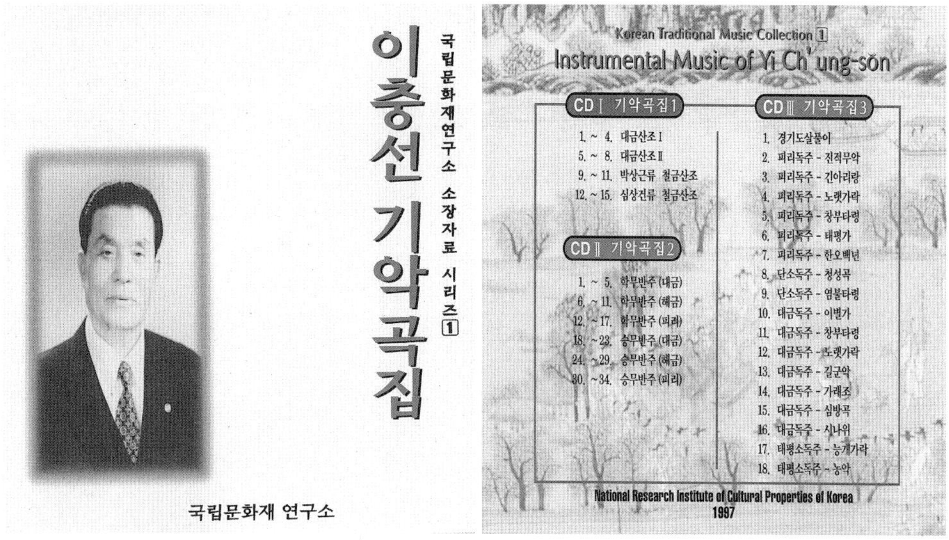

KORMARC

001 000000223723

005 19980626102651.0

007 sd fsngnzmuned

008 091205s1993 ulk n korOE

082 ▾a784.19▾222

090 ▾a784.19▾b이817ㅇ

245 00▾a이충선 기악곡집▾h[녹음자료] / ▾d李忠善

246 31▾aInstrumental music of Yi Ch'ung-son▾h[녹음자료]

260 ▾a서울 :▾b문화재관리국 문화재연구소,▾c1997

300 ▾a음반 3매 :▾b디지털 ;▾c4 3/4 in. + ▾e설명자료 1매

306 ▾a004515▾a005023▾a004713

490 10▾a국립문화재연구소 소장자료 시리즈 ;▾nv. 1

500 ▾a중요무형문화재 제49호, 송파산대놀이 前보유자(악사)

500 ▾a해설수록

505 0 ▾aCD 1. 기악곡집 1(1-4. 대금산조 1 …) -- CD 2. 기악곡집 2(1-5. 학무반주 …) -- CD 3. 기악곡집 3(1. 경기도 살풀이 -- 2. 피리독주-진적무악 … 18. 태평소독주-농악)

541 ▾c기증 ;▾d2005 ;▾a김민영

653 1 ▾a기악곡▾a산조▾a대금▾a국악

700 ▾a이충선,▾d1901-1989

830 0▾a국립문화재연구소 소장자료 시리즈 ;▾nv. 1▾h[녹음자료]

〈그림 3-13〉 음악자료(국악): 재생/연주시간

〈그림 3-13〉은 중요무형문화제 제49호 송파산대놀이의 악사(피리, 대금)로 지정되어 활동하였던 이충선의 기악곡집이다. 총 3매의 음반으로 구성되어 있으며, 해설서에는 이충선의 생애, 산조음악, 수록악곡에 대한 자세한 설명이 한글과 영문으로 설명되어 있다.

음악/녹음자료 또는 시청각자료의 재생시간이나 악보의 연주시간을 306 필드(재생/연주시간)에 기술한다. 이것은 300 필드의 ▾a에 기술되는 재생시간이나 악보의 연주시간 또는 500 필드(일반주기), 505 필드(내용주기)에 기술되어 있는 시간을 여섯 자리 숫자(hhmmss)로 정형화 하는 것이다.

300 ▾a음반 1매 (38분) : ▾b아날로그, 33 1/3 회전, 스테레오 ; ▾c30 cm
306 ▾a003800

300 ▾a1 sound disc (46 min.) : ▾banalog, 33 1/3 rpm, stereo ; ▾c30 cm
306 ▾a004600

음악이 아닌 녹음자료의 경우 전체 재생시간은 300 필드의 식별기호 ▾a에 기술하며 부분의 재생시간은 505 필드에 기술한다. 위의 예시와 같이 둘 이상의 재생시간이 있는 경우, 식별기호 ▾a를 반복하여 기술한다. 그러나 재생/연주시간이 6개 이상인 경우는 주기에 기술하고 306 필드는 일반적으로 사용하지 않는다. 또한 대략적인 재생/연주시간의 앞에 붙는 축약어 "약" 또는 "ca."는 306 필드 기술 시에는 생략한다.

306 ▾a001356 ▾a002005
500 ▾a연주시간: 13:56 ; 약 20:05

306 ▾a002514 ▾a002342
500 ▾aDurations: 25:14 ; ca. 23:42

한편 기증과 같은 해당 자료의 직접적인 입수원에 관한 정보는 541 필드(입수처 주기)에 기술한다.

541 ▾c기증 ; ▾d2005 ; ▾a김민영

3.5.4 음악자료: 대중가요

KORMARC

001 000000220249

007 sd fsngnzmuned

008 091205s1994 ulkppu s eng

082 00▼a782.43▼220

245 00▼aAll for love.▼n2▼h[sound recording] /▼dSKC

260 ▼a[Seoul] :▼bSKC :▼bSony Music (Korea) [distributor],▼c1994

300 ▼a1 sound disc (67:51) :▼bdigital, stereo ;▼c4 3/4 in.

505 0 ▼aContents: 1. Heaven knows / Rick Price (4:30) -- 2. If you asked me to / Celine Dion (3:54) -- 3. Praying for time / George Michael (4:41) … -- 10. If you go away / Nkotb (5:29) -- 11. Cuts both ways / Gloria Estefan (3:17) -- 12. Can't flight this feeling / Reo Speedwagon (4:51) -- 13. Kiss of life / Sade (5:51) -- 14. Can you stop the rain / Peabo Bryson (5:35) -- 15. Holding on / Beverley Craven (3:57)

700 12▼aPrice, Rick.▼tHeaven knows.▼n1▼h[sound recording]

700 12▼aDion, Celine.▼tIf you asked me to.▼n2▼h[sound recording]

700 12▼aMichael, George.▼tPraying for time.▼n3▼h[sound recording]

…

700 12▼aBryson, Peabo.▼tCan you stop the rain.▼n14▼h[sound recording]

700 12▼aCraven, Beverley.▼tHolding on.▼n15▼h[sound recording]

710 ▼aSKC

〈그림 3-14〉 음악자료(대중가요): 종합표제가 있는 작품

〈그림 3-14〉는 1994년도에 국내의 SKC사에서 발행하고 Sony Music Korea에서 배포한 대중가요 음반으로, *All for Love*라는 종합표제 아래 15개의 개별 작품이 수록되어 있다. 이와 같이 해당 녹음자료에 종합표제와 개별표제와 함께 나타나 있을 때는 종합표제를 245 필드에 본표제로 기재하고, 개별표제는 505 필드로 내용 주기한다.

245 00▼a태평소 독주▼h[녹음자료]
505 0 ▼a시나위 – 굿거리 – 덩덕궁이 – 타령 – 긴가락 – 창부타령

245 20▼a(Lendvay) Gypsy violin▼h[녹음자료]
505 0 ▼a모스크바의 밤 -- 러시아 민요 -- 지고이네르바이젠 --
현악 세레나데 …

대표표제를 갖는 녹음자료의 경우에도 위의 종합표제의 예시와 같이 대표표제를 245 필드에 본표제로 기재하고, 개별표제는 505 필드로 내용 주기한다.

245 10▼a하늘연못▼h[녹음자료] :▼b지리산 흙피리소년 한태주 창작연주집
505 0 ▼a1. 하늘연못 – 2. 바람 – 3. 고구려 벽화의 노래 – 4. 노을꽃 –
5. 물놀이 -- 6. 연꽃위에 내리는 비 -- 7. 지리산 -- 8. 산사의
새벽 -- 9. 들 -- 10. 생명의 강

245 00▼aOverture "Russlan and Ludmilla"▼h[sound recording] /
▼dMikhail Glinka.
505 8 ▼aContents: 1. Overture "Russlan and Ludmilla" / Mikhail Glinka
-- 2. "Romeo and Juliet" fantagy-overture after Shakespeare
/ Peter Ilyich Tchaikovsky --

KORMARC

001
007 sd fsngunmnned
008 091205s2009 ulkkvn kor
028 01 ▾aCMCC-0186
056 ▾a673.51 ▾b24
245 00 ▾aGift. ▾nPart 1 ▾h[녹음자료] : ▾bthe 6th album / ▾d박효신
260 ▾a[서울] : ▾b젤리피쉬엔터테인먼트, ▾c2009
300 ▾a음반 1매 (28분 43초) : ▾b디지털, 스테레오 ; ▾c4 3/4 in.
500 ▾a컴팩트 디스크
500 ▾a박효신 데뷔 10주년 기념 정규앨범
505 0 ▾a1. Gift (3:30) -- 2. 사랑한 후에 (3:50) -- 3. 널바라기 (4:08) -- 4. 이상하다 (3:49) -- 5. 이름 모를 새 (3:54) -- 6. Deja-vu (2:53) -- 7. 사랑한 후에(instrument) (3:50) -- 8. Deja-vu(ver. piano mix) (2:49)
700 1 ▾a박효신
710 ▾젤리피쉬엔터테인먼트

〈그림 3-15〉 음악자료(대중가요): 발행처번호

〈그림 3-15〉는 국내의 대중가요 가수인 박효신의 6번째 앨범으로, 2009년도에 젤리피쉬엔터테인먼트사에 의해 발매되었다. 실제 이 앨범은 총 2부작으로 구성되었는데, 'Part 1'만 발행되고 'Part 2'는 아직 발행되지 않은 상태이다.

음반, 비디오녹화자료, 인쇄된 악보, 음악 관련 자료의 정형화된 발행처번호는 028 필드(녹음, 녹화, 음악관련 발행처번호)에 기술한다. 단, 정형화되지 않은 발행처번호는 500 필드(일반주기)에 기술한다. 발행처번호인지 아닌지 확실하지 않을 때에는 500 필드나 037 필드에 기술한다. 특히 037 필드에는 주문이나 복제를 의뢰하는데 필요한 재고번호나 주문번호, 입수처 또는 번호부여기관, 가격, 발행 형식 등의 정보를 기술한다.

028 01 ▾aNSC-062

〈출력〉 발행번호: NSC-062

037 ▾a240-951/147 ▾bGPO

037 ▾aLC-USZ62-94085 ▾bDLC ▾c(b&w film copy neg., after preservation)

기술대상자료와 관련있는 복합번호에 대해서는 028 필드를 반복하여 사용할 수 있다. 이 때 제1지시기호는 발행처 부여 번호의 유형을 나타내는데, '8'(표출어를 생성하지 않음)을 제외하고는 제1지시기호를 통해 표출어가 자동 생성된다. 제2지시기호는 0~3까지의 숫자를 사용하여 주기와 부출을 통제하게 된다. 또한 식별기호 ▾b는 발행처번호의 정보원을 표시하는데, 녹음자료의 경우 일반적으로 상표나 발행자명을 기술하면 된다.

028 10 ▾aJ-18961M-A ▾bCountry line

〈출력〉 매트릭스번호: J-18961M-A

028 80 ▾Issue number: MS 6379 ▾bColumbia

〈출력〉 Issue number: MS 6379

3.5.5 음악자료: 개인작품집

KORMARC

001 000000422304
005 20010620113229
007 sd fsngnzmuned
008 091205s2000 ulk n kor
082 ▼a781.3▼220
090 ▼a781.3▼b권57ㄱ
245 00▼a權純鎬作品集▼h[녹음자료] = ▼xSoon-Ho Kwon composition album / ▼d권순호 [작곡]
260 ▼a서울 : ▼b성남전자, ▼c2000
300 ▼a음반 1매 (57분): ▼b디지털 ; ▼c4 3/4 in. + ▼e설명자료 1매
500 ▼compact disc
505 0 ▼a1. 플룻을 위한 필리리 (5:00) -- 2. 1인의 타악기 연주자를 위한 세미치 변주곡 (8:00) -- 3. 바이올린을 위한 회개 (3:00) -- 4. 오르간을 위한 바하에 대한 명상 (22:00) -- 5. 트럼본을 위한 침묵없는 침묵 (5:00) -- 6. 바리톤과 4중창, 혼성합창을 위한 시편 100편(14:00)
536 ▼a숙대교비연구비에 의해 제작되었음
700 1 ▼a권순호
900 10▼aKwon, Soon-Ho

〈그림 3-16〉 음악자료(개인작품집): 기금정보주기, 로컬필드

〈그림 3-16〉은 개인의 창작작품집으로 해당 자료가 단체의 후원을 받거나 연구비를 지원받아 발간된 경우, 536 필드(기금정보주기)에 그에 대한 사항을 기술한다.

536 ▾a1991연도 교육부 학술연구조성비 및 1992년도 한국과학기술
단체총연합회의 재정지원에 의하여 출판

536 ▾aDVD는 2006년, 가사집은 2007년 철원군 사회단체 보조금으로
제작함

536 ▾aSponsored by the U.S. Energy Research and Development
Administration ▾d9103450

한편 9XX(로컬) 필드는 로컬시스템, 시스템 업체, MARC의 서지서비스제공자 등에 의한 다양한 기술에 따라 이 형식을 적용하는 기관의 독자적인 정보(local information)를 기술하기 위해 이용한다. 따라서 0XX~8XX 필드에 기술된 사항 이외에 각 도서관이 자관의 사정에 따라 기술할 필요가 있는 사항들을 MARC 구조에 맞추어 자유로이 전개하여 사용할 수 있다.

위에서 제시된 900 필드는 기본표목이나 부출표목으로 채택된 개인명의 다른 표현을 로컬표목으로 채기하고자 할 때 사용되며, 이외에도 049(소장사항), 090(자관청구기호), 590(소장본주기) 등도 로컬로 사용되고 있는 필드들이다.

049 0 ▾lWM115744 ▾v1

090 ▾a409.84298 ▾b알219ㄷ

590 ▾a소장: 제1, 3-5, 7권

590 ▾aLibrary's copy imperfect: all after p. 179 wanting

3.5.6 비음악자료

KORMARC

001 000000468462
007 ss umumnzmunue
008 091205s2001 ulknnn kor
041 1▾akor▾heng
082 ▾a158.5▾220
245 00▾a협상의 법칙▾h[녹음자료] /▾d허브 코헨 저 ;▾e강문희 역 ;▾e이윤석,▾e이예진 북텔러
246 19▾aYou can negotiate anything▾h[녹음자료]
260 ▾a서울 :▾b청년정신,▾c2001
300 ▾a녹음 카세트 2개 :▾b아날로그 ;▾c 1/4 in. 테이프
530 ▾a책자형태로도 이용가능
653 1 ▾a협상▾aNegotiation
700 1 ▾a코헨, 허브
700 1 ▾aCohen, Herb
700 1 ▾a강문희
700 1 ▾a이윤석
700 1 ▾a이예진
776 1 ▾t협상의 법칙,▾z8987999998▾w438722

〈그림 3-17〉 비음악자료: 원작이 영어로 된 자료

〈그림 3-17〉은 허브 코엔의 원작을 번역하여 2001년에 발행한 비음악자료이다. 2개의 녹음 카세트로 구성되어 있으며 책자형태로도 이용이 가능하다. 해당 자료가 오디오북 인만큼 원저자와 번역자 이외에도 '책 읽어주는 사람'인 북텔러(bookteller)도 중요 책임표시로 간주할 수 있으므로 이들에 대한 부출을 700 필드에 기술한다.

예시와 같이 원작이 영어로 된 저작을 한국어로 번역한 경우, 008/35-37(언어) 자리에는 중요한 언어인 번역언어를 기재하고, 041 필드(언어부호)에 이들 복수의 언어에 대한 정보를 부호로서 표시한다. 이외에도 546 필드(언어주기)를 이용하여 해당 자료에 사용된 언어에 관한 사항을 문장으로 기술할 수도 있다. 녹음자료에서 041 필드가 적용되는 경우는 다음과 같다.

- 하나 이상의 언어로 녹음된 경우
- 노래 가사나 말의 내용이 다국어 또는 번역어인 경우
- 딸림자료의 언어와 본문언어가 다른 경우

008/35-37 kor
041 0 ▼akor▼hfre (원저작은 프랑스어, 녹음자료의 연설문은 한국어)
546 ▼a원어는 프랑스어임

한편, KORMARC 형식 통합서지용에서는 원표제를 246 필드에 기술하도록 규정하고 있으며, 두 번째 지시기호(9)로서 원표제임을 나타낼 수 있다. 원저자는 700 필드에 부출하되, 한글과 외국어 형태로 모두 부출이 가능하다.

245 00▼a모차르트와 함께한 내 인생▼h[녹음자료] /▼d에릭 엠마뉴엘 슈미트 지음 ;▼e김민정 옮김
246 19▼aMa vie avce Mozart▼h[녹음자료]
700 1 ▼a슈미트, 에릭 엠마뉴엘
700 1 ▼aSchmitt, Eric-Emmanuel
700 1 ▼a김민정

KORMARC

001　000000276311
005　19990510135132
007 ss umumnzmunue
008 091205s1993　ulknnn　r j　　kor
040　▾a224010
082　▾a428.3▾220
090　▾a428.3▾bA48ㄱㅈ▾cv.3
245 00▾a조화유 미국생활 미국영어.▾n3▾h[녹음자료] = ▾xAmerican living English /
　▾d금성아트비전 제작
246 31▾aAmerican living English▾h[녹음자료]
260　▾a서울 :▾b조화유 영어연구원,▾c1996.
300　▾a녹음 카세트 1개 :▾b아날로그 ;▾c 1/4 in. 테이프 + ▾e교재 1책
500　▾d녹음: 아람 프로덕션
505 0 ▾aA. Transportation -- B. Shopping
700 1 ▾a조화유
710　▾a금성아트비전
710　▾a조화유 영어연구원
776 0 ▾tAmerican living English▾w275951[569197-569200]
776 0 ▾tAmerican living English▾h[비디오카세트]▾w275947[569249-569264]

〈그림 3-18〉 비음악자료: 형태사항

〈그림 3-18〉은 영어학습을 위한 녹음 카세트이며, 책자형태는 물론 비디오카세트로도 제작되어 있다. 776 필드에는 이러한 기타형태의 저록이 연결될 수 있도록 그 내용을 기술한다(〈그림 3-20〉과 〈그림 5-14〉의 설명참조).

녹음자료의 형태사항(300 필드)에는 특정자료종별과 수량, 물리적 특성, 크기 및 딸림자료 등을 기술한다. ▼b에 기술되는 기타 물리적 특성 중 재생속도는 매체별로 다음과 같은 원칙에 따라 기술되며, 표준속도는 기술을 생략한다.

- 음반 - 아날로그 음반은 분당 회전속도를 '회전', 'rpm'으로 기술한다.
- 디지털 음반 - 초당 미터를 'm/초' 또는 'm/s'로 기술한다.
- 테이프 - 초당 센치미터를 'cm/초'로 기술한다.
- 사운드 트랙 필름 - 초당 재생 프레임수를 '프레임/초' 또는 'fps'로 기술한다.

〈표 3-5〉 KCR4 녹음자료 재생속도 단위환산표

매체별 표준재생속도	변환표
디지털 음반 : 1.4 m/초 카세트 : 4.76 cm/초 카트리지 : 9.5 cm/초	1 7/8 ips = 4.7 6 cm/초 3 3/4 ips = 9.5 cm/초 7 1/2 ips = 19 cm/초 4 3/4 in. = 12 cm 10 in. = 25 cm 12 in. = 30 cm

▼c에서 기술하는 녹음자료의 크기도 매체별로 기술원칙을 달리하며, 본문에서 설명한 바와 같이 음반이나 릴의 직경, 테이프나 사운드 트랙 필름의 폭, 카세트(카트리지 포함)의 길이 × 높이, 녹음테이프의 폭 등을 기술한다. 하지만 아래와 같이 용기의 크기나 테이프의 폭이 표준규격인 경우, 기술하지 않는다.

〈표 3-6〉 KCR4 녹음자료 매체별 테이프 및 용기의 표준규격

매체종별	테이프의 표준폭	용기의 표준규격
오픈 릴 (open reel)	6.3 mm	
카세트 (cassette)	3.8 mm	10 × 6.4 × 1.2 cm, 7.3 × 5.4 × 1.05 cm
카트리지 (cartridge)	6.3 mm	13.5 × 10 × 2.2 cm

▼e는 딸림자료를 기술하며, 딸림자료의 형태에 관한 내용은 딸림자료의 성격이나 형태를 나타내는 어구 뒤에 원괄호로 묶어 기술한다.

300 ▼a음반 1매 (20분) : ▼b아날로그, 33 1/3 회전, 스테레오 ;
▼c30 cm + ▼e팜플렛 1책 (11 p. : 천연색삽화 ; 32 cm)

KORMARC

001 000013325010
007 ss umumnzmunue
008 091205s2006 ulknnn j kor
020 ▾a8990700310(교재)
020 ▾a8990700302(세트)
020 ▾a8990700329(테잎)
041 0 ▾akor ▾aeng
082 ▾a428.0076 ▾222
090 ▾a428.0076 ▾b조223ㅌ
245 20 ▾a(Hackers) TOEFL ▾h[녹음자료] : ▾bVocabulary / ▾dDavid Cho 지음
246 3 ▾iCover title: ▾aHackers Vocabulary ▾h[녹음자료]
250 ▾a2nd iBT ed.
260 ▾a서울 : ▾b해커스어학연구소, ▾c2006.
300 ▾a녹음 카세트 10개 : ▾b아날로그 ; ▾c 1/4 in. tape
500 ▾a토플 기출 단어 및 동의어 수록
500 ▾aiBT 최신 출제 단어 업데이트
653 1 ▾aHackers ▾aTOEFL ▾aVocabulary ▾a토플 ▾a영어
700 1 ▾aCho, David

〈그림 3-19〉 비음악자료: 판사항, 비통제색인어

〈그림 3-19〉는 2006년 해커스어학연구소에서 발행한 영어학습용 교재인 *(Hackers) TOEFL : Vocabulary* 이다. 총 10개의 녹음 카세트로 구성되어 있으며, 인터넷 방식 시험(IBT)에 맞춘 두 번째 개정판이다. 이와 같이 기술대상자료의 판과 관련된 정보는 250 필드(판사항)에 기술한다. 일반적으로 판표시는 해당 자료의 으뜸 정보원에 표시되어 있는 용자 그대로 기술하되, 한국토박이말의 셈수를 제외한 모든 숫자는 아라비아숫자로 통일하고 서양어의 일반어구는 소정의 표준 약어형식으로 고쳐 기술한다.

250 ▾a2nd iBT ed.

250 ▾a4th rev. ed.

250 ▾a둘째판

〈그림 3-17〉에서 언급한 바와 같이, 해당 녹음자료가 다수언어로 된 자료나 번역물을 포함한 자료에 대해서는 008/35-37의 언어부호가 완전한 정보를 제공하지 못하므로, 041 필드에 3자리의 문자부호로 복수 언어를 기술한다. 이 필드는 008/35-37과 연계되어 사용되는데, 만약 008/35-37이 빈칸이 아닌 경우에는 008/35-37에 기술된 언어부호가 041 필드의 식별기호 첫 번째 ▾a의 부호로 기술된다.

008/35-37 kor

041 0 ▾akor▾aeng(녹음내용이 한글(중요언어)과 영어로 되어 있음)

한편, 653 필드는 통제된 주제명표/시소러스에 나타나 있지 않은 색인어를 기술하는데 사용된다. 대부분의 6XX 필드(주제명표목)는 미국국회도서관 주제명표(LCSH)나 국립중앙도서관 주제명표(NLSH) 등과 같이 통제된 리스트와 전거파일에 기초한 주제명부출표목 및 접근어를 기술하는 반면에 653 필드는 비통제주제명표나 시소러스에서 채택한 색인어를 기술한다.

653 1 ▾a토익▾a문법▾a토익문법▾aToeic문법

653 1 ▾a영화주제가▾a광고음악

KORMARC

001 000000668947

005 20030225112637

007 sz fmngnnnnned

008 091205s2002 ulknnn a kor

082 ▾a895.73221

090 ▾a895.73▾b김975ㄱ

245 00▾a국화꽃 향기▾h[녹음자료] /▾d김하인 저

260 ▾a서울 :▾b한국도서관협회,▾c2002

300 ▾a음반 2매 ;▾c12 cm

500 ▾aDAISY(DAISY: Digital Accessible Information SYstem) 방식 제작

500 ▾a시각장애인을 위한 녹음도서 ; 디지털토킹북 ; 음성도서

530 ▾a일반 단행본으로도 발행됨

534 ▾p원본:▾c서울 : 생각의 나무, 2000

700 1 ▾a김하인

710 ▾a한국점자도서관

710 ▾a한국도서관협회

710 ▾a와이즈북토피아

776 0 ▾t국화꽃 향기,▾z8984981303▾w000247818

〈그림 3-20〉 비음악자료: 원본주기

〈그림 3-20〉은 김하인의 소설 「국화꽃 향기」를 원본으로 하여 제작된 녹음도서로서, 2002년 한국도서관협회에서 발행되었다. 해당 녹음자료는 디지털 음성도서의 제작 포맷으로 사용되는 국제표준인 DAISY(Digital Accessible Information System: 디지털음성정보시스템) 방식으로 제작되었다.

해당 녹음자료가 복제물인 경우는 원본에 관한 사항을 534 필드(원본주기)에 기술한다. 제시된 예시와 같이 시각장애인을 위해 일반도서를 음반으로 제작한 경우, 원본의 발행사항을 원본주기로 기술한다.

534 ▾pOriginally published: ▾cBaarn, Netherlands : Polygram

534 ▾p원본출판사항: ▾cLambourne Productions, 1993

이와는 반대로 해당 자료가 영인, 복사, 마이크로형태 등에 의한 복제물이고 그 원본을 중심으로 서지정보를 기술한 경우, 복제에 관한 사항을 533 필드(복제주기)에 기술한다.

533 ▾a전자 광디스크. ▾b서울 : ▾c국립중앙도서관, ▾d1998

533 ▾aelectronic optical disk. ▾bWashington, D.C. : ▾cLibrary of Congress, Photoduplication Service, ▾d1981.

예시와 같이 녹음자료와 동일한 표제를 가진 다른 물리적 형태가 이미 도서관에 소장되어 있고 목록도 작성되어 있는 경우, 776 필드(기타형태저록) 및 530 필드(이용가능한 다른 형태자료 주기)를 기술한다(〈그림 5-13〉과 〈그림 5-14〉의 설명 참조).

245 00 ▾a홍미경 오페라 아리아 ▾h[녹음자료] / ▾d홍미경 저

530 ▾a비디오카세트로도 이용 가능

776 0 ▾t홍미경 오페라 아리아 ▾h[비디오카세트] ▾w7457842208

245 00 ▾aCollege English.

530 ▾aAlso available on microfilm from University Microfilms

776 1 ▾tCollege English ▾h[microfilm] ▾w3546316

제4장 화상자료

4.1 화상자료의 특성
4.2 화상자료의 종류
4.3 화상자료의 관리
4.4 화상자료의 조직
4.5 화상자료의 실례

제4장 화상자료

4.1 화상자료의 특성

일반적으로 화상(畵像)이란 어떤 기술 수단에 의해 2차원 또는 3차원의 화면에 나타낸 시각 정보를 의미한다. 영상(映像)과 화상이라는 용어는 엄밀한 차이는 없으나, 기존의 영화나 텔레비전과 같이 일시적인 것을 영상이라고 하는 경우가 많으며, 텔레비전에서는 영상 증폭기, 영상 송신기 등과 같은 신호 형태를 비디오라고도 한다.[36] 이러한 측면에서 화상자료나 영상자료는 모두 시각정보를 바탕으로 하고 있으며, 영사장치를 사용하여 화면을 나타내기도 한다.

AACR2R에서는 화상자료(graphic materials)를 불투명체(예: 원화, 복제화, 플래시카드, 사진, 설계도) 또는 광학장치의 방법으로 움직임이 없이 보거나 분사하여 제작된 평면적인 표현물(예, 필름스트립, 입체사진, 슬라이드)이라고 정의하고 있으며,[37] KCR4판에서는 원화나 복제화, 차트, 사진, 설계도, 플래시카드, 우편엽서, 포스터, 입체사진, 괘도와 함께 필름스트립, 필름슬립, 방사선사진, 슬라이드, 트랜스페어런시 등 영사장치를 통해 볼 수 있는 자료로 정의하고 있다.[38]

이와 같이 화상과 영상이라는 용어는 시각 정보를 바탕으로 하고 있으며, 혼용하여 사용하기도 하지만 AACR2R이나 KCR4에서는 화상자료와 영상자료를 구분하여 정의하고 있다. 그리고 화상자료는 일반적인 그림이거나 영사장치를 통해서 보는 그림이거나 대개는 평면그림이며, 영상자료는 동영상만 있는 경우도 있지만 대개는 영사장치를 통해서 보는 동영상에 소리정보가 포함되어 있다. 영상자료에는 영화와 비디오녹화 등이 있으며, 여기에 대해서는 장을 달리하여 상술하기로 한다.

---

36) IT 용어사전. 〈http://enc.daum.net/dic100/contents.do?query1=15XXX19514〉 [인용 2009. 12. 20].

37) ALA. *Anglo-American Cataloging Rules*, 2nd ed. 2002 rev.(Chicago : ALA, 2002), p.618.

38) 韓國圖書館協會. 韓國目錄規則, 第4版(서울 : 韓國圖書館協會, 2003), p.279.

4.2 화상자료의 종류

화상자료는 앞절에서 살펴본 바와 같이 광학장치의 필요 유무에 따라 평면영사자료와 평면비영사자료로 나뉜다. 〈표 4-1〉은 KCR4와 KORMARC 형식에서 구분하고 있는 화상자료의 종류를 요약한 것이다. 평면영사자료가운데 슬라이드는 전자자료가 일반화되기 이전에 교육매체로서 널리 사용되어 왔다. 평면비영사자료 가운데 그림, 복제화, 원화 등은 전문미술관에서 주로 관리하고 있으며, 설계도는 오늘날 산업이 발달할수록 자료로서 더욱 중요성을 더하고 있다. 이외에도 많은 종류들이 있지만 여기서는 이들 자료를 중심으로 좀 더 살펴보기로 한다.

〈표 4-1〉 화상자료의 종류

화상자료 (Graphic materials)	평면영사자료 (projected graphic)	방사선사진(radiograph), 슬라이드(slide), 트랜스페어런시(transparency), 필름스트립(filmstrip), 필름슬립(filmslip)
	평면비영사자료 (nonprojected graphic)	그림(picture), 그림엽서(postcard), 괘도(wall chart), 복제화(art reproduction, art print), 사진(photograph), 설계도(technical drawing), 원화(art original), 입체사진(stereograph), 차트(chart), 판화(engraving), 포스터(poster), 플래시카드(flash card), 플립차트(flip chart)

4.2.1 평면영사자료

평면영사자료에는 〈표 4-1〉에서와 같이 영사기(projector)를 통해서 볼 수 있는 방사선사진, 슬라이드, 트랜스페어런시, 필름스트립, 필름슬립 등이 있으며, 영화는 영사기를 통해서 볼 수 있는 자료이지만 화상자료로 취급하지 않고 영상자료로 취급한다.

- 방사선사진(radiograph): X선이나 감마선과 같은 방사선이 물체를 투과할 때 장소에 따라 다르게 흡수된 결과 사진 건판이나 필름상에 맺힌 물체의 상을 일컫는다. 질병의학이나 금속조직의 연구 등 각 방면에 이용된다. 최근에는 의료기관에서 디지털 방사선진단 장비를 활용하여 PACS(영상저장전송체계) 등을 이용함으로써 필요한 경우가 아니면 사진을 현상하지 않고 모든 것을 컴퓨터로 관리하고 있다.
- 슬라이드(slide): 투명한 재질에 평면 영상이 담겨있고 보통 마운트에 보관되어있으며, 영사기나 뷰어를 사용하도록 되어 있다. 일반 사진으로 슬라이드

를 만들 때에는 컬러 반전 필름 또는 흑백 슬라이드용 반전 필름을 사용하여 촬영한 뒤 현상 처리를 하여 마무리하며, 컴퓨터를 이용하여 영상을 만들고 이를 슬라이드 필름으로 뽑아내기도 한다. 여러 개의 프레임이 연속된 긴 두루마리 모양의 슬라이드는 필름스트립이라 한다.

- 트랜스페어런시(transparency): 이미지(image)를 담고 있는 낱장으로 된 투명한 자료로서 OHP(overhead projector)나 라이트박스(light box)와 함께 사용하기 위해 만들어진 것으로 프레임에 마운트 되기도 한다. X-레이촬영자료와 같은 방사선사진도 KORMARC 형식(008/33 시청각자료)에서는 이 범주에 포함시키고 있다.
- 필름스트립(filmstrip): 필름스트립은 롤필름을 25~30cm 길이로 자른 것으로 35mm 필름에 여러 개의 프레임이 연속된 긴 두루마리 모양의 슬라이드이다. 소량의 정보를 수록하기에 알맞고 자료의 정정과 추가 및 검색이 용이하여 대개 시청각 교육용이나 상품 판매용으로 사용된다.
- 필름슬립(filmslip): 롤 형태가 아닌 짧은 형태의 필름스트립이다.

4.2.2 평면비영사자료

평면비영사자료는 영사기를 사용하지 않는 평면의 그림으로 표현된 자료이며, 〈표 4-1〉과 같이 원화, 판화, 복제화, 차트, 플래시카드, 플립차트, 설계도(도면), 괘도, 사진, 그림, 그림엽서, 포스터, 입체사진 등이 여기에 해당된다. 이들 자료의 개념과 함께 슬라이드, 그림, 판화, 설계도 등에 대해 상술하기로 한다.

- 원화(art original): 원본예술품 특유의 자료.
- 그림(picture): 2차원 평면 위에 그려진 시각적 표현물을 가리킨다. 그림, 곧 이미지(image)에는 정지 화면과 동영상이 있지만 동영상은 영상이라고 불리는 경우가 많으며, 그림은 정지 화면에 해당한다.
- 그림엽서(postcard): 엽서의 하나. 한쪽 면에는 사진이나 그림이 있고 다른 면에는 전하는 내용과 보내는 이와 받는 이의 주소를 적을 수 있도록 만든 한 장으로 된 우편물로, 관광이나 여행 때에 흔히 쓴다.
- 판화(art print): 어떤 예술가에 의해 준비된 원판이나 목판 등으로 부터 복제된 작품이다. 석판화(lithographs), 부식동판화(etchings), 판화(engravings), 목판화(woodcuts), 리놀륨판화(linoleum block prints) 등은 판화 아래에

포함.

- 복제화(art reproduction): 원본 예술작품이나 예술품판화의 사진제판법에 의한 복제본은 어떤 종류이든 예술품 복제본이라 한다.
- 차트(chart): 불투명한 종이위에 지도나 해도 등과 같은 도면 또는 각종 자료를 알기 쉽게 정리한 도표이다.
- 괘도(wall chart): 괘도는 흔히 교육이나 오락용으로 정보를 나타내기 위한 대형 포스터의 일종이다. 차트를 먼 거리에서 성공적으로 알아볼 수 있는 방식으로 대형활자 및 삽화와 함께 디자인되어 있는 경우와 벽에 전시되도록 하고자 하는 의도를 가지고 있는 경우의 두 가지로 구분할 수 있다.
- 플립차트(flip chart): 플립차트는 정보를 논리적인 순서로 표현할 수 있도록 위쪽을 철한 차트세트인데 주로, 강연 등에서 한 장씩 넘겨서 사용할 수 있는 도해용 차트이다.
- 입체사진(stereograph): 실체사진 또는 스테레오사진이라고도 하며, 좌우 60~70mm 간격으로 동시에 찍은 2매의 사진을 스테레오 뷰어로 비춰보면 입체적으로 보인다. 입체사진을 볼 때는 입체경이나 특수 안경을 사용하며, 편광 필터를 이용하여 2대의 영사기로 영사해서 볼 수도 있다. 풍경이나 정물에서는 움직임이 없으므로 1대의 카메라로 70mm 정도 좌우로 이동해서 2번 촬영하여 입체상을 얻을 수도 있다.
- 포스터(poster): 시각디자인의 기본형식으로서, 일정한 지면위에 효과적 표현을 통해 강한 인상으로 원하는 내용을 전하는 대중 전달매체이다. 주제는 간략한 문안과 효과적인 그림에 의해 조형적으로 표현되며, 건축물의 벽면 및 특설 게시판 등에 일정 기간 붙여진다.
- 플래시카드(flash card): 신속한 디스플레이를 위해서 고안된 단어, 숫자, 그림 등을 인쇄한 카드를 의미하며, 놀이카드(activity card)도 이 범주에 속한다. 주로 교사가 수업중에 단어나 숫자, 그림 등을 순간적으로 보여주는 순간 파악 연습용 카드이다.

1) 슬라이드

슬라이드 필름은 35mm 판을 주로 사용하는데, 화면의 모양에 따라 싱글 사이즈(시네판)와 더블 사이즈(라이카판)의 2종으로 구분된다. 슬라이드의 전신은 환등이라고 하는데, 환등이라는 이름이 환영과 같은 상을 투영한다는 데서 비롯된

데 대해 오늘날의 슬라이드는 정화(靜畵)를 선명한 영상으로 표현하는 매체이다.

슬라이드의 특성은 교육수단으로서 영화·텔레비전과 비교될 때 더욱 뚜렷해진다. 영화가 동적인 표현을 하는 데 대해 슬라이드는 정적이며, 화면을 정상으로서 투영하여 표현하는 특색이 있다. 따라서 사물의 세부나 구조를 잘 관찰하게 하여 정확하고도 효과적으로 인식시키는 것이 슬라이드의 특징이다. 또 슬라이드는 영화와 같은 시간적인 제약을 받지 않고, 보는 사람이 필요에 따라 임의로 선택하여 관찰할 수 있으며, 교사는 자유롭게 해설할 수 있다.

슬라이드는 학교교육뿐 아니라 슬라이드의 특성을 살려서 기업에서도 직원의 교육용으로 활발히 이용되는 등, 기술전달의 매체로서 활용되고 있다. 또 환등에는 필름을 사용하지 않고 실물을 반사투영하는 실물투영장치, 편광(偏光)안경을 사용해서 관찰시키는 입체슬라이드, 테이프리코더와 직결시켜서 영상과 음성을 일치시키는 자동발성 환등기 등 각종 장치가 있다.

슬라이드는 〈표 4-2〉와 같이 재질 및 제작기법, 용도, 크기 등에 따라 여러 가지 종류로 구분할 수 있다.

〈표 4-2〉 슬라이드의 종류

구분	슬라이드의 종류
재질 및 제작기법	사진 슬라이드, 그림 슬라이드, 그림자 슬라이드, 실물 슬라이드, 바늘구멍 슬라이드
용도	학교 교육용, 사회 교육용, 학술 연구용, 기술 지도용, 선전 광고용, 보고 기록용, 예술 감상용
크기	135판 슬라이드, 135 하프판 슬라이드, 126판 슬라이드, 110판 슬라이드, 120판 슬라이드

2) 그림

종이, 패널, 유리, 비단, 캔버스 등의 2차원적 평면이나, 동굴 또는 사원의 벽 등 특정한 장소에 구체적인 형상이나 이미지를 표현한 조형예술로서, 생존을 위한 주술적 맥락에서 형성되었으나 점차 종교적·장식적 목적으로 제작되었다가 자기 표현적이고 자율적인 것으로 발전하였다.[39]

그림은 〈표 4-3〉과 같이 일반적인 소재와 재료, 표현양식에 따라 여러 가지 종

39) 두산백과사전. 〈http://100.naver.com/100.nhn?docid=174372〉 [인용 2010. 1. 5]

류로 구분할 수 있다.[40)]

〈표 4-3〉 그림의 종류

구분	그림의 종류
소재	알레고리, 초상화, 풍경화, 정물화, 바디페인팅, 인물화, 일러스트레이션, 포스터
재료	아크릴 회화, 에나멜 회화, 밀납화, 프레스코화, 구아슈, 유화, 수채화, 파스텔화
표현양식	낭만주의, 매너리즘, 모더니즘, 미래파, 바로크, 사실주의, 극사실주의, 사회주의 사실주의, 신고전파, 아르데코, 아웃사이더 아트, 야수파, 인상파, 입체파, 초현실주의, 추상화, 팝아트, 포스트모더니즘

3) 판화

판화는 표현하고 싶은 대상을 판에 새겨서 찍어내는 간접 표현방식으로 제작방식에 따라 〈표 4-4〉와 같이 구분할 수 있다.[41)]

〈표 4-4〉 판화의 종류

구분	판화의 종류
양각판화	목판화(woodprint), 지판화, 직판화, 기타 (고무판화, 리놀륨판화, 석고판화, 찰흙판화)
음각판화	인그레이빙(engraving), 에칭(etching), 애쿼틴트(aquatint), 드라이포인트(drypoint), 메조틴트(mezzotint)
평판화	석판화(lithograph), 오프셋(offset), 모노타이프(monotype)
공판화	스텐실(stencil), 실크스크린(silk screen), 등사(mimeograph)

① 양각판화(relief process; 볼록판화): 필요 없는 부분은 파내어 결과적으로 볼록 튀어나온 부분에 잉크가 묻어 찍히도록 하는 판화이다.

② 음각판화(오목판화): 재료의 면에 글자나 그림을 오목하게 파서 나타내는 판화기법이다.

③ 평판화(平板化): 판을 새기지 않고 평평한 면에 잉크를 묻히고 종이를 덮어 찍는 것으로 물과 기름이 섞이지 않는 성질을 이용한 판화기법으로, 그릴

40) 위키백과. 〈http://ko.wikipedia.org/wiki/〉 [인용 2010. 1. 5]

41) 위유열. 위상 미술이론(서울 : 열린교육, 2007), pp.87-96.

때의 붓의 터치가 표현되며 판을 깎는 것이 아니므로 부드러운 느낌을 주는 기법이다.

④ 공판화(孔版畵): 판에 구멍을 뚫고 여기에 물감을 통과시킴으로써 종이에 묻게 하는 판화기법으로, 인쇄 효과를 내어 손으로 그린 그림뿐 아니라 사진을 사용할 수도 있다.

4) 설계도

설계도(technical drawing)는 건물 등의 설계를 그린 도면, 또는 건축물, 시설물, 기타 각종 사물의 예정된 계획을 공학적으로 나타낸 도면을 의미한다. 도면은 사물의 형태, 관계 위치 및 치수, 재질, 색, 마무리 방법 등을 일정한 표현 방법에 의해 그림으로 나타내고 필요에 따라 그 그림에 기호, 문자 등을 써넣은 것으로써, 표현 방법에 따라서 평면도, 입면도, 구조도, 투시도 등으로 나뉜다.[42] 일반적으로 도면이란 용어가 더 포괄적 의미로 사용되고 있지만 KCR4 화상자료의 특정자료종별에서 '설계도'란 용어를 사용하고 있어 여기서도 설계도란 용어를 사용하기로 한다.

설계도의 종류는 〈표 4-5〉와 같이 크게 공업용 설계도와 건축용 설계도로

〈표 4-5〉 설계도의 종류

구분		설계도의 종류
공업용 설계도	용도별	계획도(scheme drawing), 제작도(working drawing), 주문도(drawing for order), 견적도(drawing for estimate)
	내용별	조립도(assembly drawing), 총조립도, 부분조립도, 상세도(detail drawing), 배선도(wiring diagram), 검사도(drawing for inspection), 공정도, 접속도, 전개도(development), 배관도, 계통도, 설치도, 외형도, 구조도, 구조선도, 곡면서도 등
건축용 설계도	기본 설계도	스케치도(sketches), 약설계도, 평면도(ground plan)
	실시 설계도	배치도(site plan or block plan), 평면도(ground plan), 규준도(sectional detail drawing), 상세도, 전개도, 구조도(structural drawing), 복도(伏圖), 창호표(fittings list), 실물크기 그림(full size), 투시도(perspective), 설비관계 설계도(전기관계도면, 위생설비관계도, 냉·난방설비관계도, 공기조절관계도, 기계관계도 등)

42) 현대건축관계용어편찬위원회 편. AR+ 건축용어사전(서울 : 성안당, 2005), p.217.

구분한 후 공업용 설계도는 용도별과 내용별로, 건축용 설계도는 기본 설계도와 실시 설계도로 다시 세분한다.

한편 설계도의 크기는 제도용지의 크기를 말하는 것으로 KS A 5201의 A열의 A0～A6에 따른다. 제도용지의 세로 : 가로 길이의 비는 1: $\sqrt{2}$ 이며, 설계도는 그 길이 방향을 좌우 방향으로 놓은 위치를 정위치로 한다. 다만 A6이하 설계도는 이에 따르지 않아도 좋다.

척도란 설계도를 작성함에 있어 설계도에 작도된 그림의 형태나 치수의 비례에 대한 일정한 규칙을 표현하는 것으로, 전체 내용이나 부분적인 내용의 비례를 표현하는데 목적이 있다. 척도의 종류는 실척, 축척, 배척으로 구분되며 목적에 따라 선택할 수 있다.

① 실척: 대상물과 같은 실제 크기나 비례의 척도를 요구할 때 사용
② 축척: 대상물이 실제 크기나 비례를 축소하려는 척도를 요구할 때 사용
③ 배척: 대상물의 실제 크기나 비례를 확대하려는 척도를 요구할 때 사용

4.3 화상자료의 관리

화상자료의 종류는 〈표 4-1〉에서 보는 바와 같이 매우 다양하며, 그림이나 슬라이드, 설계도 등 각 매체마다 재질이나 형태, 영사 장비 등이 다르므로 일률적인 관리가 불가능하다.

외국의 경우 슬라이드이나 그림 등 화상자료를 상당 부분 소장하고 있는 도서관도 있지만 국내 도서관의 경우 체계적으로 수집하여 관리하고 있는 도서관은 거의 알려져 있지 않다. 다만 화상자료와 직접적인 관련이 있는 기관으로 미술관, 연구소나 기업체자료실, 병원도서관 등이 있다.

병원도서관의 경우 방사선사진을 다량으로 소장하여 관리하고 있다. 최근에는 대부분의 병원에서 방사선사진도 필름으로 인화하는 대신에 컴퓨터에 저장하여 관리하고, 필요한 경우 환자들에게는 CD로 제공하고 있다.

1) 슬라이드

슬라이드는 밑받침 층과 이미지 층을 가지고 있지만, 음화가 아니라 양화이며, 그 색상은 유기 염료로 구성되어 있다. 그러므로 슬라이드는 열화되기 쉽고, 색이 바래는 경향이 있다. 슬라이드는 빛, 열, 화학물질, 오염 물질, 높은 온도와 습도

에 노출되면 쉽게 손상된다는 특징이 있다.[43]

슬라이드를 보존할 때 가장 중요한 점은 상대습도이다. 바람직한 상대습도는 30~35%이다. 슬라이드는 깨어지기 쉽기 때문에 아주 조심스럽게 다루어야 한다. 슬라이드가 개별적으로 포장되어 있다면, 상자나 용기 속에 넣어 빛을 차단하고, 먼지나 오물, 부주의한 취급, 좋지 않은 환경 등으로부터 보호해야 한다. 만약 개별적인 포장 도구를 발견할 수 없다든지 구입할 수 없다면 고급품질의 보관 상자 속에 넣어두되 약간의 여유 공간을 보유해야 한다.

2) 그림

미술관의 경우 그림이나 사진과 같은 화상자료만을 대상으로 하지는 않으며, 대부분의 경우 조각, 공예, 건축, 디자인 등과 같은 입체자료를 종합적으로 관리하고 있다. 또한 대부분의 미술관들이 작품의 실물을 전시할 뿐만 아니라, 인터넷을 통해 작품의 실물을 이미지화하여 영상으로 소개하고 있다.

그림의 경우 주로 사용되는 재질은 종이나 천, 수채화, 유화 등이며, 이들은 일반도서나 필름과 마찬가지로 온도, 습도, 화학물질 등에 취약하여 색상이 변색되기 쉽다. 따라서 온도, 습도, 보안장치 등의 특수시설이나 전시공간이 없으면 관리하기가 어렵다. 미술관이나 박물관의 소장품은 예술적 가치를 중시하여 전시나 보존을 위주로 하고 있으며, 학술적 이용을 중시하는 도서관처럼 자료에 쉽게 접근하여 관외 대출까지 허용하는 일은 거의 없다. 전문 미술관이나 박물관이 아니라면 보존이나 전시를 위해 도서관에서 이러한 시설을 갖추기는 쉽지 않다. 따라서 도서관에서 이들 자료를 취급할 경우에는 굳이 원본의 고가 자료를 수집하여 관리할 필요는 없다. 누구나 쉽게 접근하여 이용할 수 있으면서 학습효과를 달성할 수 있는 자료면 무난할 것이다.

3) 설계도

설계도가 일반문서에 첨부되는 경우는 함께 편철해야 하겠지만 사이즈가 너무 크다면 문서로부터 분리하여 따로 평평하게 철하여 두어야한다. 이렇게 분리된 설계도의 경우 그 리스트를 붙여 위치를 확인해 주어야하며 설계도의 이면에는 연필로 표시해 주어야 한다.[44]

---

43) Michael Cook. 기록물 보존(서울 : 진리탐구, 2002), pp.128-230.

44) Ralph E. Ehrenberg. *Archives Manuscripts : Maps and Architectural Drawings* (Chicago :

이론적으로 종이로 된 설계도는 중성폴더에 보존하여 먼지와 손때로부터 보호해야 하며, 말리지 않은 채 평평하게 보존되어야 한다.[45]

설계도를 평평하게 보존하는 방법은 수직적 보존방법과 수평적 보존방법이 있으며, 드물지만 린넨이나 마일러처럼 유연성이 좋은 매체라면 둥글게 말아서 보존할 수도 있다. 수평으로 보존하는 가장 일반적인 방법은 서랍식의 철제 설계도함에 보존하는 것이고, 또 하나의 방법은 포트폴리오와 평평한 보존상자를 이용하여 개방형선반에 보존하는 것이다.

기록물관리법에 의하면 도면은 기록물철단위로 도면류 보존봉투에 편 상태로 넣어 관리한다.[46] 이와 같이 도면을 편철하는 경우에는 맨 위에 색인목록을 놓고, 그 목록순서에 따라 도면을 배열해야 하며, 보존봉투당도면의 편철량은 30매 이내로 함을 원칙으로 한다. 한편 철한 도면류의 보존봉투는 도면보관함에 눕혀서 관리한다. 이러한 규정은 도면을 수평으로 보존하여 손상을 줄이고, 너무 많은 양을 함께 편철하지 못하게 함으로써 취급을 수월하게 하기 위한 것이다.

4.4 화상자료의 조직

4.4.1 화상자료의 분류

화상자료의 종류에서 살펴본 바와 같이 화상자료는 영사기의 사용유무, 재질, 용도, 형태 등에 따라 여러 가지로 분류할 수 있지만 표준적인 분류체계는 아직 확립되어 있지 않다.

화상자료 가운데 그림, 복제화, 원화 등의 미술품을 소장하고 있는 대표적인 전문기관인 미술관의 분류체계를 살펴보면 아래와 같다.

국립현대미술관에서는 소장 작품을 한국화, 회화, 판화·드로잉, 조각, 미디어아트, 공예, 사진, 건축·디자인의 8개 대항목으로 분류한 후, 재료 및 기법, 주제, 사조별 경향 등 다각적 측면에서 2차 분류를 하여 그 중요도 및 사용도가 높은 항목을 선택하여 부문별로 세분하고 있다.[47]

Society of American Archivists, 1982), p.23.

45) *Ibid.*, p.23.

46) 공공기관의 기록물관리에 관한 법률시행규칙 제12조(도면류의 편철 및 관리).

47) 최정아. 미술관 전산화 시스템 구축을 위한 연구(석사학위논문, 홍익대학교 미술대학원 예술기획전공, 2001), pp.13-14.

이두영은 문화예술관계 자료관의 데이터베이스구축을 위한 기초연구에서 미술작품자체 뿐만 아니라 미술관련 자료의 포괄적인 유형을 매체별로 다음과 같이 구분하였다.[48] 여기서 미술은 공간에 시각의 미를 표현하는 예술로 회화, 조각, 건축, 디자인, 판화, 도자기, 공예, 직물, 그밖에 다양한 형식이 포함된다.

① 시청각매체자료: 테이프, 디스크, 컴팩트디스크, 필름스트립, 슬라이드, 트랜스페어런시, 비디오테이프,
② 인쇄매체자료: 일반서지류, 참고자료, 도서, 정기간행물, 색인, 초록, 학위논문, 문서, 미술관이나 화랑의 안내서, 팜플렛, 간행물
③ 사진자료: 마이크로필름, 마이크로프린트, 마이크로카드, 마이크로피시
④ 전산자료
⑤ 전자자료: 서지데이터베이스, 전문데이터데이스
⑥ 전자출판물
⑦ 실물자료: 각종 미술품, 기타
⑧ 전위예술자료: 컴퓨터아트, 행위예술, 환경미술, 비디오아트

4.4.2 화상자료의 목록

화상자료의 목록도 분류와 마찬가지로 자료의 종류에 따라 전문적인 기술방법 즉, 메타데이터가 개발되어 있는 경우가 많다. 미술작품이나 소장품을 기술하기 위해 국립현대미술관, CHIN(Canadian Heritage Information Network), MDA Museum Documentation Association), CDWA(Categories for the Description of Works of Art) 등에서 표준적인 데이터필드를 제시하고 있지만 도서관의 일반목록규칙과 MARC 형식으로도 이러한 데이터를 기술할 수 있다.

아래의 내용은 KCR4 제7장 화상자료와 영상자료 및 KORMARC 형식을 중심으로 내용을 기술한 것이다. KORMARC 형식의 007 필드에서 자료범주표시(007/00)에는 화상자료를 평면영사자료와 평면비영사자료로 구분하고 하고 있다.

1) 정보원의 우선순위(7.0.3)

자료자체에 표시되어 있는 정보 그대로 기술하며, 정보원의 우선순위는 다음과 같다.

48) 이두영. "문화예술관계 자료관의 특성," 도서관, 제46권, 제1호(1991), p.14.

① 표제면이나 표제프레임, 판권기, 표지, 제자란, 그림이나 사진 등의 뒷면
② 레이블
③ 딸림자료
④ 용기
⑤ 자료 이외의 정보원

2) 자료유형(7.1.2.1)

[화상자료], [graphic materials]

245 20▼a숲속의집 설계도▼h[화상자료] /▼d설계: 홈플래너

245 00▼aStreet scene▼h[graphic materials] /▼dphotographed by Andrew Smith

3) 표제와 책임표시사항(7.1)

(1) 본표제(7.1.1.1)

화상자료 중 미술작품의 경우에는 다음의 표제를 본표제로 삼는다.

① 현대 작품은 처음 전시 때 붙여진 표제
② 통칭이나 전래되어 온 표제
③ 소장기관이 부여한 표제

(2) 기술방법

① 광고필름: 제품명이나 서비스명과 함께 '광고', 'advertisement'라는 어구를 본표제 다음의 각괄호에 보기한다.

245 00▼a[대한항공 광고]▼h[화상자료] /▼d대한항공

245 00▼a[Road safety campaign advertisement]▼h[graphic materials]

② 미발행자료나 뉴스필름: 화면에 제시된 중요한 요소(장소, 사건일시, 촬영일시, 인물, 주제 등)는 제시된 순서대로 기술한다.

245 00▼a[Phantom jet landing at R.A.F. Leuchars, July 1971] ▼h[graphic materials]

③ 신문이나 잡지, 사진집, 전람회 등에서 발표된 사진은 발표시 작가가 사용한 표제나 설명서(caption) 중에서 사진의 내용을 나타내는 어구를 선정하여 본

표제로 한다. 미발표(미공개)된 사진인 경우에는 피사체나 내용을 기초로 표제를 만들어 보기한다.

245 00 ▾aNapoleon ▾h[graphic materials]

245 00 ▾a[Birds of Jamaica] ▾h[graphic materials]

④ 복제화는 복제화의 표제를 본표제로 기술한다. 원화의 일부를 복제한 경우에는 이 사실을 부기한다.

⑤ 표제가 없는 포스터는 화면에 표시된 문자정보 중에서(문자의 대소를 불문하고) 포스터의 내용을 나타내는 어구를 선정하여 본표제로 한다.

⑥ 화상자료의 전집(컬렉션)은 널리 알려진 전집명을 본표제로 하거나 또는 그 내용을 나타내는 표제를 보기한다.

(3) 책임표시(7.1.6)

화상자료의 화가, 디자이너, 작도자, 촬영자, 카피라이터, 조각가, 기획자, 주최자, 후원자, 감독, 연출자 및 원저작자 등을 범위로 한다.

245 00 ▾a仁谷幽居圖 ▾h[화상자료] / ▾d鄭敾

245 00 ▾aTwo dancers on a stage ▾h[graphic materials] / ▾dDegas

4) 자료특성사항(7.3)

화상자료는 자료특성사항을 적용하지 않는다. 다만 축척과 같은 수치데이터가 필요한 설계도의 경우에는 지도자료의 자료특성사항(3.3)의 규정에 준한다.

5) 발행사항(7.4)

발행사항은 ① 발행지, 배포지, ② 발행처, 배포처, ③ 발행년, 배포년, ④ 제작사항 순으로 기술한다.

원화나 사진, 설계도 등에서는 제작년(대)이나 촬영년도만을 '제작', '촬영'이라는 어구를 부기하여 기술한다.

17-- 제작

1943년 촬영

6) 형태사항(7.5)

특정자료종별과 자료의 수량, 기타 형태사항, 크기, 딸림자료순으로 기술한다.

(1) 특정자료종별(7.5.1)

화상자료의 특정자료종별은 그림(picture), 그림엽서(postcard), 괘도(wall chart), 방사선사진(radiograph), 복제화(art reproduction, art print), 사진(photograph), 설계도(technical drawing), 슬라이드(slide), 원화(art original), 입체사진(sterograph), 판화(engraving), 차트(chart), 포스터(poster), 플래시카드(flash card), 플립차트(flip chart), 필름스트립(filmstrip), 필름슬립(filmslip), 필름 카트리지(film cartridge), 필름 카세트(film cassette), 필름 릴(film reel), 필름 루프(film loop), 비디오카트리지(videocartridge), 비디오카세트(videocassette), 비디오디스크(videodisc), 비디오릴(videoreel) 등의 용어를 사용하여 기술한다.

(2) 기타 형태사항(7.5.2)

화상자료를 재생할 때 필요한 특성이나 음향, 색채, 재생속도에 관한 사항을 범위로 한다.

(3) 기술방법(7.5.4)

화상자료는 매체의 특성, 색채, 보관용기에 관한 정보순으로 기재한다.

(4) 크기(7.5.3)

필름스트립과 필름슬립은 필름의 폭을 밀리미터 단위로 기술하고, 입체사진은 크기를 기술하지 않으며, 원화와 복제화, 트랜스페어런시는 프레임이나 대지를 제외한 높이와 폭을 센티미터 단위로 기술하며, 슬라이드는 5 × 5 cm의 슬라이드 크기는 기술하지 않는다. 도면, 괘도는 폈을 때의 높이와 넓이를 기술한 다음, 접을 때의 크기를 계속하여 기술한다. 이 때 기술대상자료가 특정한 용기에 보관되어 있는 경우, 이를 원괄호에 넣어 기술한다.

*** 형태사항 기술내용**

① 원화

원화 수량 : 표현매체, 바탕재료의 종류 ; 높이 × 폭 + 딸림자료

300 ▾a원화 1점 :▾b캔버스에 유채, 천연색 ;▾c138 × 138 cm

② 판화

판화수량 : 판화의 묘화과정 ; 높이 × 폭 + 딸림자료

300 ▾a판화 1점 :▾b목판, 흑백 ;▾c25 × 23 cm

③ 복제화, 포스터

수량 : 복제방식 ; 높이 × 폭 + 딸림자료

300　▾a복제화 1점 :▾b그라비아, 천연색 ;▾c28 × 36 cm

④ 차트와 플립차트

수량 (sheet 수) : 양면사용 ; 높이 × 폭 + 딸림자료

300　▾a1 flipchart (12 sheets) :▾bdouble sided ;▾c12 × 8 cm

⑤ 필름스트립, 필름슬립, 플래시카드, 슬라이드

수량 (프레임수) : 음향 ; 필름의 폭 + 딸림자료

300　▾a슬라이드 53매 :▾b유성, 천연색 ;▾c7 × 7 cm +▾e해설서 1책

⑥ 사진

사진매수 : 극성, 색채 ; 높이 × 폭 + 딸림자료

300　▾a사진 1매 :▾b음화, 흑백 ;▾c21 × 28 cm +▾e해설서 1책

⑦ 설계도

설계도매수 : 복제방식 ; 높이 × 넓이, 접으면 높이 × 넓이 + 딸림자료

300　▾a설계도 1매 :▾b청사진 ;▾c52 × 38 cm. 접어서 26 × 19 cm

7) 주기사항(7.7)

(1) 형태사항에 관한 주기(7.7.3.10)

음향구성, 필름의 색채나 프린트형태, 비디오녹화시스템 등과 같이 형태사항에 포함되지 않은 중요한 사항을 주기한다.

(2) 소장에 관한 주기(7.7.3.25)

기술대상자료의 소장에 관한 사항(소장지, 소장자, 소장년)이 판명된 경우에는 필요에 따라 이를 주기한다. 소장자가 바뀐 경우에는 시대순으로 기술한다.

500　▾a소장자: 국립중앙박물관

500　▾aOwner: Louvre Museum (Paris)

4.5 화상자료의 실례

4.5.1 평면영사자료

1) 트랜스페어런시

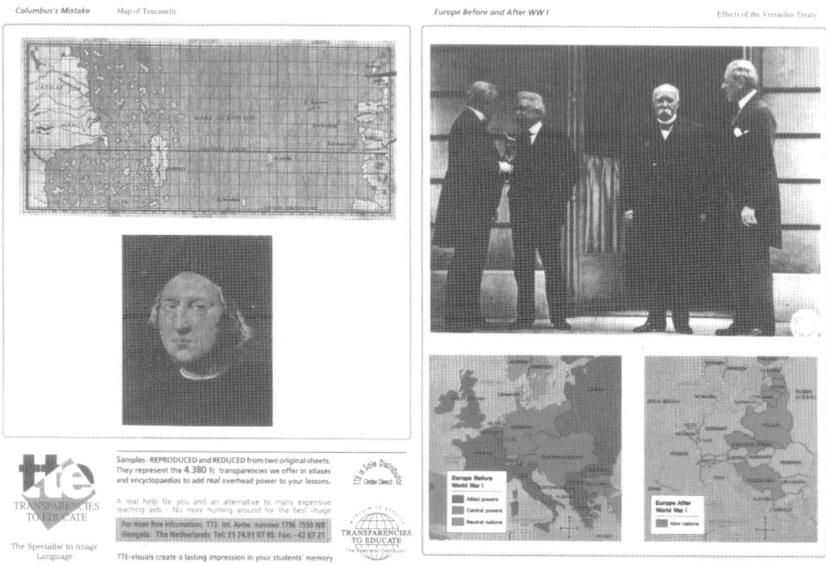

KORMARC

001
007 gt ce zl
008 091205s19uu   ne nnn   tneng
245 00 ▾aColumbus's mistake ▾h[graphic materials] ; ▾aMap of Toscanelli ; ▾aEuroup before and afer WW I ; ▾aEffects of the versaille / ▾dTransparencies To Educate
260 ▾aHengelo : ▾bTTE, ▾c[19--]
300 ▾a1 transparency : ▾bcol. ; ▾c18 × 24 cm
500 ▾aSamples-reproduced and reduced from two original sheets. They represent the 4,380 fc transparencies we offer in atlases and encyclopedias to add real overhead power to your lessons.
710 ▾aTransparencies To Educate
740 2 ▾aMap of Toscanelli ▾h[graphic materials]
740 2 ▾aEuroup before and afer WW I ▾h[graphic materials]
740 2 ▾aEuroup before and afer World War I ▾h[graphic materials]
740 2 ▾aEffects of the versaille ▾h[graphic materials]

〈그림 4-1〉 트랜스페어런시: 형태기술필드

〈그림 4-1〉은 종합표제 없이 한 면에 4개의 제목이 나타나 있는 트랜스페어런시이다. 245 필드에 둘 또는 그 이상의 저작이 있는 경우, 저작의 개별표제에 대해 740 필드(부출표목-분출표제)를 사용하여 분출표목을 작성한다. 한 저작만 있는 경우, 본표제의 다양한 형식에 대해서는 246 필드를 사용한다. 종합표제가 있는 둘 또는 그 이상의 저작의 경우, 다양한 종합표제에 대해서는 246 필드를 사용한다. 이때 245 필드의 본표제에 자료유형표시(▼h)가 있으면, 740 필드와 246 필드에도 자료유형표시를 해야 한다.

007 형태기술필드는 화상자료에 관한 정보를 부호로 알려주기 위한 필드이다. 지시기호와 식별기호가 설정되어 있지 않으며, 평면영사자료는 첫 번째 자리 '00'을 자료의 범주표시 'g'로 하고, '01-08'자리까지 모두 9자리로 구성된다.

00(자료범주표시): 평면영사자료는 모두 'g'로 표시.

01(특정자료종별): 필름스트립 'c', 필름슬립 'd', 엑스레이를 포함한 트랜스페어런시 't', 슬라이드 's'로 표시.

02(미정의): 빈칸

03(색채): 단색 'a', 흑백 'b', 천연색 'c', 수작업에 의한 색 'h', 혼합 'm', 영상이 없는 적용불가는 'n'으로 표시.

04(감광유제): 유리 'd', 합성수지 'e', 안전필름 'j', 종이 'o'로 표시.

05(음향): 유성 'a', 무성은 빈칸으로 표시.

06(음향수록 매체): 영화필름상의 광학녹음대 'a', 영화필름상의 마그네틱녹음트랙 'b', 무성은 빈칸으로 표시.

07(필름의 폭): 35 mm 'f', 2 × 2 in. 'j', 5 × 7 in. 't', 기타 'z'로 표시.

08(틀의 재질): 틀이 없으면 빈칸, 마분지 'c', 금속 'h', 혼합 'm', 부호화하지 않음 'l'으로 표시.

	00	01	02	03	04	05	06	07	08
007	g	t		c	e			z	l

예를 들어 위의 예시와 같이 007 필드가 'gt ce zl'로 기술되어 있는 경우, 그 의미를 살펴보면 다음과 같다. 즉, 자료의 범주는 평면영사자료이며(g), 특정자료표시는 트랜스페어런시(t), 색채는 천연색(c), 감광유제는 합성수지(e), 음향 및 음향수록 매체는 무성(빈칸), 필름의 폭은 기타(z), 틀의 재질은 부호화하지 않았음(l)을 의미한다.

2) 필름스트립

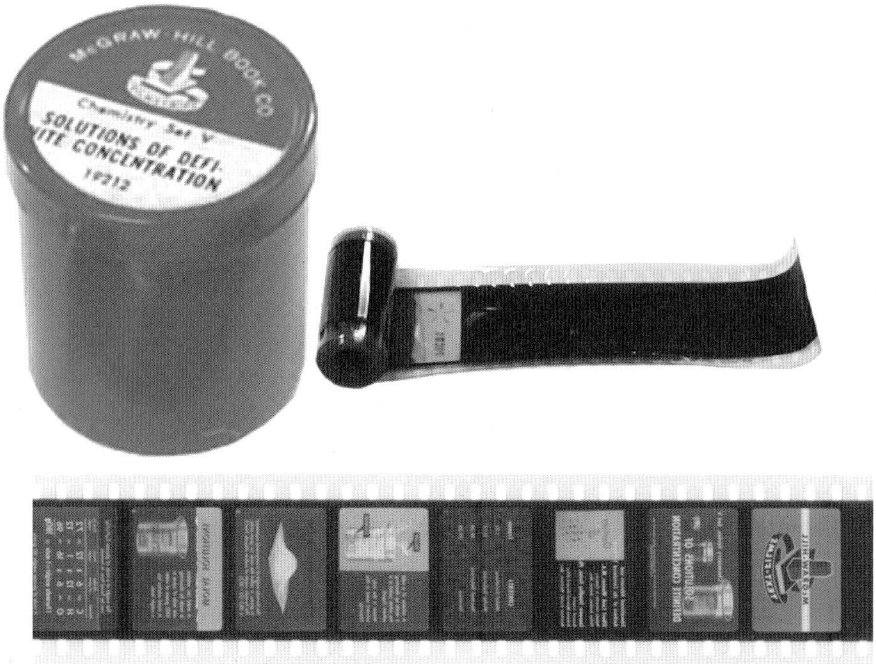

KORMARC

001
007 gf cj f
008 091205s1986 us nnn a fneng
245 00▾aSolutions of definite concentration▾h[graphic materials] /▾dby Eleanor R. Williams,
▾eMary Alice Caliendo
260 ▾aNew York :▾bMcGraw Hill Book, Co. ;▾c1986
300 ▾a1 filmstrip (30 fr.) :▾bcol. ;▾c35 mm
490 10▾aChemistry series set ;▾vvol. 5
500 ▾aInclude index & references
505 2 ▾aMolal solutions -- Electrolyte solutions
650 0▾aChemistry▾xPeriodicals
700 ▾aWilliams, Eleanor R.
700 ▾aCaliendo, Mary Alice
830 0▾aChemistry series set ;▾vvol. 5▾h[graphic materials]

〈그림 4-2〉 필름스트립: 부호화정보필드

〈그림 4-2〉는 1986년 McGraw Hill Book, Co.에서 Solutions of Definite Cconcentration라는 제목으로 Eleanor R. Williams와 Mary Alice Caliendo가 제작한 필름스트립이다. 이 필름스트립은 35 mm 크기의 필름이며, 전체 프레임수가 30개이다.

화상자료 중 평면영사자료의 008 부호화정보필드는 KORMARC 형식에서 40자리의 고정길이 필드로서 레코드 전반과 서지적 특성에 대한 정보를 부호화하여 나타내고 있으며, 영상자료와 함께 시청각자료로 분류하고 있다. 008 필드는 007 필드와 마찬가지로 지시기호와 식별기호는 설정되어 있지 않다. 자수위치 00-17, 26-28, 32, 35-39는 모든 형태자료에서 공동으로 적용되는 데이터요소이고 18-25, 29-31, 33-34자리는 화상자료에 적용되는 데이터요소이다. 008 필드 자수위치는 다음과 같다.

00-05(입력일자), 06(발행년 유형), 07-10(발행년1), 11-14(발행년2), 15-17(발행국 명), 18-20(영화나 비디오녹화자료의 상영시간), 21(빈칸), 22(이용대상자 수준), 23-25(빈칸), 26-27(한국대학부호), 28(수정레코드), 30-31(빈칸), 32(목록전거), 35-37(언어), 38-39(한국정부기관부호)

29(자료의 형태): 마이크로필름 'a', 마이크로피시 'b', 마이크로오패크 'c', 복제자료 'r', 전자자료 's', 기타는 빈칸으로 표시.

33(시청각자료의 유형: 평면영사자료): 필름스트립 'f', 슬라이드 's', 트랜스페어런시 't'로 표시.

34(기술수준): 애니메이션 'a', 애니메이션과 실연 'c', 실연 'l', 적용불가 'n', 미상 'u', 기타 'z'로 표시.

	00-05	06	07-10	11-14	15-17	18-20	21	22	23-25	26-27	28	29	30-31	32	33	34	35-37	38-39
008	091205	s	1986		us	nnn						a			f	z	eng	

예를 들어 008 필드가 위의 예시와 같이 기술되어 있는 경우, 그 의미를 살펴보면 다음과 같다. 즉, 입력일자는 2009년 12월 5일, 발행년의 유형은 단일년도(s), 발행년도는 1986년, 발행지는 미국(us), 상영시간은 필름스트립의 경우에는 적용불가(nnn), 이용대상자 수준은 일반이용자(빈칸), 자료의 형태는 마이크로필름(a), 시청각자료의 유형은 필름스트립(f), 기술수준은 기타(z), 한국정부기관은 해당사항이 없으므로 빈칸, 본문언어는 영어이다(eng).

3) 슬라이드

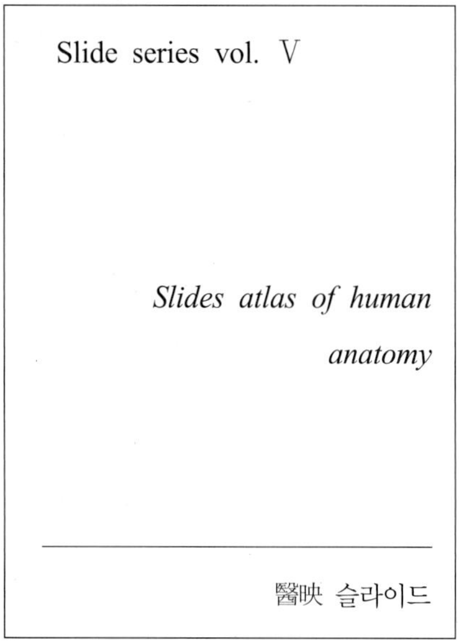

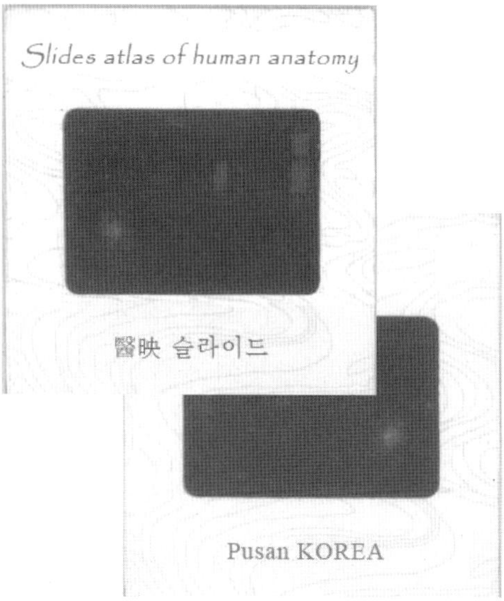

KORMARC

001 000005022514
005 20091217102211.0
007 gs cj z
008 091205nuuuu bnknnn a sneng
056 ▾a511.4▾25
090 ▾a511.4▾b의64ㅅ
245 00▾aSlides atlas of human anatomy▾h[화상자료] / ▾d醫映슬라이드
260 ▾a부산 : ▾b醫映슬라이드, ▾c[발행년미상]
300 ▾a슬라이드 19매 : ▾b천연색 ; ▾c2.3 × 3.4 cm + ▾e이용자매뉴얼
490 10▾aSlide series ; ▾vvol. 5
500 ▾a슬라이드 상영을 위한 이용자매뉴얼 포함
653 ▾a인체해부학▾a의학
710 ▾a의영슬라이드사
830 0▾aSlide series ; ▾vvol. 5▾h[화상자료]

〈그림 4-3〉 슬라이드: 총서사항

〈그림 4-4〉는 인체해부학에 관련된 이미지를 수록한 슬라이드자료이며, *Slide series*라는 표제로 시리즈로 제작되었다. 그림에서 보는 바와 같이 슬라이드는 환등을 위한 포지티브 필름이며, 필름 테두리에 마운트를 끼워 사용한다.

총서사항에는 매체표시를 나타내는 식별기호(▼h)가 포함되어 있지 않으므로 총서부출표목에 매체표시가 필요한 경우 490 필드(총서사항/부출되지 않거나 다르게 부출되는 총서표제)와 830 필드를 사용하여 기술한다. 즉, 아래와 같이 490 필드에는 자료에 나타난 그대로의 내용을 기술하고, 830 필드에는 490 필드에 기술한 내용과 다르게 부출되는 총서표제를 기술한다. 이때 총서번호가 한글이나 로마숫자로 나타나 있으면 아라비아숫자로 통일해서 기술한다.

490 10▼aSlide series ;▼vvol. 5

830 0▼aSlide series ;▼vvol. 5▼h[화상자료]

490 10▼a한국의 전통문화

830 0▼a한국의 전통문화▼h[전자자료]

슬라이드의 경우 형태사항에는 슬라이드 수량과 색채, 크기순으로 기술하되, 5 × 5 ㎝의 슬라이드는 크기를 기술하지 않는다. 이때 딸림자료가 있으면 300 필드 ▼e에 딸림자료를 표시하고 이에 대한 주기를 500 필드에 기술하도록 한다.

300 ▼a슬라이드 19매 :▼b천연색 ;▼c2.3 × 3.4 cm +▼e이용자매뉴얼

300 ▼a슬라이드 53매 :▼b유성, 천연색 ;▼c7 × 7 cm

300 ▼a21 slides :▼bcol. ;▼c9 × 9 cm +▼e1 manual

통제된 주제명표나 시소러스에 나타나 있지 않은 색인어는 653 필드(비통제 색인어)에 기술한다. 하지만 개인명, 단체명, 회의명과 같은 주제명은 각각 600, 610, 611 필드에 부출한다.

653 ▼a인체해부학▼a의학

653 ▼aMan▼aEyes▼aDiseases

4) 방사선사진

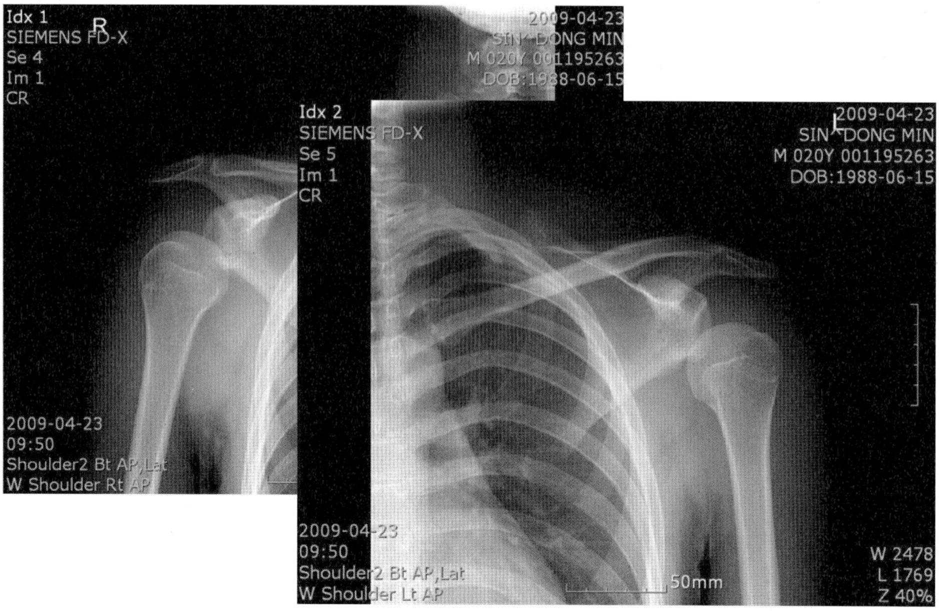

KORMARC

001
007 gt ce z
008 091205s2009 kjknnn tneng
033 01 ▾a200904230950
056 ▾a512.151 ▾25
090 ▾a512.151 ▾b전192ㅇ
245 00 ▾a[어깨뼈 방사선 사진] ▾h[화상자료] / ▾d전남대학교병원 영상의학과
260 ▾a광주 : ▾b전남대학교병원 영상의학과, ▾c2009
300 ▾a방사선사진 2매 : ▾c73 × 92 cm
500 ▾a신원: 성별, 남 ;1988년 6월 15일생 ; 성명, Shin Dong Min
505 0 ▾aldx 1. Shoulder 2 Bt AP, Lat: W shoulder RT AP -- ldx 2. Shoulder 2 Bt AP, Lat: W shoulder LT AP,
518 ▾a2009년 4월 23일 오전 9시 50분에 촬영
600 14 ▾aShin Dong Min
600 14 ▾a신동민
650 8 ▾a어깨뼈 영상진단
710 ▾a전남대학교병원. ▾b영상의학과

〈그림 4-4〉 방사선사진: 촬영/녹음 일시와 장소주기

〈그림 4-4〉는 병원에서 진단용으로 흔히 사용되고 있는 방사선사진이다. 어깨뼈사진이며, 좌우 2매로 구성되어 있다.

KCR4에서는 방사선사진을 화상자료가운데 영사장치를 통해서 볼 수 있는 자료로 정의하고 있다. 그러나 KORMARC 형식의 007 필드에서 방사선사진을 평면비영사자료(k)로 분류하여 '사진인쇄(h)'에 포함할 수도 있고, 평면영사자료(g)로 분류하여 '트렌스페어런시(t)'에 포함할 수도 있어 혼란이 야기될 수 있다. 그런데 병원이나 연구소에서 방사선사진을 보려면 뷰어박스와 같은 장치를 통해서 보는 것이 일반적이므로 뷰어박스가 일종의 영사장치라고 간주할 수 있다. 따라서 방사선사진은 KCR4에서와 같이 KORMARC 형식에서도 평면영사자료(g)로 간주하여 '트렌스페어런시(t)'에 포함하는 것이 바람직할 것이다.

최근에는 의료기관에서 의료장비의 디지털화와 함께 컴퓨터를 이용하여 방사선사진 등을 관리함으로써 사진을 출력하지 않고 컴퓨터화면에서 바로 볼 수 있도록 하고 있으며, 필요한 경우 CD로 복사를 해주고 있다. 이렇게 되면 방사선사진도 전자자료의 범주로 이미 넘어갔다고 볼 수 있다.

방사선자료와 같이 촬영일시가 있는 경우, 해당 자료에 관한 사건 발생 일시와 장소 관련 사항을 기술한다. 공연이나 방송 녹음 또는 촬영, 사진 촬영 등과 관련된 일시와 장소는 033 필드(사건의 일시와 장소)에 기술하되 부호형태로 기술한다. 이때 이 필드의 내용을 주기형태로 나타내고자 할 경우에는 518 필드(촬영/녹음 일시와 장소주기)를 사용한다.

033 01 ▾a200904230950

518 ▾a2009년 4월 23일 오전 9시 50분에 촬영

033 01 ▾a1962----2130

518 ▾a1962년 오후 9:30에 방영

촬영대상이 되는 개인명은 600 필드(주제명부출표목-개인명)에 기술한다. 주제명부출표목은 확립된 주제명목록 작성 원칙과 지침에 따라서 접근을 제공하기 위해 서지레코드에 부여된다.

600 14 ▾aShin Dong Min

600 14 ▾a신동민

4.5.2 평면비영사자료

1) 사진

KORMARC

001　hec2009002798

005　20090218133334.0

007 kg bd

008 091205q19051945xx nnn　　　　kneng

037　▾aLC-DIG-hec-16100 ▾bDLC▾c(digital file from original negative)

245 00▾aFU, TSAI, PRINCE. GROUP▾h[graphic materials]

260　▾a[S.l. :▾bs.n.,▾cbetween 1905 and 1945]

300　▾a1 photograph :▾bnegative, b&w, glass ;▾c8 x 10 in. or smaller

500　▾aTitle from unverified caption data received with the Harris & Ewing Collection

500　▾aDate span based on active dates of Harris & Ewing, Inc.

500　▾aPortrait series

540　▾aNo known restrictions on publication

541　▾cGift ;▾aHarris & Ewing, Inc.▾d 1955

545　▾aGeneral information about the Harris & Ewing Collection is available at
▾uhttp://hdl.loc.gov/loc.pnp/pp.hec

655　4▾aGlass negatives

710　2▾aHarris & Ewing,▾ephotographer

773 ▾tHarris & Ewing Collection (Library of Congress)
856 41 ▾3digital file from original negative ▾dhec ▾f16100
▾uhttp://hdl.loc.gov/loc.pnp/hec.16100 ▾qp
852 ▾aLibrary of Congress ▾bPrints and Photographs Division ▾eWashington, D.C. 20540 USA ▾ndcu ▾uhttp://hdl.loc.gov/loc.pnp/pp.print

〈그림 4-5〉 사진: 형태기술필드

〈그림 4-5〉는 유리위에 인쇄된 흑백 음화사진이다.

007 형태기술필드는 화상자료에 관한 정보를 부호로 알려주기 위한 필드이다. 평면비영사자료는 첫 번째 자리 '00'을 자료의 범주표시 'k'로 하고 '01-05'자리까지 6자리의 고정길이 필드로 각각 구성된다.

00(자료범주표시): 평면비영사자료의 경우 'k'로 표시.

01(특정자료종별): 콜라주 'c', 드로잉 'd', 회화 'e', 사진복제품 'f', 음화사진 'g', 사진인쇄 'h', 그림 'i', 기술도면 'l', 차트 'n', 플래시카드 'o'로 표시.

02(미정의): 빈칸.

03(색채): 단색 'a', 흑백 'b', 천연색 'c', 수작업에 의한 색 'h', 혼합 'm', 미상 'u'로 표시.

04(기본재료): 캔버스 'a', 판지/도화지 'c', 유리 'd', 합성수지 'e', 섬유 'g', 금속 'h', 종이 'o', 석고 'p', 석재 's', 목재 't'로 표시.

05(틀의 재질): 틀이 없으면 빈칸, 캔버스 'a', 유리 'd', 합성수지 'e', 금속 'h', 종이 'o', 목재 't'로 표시.

	00	01	02	03	04	05
007	k	g		b	d	

예를 들어 위의 예시와 같이 007 필드가 'kg bd'로 기술되어 있는 경우, 그 의미를 살펴보면 다음과 같다. 즉, 자료의 범주는 평면비영사자료이며(k), 특정자료표시는 음화사진(g), 색채는 흑백(b), 기본재료는 유리(d), 틀은 없다는 것을 의미한다.

KORMARC

001　2004662515
007 kh bo
008 091205s1940　xx nnn　　　kneng
245 00 ▾a[Portrait of Marian Anderson] ▾h[graphic materials] / ▾dphoto by Carl Van Vechten
260　▾a[S.l. : ▾bs.n.], ▾c1940 Jan. 14.
300　▾a1 photograph : ▾bgelatin silver, b&w
500　▾aTitle derived from information on verso of photographic print
500　▾aVan Vechten number: XIII Q 4
530　▾aAlso available on microfilm
540　▾aFor publication information see "Carl Van Vechten Photographs (Lots 12735 and 12736)"
541　▾cGift ; ▾aCarl Van Vechten Estate ; ▾d1966
600 10 ▾aAnderson, Marian, ▾d1897-1993
656　7 ▾aVocalists ▾2<thesaurus code>
700 1　▾aVan Vechten, Carl, ▾d1880-1964, ▾ephotographer
773 0　▾aPortrait photographs. ▾tPortrait photographs of celebrities ▾w(DLC) 89715440
856 41 ▾3digital file from intermediary roll film copy ▾dvan ▾f5a51647 ▾qp
▾uhttp://hdl.loc.gov/loc.pnp/van.5a51647

〈그림 4-6〉 사진: 입수처주기, 색인어-직업

〈그림 4-6〉은 미국의 유명한 성악가인 마리안 앤더슨의 흑백사진이다.

사진은 작품명을 본표제로 기술하지만 본표제가 으뜸정보원에 기재되지 않은 자료에서는 해당 자료의 다른 부분이나 참고자료 등의 다른 정보원에서 이를 찾아내어 각괄호로 묶어 기술한다. 표제가 없는 자료에서는 해당 자료의 주제내용에 합당한 표제를 목록작성자가 임의로 기술하되 각괄호로 묶어 보기한다. 이 경우에는 본표제의 출처가 된 정보원을 본표제로 사용하고 있다.

245 00 ▼a[Portrait of Marian Anderson] ▼h[graphic materials] /
▼dphoto by Carl Van Vechten

245 00 ▼a[Phtograph of Theodore Roosevelt] ▼h[graphic materials] /
▼dphoto by Susanna Hesselberg

해당 자료의 직접적인 입수원에 관한 정보는 541 필드(입수처 주기)에 기술하고, 입수자료의 원소장처는 561 필드(소유권 및 소장내력 주기)에 기술한다. 541 필드에는 구입, 수증, 교환, 대여, 기탁 등의 입수방법(▼c), 입수처(▼a), 주소(▼b) 등의 순서로 기술한다.

541 ▼cGift ; ▼aCarl Van Vechten Estate ; ▼d1966

541 ▼c구입 ; ▼a好古堂 ; ▼b서울시 종로구 인사동 167번지 ;
▼d1998.4 ; ▼h₩1,500,000

기술대상자료의 내용에 나타난 특정 직업은 656 필드(색인어-직업)에 기술하되, 기술대상자료의 저작자의 직업을 기술하는 데는 사용하지 않고 기술대상자료의 내용이 되는 사람의 직업을 기술하는 데 사용한다.

656 7 ▼aVocalists ▼2〈thesaurus code〉

656 7 ▼aMigrant laborers. ▼kSchool district case files ▼2〈thesaurus code〉

KORMARC

001　var1994001645

007 kh bo

008 091205s11960　ulknnn　　　knkor

033 01 ▾a196004121120

056　▾a911.072 ▾25

090　▾a911.072 ▾b도38 ㅇ

245 00 ▾a이승만 ▾h[화상자료] / ▾dJohn Dominis 촬영

260　▾a서울 : ▾b경무대, ▾c1960

300　▾a사진 1매 : ▾b흑백 ; ▾c21 × 28 cm

518　▾a경무대에서 1960년 4월 12일 오전 11시 20분에 촬영

545 0 ▾a1948.07 제1대 대한민국 대통령. 1951 자유당 창당 총재. 1952 제2대 대한민국 대통령. 1956~1960.04 제3대 대한민국 대통령

600 18 ▾a이승만, ▾c대통령, ▾d1875-1965 ▾z한국

700 02 ▾aDominis, John

〈그림 4-7〉 사진: 촬영일시와 장소, 전기적 또는 역사적 데이터

〈그림 4-7〉은 1960년 경무대에서 촬영한 이승만 대통령의 흑백사진이다.

촬영대상이 직위, 호칭과 같은 이름관련 정보가 있을 때에는 600 필드(주제명부출표목-개인명)에 개인명을 부출한다. 이때 600 필드는 확립된 주제명목록 작성원칙과 지침에 따라서 접근을 제공하기 위해 서지레코드에 부여된다. 600 필드의 대표적인 식별기호는 다음과 같다. ▼a 개인명(성과 이름), ▼c 이름 관련 정보(직위, 칭호 및 기타 명칭, 역조(歷朝), 국명(國名), 한국 및 중국의 세계(世系)), ▼d 생몰년, ▼e 역할어를 나타낸다.

600 18▼a이승만,▼c대통령,▼d1875-1965▼z한국

600 18▼a허균,▼d1563-1589▼v전기

해당 자료의 촬영과 관련된 일시와 장소는 518 필드(촬영일시와 장소)에 기술한다. 518 필드는 사건 발생 일시와 장소 관련 사항이나 공연이나 방송 녹음 또는 촬영, 사진 촬영 등과 관련된 일시와 장소를 기술한다. 이때 같은 정보를 부호형태로 033 필드(사건의 일시와 장소)와 연관하여 기술하도록 규정되어 있다.

033 01▼a1962----2130

518 ▼a1962년 오후 9:30에 방영

033 02▼a19710722▼b47130

518 ▼a1971년 7월 22일 경주에서 발견

545 필드(전기적 또는 역사적 데이터)에는 해당 자료의 저자명 표목으로 채택된 개인의 전기적 정보나 단체 또는 사건에 대한 역사적인 정보를 기술한다.

545 ▼aAuthor and reformer. Born Harriet Elizabeth Beecher.
Married(1836) Calvin Ellis Stowe (1802-1886)

545 0 ▼a1533(中宗37)~1609(光海君1). 朝鮮의 書畵家. 字는 季獻,
號는 玉山, 本貫은 德水, 栗谷의 아우. 1567年(明宗22) 進士에 合格,
軍資監正까지 지냄

2) 그림

KORMARC

001

007 ke co

008 091205s1888 fr nnn aneng

056 ▾a653.269▾25

090 ▾a623.269▾bG268v

245 00▾aVan Gogh Painting Sunflowers▾h[graphic materials] /▾dpainted by Paul Gauguin

260 ▾aArles, France :▾b[s.n.],▾c1888

300 ▾a1 art original :▾bOil on canvas ;▾c73 × 92 cm

541 ▾cGift ;▾aPaul Gauguin ;▾d1888

561 ▾aFrom the collection of Joshua Nagisa, 1921-1938

600 10▾aVincent van Gogh

700 ▾aGauguin, Paul

〈그림 4-8〉 그림(원화): 부호화정보필드

〈그림 4-8〉은 프랑스의 화가 고갱이 그린 *Van Gogh Painting Sunflowers*이다. 고갱은 세잔·고흐 등과 함께 후기 인상파의 한 사람인데 세잔은 객관적 또는 공간적인 것을, 고흐는 주관적인 것을 제재로 하였으나, 고갱은 장식적인 것의 부활을 주로 하였다. 그의 강렬하고도 새로운 장식풍의 그림은 후세 그림에 많은 영향을 끼쳤다.

008 필드는 MARC 21에서와 마찬가지로 KORMARC에서도 40자리의 고정길이 필드로서 레코드 전반과 서지적 특성에 대한 정보를 부호화하여 나타내고 있으며, 화상자료와 영상자료를 시청각자료로 함께 분류하였다.

008 필드는 007 필드와 마찬가지로 지시기호와 식별기호는 설정되어 있지 않다. 자수위치 00-17, 26-28, 32, 35-39는 모든 형태자료에서 공동으로 적용되는 부호화 정보필드이고 18-25, 29-31, 33-34자리는 화상자료에 적용되는 부호화 정보필드이다. KORMARC의 008 필드 자수위치는 다음과 같다.

00-05(입력일자), 06(발행년 유형), 07-10(발행년1), 11-14(발행년2), 15-17(발행국 명), 18-20(영화나 비디오녹화자료의 상영시간), 21(빈칸), 22(이용대상자 수준), 23-25(빈칸), 26-27(한국대학부호), 28(수정레코드), 30-31(빈칸), 32(목록전거), 35-37(언어), 38-39(한국정부기관부호)

29(자료의 형태): 마이크로필름 'a', 마이크로피시 'b', 마이크로오패크 'c', 복제자료 'r', 전자자료 's', 기타는 빈칸으로 표시.

33(시청각자료의 유형: 평면 비영사자료): 예술품 원본 'a', 예술품 복제자료 'c', 투시도 'd', 그림 'i', 사진이나 포스트 등과 같은 그래픽 'k', 기술도면 'l', 차트 'n', 플래시카드 'o'로 표시.

34(기술수준): 애니메이션 'a', 애니메이션과 실연 'c', 실연 'l', 적용불가 'n', 미상 'u', 기타 'z'로 표시.

	00-05	06	07-10	11-14	15-17	18-20	21	22	23-25	26-27	28	29	30-31	32	33	34	35-37	38-39
008	091211	s	1888		fr			ƀ							a		eng	

예를 들어 008 필드가 위의 예시와 같이 기술되어 있는 경우, 그 의미를 살펴보면 다음과 같다. 즉, 입력일자는 2009년 12월 11일, 발행년의 유형은 단일년도(s), 발행년도는 1886년, 발행지는 프랑스(fr), 이용대상자 수준은 일반이용자(빈칸), 시청각자료의 유형은 평면비영사자료 중 예술품 원본(a)이며, 본문언어는 영어이다(eng).

KORMARC

001

007 ke cat

008 091205s1907 au nnn aneng

056 ▾a653.255▾25

090 ▾a653.255▾b클298ㅇ

245 00▾a아델 블로흐-바우어의 초상화▾h[화상자료] = ▾xPortrait of Adele Bloch-Bauer / ▾dGustav Klimt 그림

246 31▾aPortrait of Adele Bloch-Bauer▾h[화상자료]

260 ▾a빈, 오스트리아 : ▾b[s.n.], ▾c1907

300 ▾a원화 1점 : ▾b캔버스에 유채, 천연색 ; ▾c138 × 138 cm

307 ▾a월-토, 9:00~20:00, 일, 9:00~18:00 ; ▾b국경일 휴관

585 ▾a전시: "Gustav Klimt : 클림트 황금빛 비밀", 예술의 전당 한가람미술관, 2009. 2. 2(월)-5. 15(금)

700 1 ▾aKlimt, Gustav, ▾d1862-1918

700 1 ▾a클림트, 구스타프, ▾d1862-1918

852 ▾aNeue gallery▾e048 Fifth Ave. at 86th St., N. Y.

856 41▾uhttp://www.neuegalerie.org/main.html?langkey=english

〈그림 4-9〉 그림(원화): 이용시간, 전시주기, 소장위치

〈그림 4-9〉는 2009년 예술의 전당 한가람미술관에서 열린 「Gustav Klimt : 클림트 황금」 전시회에 출품된 원화이다.

그림자료의 경우 245 필드에 작품명을 본표제로 하고, [화상자료]나 [graphic materials]를 자료유형(▼h)으로, 화가나 제작자를 책임표시(▼d)로 기술한다.

245 00▼a아델 블로흐-바우어의 초상화 =▼xPortrait of Adele BlochBauer ▼h[화상자료] /▼dGustav Klimt 그림

형태사항은 300 필드에 특별자료종별, 수량, 표현매체, 바탕재료의 종류, 색상, 크기, 딸림자료의 순서로 기술한다.

300 ▼a원화 1점 :▼b캔버스에 유채, 천연색 ;▼c138 × 138 cm

300 ▼a1 art original :▼bOil on canvas ;▼c73 × 92 cm

해당 자료를 이용하거나 자료에 접근할 수 있는 요일과 시간이 정해져 있는 경우, 307 필드(이용시간)에 내용을 기술한다.

307 ▼a월-토, 9:00∼20:00, 일, 9:00∼18:00 ;▼b국경일 휴관

307 ▼aDaily, 7am-7pm ;▼btext files only

전시를 토대로 해당 레코드가 생성된 경우, 585 필드(전시주기)에 그 전시에 관한 내용을 기술한다.

585 ▼a전시: "Gustav Klimt : 클림트 황금빛 비밀," 예술의 전당 한가람 미술관, 2009. 2.2(월)-5.15(금)

585 ▼aExhibited: "Visions of City & Country: Prints and Photographs of Nineteenth-Century France," organized by Worchester Art Museum and the American Federation of Arts, 1982.

852 필드(소장위치)에는 소장자료의 위치에 관한 정보를 기술한다. 이 정보는 그 자료를 소장하고 있는 기관이나 이용할 수 있는 장소에 대한 간략정보와 소장자료 내에서 해당 자료 위치에 대한 상세정보를 포함한다. 식별기호는 ▼a 소장도서관 부호 또는 도서관명, ▼b 하위기관 또는 집서, ▼e 소장기관 주소이다.

852 ▼aNeue gallery▼e048 Fifth Ave. at 86th St., N. Y.

852 ▼a011001▼b연속간행물실▼e서울특별시 서초구 반포동 산60-1

KORMARC

001
007 ke cat
008 091205s1954 us nnn aneng
056 ▼a653.42▼25
090 ▼a653.42▼bR684b
245 00▼aBreaking home ties▼h[graphic materials] /▼dpainted by Norman Rockwell
260 ▼aStockbridge, U.S.A.:▼b[s.n],▼c1954
300 ▼a1 art original :▼boil on canvas, col. ;▼c112 × 112 cm
561 ▼aBreaking Home Ties has been in many historical museums such as the Corcoran Gallery of Art in 1955, In 1960, the painting was purchased for $900 by Don Trachte and was in his ownership until his death on May 4, 2005. Ownership and access went to his four children. On April 6, 2006, the Norman Rockwell Museum placed the originals along with the replicas to keep on display in their museum.
562 ▼bCopy identified as Williamstown Art Conservation Center ;▼e2 copies kept
700 1 ▼aRockwell, Norman,▼d1894-1978,▼epainter

〈그림 4-10〉 그림(원화): 형태사항, 입수처주기

〈그림 4-10〉은 미국의 일러스트레이터인 Norman Rockwell이 1954년도에 *Breaking Home Ties*라는 이름으로 발표한 유채 그림 원본이다.

300 필드에는 원화의 형태사항을 기술하되 특정자료종별과 수량, 원화의 표현매체와 그 바탕재료, 색상, 크기 등을 순서대로 기술한다. 이때 특정자료종별은 'art original' 또는 '원화'로, 표현매체는 유체(oil), 파스텔(pastel), 초크(chalk), 아크릴(acrylic) 등으로, 바탕재료는 캔버스(canvas), 종이(paper), 나무(wood) 등으로 기술한다. 크기는 프레임이나 대지를 제외한 높이와 폭을 센티미터 단위로 기술한다.

300 ▾a1 art original :▾boil on canvas, col. ;▾c112 × 112 cm

300 ▾a1 art original :▾bacrylic on canvas, col. ;▾c92 × 73 cm

300 ▾a원화 1점 :▾b캔버스에 유채, 천연색 ;▾c39 × 107 cm

300 ▾a원화 1점 :▾b종이에 파스텔, 천연색 ;▾c45 × 52 cm

245 필드에는 원화에 대한 표제와 책임표시사항, 자료유형을 기재한다. 자료유형(▾h)은 [화상자료] 또는 [graphic materials]로 기술한다.

245 00▾aBreaking home ties▾h[graphic materials] /▾dpainted by Norman Rockwell

245 00▾a夢遊挑源圖▾h[화상자료] /▾d安堅 그림

원화가 제작되어 입수될 때까지의 소유권과 소장내력이 다양한 경우, 561 필드(소유권 및 소장내력 주기)에 해당 자료의 소유권과 소장내력을 기술한다.

561 ▾aOriginally collected by Paul Jones and maintained by his nephew, John Smith after Jones' death. Purchased in 1878 by Henry Green, who added prints and drawings purchased at auctions ...

해당 자료에 하나 이상의 사본이나 판본이 있거나 있을 수 있는 경우, 562 필드(사본/판본 식별 주기)에 문서보존소 또는 사본보존소에 소장된 여러 사본 또는 판본을 식별할 수 있는 정보를 기술한다.

562 ▾bCopy identified as Williamstown Art Conservation Center ; ▾2 copies kept

KORMARC

001

007 kf cat

008 091205s2006　us nnn　　　　cneng

056　▼a653.42▼25

090　▼a653.42▼bH893b

245 00▼aBreaking home ties▼h[graphic materials] /▼dpainted by George Hughes

260　▼aWashington, U.S.A. :▼b[s.n],▼c2006

300　▼a1 art reproduction :▼bgravure, col. ;▼c112 × 112 cm

500　▼aReproduction of art original

534　▼pReproduction of:▼tBreaking home ties▼c1954.▼e1 art original : oil on canvas, col. ; 112 × 112 cm▼lNorman Rockwell Museum, Stockbridge

700 1　▼aHughes, George,▼epainter

700 1　▼aRockwell, Norman,▼d1894-1978,▼epainter

〈그림 4-11〉 그림(복제화): 형태사항, 원본주기

〈그림 4-11〉은 미국의 일러스트레이터인 Norman Rockwell이 1954년도에 *Breaking Home Ties*라는 이름으로 발표한 원화를 2006년도에 George Hughes가 다시 복제한 그림이다.

KCR4에서 복제화나 영인본 등의 복제물은 그 원자료가 아니라 복제물 자체를 기술의 대상으로 한다(KCR4 1.0.4).

300 필드에는 복제화의 형태사항을 기술하되 특정자료종별과 수량, 복제화의 복제방식, 색상, 크기 등의 순으로 기술한다. 이때 특정자료종별은 '복제화' 또는 'art reproduction'로, 복제방식은 그라비아(gravure), 콜로타이프(collotype) 등으로 기술하며, 크기는 프레임이나 대지를 제외한 높이와 폭을 센티미터 단위로 기술한다.

300 ▾a1 art reproduction : ▾bgravure, col. ; ▾c112 × 112 cm

300 ▾a복제화 1점 : ▾b그라비아, 천연색 ; ▾c28 × 36 cm

245 필드에는 복제화에 대한 표제와 책임표사항, 자료유형을 기재한다. 자료유형(▾h)은 [화상자료] 또는 [graphic materials]와 같이 기술한다.

245 00 ▾aBreaking home ties ▾h[graphic materials] / ▾dpainted by George Hughes

원본에 관한 사항은 534 필드(원본주기)에 기술한다.

534 ▾pReproduction of: ▾tBreaking home ties ▾c1954. ▾e1 art original : oil on canvas, col. ; 112 × 112 cm ▾lNorman Rockwell Museum, Stockbridge

534 ▾p대본의 刊記 : ▾c崇禎五年壬申[1631]九月 日京畿朔水淸山龍腹[寺]開板

3) 포스터

KORMARC

001
007 kf co
008 091205s2009 ulknnn knkor
056 ▾a658▾25
090 ▾a658▾b을78ㄱ
245 00▾aGustav Klimt▾h[화상자료] :▾b클림트 황금빛 비밀 /▾d을지기획 편집부
260 ▾a서울 :▾b을지기획,▾c2009
300 ▾a포스터 1점 :▾b콜로타이프, 천연색 ;▾c92 × 61 cm
520 ▾a이 포스터는 "Gustav Klimt: 클림트 황금빛 비밀"이라는 제목으로 예술의 전당 한가람 미술관에서 2009. 2. 2(월)-5. 15(금)까지 미술품을 전시한다는 내용을 담고 있음.▾b전시 기간에 이용시간은 월-토 9:00~20:00, 일 9:00~18:00, 국경일 휴관임
600 14▾aKlimt, Gustav,▾d1862-1918▾v전시
710 ▾a을지기획 편집부
772 1 ▾t클림트 황금빛 비밀▾w211032
856 41▾uhttp://www.sac.or.kr/Program/view.jsp?prog_id=13365

〈그림 4-12〉 포스터: 모체레코드저록

〈그림 4-12〉는 2009년 예술의 전당 한가람미술관에서 열린 「Gustav Klimt: 클림트 황금빛 비밀」 전시회를 홍보하는 포스터이다. 구스타프 클림트 (Gustav Klimt, 1862-1918)는 오스트리아의 화가이다. 한국에서는 '유디트', '베토벤 프리즈'를 비롯한 200여점이 예술의 전당 한가람미술관에서 2009년 2월~5월 간 전시되었다.

300 필드에는 포스터의 형태사항을 특정자료종별과 수량, 포스터의 복제방식, 색상, 크기 등의 순으로 기술한다. 이때 특정자료종별은 '포스터' 또는 'poster'로, 포스터의 복제방식은 그라비아(gravure), 콜로타이프(collotype) 등으로 기술하며, 크기는 높이와 폭을 센티미터 단위로 기술한다.

300 ▾a포스터 1점 :▾b콜로타이프, 천연색 ;▾c92 × 61 cm

300 ▾a1 poster :▾bcollotype, col. ;▾c28 × 36 cm

520 필드(요약주기)에는 포스터의 내용에 관한 것을 기술한다.

520 ▾a이 포스터는 "Gustav Klimt: 클림트 황금빛 비밀"이라는 제목으로 예술의 전당 한가람미술관에서 2009. 2. 2(월)-5. 15(금)까지 클림트의 미술품을 전시한다는 내용을 담고 있음.
▾b전시기간에 이용시간은 월-토 9:00~20:00, 일 9:00~18:00, 국경일 휴관임

772 필드(모체레코드 저록)는 관련된 모체레코드에 관하여 기술하는 것으로, 해당 자료가 모체레코드의 보유판, 별책부록, 특별호(수직적 관계)일 경우에 사용하고 있다.

245 00▾aGustav Klimt▾h[화상자료] :▾b클림트 황금빛 비밀 /
▾d을지기획 편집부

772 1 ▾t클림트 황금빛 비밀▾w211032

4) 판화

KORMARC

001 iuc2009005896
007 kj bg
008 091205s2001 ggknnn knkor
056 ▾a659.4▾25
090 ▾a659.4▾b홍54ㄱ
245 00▾a강화장터▾h[화상자료] /▾d홍선웅 판각
260 ▾a김포 :▾문수산 판화공방,▾c2001
300 ▾a판화 1점 :▾b목판, 흑백 ;▾c25 × 23 cm
340 ▾a무명▾b25 × 23 cm▾c먹
500 ▾a목판에 조각한 것을 먹을 묻혀 무명에 찍어낸 그림
500 ▾a무명의 재료는 칡
700 1 ▾a홍선웅

〈그림 4-13〉 판화 : 형태사항

〈그림 4-13〉은 판화작가 홍선웅의 목판화 '강화장터'를 무명천에 먹을 묻혀 찍은 것이다. 판화는 인쇄과정을 통해 간접적으로 형상을 나타내는 회화의 한 장르이며, 대체로 목판·동판·석판 등에 형상을 새긴 뒤 그 위에 잉크를 입혀 종이·천·양피지·플라스틱 등에 찍어낸다. 초기에 판화는 서적이나 회화작품의 보급을 위한 복제 수단으로 사용되었다. 현대의 판화가들은 적절한 수량의 판화를 찍은 후 보통 원판을 파기하거나 특별히 표시해 둠으로써 자신이 정한 수량 이상의 판화가 인쇄되는 것을 막는다.

판화는 245 필드에 작품명을 본표제로 기술하며, [화상자료]나 [graphic materials]를 자료유형으로, 판화 제작자를 책임표시로 기술한다.

300 필드에는 판화의 형태사항을 특정자료종별과 수량, 판화의 묘화과정, 색상, 크기 등의 순으로 기술한다. 이때 특정자료종별은 '판화' 또는 'engraving'으로, 판화의 묘화과정은 일반적인 용어(조판, 석판)나 특정어(동판, 착색석판)로 기술하며, 크기는 높이와 폭을 센티미터 단위로 기술한다.

300 ▾a판화 1점 : ▾b목판, 흑백 ; ▾c25 × 23 cm

300 ▾a1 engraving : ▾bcopperplate, b&w ; ▾c28 × 36 cm

340 필드에는 자료의 물리적 특성에 관한 문장형 정보를 자료의 기본재질과 외형(▾a), 크기(▾b), 표면재질(▾c) 등의 순으로 기술한다. 물리적 특성을 부호로 나타낼 경우에는 007 필드(형태기술필드)를 사용한다.

340 ▾a무명 ▾b25 × 23 cm ▾c먹

340 ▾a양피지 ▾b20 cm 접으면 10 × 12 cm ▾c그림물감

340 ▾aparchment ▾b20 cm folded 10 × 12 cm ▾ccolored inks

또한 501부터 59X 주기필드 중 특정 주기 필드에 해당되지 않는 일반 정보가 있는 경우에는 500 필드(일반주기)에 해당 내용을 기술한다.

500 ▾a목판에 조각한 것을 먹을 묻혀 무명에 찍어낸 그림

500 ▾a무명의 재료는 칡

5) 그림엽서

KORMARC

001
007 kf co
008 091205s2009 ggknnn knkor
056 ▼a657.58▼25
090 ▼a657.58▼b최54ㄷ
245 00▼aDMZ▼h[화상자료] /▼d최병관 사진
246 3 ▼a울지마, 꽃들아▼h[화상자료]
246 3 ▼a철모에 핀 꽃▼h[화상자료]
246 3 ▼a비무장지대▼h[화상자료]
260 ▼a파주 :▼b보림출판사,▼c2009
300 ▼a그림엽서 1조 (6매) :▼b천연색 ;▼c18 × 12 cm
500 ▼aDMZ 사진전 '울지마, 꽃들아'에 전시된 사진을 그림엽서로 만든 것임
530 ▼a포스터로도 간행
530 ▼a사진집으로도 간행:▼b보림출판사
700 1 ▼a최병관
776 ▼t울지 마, 꽃들아 : 최병관 선생님이 들려주는 DMZ 이야기
▼d파주 : 보림출판사, 2009▼z9788943307721

〈그림 4-14〉 그림엽서: 이용가능한 다른 형태자료 주기

〈그림 4-14〉는 최병관 작가의 사진을 그림엽서로 만든 것이며, 이 사진들은 포스터와 사진집으로 다시 출판되었다. 그림엽서는 뒷면에 그림이나 사진이 인쇄된 엽서를 말하며, 엽서와 마찬가지로 우편으로 부칠 수 있다. 1843년 H.골이 고안하여 그린 것이 최초라고 알려져 있으며, 당시 인쇄술이 뛰어난 독일에서부터 각국으로 전파되기 시작하였다. 한국에서는 명승고적지의 풍경이나 풍속·그림·사진 등을 인쇄한 그림엽서가 많이 사용되고 있다.

그림엽서는 245 필드에 작품명을 본표제로 기술하며, [화상자료]나 [graphic materials]를 자료유형으로, 사진작가나 제작자를 책임표시로 기술한다.

245 00▼aDMZ▼h[화상자료] /▼d최병관 사진

그림엽서의 형태사항은 300 필드에 그림엽서의 수량, 색상, 크기(세로 × 가로)의 순으로 기술한다. 기술대상 자료가 특정한 용기에 보관되어 있는 경우 이를 원괄호에 넣어 기술한다.

300 ▼a그림엽서 1조 (6매) :▼b천연색 ;▼c18 × 12 cm

300 ▼a85 postcards :▼bcol. (album box) ;▼c16 × 12 cm

해당 자료가 이용 가능한 다른 물리적 형태의 자료로도 간행되고 있는 경우, 530 필드(이용가능한 다른 형태자료 주기)에 기술한다.

530 ▼a사진집으로도 간행:▼b보림출판사

530 ▼aPhotoreproduced fascimile version ;▼bPublished as Dudley, Cuthbert, ed., The Novel of Lord Ethelbert of Waxlot (Oxford University Press, 1973)

물리적 형태가 다른 자료가 별도로 목록작성되어 데이터베이스 제어번호를 가지고 있는 경우에는 표제와 제어번호를 776 필드(기타형태저록)에 입력하되, 530 필드에 이를 알기 쉽게 풀이하여 주기사항에 나타낼 수 있다.

245 00▼aDMZ▼h[화상자료] /▼d최병관 사진

530 ▼a사진집으로도 간행 ;▼b보림출판사

776 ▼t울지 마, 꽃들아 : 최병관 선생님이 들려주는 DMZ 이야기 ▼d파주 : 보림출판사, 2009▼z9788943307721

6) 입체사진

KORMARC

001 11523055
005 20091223135721
007 kh bo
008 091205s1920 us nnn kneng
037 ▾aLC-USZ62-96089▾bDLC▾c(b&w film copy neg.)
056 ▾a666.8▾25
090 ▾a666.8▾bK44b
245 20▾a(The) bridegroom's first view of his future wife▾h[graphic materials] : ▾bChosen (Korea) / ▾dKeystone View Company
260 ▾aMeadville, Pa. : ▾bKeystone View Company, ▾cc1920
300 ▾a1 stereograph : ▾bnegative, b&w
500 ▾aNo. 23700
506 ▾aOriginal materials served by appointment only
520 0 ▾aMen, women, and two children standing under umbrellas
540 ▾aNo known restrictions on publication
650 0▾aMarriage▾zKorea▾y1920
655 ▾aStereographs▾zKorea▾y1920
710 ▾aKeystone View Company
856 4 ▾uhttp://hdl.loc.gov/loc.pnp/cph.3b42201

〈그림 4-15〉 입체사진: 형태사항, 이용과 복제 제한에 관한 주기

〈그림 4-15〉는 1920년에 찍은 우리나라의 결혼식 장면이며, LC에 소장되어 있는 흑백 음화 필름을 복사한 것이다. 이 사진은 하나의 대상을 다른 각도에서 두 장의 사진으로 찍어 입체적으로 보이도록 편집한 입체사진(stereograph)이다.

입체사진의 형태사항은 300 필드에 특정자료종별과 수량, 기타형태사항에는 극성과 색채, 복제방식을 기술하되, 극성은 음화인 경우에만 기술한다. 입체사진은 크기를 기술하지 않는다.

300 ▼a1 stereograph : ▼bnegative, b&w

300 ▼a입체사진 1매 : ▼b음화, 흑백

해당 자료의 입수처를 기술하는 경우, 037 필드(입수처)에 주문이나 복제를 의뢰하는데 필요한 재고번호나 주문번호, 입수처 또는 번호부여기관, 가격, 발행 형식 등의 정보를 기술한다. 이 필드는 해당 자료와 관련된 여러 개의 재고번호가 있는 경우에는 반복하여 기술하도록 규정되어 있다.

037 ▼aLC-USZ62-96089 ▼bDLC ▼c(b&w film copy neg.)

037 ▼aC CPS 68 003 ▼bU.S. Bureau of the Census

037 ▼bUniversity Microfilms ▼fmicrofiche ▼c$15.95 ▼nAvailable only without color

해당 자료에 접근한 후에 그 자료를 이용하거나 복제하는데 따른 제한이 있는 경우, 540 필드(이용과 복제 제한에 관한 주기)에 이에 관한 정보를 기술한다. 이 필드에는 복제, 전시, 각색, 인용 등을 제한하는 것을 포함하지만 저작권, 영화제작권, 매매(거래)권 등에 한정하지 않고 포괄적으로 적용한다. 해당 자료의 접근에 관한 제한사항은 506 필드(이용제한주기)를 사용한다.

506 ▼aOriginal materials served by appointment only

540 ▼aNo known restrictions on publication

540 ▼aLiterary rights of Carrie Chapman Catt have been dedicated to the public

7) 설계도

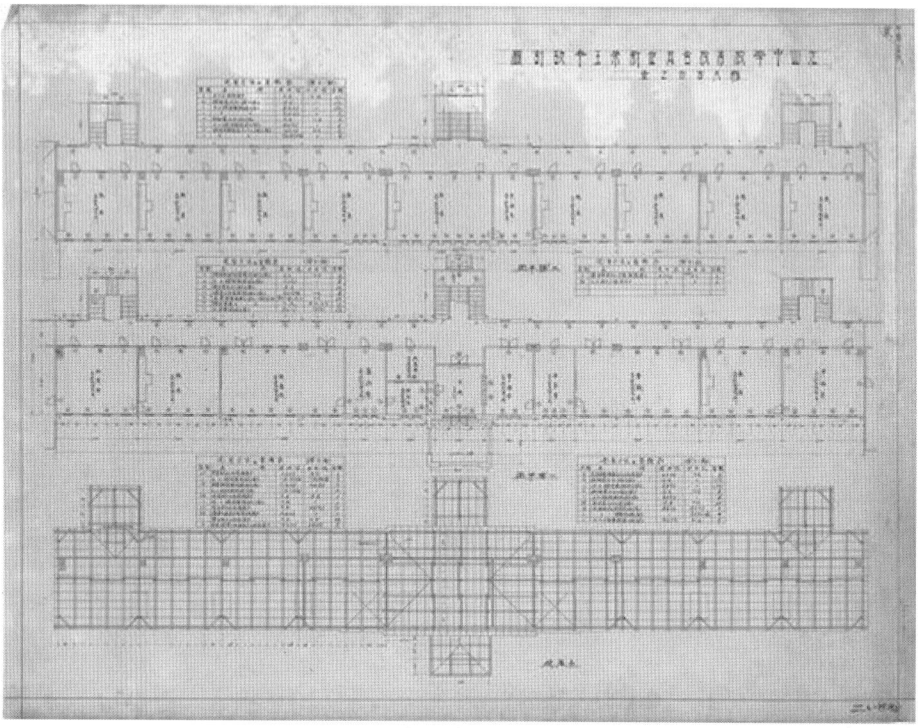

KORMARC

001
007 kl bo
008 091205s1923 kn nnn Inkor
056 ▾a542.2▾25
090 ▾a542.2▾b원52
245 00▾a원산중학교본교사기타신축공사설계도▾h[그림자료] /▾d[설계자 미상]
260 ▾a원산 :▾b[발행처불명],▾c1923
300 ▾a설계도 1매 :▾b청사진 ;▾c52 × 38 cm. 접어서 26 × 19 cm
500 ▾a원산중학교 본관의 설계도임
506 ▾a설계도 원본은 관내 이용자료임
507 ▾a축척 1:3,000
610 4▾a원산중학교▾v설계도▾y1923
650 4▾a중학교▾z원산▾y1923
655 ▾a건축설계도▾y1923
856 41▾uhttp://contents.archives.go.kr/next/dwg/dwgSearchDetailView.do

〈그림 4-16〉 건축설계도: 형태사항, 그래픽자료의 축척주기

〈그림 4-16〉은 1923년에 설계된 원산중학교 본관의 신축공사 설계도이다. 이 설계도는 축척이 1:3,000이며, 청사진으로 복제되어 있다.

건축설계도의 경우 245 필드에 설계도의 제목을 본표제로 기술하며, [화상자료]나 [graphic materials]를 자료유형으로, 제작자를 책임표시로 기술한다.

300 필드에는 설계도의 형태사항을 특정자료종별과 수량, 도면의 복제방식, 크기 등의 순으로 기술한다. 이때 특정자료종별은 '설계도' 또는 'technical drawing'으로, 설계도의 크기는 폈을 때의 높이와 폭을 기술한 다음, 계속하여 접었을 때의 크기를 센티미터 단위로 기술한다.

300 ▾a설계도 1매 : ▾b청사진 ; ▾c52 × 38 cm, 접어서 26 × 19 cm

300 ▾a1 technical drawing : ▾bblueprint ; ▾c52 × 38 cm. folded to 26 × 19 cm

300 ▾a5 technical drawings : ▾bblueprint and colored pencil ; ▾c52 × 38 cm. folded to 26 × 19 cm

507 필드(그래픽자료의 축척주기)는 그래픽자료의 축소율을 기술하는데, 그래픽자료에는 건축도면 등이 포함된다. 그래픽자료의 대표적 비율 축척은 ▾a에 '축척' 또는 'Scale'이라는 용어를 먼저 기술하고 기타축척은 ▾b에 기술한다. 한편, 지도제작의 수치 데이터는 255 필드(지도제작의 수치데이터)에 기술한다.

507 ▾a축척 1:10

507 ▾aScale 1:10 of the original

위의 원산중학교도면과 같이 데이터베이스화 되어 전자적 접근이 가능한 경우, 856 필드(전자적위치 및 접속)에 자료 혹은 자료검색이 가능한 곳에 대한 정보를 기술하되, 제1지시기호에는 접근방법을 제2지시기호에는 전자적 위치와 접속 정보의 관계에 대하여 기술한다.

856 41 ▾uhttp://www.jstor.org/journals/0277903x.html

856 40 ▾uhttp://www.cdc.gov/ncidod/EID/eid.htm ▾qtext/html

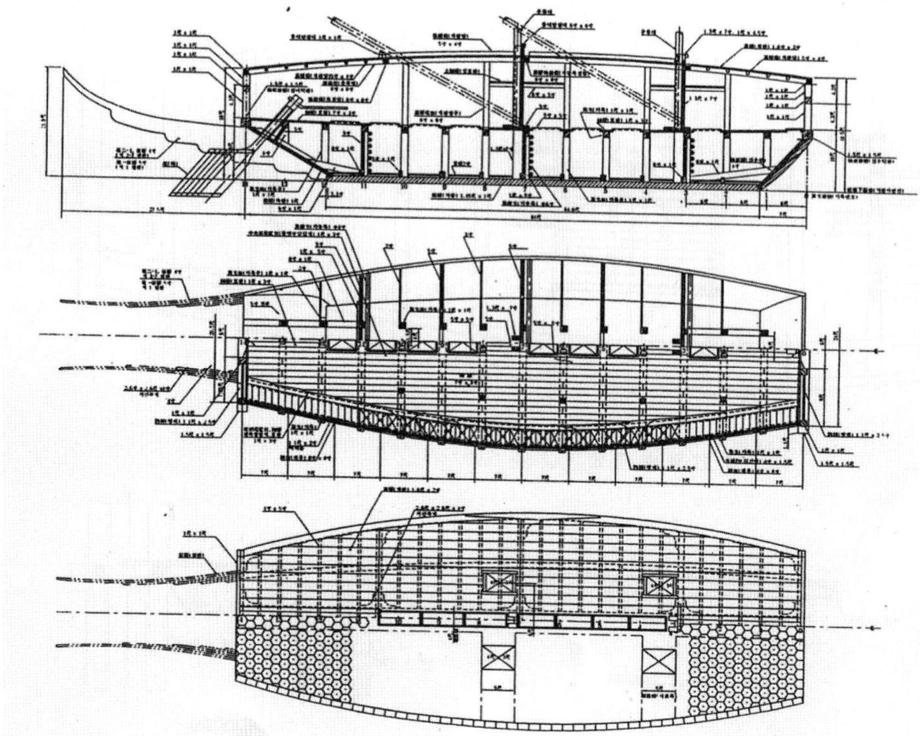

KORMARC

001

007 kl bo

008 091205nuuuu   kn nnn   lnkor

017 ▾acp0212209905

056 ▾a559.40911▾25

090 ▾a559.40911▾b나23ㄱ

245 00▾a거북선▾h[화상자료] /▾d나대용 [설계]

260 ▾a[발행지불명 :▾b발행처불명,▾c1592경]

300 ▾a설계도 1매 :▾c28 × 72 cm. 접어서 28 × 24 cm

506 ▾a대외비 자료임

540 ▾a도서관내에서만 이용가능

650 4▾a거북선▾y1592

655 ▾a거북선설계도▾y1592

700 1 ▾a나대용▾d1556-1612

〈그림 4-17〉 설계도(거북선) : 발행사항, 이용제한주기

〈그림 4-17〉은 1592년 임진왜란 전후 나대용에 의해 설계된 거북선의 설계도 원본이며, 발행지와 발행처가 정확하게 알려져 있지 않다. 1592년경에 제작된 것으로 추정된다.

설계도에 대한 발행지와 발행처가 미확인된 경우에는 260 필드(발행사항)에 [발행지불명], [발행처불명]으로 기술하고, 발행년의 표시가 없는 것은 추정되는 연도를 기술한다.

260 ▼a[발행지불명 :▼b발행처불명,▼c1592경]

260 ▼a[S.l. :▼bs.n.,▼cca. 1592]

해당 자료를 이용하는데 제한이 있는 경우, 506 필드(이용제한주기)에 접근제한에 관한 내용을 이용제한사항(▼a), 법적 제한(▼b), 이용권한이 있는 이용자(▼d), 근거(▼e) 순으로 기술한다.

506 ▼a학술연구용으로 제한

506 ▼a국가안전을 위해 이용제한;▼b국가정보원;▼e국가보안법 제40조

506 ▼aConfidential

자료에 접근한 후에 그 자료를 이용하거나 복제하는데 제한이 있다면, 540(이용과 복제제한에 관한 주기) 필드에 이에 관한 정보를 기술한다. 이 필드에는 복제, 전시, 각색, 인용 등을 제한하는 것을 포함하지만 저작권, 영화제작권, 매매(거래)권 등에 한정하지 않고 포괄적으로 적용한다. 해당 자료의 접근에 관한 제한사항은 506 필드(이용제한주기)에 기술한다.

540 ▼a비영리 목적으로만 복제할 수 있음

540 ▼aLiterary rights of Carrie Chapman Catt have been dedicated to the public

8) 괘도

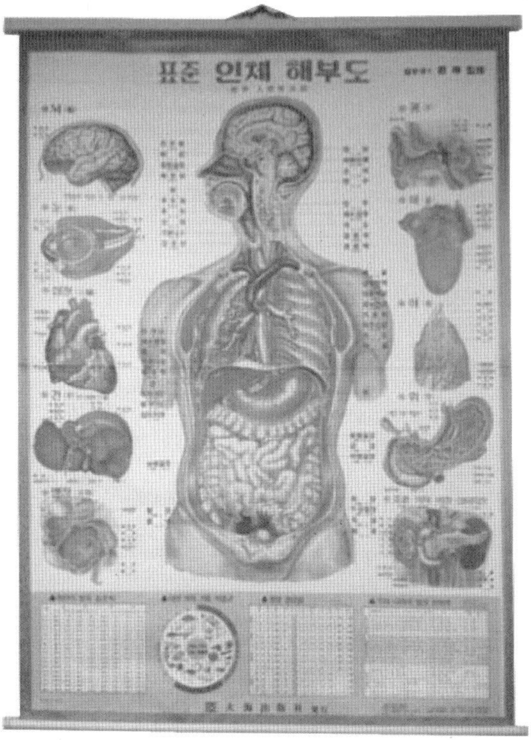

KORMARC

001
007 kn cm
008 091205s2004 hcknnn e nnkor
056 ▾a511.4▾25
090 ▾a511.4▾b대93ㅇ
245 20▾a(표준) 인체 해부도▾h[화상자료] /▾d대해출판사 편집부 [제작]
260 ▾a천안 :▾b대해출판사, c2004
300 ▾a괘도 1권 :▾b천연색 ;▾c113 × 80 cm. 접어서 15 × 80 cm
500 ▾a간호학과, 약학과, 의과대학생을 위한 학습용 괘도임
521 2 ▾a대학교 1학년 이상
650 4▾a인체해부도▾v괘도
658 ▾a내장기관이해▾b인체해부도를 통하여 내장 각 기관의 위치와 기능을 이해▾cMSP-2005
710 ▾a대해출판사 편집부

〈그림 4-18〉 괘도: 색인어-교과과정 목표

〈그림 4-18〉은 인체의 해부도를 통해 학습을 유도하고자 만들어진 학습용 괘도 (wall chart)이다.

괘도는 245 필드에 괘도의 제목을 본표제로 기술하며, [화상자료]나 [graphic materials]를 자료유형으로, 제작자를 책임표시로 기술한다.

300 필드에는 괘도의 형태사항을 특정자료종별과 수량, 색상, 크기 등의 순으로 기술한다. 이때 특정자료종별은 '괘도' 또는 'wall chart'로, 크기는 폈을 때의 높이와 넓이를 기술한 다음, 접어서의 크기를 센티미터 단위로 기술한다.

300 ▼a괘도 1권 : ▼b천연색 ; ▼c113 × 80 cm, 접어서 15 × 80 cm

300 ▼a1 wall chart : ▼bcol. ; ▼c244 × 26 cm, folded to 30 × 26 cm

해당 자료가 특수한 목표를 지닌 교육자료인 경우, 658 필드(색인어-교과과정 목표)에 교과과정 또는 이수과정의 목표를 의미하는 색인어를 주요교육과정목표(▼a), 부차적인 교육과정 목표(▼b), 교과과정부호(▼c)의 순으로 기술한다. 또한 해당 자료가 교과과정의 목표를 어느 정도 충족시키는지에 대하여 상관척도(▼d)를 포함하여 부여할 수도 있다.

658 ▼a내장기관이해▼b인체해부도를 통하여 내장 각 기관의 위치와 기능을 이해▼cMSP-2005

658 ▼aReading objective 1 (fictional)▼bunderstanding language, elements of plots, themes, motives, characters, setting by responding to the multiple-meaning word▼cNRPO2-1991 ▼dhighly correlated

9) 플래시카드

KORMARC

001
005 20091215151432
007 ko cb
008 091205s2007 kjknnn a oneng
041 0 ▾aeng▾akor
056 ▾a744▾25
090 ▾a744▾b레27ㅇ
245 20▾a(Head start) words▾h[화상자료] :▾blevel 1 cards /▾d레드포인트 편집부 [편]
260 ▾a광주 :▾b레드포인트,▾c2007
300 ▾a플래시카드 60개 :▾b천연색 ;▾c25 × 18 cm
500 ▾a교육부에서 선정한 초등부 필수 60개 영어단어
521 1 ▾a만5세-7세
650 4▾a인체해부도▾v괘도
658 ▾a단어익히기 1단계▾b교육부에서 선정한 '어린이들이 학교에서 배워야 할 필수 단어 60개' 익히기
710 ▾a레드포인트 편집부

〈그림 4-19〉 플래시카드: 이용대상자 주기

〈그림 4-19〉는 교육부에서 선정한 초등부 필수 60개 영어단어를 그림과 함께 인쇄한 교육용 플래시카드(flash card)이다. 일반적으로 플래시카드는 어휘, 맞춤법, 수학, 과학 공부 등에 이용할 수 있다. 그러나 단어가 빽빽하게 씌여진 여러 장의 카드를 계속 쳐다보면 지루해질 수 있으므로 플래시카드에 클립 아트를 넣으면 시각적 단서가 만들어져 학습(암기)에 도움이 될 수 있다.

플래시카드는 245 필드에 제목을 본표제로 기술하며, [화상자료]나 [graphic materials]를 자료유형으로, 제작자를 책임표시로 기술한다.

300 필드에는 플래시카드의 형태사항을 특정자료종별과 수량, 색상, 크기 등의 순으로 기술한다. 이때 특정자료종별은 '플래시카드' 또는 'flash card'로, 크기는 높이와 폭을 센티미터 단위로 기술한다.

300 ▾a플래시카드 60개 :▾b천연색 ;▾c25 × 18 cm

300 ▾a12 flash cards :▾bcol. ;▾c12 × 9 cm

해당 자료가 특수한 이용자층을 고려하여 간행된 경우, 521 필드(이용대상자 주기)를 사용하여 이용대상자를 기술한다.

521 1 ▾a만5세-7세

521 2 ▾a중학교 1학년 이상

521 3 ▾aVision impaired▾afine motor skills impaired▾aaudio learner ▾bLENOCA

10) 플립차트

KORMARC

001
005 20091215171538
007 kn cbb
008 091205s2007 uk nnn b nneng
056 ▾a741.1▾25
090 ▾a741.1▾bE24p
245 00▾aPhonics modular flip charts▾h[graphic materials] /▾dEducational Insights, Inc.
260 ▾aLondon :▾bEducational Insights, Inc.,▾c2007
270 ▾aEducational Insights Incorporation▾a1st Floor, 236 Gray's Inn Road▾bLondon ▾dEngland
300 ▾a3 flip charts (33 sheets) :▾bcol. ;▾c10 × 15 cm
340 ▾aInvercote▾dpunching▾eplastic, spring▾hcenter panel
521 1 ▾aFrom 8-to 13
658 ▾aUnderstanding objective 2▾bUnderstanding phonics▾breading english word
710 ▾aEducational Insights, Inc.

〈그림 4-20〉 플립차트: 자료관련주소, 물리적 매체유형

〈그림 4-20〉은 영국의 Educational Insights, Inc.에서 8-13세의 어린이를 대상으로 발음 중심의 영어단어 이해를 위해 제작된 교육용 플립차트(flip chart)이다.

플립차트는 245 필드에 제목을 본표제로 기술하며, [graphic materials]나 [화상자료]를 자료유형으로, 제작자를 책임표시로 기술한다.

300 필드에는 플립차트의 형태사항을 특정자료종별과 수량, 색상, 크기 등의 순으로 기술한다. 이때 특정자료종별은 '플립차트' 또는 'flip chart'로, 크기는 높이와 폭을 센티미터 단위로 기술한다. 그리고 장수를 원괄호 속에 기술하며 양면을 사용한 경우 '양면' 또는 'double sided'라고 기술한다.

300 ▾a플립차트 1개 (10장) : ▾b양면, 천연색 ; ▾c15 × 20 cm

300 ▾a3 flip charts (33 sheets) : ▾bcol. ; ▾c10 × 15 cm

해당 자료에 대해 문의할 수 있는 관계자와 관련된 주소 또는 전자적 접속 데이터(전자우편, 전화, 팩스 등)는 270 필드(자료관련주소)에 기술한다. 전자자료의 경우, 파일에 대해 문의할 수 있는 일반적인 이용에 책임이 있는 개인이나 기관의 주소 등 연락처를 기술한다.

270 ▾aNational Bureau of Economic Research ▾a1050 assachusetts Ave. ▾bCambridge ▾cMA ▾e02138-5398 ▾k1-617-868-3900 ▾mwebmaster@nber.org

270 27 ▾iU.S. business address ▾aEditorial Inca ▾a9610 SW 58th St. ▾bMiami ▾cFL ▾e33173

자료의 물리적 특성을 부호로 나타낼 경우에는 007 필드(형태기술필드)를 사용하고, 일반적으로 자료를 이용하는데 기술적 지식이 요구되거나, 특수한 관리나 저장을 필요로 하는 것과 자료의 물리적 특성을 나타내는 경우는 340 필드(물리적 매체유형)에 기술한다. 대표적인 식별기호는 다음과 같다.

340 ▾a양피지 ▾b20 cm, 접으면 10 × 12 cm

340 ▾aparchment ▾b20 cm, folded to 10 × 12 cm

340 ▾acanvas ▾b30 × 57 cm ▾ccolored oil-base paints ▾ewood

11) 차트

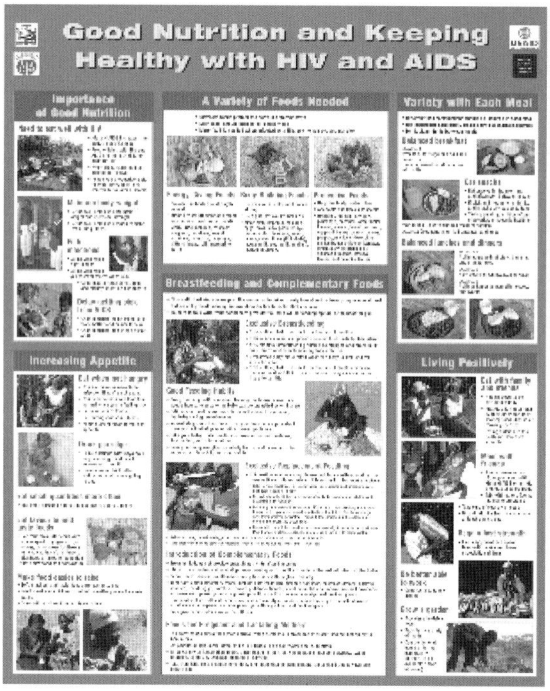

KORMARC

001
007 kn cm
008 091205s2007   za nnn   nneng
056   ▾a517.5▾25
090   ▾a717.5▾bF686g
245 00▾aGood nutrition and keeping healthy with HIV and AIDS▾h[graphic materials] /
       ▾dFood and Nutrition Technical Assistance,▾eUSAID
260   ▾aZambia :▾bFood and Nutrition Technical Assistance,▾c2007
300   ▾a1 chart :▾bcol. ;▾c90 × 60 cm
536   ▾aSponsored by the UNAID
650 4 ▾aNutrition
650 4 ▾aAIDS
650 4 ▾aHIV
710   ▾aFood and Nutrition Technical Assistance
710   ▾aFANTA
710   ▾aUSAID

〈그림 4-21〉 차트: 형태사항, 기금정보주기

〈그림 4-21〉은 HIV(Human immunodeficiency virus: 인간 면역결핍 바이러스)와 AIDS(Acquired immune deficiency syndrome: 후천성면역결핍증)로부터 인간의 건강을 지키고 예방할 목적으로 만든 차트(chart)이다. 일반적으로 차트는 그림과 같이 불투명한 종이위에 지도나 해도 등과 같은 도면 또는 각종 자료를 알기 쉽게 정리한 도표이며, 특수 목적으로 제작된 간트 차트(Gantt chart)나 스미스 차트(Smith chart) 같은 것도 이러한 범주에 해당 된다.

· 간트 차트: 1919년 미국의 간트가 창안한 것으로 작업계획과 실제의 작업량을 작업일정이나 시간으로 견주어서 평행선으로 표시하여 계획과 통제기능을 동시에 수행할 수 있도록 설계된 막대도표(bar chart)로 '막대그래프 차트'라고도 한다.
· 스미스 차트: 1939년 필립 스미스가 전송 선로의 편리한 계산을 위해 고안한 것으로, 원형의 도표이다.

차트는 245 필드에 제목을 본표제로 기술하며, [화상자료]나 [graphic materials]를 자료유형으로, 제작자를 책임표시로 기술한다.

차트의 형태사항은 특정자료종별 및 수량을 '차트' 또는 'chart'로 기술하고, 색채와 크기를 순서대로 기술하도록 한다.

300 ▼a1 chart :▼bcol. ;▼c90 × 60 cm
300 ▼a차트 1매 :▼b천연색 ;▼c48 × 30 cm

특정 단체의 후원이나 연구비를 받아 발간된 자료의 경우, 536 필드(기금정보주기)에 그 후원단체나 연구비에 대한 사항을 기술하도록 규정되어 있다.

536 ▼aSponsored by the UNAIDS
536 ▼a학술진흥재단 연구기금에 의해 출판

제5장 영상자료

5.1 영상자료의 특성
5.2 영상자료의 종류
5.3 영상자료의 관리
5.4 영상자료의 조직
5.5 영상자료의 실례

제5장 영상자료

5.1 영상자료의 특성

영상이라는 말은 일반적으로 널리 통용되고 있으며 영어의 이미지(image)에서 출발하여 시청(visual)이라는 개념과도 동일한 개념으로 사용되고 있다. 사전적인 의미의 영상이란 '광선의 굴절 또는 반사에 의하여 비추어진 물상 혹은 영화 텔레비전 등에 비추어진 상, 그리고 머리속에 그려내는 것의 모습과 광경'[49]으로 정의되어 있다.

영상은 텔레비전이나 영화를 통해 재현되는 물적 대상들의 이미지로서, 인간의 지각이나 사고에 영향을 미치며 영상매체나 영상산업의 활동 대상이 되는 메시지이자 커뮤니케이션 수단이라고 할 수 있다. 즉, 영상은 머리속에 떠오르거나 마음속에 아로새겨지는 것이기도 하지만 텔레비전이나 영화를 통해 완성된 상이라고 할 수 있다. 영상은 지각의 문제로, 정신의 차원으로, 사회적 커뮤니케이션의 역할로서 매체를 통해 종합되고 해석되며 경험되는 복합성을 지닌다. 따라서 영상은 대중의 생활이자 삶이며 문화라고 할 수 있다.[50]

영상자료는 눈으로 볼 수 있는 현상을 광학적 방법이나 자기적 방법으로 수록한 것으로 사회현상, 일상생활 및 창작활동, 사물의 형태, 자연현상을 비롯하여 인간의 욕구를 시각적으로 전달하고자 영화 및 비디오녹화자료와 같은 동적인 수록방법을 이용하여 발현시킨 것이다.

이처럼 다양한 의미와 내용을 포함하고 있는 영상은 첫째, 구체적 혹은 심적으로 시각화하여 나타낼 수 있는 표시인 지각된 형태를 의미하고, 둘째, 이미 경험된 감각의 심적 반복인 상상된 형태를 의미하며, 셋째, 정신 작용에 따라 인위적으로 재현된 형태를 의미한다.[51]

영상자료는 특성상 보관이 까다롭기 때문에 형태적인 특성을 고려해야 한다. 기술의 발전으로 필름의 종류가 다양해짐에 따라 필름에 사용된 색채, 스크린의 형태, 음향의 매체수록 여부에 관한 사항, 필름의 폭, 감광상태, 제작상태, 베이스

---

49) 이희승 편. 국어대사전(서울 : 민중서림, 1994), p.2668.

50) Roger Silverston. *Television and Everyday Life*(London : Routledge, 1994), p.159.

51) Ron Burnett. *Cultures of Vision : Images, Media, and the Imaginary*(Bloomington : Indiana University Press, 1995), p.28.

등에 대한 정보도 다양해졌다. 필름은 상대습도, 온도, 시간, 빛, 공기 중의 화학 오염물에 영향을 받으므로 특히 보존에 신경을 써야 한다. 잘 보존하기 위해서는 필름의 형태적·기술적 특성을 잘 파악해야 한다.

5.2 영상자료의 종류

영상자료는 영화(motion picture)와 비디오녹화자료(videorecording)로 구분할 수 있다. 영화필름은 사진술을 이용한 것으로 재사용이 불가능하지만 비디오녹화자료는 녹화와 녹음의 반복재생이 가능하며, 영화필름이 사물을 그대로 촬영, 현상하는 것에 비해 비디오녹화자료는 화면을 영상신호로 바꾸어 녹화하고, 다시 그 신호를 수상기를 통해 영상으로 재생시키는 차이점이 있다. 〈표 5-1〉[52]은 영상자료의 종류를 나타낸 것이다.

5.2.1 유형별 특성

영상자료에는 영화필름과 비디오녹화자료 등이 있으나, 영상이 포함되지 않은 사운드 트랙 필름은 제외한다.

1) 영화

영화는 필름의 예술이며, 광선에 의하여 영사막에 투사된 필름의 영상이 관객에 전달되어 미적반응을 일으키는 예술형태이다.[53] 연결된 일련의 필름을 연속적으로 영사해 재현시킨 움직이는 영상 및 그 기술로서, 지금은 영상에 음향을 포함시킨 뜻으로도 이해되고 있다. 카메라와 마이크로폰이 창출하는 현실의 신비와 영상 및 음성의 몽타주에 의해 독자적인 영화 예술이 탄생했는데, 즉 과학과 예술의 결합이다. 영화는 매스커뮤니케이션의 유력한 수단인 동시에 가장 대중적인 오락의 주체가 되어 막대한 제작비와 흥행상의 요청으로 산업화되었다. 그러나 텔레비전의 발달과 보급은 영화의 존재 형태에 큰 변혁이 요구되고 있다.[54]

---

52) 국립중앙도서관. 비도서자료관리과정(서울 : 국립중앙도서관, 2004), pp. 51-52.

53) 이영일. 영화개론(서울 : 집문당, 1998), pp.71-72.

54) 브리태니커 백과사전. 〈http://premium.britannica.co.kr/bol/topic.asp?article_id=b16a0030b〉 [인용 2010. 1. 5].

<표 5-1> 영상자료의 종류

자료유형	형태별	구 분
영화	용기	필름카세트, 필름카트리지, 필름 릴, 필름 루프
	크기	표준 8mm, 수퍼 8mm/싱글 8mm, 9.5mm, 16mm, 28mm, 35mm, 70mm
	음향재생	단음, 혼합, 4채널, 서라운드, 스테레오
	음향	유성, 무성
	색채	흑백, 천연색, 혼합
	스크린형태	평면영화, 시네마스코프, 비스타비젼, 시네라마, 파나비젼, 입체영화(3D), 원형영상
	형식별	극영화, 기록영화, 전위영화, 만화영화
비디오 녹화자료	용기	비디오카세트, 비디오카트리지, 비디오 릴, 비디오디스크
	크기	8mm, 6.35mm(1/4 in.), 12.7mm(1/2 in.), 2.54cm(1 in.), 5cm(2 in.), 19mm(3/4 in.), 12cm, 30cm(비디오디스크)
	색채	단색, 흑백, 천연색, 혼합
	녹화형식	베타, VHS, U-matic, EIAU, 레이저광학비디오디스크, TYPC, Quadraplex, CED비디오디스크, 베타캠, 수퍼VHS, M-II, 8mm, Hi-8mm

2) 비디오녹화자료

비디오(video)의 어원은 라틴어의 '나는 본다'라는 의미로 텔레비전 브라운관에 영상을 전자빔으로 주사하여 직접 눈으로 볼 수 있는 화상을 재현하는 전기신호를 말한다. 영상신호는 0Hz에서 약 4MHz의 넓은 주파수 대역을 가지는데 이것을 비디오신호라고 한다.

전자산업의 발전은 소리나 영상, 또는 빛을 기계적인 진동이나 자기적인 신호로 변환시켜 수록하고, 재생이 가능할 수 있는 기술을 탄생시켰다. 필름은 유제를 사용하여 이미지를 담는 작업이지만 비디오는 튜브나 칩을 이용하여 렌즈에 포착하는 이미지를 전자신호로 전환시켜 비디오테이프나 디스크에 수록하는 작업이다.

일반적으로 영화필름은 음향의 유무와 관계없이 필름상의 일련의 정지화상을 빠르게 연속하여 돌림으로써 영사기를 통해 동화상이 되도록 만들어진 것이며, 비디오녹화자료는 대개 소리와 동작이 함께 들어 있고 텔레비전 수상기나 비디오 모니터 상에서 재생되도록 만들어져 있다. 그리고 영화필름이 사물을 그대로 촬영하고 현상하는 것에 비해 비디오테이프는 화면을 영상신호로 바꾸어 녹화하고,

다시 그 신호를 수상기를 통해 영상으로 재생시키는 등의 차이점을 가지고 있다.

5.2.2 형태별 특성

1) 자료형태

자료의 형태는 용기의 형태에 따라 영화의 경우 필름 카트리지, 필름 카세트, 필름 릴, 필름 루프로 구분되며, 비디오녹화자료의 경우 비디오카트리지, 비디오카세트, 비디오디스크, 비디오릴로 구분된다.

(1) 영화자료

① 필름 카트리지: 필름이 되감김 없이 재생되는 필름 감기 형태로 된 카트리지에 내장된 영화필름.

② 필름 카세트: 필름이 reel-to-reel 방식으로 필름이 감기고 풀리는 카세트에 내장된 영화필름.

③ 필름 릴: 필름이 감김장치가 있는 영사기와 함께 사용되도록 만들어진 오픈릴로 된 영화필름. 감김장치는 릴 녹음기의 오른쪽에 있는 릴로써 녹음과 재생시 테이프는 이곳에 감김.

④ 필름 루프: 짧은 영화 필름의 시작과 끝 부분을 연결하여 만든 것으로서 녹음이 반복되도록 원의 형태가 됨.

(2) 비디오녹화자료

① 비디오카트리지: 비디오카트리지는 카트리지에 녹화된 테이프가 장착되어 있으며, 테이프가 감기고 풀어질 수 있도록 된 형태로 VCR을 통해서 재생.

② 비디오카세트: 비디오카세트는 VTR을 통해 재생해서 보는 자료.

③ 비디오디스크: 비디오디스크는 소리가 있거나 없는 비디오 신호가 플라스틱 또는 기타 물질로 된 평평한 디스크에 기록된 자료를 말한다. 레이저-옵티칼, 콘덴서, 마그네틱 등 다양한 비디오디스크 체계가 개발되어 있음.

④ 비디오릴: 비디오릴은 릴이 감기면서 화면이 재생되도록 되어 있음.

2) 색채

(1) 영화

① 3층 색채(3 layer color): 청록색, 자홍색, 노랑색의 3층 감광유제로 된 필

름이다. 각 층은 자체의 우선하는 색깔에 감광한다. 1950년대 초에는 색채 필름 작업을 주로 3층으로 처리하였으며, 이는 다층(multilayer) 필름이라고 불리기도 하였다.

② 2층 색채 단편색(3 color, single strip): 단일 스트립 필름이 분광 프리즘을 통해 여러 쌍의 화상을 노출시켜 색채를 만들어내는 방식이다. 여러 쌍의 화상 중 하나를 붉은색 필터를 통해 노출시키고 초록색 필터를 통해 노출시켜 화상을 만드는 것을 말한다.

③ 3색 스트립(3 strip color): 흑백 필름 상에서 생성되는 3색이 분리되는 음화의 색조 형식을 말한다. 3색 스트립 컬러는 종종 테크니컬러사의 상표와 같은 뜻으로 사용된다. 3색 테크니컬러 방식에서는 특수카메라의 싱글 렌즈를 통해 프리즘을 이용하여 빛을 해당 필름에 투영하는 것이다.

④ 2색 스트립(2 strip color): 필름 상에서 붉은 색과 푸른색이 필름의 전면 베이스를 통해 노출되고 동시에 카메라를 통해 보이도록 하는 2색을 사용하는 색채 방식이다. 2색의 음화 필름은 필름베이스의 양면을 한 쪽은 붉은색으로 다른 한 쪽은 푸른색 또는 다른 색으로 감광유제 처리하여 영화필름으로 복제하기 위한 인화필름에 사용된다.

⑤ 적색 스트립(red strip): 붉은 색으로 인화되는 청녹색을 띤 색분해필름.

⑥ 청색 또는 녹색 스트립(blue or green strip): 시네컬러 처리와 수퍼 시네컬러 처리에서 청녹색으로 인화되는 붉은 빛을 띤 색분해필름.

⑦ 시안 스트립(cyan strip): 청록색으로 인화되는 붉은 빛을 띤 색분해필름.

⑧ 마젠타 스트립(magenta strip): 자홍색(마젠타)으로 인화되는 초록빛을 띤 색분해필름.

⑨ 황색 스트립(yellow strip): 노랑색으로 인화되는 푸른빛을 띤 색분해필름.

(2) 비디오녹화자료

① 흑백: 영상이 흑백으로 만들어진 비디오녹화자료이다.

② 천연색: 한 가지 색 이상으로 작성된 비디오녹화자료이다.

③ 혼합: 흑백, 색채, 기타 영상이 조합되어 만들어진 자료이다.

3) 스크린 형태

영화에만 해당되는 내용으로 영화의 상영화면에 대한 내용이다.

① 표준음향아파추어: 표준 음향 35 mm, 16 mm, 수퍼 8 mm 필름과 같이 대형 화면이 아닌 형태에 사용. 사운드 트랙이 포함된 무성영화에도 적용.

② 입체(3D): 보통 와이드 스크린 상에 필름의 두 개의 화상을 겹쳐 새 화상을 만들기 위해 두 개의 영사기를 사용하여 삼차원의 효과를 내는 필름에 적용한다. 35 mm 필름에 주로 사용된다. 여기에는 깊이 있고 입체적인 효과를 내는 데 도움을 주는 뷰어에 편광렌즈가 장착된다.

③ 왜상(anamorphic): 수평면에 맞추어 광학적으로 압축되거나 억지로 맞춘 화상을 사용하여 와이드 스크린의 효과를 내는 필름에 사용된다. 수직적으로 확대하기 보다는 측면을 더 확대하는 특수 렌즈를 사용하여 영사기를 통해 와이드 스크린에 정확한 비율로 확대된다.

④ 기타 와이드스크린: 여러 영사기를 동시에 돌려서 와이드 스크린을 만들어 내는 cinerama, viterama, cinemiracle, circarama, 기타 형식이 포함된다. 때로는 일련의 화상에 의해 영사된 화면을 만들기 위해 여러 대의 영사기를 통해 깊게 휜 스크린을 사용하기도 한다.

⑤ 표준무성아파추어: 노출 화면이 프레임의 천공 구멍 사이의 공간 폭이 되는 35 mm에 대하여 적용한다. 이는 1899년부터 1920년대 말에 영화에 소리가 도입되기 전의 무성 영화필름에 대한 표준형식이다.

4) 필름크기(폭)

필름크기에 따라 영화와 비디오녹화자료는 일반적으로 아래와 같이 구분된다.

(1) 영화

① 표준 8 mm: 영화필름 폭이 8 mm임을 나타낸다. 영화용어 Mauer 8mm 필름에도 이 부호를 적용한다.

② 수퍼 8mm/싱글 8 mm: 영화필름의 폭이 8 mm임을 나타낸다. 싱글 8 mm 영화필름은 수퍼 8 mm 영화필름의 일본식 표현이다.

③ 9.5 mm, ④ 16 mm, ⑤ 28 mm, ⑥ 35 mm, ⑦ 70 mm

(2) 비디오녹화자료

① 8 mm, ② 1/4 in., ③ 1/2 in., ④ 1 in., ⑤ 2 in., ⑥ 3/4 in

5.2.3 내용별 특성

영화의 형식은 크게 내용별로 극영화, 기록영화, 전위영화, 만화영화의 네 가지로 구분할 수 있다.[55)]

(1) 극영화

이는 허구에 의하여 창작이 된 스토리와 인물과 사건, 배경 및 주제를 가진 작품내용을 표현하는 하나의 영화형식이다.

① 희극영화

- 슬랩스틱(slap stick): 무성영화시대부터 시작된 희극으로 신체의 동작이나 표정의 과장된 연기로 관객을 웃김.
- 대사희극: 유성영화시대 이후에 나타나는 희극으로 기발한 대사의 개그나 유머, 풍자 등이 특징임.
- 파아스희극(farce): 아무 의미 없이 웃기는 것으로 소극(笑劇)이라고도 함.
- 상황희극: 극적 구성 자체가 희극적인 구성을 가지고 있는 것으로 희극배우가 없이도 우스꽝스러운 분위기를 연출함.

② 활극영화: 미화된 폭력적인 물리적 행동이 줄거리의 주요 요소가 되며, 기본적으로 고전적 윤리관에 기초한 권선징악을 주제로 정의를 위해 악과 싸우는 영웅을 그리는 영화가 주를 이룸.

③ 공포영화: 공포와 전율을 자아내어 관객의 호기심을 자극하려는 의도로 제작한 영화로 스릴러영화라고도 함.

④ 뮤지컬 드라마: 춤과 노래, 환타지를 겸비하여 작품 전체가 음악을 중심으로 구성이 되는 영화.

⑤ 역사극: 지난간 시대의 역사상 존재했던 실제 인물이나 사건을 탐구하여 극화한 것으로 역사적 고증을 통한 회고록식의 영화.

⑥ 멜로드라마: 통속적인 애정영화로써 통속적인 모럴, 통속적인 환경, 통속적인 인간상이 주요 특징임.

⑦ 홈 드라마: 영화의 형식조건으로는 애매하지만 극영화의 장르로써 뚜렷한 경향을 나타낸다. 주로 한 가정의 환경, 가족 성원간의 관계, 모럴과 애정을 주제로 함.

---

55) 이영일. 전게서, pp.97-134.

⑧ 전쟁극영화: 전쟁을 소재로 한 영화로써 전쟁을 통한 인간의 경험과 여러 가지 정신적·육체적 문제점을 부각시킴.

⑨ 사회극: 사회의 문제를 주제로 다룬 것으로 개인과 집단, 개인과 사회 사이에서 생기는 모순이나 갈등에 초점을 맞춤.

⑩ 심리드라마: 인간의 심리세계를 그린 영화.

⑪ SF영화: 과학적 상상력을 바탕으로 우리의 미래 또는 우주에 있을 수 있다고 생각되는 일을 다룬 영화.

(2) 기록영화

① 여행영화: 여행자의 여행계획에서 예술적 구성이 이루어지며 일정한 여행의 목적을 가진 여행가의 손에 의해 제작된 영화.

② 문화영화: 기존의 문화자료들을 모아 작가의 새로운 시각으로 창조된 각종 전시회, 공연, 기타, 문화행사들을 구상하는 영화.

③ 과학영화: 과학적 세계에 존재하는 모든 피사체에 주목하고 촬영하는 영화.

④ 프로파간다영화: 정부의 정치선전이나 기업의 광고, 상품의 광고, 사회조직의 공익성을 강조하는 공익광고 등.

⑤ 뉴스영화: 영화에 의해 추구되는 저널리즘으로 시사보도에 목적을 두고 있으며 부분 방송매체를 통해 제작. 사건현장을 즉시 보여주는 현장성이 탁월.

⑥ 교육영화: 학교에서 강의에 사용되는 교재영화로서 일종의 시각교재로써 쓰이는 영화.

⑦ 사회다큐멘터리영화: 주로 극영화와 다큐멘터리영화의 방법을 접근시켜서 어떤 사회의 리얼리스틱한 표현을 의도함.

(3) 전위영화

흥행을 목적으로 하지 않고 순수한 영화미학을 추구하는 영화로써 영화의 예술적 가치를 실현하기 위해 만든 영화로써, 현실보다는 상상속에서 존재하는 영상을 만들거나 극렬한 현실을 충격적인 영상기법을 통해 보여준다. 전통적, 관습적 영화형식과 대화의 전개방식에 반기를 들고 제작되는 전복의 영화이다.

(4) 만화영화

자연의 움직임을 소재로 해서 만든 실사영화와 그림을 움직이는 방식으로 선택하는 만화영화로 구분된다. 실사영화는 자연의 움직임을 카메라로 담아 영화화하는 반면에, 만화영화는 움직이는 그림을 사람이 직접 그리거나 손으로 움직인다. 디지털의 경우 컴퓨터를 이용한 움직임을 생산해서 영화를 제작한다.

5.3 영상자료의 관리

영상자료는 인화된 사진이나 원판과 동일한 재료로 만들어져 있다. 즉, 밑받침층은 폴리에스테르, 셀룰로오스 아세테이트, 혹은 셀룰로오스 질산염 등으로 만들어져 있고, 이미지 층은 젤라틴 유제로 만들어져 있다. 따라서 인화 사진이나 원판과 동일한 조건 하에서 취급되어야 한다. 온도는 가능한 한 서늘해야 하고, 20℃를 넘어서는 안 된다. 또한 상대 습도는 35-45%여야 한다. 상대 습도가 높다면 젤라틴으로 인하여 곰팡이가 증식되기 쉽고 모든 자료에 해를 미치게 되므로 주의해야 한다. 필름은 필름 통처럼 빛이 전혀 새어들지 않는 용기 속에 보관하는 것이 좋다. 금속제로 만들어진 통이 사용된다면, 그 통은 깨끗하고, 녹이 슬지 말아야 하며, 움푹 들어가게 한다거나 구부리지 말아야 한다. 필름은 사용되지 않을 때에는 통 속에 넣고, 금속제 선반이나 금속제 캐비닛 속에 수직상태로 보관해 두어야 한다.

필름은 가능한 한 적게 만져야 하며, 만질 때에는 반드시 목면장갑을 끼어야 한다. 필름은 잡아끌리거나 찢어지지 않도록 부드럽게 취급해야 한다. 원본 필름이나 최초의 복사 필름이 상영되어서는 안 된다. 그 대신에 복사 필름을 만들어, 열람이나 전시를 위해 사용해야 한다. 필름을 감는 작업에는 기계식보다는 수동식 장비만 사용하는 것이 좋다. 왜냐하면 자동 장비에서는 필름이 너무 빨리 돌아가므로 필름에 해를 주거나 필름이 끊어질 수도 있기 때문이다. 필름을 보수할 때 어떠한 종류의 테이프도 사용해서는 안 된다. 필름 보수에는 특별한 수리복원 기술이 요구된다. 이런 작업을 위해서는 수리복원 훈련을 받은 사람으로부터 조언을 구해한다. 필름 용기에는 가능한 한 해당 필름에 대해 많은 정보를 적어둔 라벨을 붙여 놓아야 한다.56)

다른 비도서자료와 마찬가지로 영상자료도 보존용과 열람용으로 구분하여 보존용은 장기 보관이 가능한 환경과 관리방법, 열람용은 검색과 이용이 편리한 환경과 관리방법을 강구해야 한다. 특히 역사적인 기록물로 영구히 보존해야 될 필름은 복제필름을 열람하게 하여 보존용의 사용으로 인한 손상을 최소화해야 한다.

---

56) Michael Cook, 기록물 보존(서울 : 진리탐구, 2002), pp.134-135.

5.4 영상자료의 조직

5.4.1 영상자료의 분류

영상자료의 분류는 수입순에 의한 고정식 배가법과 자료의 내용과 형식을 주제로 한 분류순 배가법으로 나눌 수 있다. 고정식배가법을 채택했을 때 영화필름은 FR, FC, FK, FL 등으로 비디오녹화자료는 VR, VC, VK, VD 등의 별치기호를 사용하여 입수순으로 배가하거나 이차적으로 제작년도를 부여하기도 한다.[57]

영상자료를 많이 다루는 방송국에서는 영상자료의 분류를 매체유형, 대주제, 수입순으로 구별한 기호에 따라 배가하는 방식을 사용하고 있다. 이는 인쇄자료와 달리 청구기호와 등록번호가 동일하게 부여됨을 의미한다.

5.4.2 영상자료의 목록

영상자료의 목록도 분류와 마찬가지로 자료의 종류에 따라 전문적인 기술방법 즉, 메타데이터가 개발되어 있는 경우가 많다. IMDb(The Internet Movie Database), All-movie.com, National Film Archives, ISAD(G), Dublin Core, CDWA, 한국영상자료원의 KMDb(Korea Movie Database) 등에서 데이터필드를 제시하고 다양한 영화 데이터베이스를 보유하고 있다. 그런데 이러한 데이터필드는 도서관의 일반 목록규칙과 MARC 형식으로도 기술을 할 수가 있다.

아래의 내용은 KCR4 제7장 화상자료와 영상자료 및 KORMARC 형식을 중심으로 목록기술규칙을 설명한 것이다. KORMARC 형식의 007 필드에서 자료범주표시(007/00)에는 영상자료를 영화(m)와 비디오녹화자료(v)로 구분하고 있다.

1) 기술의 대상(7.0.2)

영화필름과 비디오녹화 등의 영상자료. 단, 영상이 포함되지 않은 사운드 트랙 필름은 제외한다.

2) 정보원의 우선순위(7.0.3)

자료자체에 표시되어 있는 정보 그대로 기술하며, 우선순위는 다음과 같다.

① 표제면이나 표제프레임, 판권기, 표지, 제자란, 그림이나 사진 등의 뒷면

57) 국립중앙도서관. 비도서자료관리과정(서울 : 국립중앙도서관, 2004), p.52.

② 레이블, ③ 딸림자료, ④ 용기, ⑤ 자료 이외의 정보원

3) 자료유형(7.1.2.1)

[영화], [motion picture] 또는 [비디오녹화자료], [videorecording]

4) 책임표시(7.1.6)

1.1.6.1의 규정(원칙적으로 본문의 저작자나 원작자를 범위로 한다. 일반적으로 책임표시의 범위에 포함되는 인명이나 단체명에는 그 저작에서의 역할어가 기재되어 있는 것이 보통이다. ① 저작자나 편(찬)자, 작곡자, 화가, 제작자, 역자, 각색자, ② 단체의 종합의지 또는 행정자료 등에서는 해당 단체, ③ 후원자로서의 단체)에 준하되 화가, 디자이너, 작도자, 촬영자, 카피라이터, 조각가, 기획자, 주최자, 후원자, 감독, 연출자 및 원저작자 등을 범위로 한다. 다만 연기자나 배우 등은 책임표시의 범위에서 제외한다.

5) 판표시(7.2.1)

기술요목과 순서는 다음과 같다.
① 판표시, ② 특정판의 책임표시, ③ 부차적 판표시, ④ 부차적 판의 책임표시

6) 자료특성사항(7.3)

영상자료는 자료특성사항을 적용하지 않는다.

7) 발행사항(7.4.4)

원화나 사진, 설계도 등에서는 제작년(대)이나 촬영년도만을 '제작', '촬영'이라는 어구를 부기하여 기술한다.

8) 형태사항

(1) 특정자료종별과 수량(8.5.1)

특정자료종별은 〈표 5-1〉과 같이 목록규칙마다 다양하게 기재하고 있으나, KCR4에서는 필름 카트리지(film cartridge), 필름 카세트(film cassette), 필름 릴(film reel), 필름 루프(film loop), 비디오카트리지(videocartridge), 비디오카세트(videocassette), 비디오디스크(videodisc), 비디오릴(videoreel) 등으로 기재하고 있다.

특정자료종별과 자료의 수량을 기술하되 수량은 '매', '개', '점', '권', '축' 등 적절한 단위어를 사용한다. 다만 간행이 완결되지 않은 자료에 대해서는 특정자료종별만을 기재하고 그 수량은 공백으로 한다.

(2) 기타 형태사항(7.5.2)

영상자료는 재생할 때 필요한 특성이나 음향, 색채, 재생속도에 관한 사항을 기술하며 영사특성, 녹화특성, 음향특성, 색채, 영사속도(재생속도)의 순으로 기술한다.

① 영화필름은 화면의 종횡이 표준비(3:4)가 아닌 영화필름이나 특수한 영사기술(시네라마, 파나비전, 멀티프로젝터 등)을 필요로 하는 경우 기술한다.
② 필름카트리지나 카세트는 상표명이나 영사형식을 기술한다. 녹음 재생에 동조(同調)해서 화면이 자동 이행되는 슬라이드나 필름스트립은 그 동조방식을 기술한다.
③ 비디오녹화자료는 기록이나 재생방식을 기술한다.
④ 사운드 트랙이 있는 영화는 '광학녹음' 또는 '자기녹음'이라고 기술한다.
⑤ 동조녹음이 있는 필름은 '동조녹음'이라고 기술하고 그 양식을 주기한다.
⑥ 영화필름은 음향의 유무에 따라 '무성', 'si.', 또는 '유성', 'sd'라고 기술한다.
⑦ 해당 자료의 음향이 모노가 아닌 경우는 녹음채널수를 기술한다.
⑧ 색채는 '흑백', 'b&w' 또는 '천연색', 'col.'로 구분하여 기술한다.
⑨ 영사속도는 영화필름에만 적용한다. 필름의 영사속도는 초당 영사프레임수를 '프레임/초' 또는 'fps'라는 용어를 사용하여 기술한다. 다만 표준영사속도(광학녹음의 영화필름: 초당 24프레임, 자기녹음 영화필름: 초당 18프레임, 무성영화필름: 초당 16프레임 ; 단 수퍼8밀리: 초당 18프레임)인 경우에는 이를 기술하지 않는다.

(3) 크기(7.5.3)

영상자료는 특정자료종별에 따라 다음과 같이 기술한다.

① 둘 이상의 구성요소로 이루어진 자료에서 크기가 다른 경우에는 최소 크기가 최대 크기를 짧은 붙임표로 연결하여 기술한다.
② 영화필름, 필름스트립은 필름의 폭을 밀리미터 단위로 기술한다.
③ 비디오테이프는 테이프의 폭을 밀리미터 단위(또는 인치)로 기술한다.
④ 비디오디스크는 디스크의 직경을 센치미터(또는 인치) 단위로 기술한다.

8) 주기사항(7.7)

(1) 본문이나 초록의 언어, 번역이나 개작, 번안 등에 관한 주기

가사나 녹음언어, 자막 등에 관한 내용을 주기한다.

(2) 책임표시에 관한 주기

책임표시에 기재되지 않은 기획자, 촬영자, 원작자, 해설자 등에 관하여 기술한다. 제작에 관련된 연기자나 연주자, 출연자 등을 기술할 필요가 있을 때는 이를 주기한다. 연기자를 기술할 때 그 배역을 함께 기재할 필요가 있을 경우에는 연기자명 다음에 배역을 나타내는 어구를 원괄호로 묶어 기술한다.

(3) 형태사항에 관한 주기

형태사항에 포함되지 않은 중요한 사항을 주기한다.

① 영상자료의 음향구성에 특별한 점이 있으면 이를 기술한다.

② 영화나 비디오테이프의 필름이나 테이프의 길이를 피트단위로 기술한다.

③ 영화나 비디오녹화자료의 색채처리시스템이나 기타 색채에 관련된 사항을 기술한다.

④ 필름의 프린트형태를 기술한다.

⑤ 필름의 베이스를 기술한다.

⑥ 비디오녹화에 사용된 시스템을 기술한다.

⑦ 비디오테이프에 대해서는 라인이나 필드의 수를 기재하고, 그 다음에 주파수변조(예를 들어 high band, low band)를 기술한다.

⑧ 비디오테이프에서 복제의 세대와 마스터카피 또는 시청용 카피를 기술한다.

⑨ 형태사항에 포함되지 않은 특수한 영사조건을 기술한다.

⑩ 비디오디스크의 경우 동영상의 재생시간과 프레임 수를 기술한다.

⑪ 영화나 비디오녹화자료의 이용이나 보관에 관한 중요한 사항이 있으면 이를 기술한다.

(4) 소장에 관한 주기

기술대상자료의 소장에 관한 사항(소장지, 소장자, 소장년)이 판명된 경우에는 필요에 따라 이를 주기한다. 소장자가 바뀐 경우에는 시대순으로 기술한다.

5.5 영상자료의 실례

5.5.1 영화

1) 영화: 필름 카트리지

KORMARC

001
007 mc cf fn
008 091205s1926   ulk104   mlkor
245 00 ▾a아리랑 ▾h[영화] / ▾d監督 및 脚色: 金蘇東; ▾e原作: 羅雲奎
260   ▾a서울 : ▾b南洋映畵社, ▾c1926
300   ▾a필름 카트리지 1개 (104분) : ▾b무성, 흑백 ; ▾c35 mm
511 1 ▾a나운규, 신일선, 홍명선, 주인규, 나궁운
700 1 ▾a김소동
700 1 ▾a나운규
700 1 ▾a신일선
700 1 ▾a홍명선
700 1 ▾a주인규
700 1 ▾a나궁운

〈그림 5-1〉 필름 카트리지: 형태기술필드

〈그림 5-1〉은 1926년 제작된 35㎜ 흑백 무성영화 「아리랑」이며, 나운규가 원작 · 주연 · 연출한 영화로 그의 대표작으로 꼽힌다. 8 · 15해방 이전에 만들어진 한국영화 중에서 최고의 걸작으로 알려져 있다.

영화의 007 필드(형태기술필드)는 자료의 형태사항에 관한 정보를 부호로써 알려주기 위한 필드이며 지시기호와 식별기호가 설정되어 있지 않다. 23자리의 고정길이 필드로 이루어져 있으며, 자수위치는 다음과 같다.

00(자료범주표시): 모든 영화자료는 'm'으로 표시
01(특정자료종별): 필름 카트리지 'c', 필름 카세트 'f', 필름 릴 'r'로 표시
02(미정의): 빈칸
03(색채): 흑백 'b', 천연색 'c'로 표시
04(스크린 형태): 표준음향 아파추어 'a', 아나몰픽(非歪像)이 아니면 'b', 입체(3D) 'c', 아나몰픽(歪像: anamorphic) 'd', 표준무성 아마추어 'f'로 표시
05(음향 유무): 무성이면 빈칸, 매체자체에 음향이 수록되어 있으면 'a'로 표시
06(음향수록 매체): 무성이면 빈칸, 필름상의 광학녹음트랙 'a'로 표시
07(필름의 폭): 표준 8 mm 'a', 16 mm 'd', 35 mm 'f'로 표시
08(음향의 재생상태): 4채널, 다채널, 서라운드 'q', 스테레오 's', 무성 'n'으로 표시
09(제작요소): 작업용 필름 'a', 편집된 필름 'b'로 표시
10(감광상태): 양화 'a', 음화 'b'로 표시
11(복제단계): 복제 'd', 원판 'o'로 표시
12(필름의 기본재료): 미확인 안전체는 'a'로 표시
13(색채의 범주): 3색 스트립 'e', 2색 스트립 'f'로 표시
14(다채색 인화유형): 3 layer stock 'b'로 표시
15(변질상태): 변질상태가 불분명한 경우는 'a'로 표시
16(필름의 완전성): 완전한 경우 'c'로 표시
17-22(필름검사일자): 연월일을 'ccyymm'로 표시

	00	01	02	03	04	05	06	07	08	09	10	11	12	13	14	15	16	17-22
007	m	c		b	f			f	n									

예를 들어 위의 예시와 같이 007 필드가 'mc bf fn'으로 기술되어 있는 경우, 그 의미를 살펴보면 다음과 같다. 즉, 자료의 범주는 영화자료(m), 특정자료표시는 필름 카트리지(c), 색상은 흑백(b), 스크린형태는 표준 무성 아파추어(f), 음향 및 음향수록매체는 무성(빈칸), 필름의 폭은 35mm에 해당하는 기타(f), 음향의 재생상태는 무성(n)임을 나타낸다.

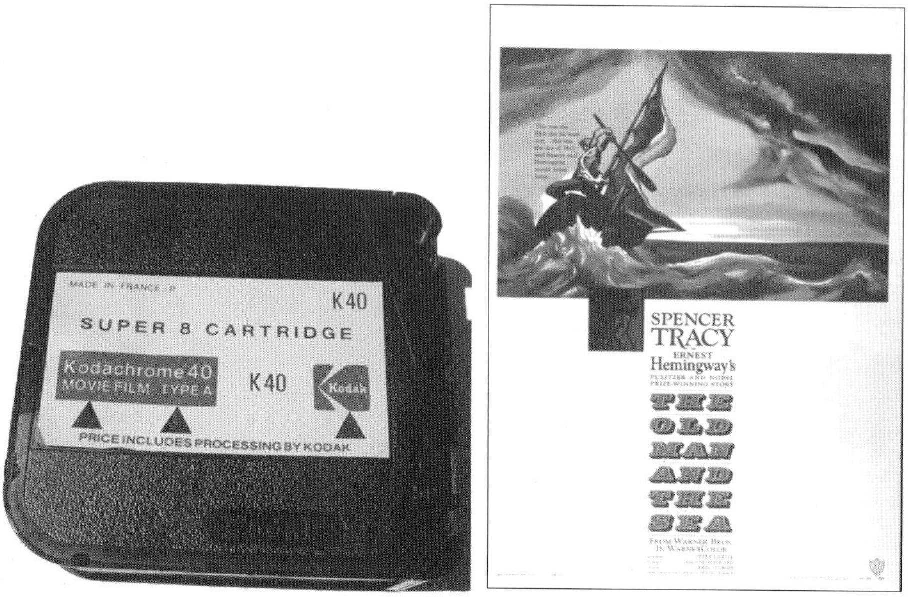

KORMARC

001 9841530
007 mc cf fn mc
008 091205s1958 xx 086 mleng
245 20 ▼a(The) old man and the sea ▼h[motion picture] / ▼dproduced by Leland Hayward, ▼edirected by John Sturgesa
260 ▼a[S.l.] : ▼bWarner Brothers Pictures, ▼c1958
300 ▼a1 film cartridge (86 min.) : ▼bKodacrome 40, sd., col. ; ▼c35 mm
500 ▼aBased on the book of the same title, by Ernest Hemingway
508 ▼aCredits: screenplay, Peter Viertel ; music, Dimitri Tiomkin
511 8 ▼aCast: Spencer Tracy, Felipe Pazos, Harry Bellaver
520 8 ▼aSummary: The story of an enfeebled old Cuban fisherman's lonely and grueling battle with a giant marlin
586 ▼aAcademy Awards for Best music, 1959
700 1 ▼aHemingway, Ernest, ▼d1899-1961. ▼tOld man and the sea
700 1 ▼aLeland Hayward, ▼eproducer
700 1 ▼John Sturgesa, ▼edirector
700 1 ▼aPeter Viertel, ▼escreenplay
700 1 ▼Dimitri Tiomkina, ▼emusic
700 1 ▼Spencer Tracy, ▼eactor
710 ▼aWarner Brothers Pictures

〈그림 5-2〉 필름 카트리지: 표제와 책임표시사항, 형태사항, 원작주기

〈그림 5-2〉는 E. Hemingway의 *The Old Man and the Sea*(노인과 바다)를 1958년 L. Hayward 제작, J. Sturgesa 감독으로 영화화한 것이다.

영화는 245 필드(표제와 책임표시사항)에 영화제목을 본표제(▼)로, [영화]나 [motion picture]를 자료유형(▼h)으로 기술한다. 영화 제작자, 감독자, 연출자, 각본, 각색자, 원작자 등을 책임표시로 기술한다. 각본, 각색자, 원작자의 경우 주기사항에 기술할 수도 있다.

245 00▼a아리랑▼h[영화] /▼d監督 및 脚色: 金蘇東;▼e原作: 羅雲奎

245 20▼a(The) old man and the sea▼h[motion picture] /▼dproduced by Leland Hayward,▼edirected by John Sturgesa

300 필드에는 영화의 형태사항을 특정자료종별과 수량, 재생시간, 영사특성, 음향특성, 색채, 영사속도(재생속도), 크기(필름의 폭) 등의 순으로 기술한다. 이때 특정자료종별은 '필름 카트리지', '필름 카세트', '필름 릴', '필름 루프' 등으로, 재생시간은 분단위로 원괄호 속에 기술한다. 재생시간이 5분 이상인 경우는 분까지, 5분 이하인 경우에는 초까지 기재한다. 영사특성의 경우 필름 카트리지나 카세트는 상표명이나 영사형식을 기술한다.

300 ▼a필름 카트리지 1개 (104분) :▼b무성, 흑백 ;▼c35 mm

300 ▼a1 film cartridge (86 min.) :▼bsd., col., Kodacrome 40 ; ▼c35 mm

영화나 비디오녹화자료의 원본이 된 저작은 500 필드(일반주기)에 '원작' 또는 'Based on'을 앞세우고 식별기호 ▼a에 주기한다. 이때 원저작이나 원작자는 7xx 필드에 부출한다.

500 ▼aBased on the book of the same title, by Ernest Hemingway

700 1 ▼aHemingway, Ernest,▼d1899-1961.▼tOld man and the sea

500 ▼a이문열 저 "우리들의 일그러진 영웅"을 희곡으로 각색한 것임

700 1 ▼a이문열.▼t우리들의 일그러진 영웅

2) 영화: 필름 릴

KORMARC

001
007 mr cfabfn
008 091205s1962 ulk075 mlkor
245 00 ▾a常綠樹 ▾h[영화] = ▾xThe evergreen / ▾d신상옥 제작 및 감독 ; ▾e심훈 원작
260 ▾a서울 : ▾b 신필름, ▾c1962
300 ▾a필름 릴 3개 (75분) : ▾b유성, 흑백 ; ▾c35 mm
500 ▾a심훈의 계몽소설 "상록수"를 영화화함
508 ▾a제작진: 각본, 김강윤 ; 기획, 황남 ; 촬영, 배성학 ; 조명, 이규창 ; 편집, 김영희 ; 음악, 정윤주 ; 미술, 정우택
511 1 ▾a최은희, 신영균, 도금봉, 허장강
586 ▾a제1회 대종상 여우주연상 (최은희), 공로작품상
586 ▾a제5회 부일영화상 여우조연상 (도금봉)
586 ▾a제9회(1962) 아시아영화제 각본상 (김강윤), 남우주연상 (신영균), 남우조연상 (허장강), 음악상 (정윤주)
700 1 ▾a심훈
700 1 ▾a신상옥
700 1 ▾a김강윤

〈그림 5-3〉 필름 릴: 부호화정보필드

〈그림 5-3〉은 심훈의 소설 「상록수」를 1962년 신상옥의 감독으로 35 mm 필름 흑백영화로 제작된 것이다.

008 부호화정보필드는 40자리의 고정길이 필드로서 레코드 전반과 서지적 특성에 대한 정보를 부호화하여 나타내고 있다. 007 필드와 마찬가지로 지시기호와 식별기호는 설정되어 있지 않다. 자수위치 00-17, 26-28, 32, 35-39는 모든 형태자료에서 공동으로 적용되는 부호화 정보필드이고 18-25, 29-31, 33-34자리는 영화 및 비디오녹화자료에 적용되는 부호화 정보필드이다.

00-05: 입력일자	06: 발행년 유형	07-10: 발행년1
11-14: 발행년2	15-17: 발행국명	18-20: 영화의 상영시간
21: 미정의	22: 이용대상자 수준	23-25: 미정의
26-27: 한국대학부호	28: 수정레코드	29: 자료의 형태
30-31: 미정의	32: 목록전거	33: 시청각자료의 유형
34: 기술수준	35-37: 언어	38-39: 한국정부기관부호

	00-05	06	07-10	11-14	15-17	18-20	21	22	23-25	26-27	28	29	30-31	32	33	34	35-37	38-39
008	091205	s	1962		ulk	075									m	l	kor	

예를 들어 008 필드가 위의 예시와 같이 기술되어 있는 경우, 그 의미를 살펴보면 다음과 같다. 즉, 입력일자는 2009년 12월 5일, 발행년의 유형은 단일년도(s), 발행년도는 1962년, 발행지는 서울(ulk), 상영시간은 75분(075), 이용대상자 수준은 일반이용자(빈칸), 시청각자료의 유형은 평면 영사자료가운데 영화(m), 배우들이 실제 출연한 영화인 경우 기술수준은 실연(l), 본문언어는 한국어이다(kor).

3) 영화: 필름 카세트

迷夢, [일명], 죽음의 자장가

감　독: 양주남
각　본: 최독봉
출연진: 조택원, 문예봉, 유선옥, 김인규
제작년: 1936년
제작처: 경성촬영소

KORMARC

001
007 mf bfafau
008 091205s1936 ulk047 mlkor
245 00 ▾a迷夢, [일명], 죽음의 자장가 ▾h[영화] = ▾xSweet dream, or, Lullaby of death / ▾d양주남 감독
246 30 ▾a죽음의 자장가 ▾h[영화]
260 ▾a경성 : ▾b경성촬영소, ▾c1936
300 ▾a필름 카세트 1개 (47분) : ▾b유성, 흑백 ; ▾c8 mm
306 ▾a004700
500 ▾a현존하는 최고의 영화이자, 1930년대 영화문법과 조선 식민지 시대의 신여성 및 근대성에 대한 담론을 엿볼 수 있는 소중한 영화
508 ▾a제작진: 각본, 최독붕 ; 촬영, 황운조 ; 편집, 양주남 ; 미술, 김운선 ; 현상, 김운선, 현상, 이필우
511 1 ▾a조택원, 문예봉, 유선옥, 김인규
538 ▾a음성포맷 DD 2.0; 화면포맷 1.33:1 스탠더드
546 ▾a언어는 한국어와 일본어로 자막은 한글과 영어로 구성됨
655 ▾a극영화 ▾y1936
700 ▾a양주남
700 ▾a최독붕

〈그림 5-4〉 필름 카세트: 별표제, 재생시간

〈그림 5-4〉는 1936년 경성촬영소에서 제작된 양주남 감독의 '迷夢'이며, 이는 현존하는 최고의 극영화로 알려져 있다.

영화는 245 필드(표제와 책임표시사항)에 영화제목을 본표제(▼)로, [영화]나 [motion picture]를 자료유형(▼h)으로 기술한다. 이때 별표제가 있는 경우, 이를 본표제의 일부분으로 간주하여 그 말미에 '일명', 'or'또는 이의 상등어를 앞세워 적는다. '일명'이나 'or'의 앞뒤에는 쉼표를 하며 로마자 표제일 경우에는 별표제의 첫 자를 대문자로 적는다. 이때 별표제가 접근점이 되기 위해서는 별표제를 246 필드에서 검색을 위한 부분표제로 간주하여 다시 기술해야 한다.

245 00▼a迷夢, [일명], 죽음의 자장가▼h[영화] =▼xSweet dream, or, Lullaby of death /▼d양주남 감독

246 30▼a죽음의 자장가▼h[영화]

245 00▼aUncle Debunkel, or, The barely believable bear▼h[motion picture]

246 30▼aBarely believable bear▼h[motion picture]

음악/녹음자료 또는 시청각자료의 재생시간이나 악보의 연주시간을 306 필드(재생/연주시간)에 기술한다. 이것은 300 필드의 ▼a에 기술되는 재생시간이나 악보의 연주시간 또는 500 필드(일반주기), 505 필드(내용주기)에 기술되어 있는 시간을 여섯 자리 숫자로 정형화 하는 것이다. 음악이 아닌 녹음자료의 경우 전체 재생시간은 300 필드(형태사항)의 식별기호 ▼a에 기술하며 부분의 재생시간은 505 필드(내용주기)에 기술된다. 306 필드에는 전체 재생시간이나 부분 재생시간 중 좀 더 유용하다고 판단되는 것을 기술한다.

300 ▼a필름 카세트 1개 (47분) :▼b유성, 흑백 ;▼c8 mm

306 ▼a004700

영화자료의 장르가 명확한 경우, 655 필드(색인어-장르/형식)에 해당 자료의 물리적 특성이나 장르, 형식을 지시하는 용어를 기술하도록 한다. 〈그림 5-4〉는 영화의 장르가 '극영화'이다.

655 ▼a극영화▼y1936

655 ▼aCartoons▼y1952

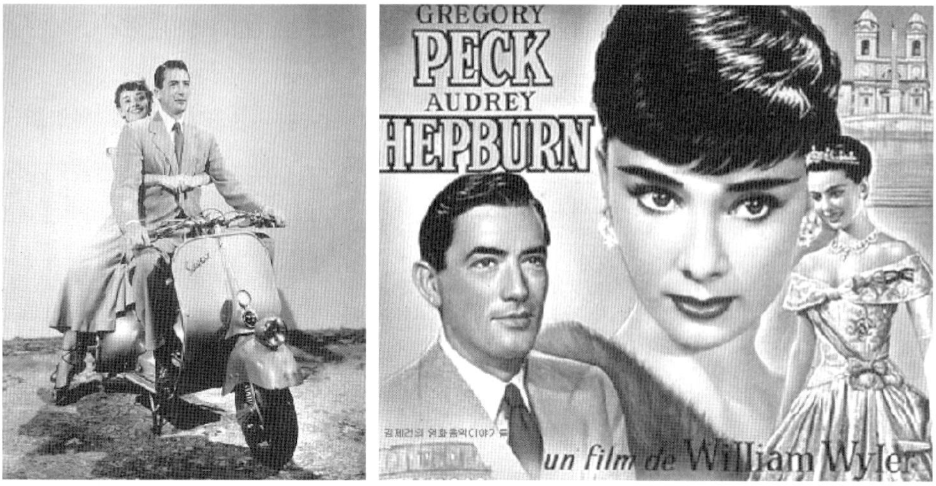

KORMARC

001 000000224007
007 mf bubufu
008 091205s1973 ulk118 mleng
245 00▾a로마의 휴일▾h[영화] /▾d윌리암 와일러 감독 및 제작
246 19▾aRoman holiday
260 ▾a서울 :▾b벤엘프로그램 :▾b삼성전자 [공급],▾c1973
300 ▾a필름 카세트 1개 (118분) :▾b유성, 흑백 ;▾c35 mm
508 ▾a제작진: 줄거리, 이안 맥레안 헌터 ; 각본, 이안 맥레안 헌터, 존 디톤 ; 음악, 조오지 오릭 ; 편집, 로버트 스윙크
511 1 ▾a그레고리 펙 (죠 브레들리 역), 오드리 햅번 (앤 역), 에디 알버트, 하틀레이 파워
534 ▾p원본출판사항:▾cParamount Pictures Corp., 1953
546 ▾a대사는 영어, 자막은 한국어
586 ▾a제11회 골든글로브 시상식 여우주연상, 1954
586 ▾a제19회 뉴욕비평가협회상 여우주연상, 1953
586 ▾a제26회 아카데미 시상식 원작상, 1954
700 1 ▾a와일러, 윌리암,▾e감독 및 제작
700 1 ▾aWyler, William,▾edirector and producer
700 1 ▾a헌터, 이안 맥레안,▾e줄거리
700 1 ▾aHunter, Ian McLellan,▾estory
700 1 ▾a디톤, 존,▾e각본
700 1 ▾aDighton, John,▾escreenplay
700 1 ▾a펙, 그레고리,▾e주연
700 1 ▾a햅번, 오드리,▾e주연

〈그림 5-5〉 필름 카세트: 제작진, 배역진, 수상주기

〈그림 5-5〉는 1953년 Paramount Pictures Corp.에서 William Wyler 감독으로 제작한 *Roman Holiday*(로마의 휴일)을 1973년 국내의 벤엘프로그램에서 수입한 후 한글자막 처리하여 개봉한 영화이다.

508 필드(제작진주기)에는 영화제작에 참여한 배우 이외의 개인이나 단체를 기술한다. 즉, 책임표시(245 필드)에 기재되지 않은 기획, 각본, 원작, 촬영, 음악, 편집 등에 참여한 사람들이 여기에 해당된다.

508 ▾a제작진: 줄거리, 이안 맥레안 헌터 ; 각본, 이안 맥레안 헌터, 존 디톤 ; 음악, 조오지 오릭 ; 편집, 로버트 스윙크

508 ▾aCredits: story, Ian McLellan Hunter ; screenplay, Ian McLellan Hunter, John Dighton ; music, Georges Auric ; editor, Robert Swink

511 필드(연주자와 배역진 주기)에는 영화제작에 관련된 연기자나 연주자, 출연자), 해설자 등을 기술한다.

511 1 ▾a그레고리 펙 (죠 브레들리 역), 오드리 햅번 (앤 역), 에디 알버트, 하틀레이 파워

511 8 ▾aCasts: Gregory Peck, Audrey Hepburn, Eddie Albert, Hartley Power, Harcourt Williams

586 필드(수상주기)에는 기술된 자료와 관련해서 수상한 내용이 있다면 기술한다. 수상한 내용이 여럿일 경우 필드를 반복하여 기술한다.

586 ▾a제11회 골든글로브 시상식 여우주연상, 1954

586 ▾a제19회 뉴욕비평가협회상 여우주연상, 1953

586 ▾a제26회 아카데미 시상식 원작상, 1954

586 ▾aAcademy Award for Best Picture, 2008

586 ▾aGolden Globe Award for Best Director, 2005

5.5.2 비디오녹화자료

1) 비디오디스크(DVD)

KORMARC

001
007 vd cvaizq
008 091205s2002   ulk123   vleng
041 1 ▾aeng▾bkor
245 00▾a다이하드 2▾h[비디오녹화자료] /▾d레니 할린 감독
246 39▾aDie hard 2
260   ▾a서울 :▾b이십세기폭스 홈 엔터테인먼트 공급 :▾b비트윈 판매,▾c2002
300   ▾a비디오디스크 2매 (본편 123분) :▾b유성, 천연색 ;▾c12 cm
500   ▾a1990년에 영화가 제작되었음
500   ▾a원작: 월터 웨이저(Walter H. Wager)의 “56 Minutes”
505 0 ▾aDisc 1. Movie -- Disc 2. Special features
511 1 ▾aBruce Willis
521 1 ▾a18세 관람가
538   ▾aDVD; 돌비 디지털 5.1; DTS; 2.0 서라운드; 와이드스크린 버전 16:9; NTSC
546   ▾a대사는 영어, 자막은 한국어
700 1 ▾a할린, 레니,▾e감독
700 1 ▾aHarlin, Renny,▾edirector
700 1 ▾aWillis, Bruce,▾eactor
700 1 ▾aWager, Walter H.▾t56 minutes

〈그림 5-6〉 비디오디스크(DVD, 액션영화): 형태기술필드

〈그림 5-6〉은 1990년에 Renny Harlin 감독으로 제작된 영화 *Die hard 2*(다이하드 2)를 2002년에 한글자막 처리하여 DVD로 다시 제작한 것이다.

비디오녹화자료의 007 필드(형태기술필드)는 9자리의 고정길이 필드로 이루어져 있으며, 반복기술이 가능하다. 많이 사용되는 자수위치는 다음과 같다.

00(자료범주표시): 모든 비디오녹화자료는 'v'로 표시
01(특정자료종별): 비디오카트리지 'c', 비디오디스크 'd', 비디오카세트 'f'
02(미정의): 빈칸
03(색채): 천연색 'c', 흑백 'b'로 표시
04(비디오 녹화형식): VHS(1/2, 비디오카세트) 'b', DVD 'v'로 표시
05(음향 유무)): 유성 'a', 무성 '빈칸'으로 표시
06(음향수록 매체): 비디오테이프 'h', 비디오디스크는 'i'로 표시
07(필름의 폭): 표준 8 mm 'a'로 표시, 1/4 in. 'm', 기타(비디오디스크) 'z'
08(음향의 재생상태): 혼합 'k', 단음 'm', 두 채널 이상 'q', 스테레오 's', 미상 'u'로 표시

	00	01	02	03	04	05	06	07	08
007	v	d		c	v	a	i	z	q

예를 들어 위의 예시와 같이 007 필드가 'vd cvaizq'로 기술되어 있는 경우, 그 의미를 살펴보면 다음과 같다. 즉, 자료의 범주는 비디오녹화자료이며(v), 특정자료표시는 비디오디스크(d), 색상은 천연색(c), 비디오 녹화형식은 DVD(v), 음향은 유성(a), 음향수록 매체는 비디오디스크(i), 필름의 폭은 비디오디스크에 해당하는 기타(z), 음향의 재생상태는 서라운드(q)임을 나타낸다.

〈그림 5-6〉은 1990년에 영화필름으로 제작된 것을 2002년에 DVD로 다시 재작된 것이다. 이러한 사항을 500 필드에 주기한다.

500 ▾a1990년에 영화가 제작되었음
500 ▾aOriginally released in 1990

KORMARC

001 000013202590

007 vd cvaizq

008 091205s2005   ulk112   vleng

041 0 ▾aeng▾bkor

245 00▾a셀린 디온 라이브▾h[비디오녹화자료] = ▾xCeline au coeur du srade /▾d셀린 디온 [공연]

246 31▾aCeline au coeur du srade

260 ▾a[서울] : ▾b세일디브이드, ▾c2005

300 ▾a비디오디스크 1매 (112분) : ▾b유성, 천연색 ; ▾c4 3/4 in.

520 ▾a1999년 9월 프랑스 파리의 월드컵 주경기장에서 열린 셀린디온 최대 규모의 LIVE 공연실황으로 뮤직 비디오처럼 화려한 세트 구성과 테크닉, 90,000명의 관중들을 압도하며 Power of love, 영화 타이타닉의 주제가 My heart will go on등을 열창한다. 또한 세계적 바이올린 연주가 타로 아가시의 감미로운 바이올린 선율이 어우러진 To love you more 등 112분 동안 LIVE공연의 진수를 보여주는 Concert임

521 ▾a전체 이용가

546 ▾a사운드트랙은 영어, 자막은 한국어

538 ▾aDVD; 돌비 디지털 5.1 서라운드; NTSC

700 ▾aDion, Celine

〈그림 5-7〉 비디오디스크(DVD, 라이브콘서트): 형태사항, 언어주기

〈그림 5-7〉은 1999년 9월 프랑스 파리의 월드컵 주경기장에서 열린 셀린 디온의 공연실황을 DVD로 다시 제작한 것이다.

300 필드에는 비디오디스크의 형태사항을 특정자료종별과 수량, 재생시간, 영사특성, 음향특성, 색채, 크기(디스크의 직경) 등의 순으로 기술한다. 이때 특정자료종별은 '비디오디스크', 'videodisc', '비디오카세트', 'videocassette' 등으로 기술하며, 재생시간은 분단위로 원괄호속에 기술한다. 재생시간이 5분 이상인 경우는 분까지, 5분 이하인 경우에는 초까지 기재한다.

300 ▾a비디오디스크 1매 (112분) : ▾b유성, 천연색 ; ▾c4 3/4 in.

300 ▾a비디오카세트 1개 (128분) : ▾b유성, 천연색 ; ▾c1/2 in.

300 ▾a2 videodiscs (215 min.) : ▾bsd., col. ; ▾c4 3/4 in.

300 ▾a1 videocassette (87 min.) : ▾bsd., col. ; ▾c1/2 in.

ISBD 예비통합판에서는 DVD를 비디오의 녹화특성이 아니라 일반화된 특정자료종별의 하나로 취급하여 아래와 같이 형태사항에서 기술하고 있다.

300 ▾a1 DVD (87 min.) : ▾bsd., col. ; ▾c4 3/4 in.

300 ▾a1 DVD (77 min.) : ▾bletterbox, sd., 5.1 Dolby digital surround sound, col. and b&w ; ▾c4 3/4 in.

546 필드(언어주기)에는 해당 자료에 사용된 언어에 관한 사항을 문장으로 기술한다. 이 필드는 해당 자료에 기재된 알파벳, 문자 또는 다른 기호 체계를 기술하는 데 사용하기도 하며, 언어부호는 008/35-37(언어)과 041 필드(언어부호)에 기술한다. 아래의 예시는 '사운드트랙은 영어, 자막은 한국어'임을 나타낸 것이다.

008/35-37 eng

041 0 ▾aeng ▾bkor

546 ▾a사운드트랙은 영어, 자막은 한국어

KORMARC

001

007 vd cvaizq

008 091205s2008 ulk211 vlko

028 04 ▼aSPO-554 ▼b엔터원

245 00 ▼a식객 ▼h[비디오녹화자료] / ▼d쇼이스트 제작 ; ▼e전윤수 감독 ; ▼e허영만 원작

260 ▼a서울: ▼b엔터원, ▼c2008

300 ▼a비디오디스크 2매 (211분) : ▼b유성, 천연색 ; ▼c4 3/4 in.

505 0 ▼a1. Movie -- 2. Special features

508 ▼a제작진: 기획, 이성훈 ; 각본, 신동익, 전윤수 ; 프로듀서, 황현정 ; 촬영, 박희주

511 1 ▼a김강우(성찬 역), 임원희(봉주 역), 이하나(진수 역)

521 1 ▼a12세 관람가

538 ▼aDVD; 돌비 디지털 5.1 서라운드, 2.0 스테레오; 화면비율 1.85:1 와이드스크린

546 ▼a대사는 한국어, 설명자막으로 영어, 한국어, 중국어가 가끔 나옴

650 4 ▼a코미디 ▼v영화

700 1 ▼a전윤수, ▼e감독

700 1 ▼a허영만, ▼e원작

700 1 ▼a신동익, ▼e각본

710 ▼a쇼이스트, ▼e제작

〈그림 5-8〉 비디오디스크(DVD, 드라마 영화): 시스템사항에 관한 주기

〈그림 5-8〉의 비디오녹화자료는 2007년 허영만의 만화를 바탕으로 신동익과 전윤수가 각본을 쓰고, 전윤수가 감독하여 쇼이스트에서 제작한 영화 '식객(食客)'이며, 2008년 DVD로 발매된 것이다.

538 필드(시스템사항에 관한 주기)에는 해당 자료의 시스템정보에 관한 사항을 기술한다. 즉, 컴퓨터파일의 특정 코드 존재유무나 전자자료의 물리적 특성(기록밀도, 패리티, 블로킹 팩터), 소프트웨어자료의 경우에는 프로그램언어와 컴퓨터 사양(제작처, 모델명 또는 번호, 운영체계, 기억용량), 주변장치(보조기억장치의 수, 단말기의 수, 그 외 주변장치, 지원소프트웨어, 관련기기) 등에 관한 사항을 기술한다(〈그림 6-5〉 참조). 사운드나 비디오녹화자료의 경우에는 상표명, 녹화방법(VHS, Beta), 해상도 등을 기술한다.

538 ▾aVHS; 디지털 돌비 스테레오

538 ▾aDVD; 돌비 디지털 5.1; DTS; 2.0 서라운드; 와이드스크린 버전 16:9; NTSC

538 ▾aDVD; 돌비 디지털 5.1 서라운드, 2.0 스테레오; 화면비율 1.85:1 와이드스크린

538 ▾aDVD; Dolby digital 5.1 surround; 4:3 fullscreen; NTSC

538 ▾aDVD; 4:3 fullscreen; Dolby digital 2.0; 지역코드 all, NTSC

538 ▾aDVD; Dolby digital 5.1 surround; 1.33:1 aspect ratio.

여기서 영상의 가로세로비는 화면비라고도 불리는데 이는 해상도와 직접적인 관련이 있으므로 538 필드에 기술한다.

참고로 기존 텔레비전 화면의 가로세로비는 4:3 혹은 1.33:1 이었다. 고선명 텔레비전과 유럽의 디지털 텔레비전은 약 1.78:1의 16:9의 가로세로비를 사용한다. 극장에서 상영되는 영화의 경우에는 주로 2.39:1 이나 1.85:1의 가로세로비가 사용되었고, 35mm 필름의 프레임은 가로세로비를 사용한다. 풀 프레임을 사용하는 무성 영화의 경우 1.33:1의 가로세로비를 사용한다. 와이드스크린(widescreen) 영상은 영화, 컴퓨터, 텔레비전 영상으로 할리우드 영화 시대 동안 개발된 아카데미 프레임 표준보다 가로가 더 넓은 화면비를 제공한다.

KORMARC

001 1764239
007 vd cvaizq
008 091205s2008   ulk218   vljpn
041 0 ▾ajpn▾bkor
245 00▾a집오리와 들오리의 코인로커▾h[비디오녹화자료] /▾d나카무라 요시히로 감독
246 39▾aアヒルと鴨のコインロッカー ▾h[비디오녹화자료]
260 ▾a서울 :▾b와이드 미디어 [제작],▾c2008
300 ▾a비디오디스크 2매 (218분) :▾b유성, 천연색 ;▾c4 3/4 in.
500 ▾a이사카 코타로(伊坂幸太郎)의 원작을 바탕으로 2007년 영화화함
505 0 ▾aDisc 1. Movie (113분) -- Disc 2. Supplement (105분)
508 ▾a제작진: 각본, 스즈키 케니치, 나카무라 요시히로 ; 원작, 이사카 코다로 ; 촬영, 고마쓰 다카시 ; 음악, 사사 스쿠히코 ; 미술, 하야시 치나 ; 편집, 오하타 에이스케
511 1 ▾a에이타(도르지 역), 마츠다 류헤이(가와사키 역), 세키 메구미(코토미 역), 하마다 가쿠(시나 역)
521 ▾a15세 관람가
538 ▾aDVD; 돌비 디지털 2.0 서라운드; 1.78:1 아나모픽 와이드스크린; 지역코드 3; NTSC
546 ▾a대사는 일본어, 자막은 한국어
700 1 ▾a나카무라 요시히로,▾d1970- ,▾e감독
700 1 ▾a이사카 코타로,▾e원작

〈그림 5-9〉 비디오디스크(DVD, 일본영화): 인명전거

KORMARC 전거레코드에서는 〈표 5-2〉와 같이 인명 가운데 '셰익스피어, 윌리엄(1564-1616)'을 채택표목으로 할 경우 이를 100 필드에 기술하고, 기타 형식을 비채택표목으로 400 필드에 기술한다.

〈표 5-2〉 인명전거의 예

```
100 1 ▾a셰익스피어, 윌리엄, ▾d1564-1616
400 1 ▾a셰익스피어, ▾d1564-1616
400 1 ▾a섹스피어, ▾d1564-1616
400 1 ▾a세익스피어, 윌리암, ▾d1564-1616
400 1 ▾a셰익스피어, W., ▾d1564-1616
400 1 ▾aShakespeare, William, ▾d1564-1616
400 1 ▾aShakespeare, W., ▾d1564-1616
400 1 ▾aシェ-クスピア, ▾d1564-1616
…
```

〈그림 5-9〉는 이사카 코타로 원작인 「アヒルと鴨のコインロッカ-」을 나카무라 요시히로의 감독으로 영화로 제작하여 DVD로 발매한 것이다.

감독자인 나카무라 요시히로의 접근점을 위해 700 필드에 부출표목을 작성한다. 그런데 나카무라 요시히로는 중촌의양(中村義洋)으로도 접근점이 될 수 있으므로 기존의 전거레코드를 검색하여 '나카무라 요시히로'와 관련된 이름이 있는지 찾아봐야 한다. 이미 '나카무라 요시히로'을 채택표목으로 했다면 기존의 전거레코드인 '나카무라 요시히로'에 중촌의양(中村義洋)라는 이름을 추가하면 된다. 즉, '나카무라 요시히로'에 대한 전거레코드는 아래와 같다.

100 1 ▾a나카무라 요시히로, ▾d1970-
400 1 ▾a중촌의양 = ▾h中村義洋, ▾d1970-

마찬가지로 '이사카 코타로'에 대한 전거레코드도 '이사카 코타로'를 채택표목으로, '伊坂幸太郎'와 '이판행태랑'을 비채택표목으로 하였을 경우 아래와 같이 작성하면 된다. 아래의 400 필드에서 식별기호 ▾h는 개인명의 한자표기를 나타낸다.

100 1 ▾a이사카 코타로
400 1 ▾a이판행태랑 = ▾h伊坂幸太郎

KORMARC

001 000000389306
007 vd cvaizq
008 091205s2008 ulk252 vleng
245 00 ▾a볼쇼이 발레의 전설▾h[비디오녹화자료]= ▾xLegend of the Bolshoi Ballet /
▾dBolshoi Ballet [공연]
246 31 ▾aLegend of the Bolshoi Balle
260 ▾a서울 : ▾b피디엔터테인먼트 [제작] : ▾b대윤비디오 [판매], ▾c2008
300 ▾a비디오디스크 3매 (252분) : ▾b유성, 천연색 ; ▾c12 cm
505 00 ▾n1. ▾t로미오와 줄리엣▾g(91분) -- ▾n2. ▾t백조의 호수▾g(80분) -- ▾n3. ▾t러시아 발레 스타들▾g(81분)
511 1 ▾a갈리나 울라노바(줄리엣), 유리 즈다노프(로미오), 마야 플리세츠카야(오데트), 니콜라이 파데예체프(지그프리트), 콘스탄틴 세르게예프
521 1 ▾a15세 관람가
538 ▾aDVD; 4:3 fullscreen; 돌비 디지털 2.0; NTSC
546 ▾a사운드트랙은 영어, 자막은 한국어
700 1 ▾aUlanova, Galina, ▾d1910-1959
700 1 ▾aZhdanov, Yuri
700 1 ▾aPlisetskaya, Maya, ▾d1925-
710 ▾aBolshoi Ballet, ▾e공연
740 2▾a로미오와 줄리엣. ▾n1 ▾h[비디오녹화자료]
740 2▾a백조의 호수. ▾n2 ▾h[비디오녹화자료]
740 2▾a러시아 발레. ▾n3 ▾h[비디오녹화자료]

〈그림 5-10〉 비디오디스크(DVD, 볼쇼이발레): 내용주기

〈그림 5-10〉은 TV에서 방영한 「볼쇼이 발레의 전설(Legend of the Bolshoi Ballet)」 3편을 DVD로 제작한 것이다.

505 필드에는 종합표제 또는 대표표제 아래 2개 이상의 저작이 수록된 경우, 그 저작들의 내용을 기술한다. 505 필드는 기본형과 확장형의 두 가지 기술방법이 있다. 제2지시기호가 '0'이면 확장형, 빈칸이면 기본형이다. 기본형의 경우에는 7XX 필드에 다시 내용을 기술하여야 부출표목이 되며, 확장형의 경우에는 다시 입력하지 않아도 자동으로 생성된다.

〈그림 5-10〉의 예시는 확장형으로 작성된 것이다. 그런데 확장형의 경우 자동부출되므로 대부분의 단행본에서는 740 필드를 인위적으로 다시 작성할 필요가 없지만 비도서자료의 경우는 대부분 740 필드를 다시 작성해야 한다. 왜냐하면 505 필드의 내용을 그대로 자동부출하면 자료유형표시가 되지 않기 때문이다.

505 00▼n1.▼t로미오와 줄리엣▼g(91분) --▼n2.▼t백조의 호수
▼g(80분) --▼n3.▼t러시아 발레 스타들▼g(81분)
740 2▼a로미오와 줄리엣.▼n1▼h[비디오녹화자료]
740 2▼a백조의 호수.▼n2▼h[비디오녹화자료]
740 2▼a러시아 발레.▼n3▼h[비디오녹화자료]

또한 505 필드에 서양인명이 있는 경우에도 자동부출이 될 수가 없다. 700 필드에서 서양인명은 도치해서 기술해야 하기 때문이다.

245 20▼a(EBS 다큐멘터리) 최고의 교수▼h[비디오녹화자료] /▼dEBS
505 ▼n1.▼t학생은 가르침의 생산품이다 /▼d도널드 골드스테인 --
▼n2.▼t배움의 여정으로의 초대 /▼d찰리 캐넌 …
700 1 ▼a골드스테인, 도널드.▼t학생은 가르침의 생산품이다.▼n1
▼h[비디오녹화자료]
700 1 ▼a캐넌, 찰리.▼t배움의 여정으로의 초대.▼n2▼h[비디오녹화자료]
…

결국 자료유형을 표시하는 비도서자료나 서양인명처럼 도치해서 부출을 하는 경우에는 505 필드를 확장형으로 기술하더라도 740 필드를 다시 인위적으로 완전하게 기술해 주어야 한다(〈그림 5-12〉 설명 참조).

KORMARC

001
007 vd cvaizq
008 091205s2001 ulk077 vaeng
245 00 ▾a크리스마스의 악몽 ▾h[비디오녹화자료] / ▾dHenly Selick 감독 ; ▾eTim Burton 원작
246 39 ▾a(The) nightmare before Christmas
250 ▾aSpecial edition
260 ▾a서울 : ▾b브에나 비스타 홈 엔터테인먼트, ▾c2001
300 ▾a비디오디스크 1매 (77분) : ▾b유성, 천연색 ; ▾c12 cm
508 ▾a제작진: 각본, Michael McDowell ; 각색, Michael McDowell, Caroline Thompson ; 촬영, Pete Kozachik ; 편집, Stan Webb ; 음악, Danny Elfman ; 미술, Denise Di Novi, Tim Burton
511 1 ▾a대니 엘프먼(잭 스캘링톤 역), 크리스 서랜든(잭 스캘링톤 역), 캐서린 오하라(샐리 역), 윌리암 히키(크리에지 닥터 역)
521 1 ▾a12세 이용가
538 ▾aDVD; 돌비 디지털 5.1 서라운드; NTSC
546 ▾a사운드트랙은 영어, 자막은 한국어
653 ▾a미국영화 ▾a애니메이션
700 1 ▾aSelick, Henly, ▾e감독
700 1 ▾aBurton, Tim, ▾e원작
700 1 ▾aMcDowell, Michael, ▾e각본
700 1 ▾aThompson, Caroline, ▾e각색

〈그림 5-11〉 비디오디스크(DVD, 애니메이션): 제작진 및 배역진주기

〈그림 5-11〉은 Tim Burton의 원작 *The Nightmare before Christmas*(크리스마스의 악몽)를 DVD로 제작한 예시이다.

영화와 비디오녹화자료의 작품제작에 참여한 배우 이외의 개인이나 단체는 508 필드(제작진주기)에 기술하도록 한다.

508 ▾a제작진: 각본, Michael McDowell ; 각색, Michael McDowell, Caroline Thompson ; 촬영, Pete Kozachik ; 편집, Stan Webb ; 음악, Danny Elfman ; 미술, Denise Di Novi, Tim Burton

508 ▾aCredits: Music, Michael Fishbein ; camera, George Leskay

해당 자료의 연주자, 해설자, 배역진, 채록자, 구술자, 낭독자 등 제작에 참여한 사람은 511 필드(연주자와 제작진 주기)에 기술한다.

511 1 ▾a대니 엘프먼(잭 스캘링톤 역), 크리스 서랜든(잭 스캘링톤 역), 캐서린 오하라(샐리 역), 윌리암 히키(크리에지 닥터 역)

511 8 ▾a목소리연기: Chris Sarandon, Catherine O'Hara, Danny Elfman

700 필드에는 감독자나 원작자, 각색 및 각본자 등에 대한 부출을 작성한다. 이때 전거레코드에는 앞서 〈그림 5-9〉에서 설명한 바와 같이 채택표목은 100 필드에 비채택표목은 400 필드에 기술한다.

100 1 ▾aSelick, Henly

400 1 ▾a셀릭, 헨리

538 필드에는 사운드나 비디오녹화자료의 음향구성이나 녹화방법에 특별한 점이 있으면 기술한다.

538 ▾aDVD; 돌비 디지털 5.1 서라운드; NTSC

538 ▾aDVD; Dolby Digital; Stereo 2CH

참고로 돌비 시스템(Dolby system)이란 1966년 영국의 돌비사(社)가 개발한 것으로 녹음 테이프 재생과정에서 잡음을 줄일 목적으로 사용하는 방법 중 하나이다. 돌비방식은 들으려는 녹음신호의 레벨이 크고 잡음과의 레벨 차가 클 때 레벨이 작은 잡음은 들리지 않는다는 마스킹(masking) 원리를 응용한 것이다.

KORMARC

001 000013355715
007 vd cvaizq
008 091205s2008 ulk234 vlkor
245 20 ▾a(EBS 다큐멘터리) 최고의 교수 ▾h[비디오녹화자료] / ▾dEBS [기획]
260 ▾a서울 : ▾bEBS 미디어센터 [공급], ▾c2008
300 ▾a비디오디스크 5매 (234분) : ▾b유성, 천연색 ; ▾c12 cm + ▾e별책부록 1책
505 00 ▾n1. ▾t학생은 가르침의 생산품이다 / ▾d도널드 골드스테인 -- ▾n2. ▾t배움의 여정으로의 초대 / ▾d찰리 캐넌 -- ▾n3. ▾t심장으로 가르치다 / ▾d데니스 노블 -- ▾n4. ▾t그는 교수계의 마이클 조던이다 / ▾d조벽 -- ▾n5. ▾t최고의 교수를 구분하는 여섯 가지 질문
520 ▾aEBS 기획 다큐멘터리 「최고의 교수」는 '어떻게 가르칠 것인가'에 대한 진지한 고민과 성찰을 담고 있다. 특별한 수업 방식과 교육철학으로 무장한 당대 최고 교수들의 생생한 이야기는 우리의 교육현실을 근본적으로 되돌아보게 하는 계기가 될 것임
521 ▾a전체 관람가
525 ▾a별책부록: DVD 구성 및 시스템 매뉴얼
538 ▾aDVD; NTSC; 오디오, 돌비 디지털; 화면비율, 4:3; Single Layer
546 ▾a사운드트랙은 한국어로 번역됨
650 4 ▾a다큐멘터리
710 ▾aEBS

〈그림 5-12〉 비디오디스크(DVD, 다큐멘터리): 내용주기의 부출

〈그림 5-12〉는 EBS에서 방영한 프로그램을 DVD로 제작한 예시이다. 이 DVD는 「최고의 교수」라는 종합표제아래 5개의 내용을 담고 있다.

앞서 〈그림 5-10〉의 예시에서 설명한 바와 같이 505 필드에는 5개의 내용이 수록되어 있으며, 확장형으로 기술되었다. 확장형으로 기술할 경우 자동부출된다고 하지만 〈그림 5-12〉의 내용주기를 자동부출하면 다음과 같이 출력될 가능성이 높다.

```
학생은 가르침의 생산품이다. 1 / 도널드 골드스테인
배움의 여정으로의 초대. 2 / 찰리 캐넌
도널드 골드스테인. 학생은 가르침의 생산품이다. 1
찰리 캐넌. 배움의 여정으로의 초대. 2
심장으로 가르치다. 3 / 데니스 노블
노블 데니스. 심장으로 가르치다. 3
…
```

그렇지만 이렇게 출력되면 자료유형표시가 되지 않아 일반 단행본과 구별이 되지 않으며, 서양인명의 경우 도치형으로 검색이 안된다. 따라서 710 필드나 740 필드에 수작업으로 아래와 같이 입력하지 않으면 바람직한 출력형식을 기대하기가 어렵다.

□ 입력형식

```
700 12▾a골드스테인, 도널드.▾t학생은 가르침의 생산품이다.▾n1
        ▾h[비디오녹화자료]
700 12▾a캐넌, 찰리.▾t배움의 여정으로의 초대.▾n2▾h[비디오녹화자료]
700 12▾a데니스 노블.▾t심장으로 가르치다.▾n3▾h[비디오녹화자료]
…
```

□ 출력형식

```
학생은 가르침의 생산품이다. 1 [비디오녹화자료] / 도널드 골드스테인
골드스테인, 도널드. 학생은 가르침의 생산품이다. 1 [비디오녹화자료]
배움의 여정으로의 초대. 2 [비디오녹화자료] / 찰리 캐넌
캐넌, 찰리. 배움의 여정으로의 초대. 2 [비디오녹화자료]
심장으로 가르치다. 3 [비디오녹화자료] /데니스 노블
데니스 노블. 심장으로 가르치다. 3 [비디오녹화자료]
…
```

2) 비디오디스크(LD)

KORMARC

001 000000216095
007 vd cgaizs
008 091205s1994 ulk133 vleng
028 41 ▾aSLC-613F ▾b삼성전자
245 00 ▾a왕과 나 ▾h[비디오녹화자료] / ▾d월터 랭 감독 ; ▾e찰리 브래켓 제작 ; ▾e어니스트 레만 각본
246 09 ▾a(The) king and I
260 ▾a서울 : ▾b벤엘프로그램 : ▾b삼성전자 [공급], ▾c1994.
300 ▾a비디오디스크 2매 (133분) : ▾bLD, 유성, 천연색 ; ▾c12 in.
511 1 ▾aDeborah Kerr, Yul Brynner, Rita Moreno
521 ▾a연소자관람가
534 ▾p원본출판사항: ▾cTwentieth Century Fox Film, 1956
538 ▾a디지털 스테레오
546 ▾a대사는 영어, 자막은 한국어
586 ▾a제29회 아카데미상 최우수 남우주연상, 1956
700 1 ▾a랭, 월터, ▾e감독
700 1 ▾a브래켓, 찰리, ▾e제작
700 1 ▾a레만, 어니스트, ▾e각본
776 0 ▾t왕과 나 ▾h[비디오카세트]w00672951
776 0 ▾t왕과 나 ▾h[DVD]w00673557

〈그림 5-13〉 비디오디스크(LD, 영화): 녹음, 녹화, 음악관련 발행처번호

〈그림 5-13〉은 월터 랭의 감독으로 1956년에 찰리 브래켓이 제작한 영화 「왕과 나(The King and I)」를 1994년도에 비디오디스크(레이저디스크)로 발매한 것이다. 이 영화는 이외에도 1992년도에는 비디오카세트, 2007년에는 DVD로도 발매되었다.

해당 자료가 이용가능한 다른 물리적 형태의 자료로 간행된 경우(수평적 관계), 776필드(기타형태저록)에 그 내용을 기술한다. 이 필드는 같은 표제를 가진 다양한 물리적 형태의 레코드를 연결한다. 776 필드에서 ▾h에는 아래와 같이 자료유형표시보다 더 구체적인 물리적 형태(특정자료종별)를 기술한다.

245 00 ▾a왕과 나 ▾h[비디오녹화자료] / ▾d월터 랭 감독 ; ▾e찰리 브래켓 제작 ; ▾e어니스트 레만 각본

776 0 ▾t왕과 나 ▾h[비디오카세트] ▾w00672951

776 0 ▾t왕과 나 ▾h[DVD] ▾w00673557

028 필드(녹음, 녹화, 음악관련 발행처번호)에는 악보나 음반, 비디오녹화자료, 인쇄된 악보, 음악 관련 자료에 대해 발행처가 부여한 정형화된 발행처번호를 기술하도록 한다. 정형화되지 않는 발행처번호는 500 필드(일반주기)에 기술한다.

028 41 ▾aSLC-613F ▾b삼성전자

028 01 ▾aSTMA 8007 ▾bTamla Motown

028 10 ▾aJ-18961M-A ▾bCountry Line

레이저디스크(LD)의 형태사항은 기술 기록이나 재생방식을 기술하도록 규정하고 있다. DVD가 나온 이후 LD는 거의 생산되지 않고 있다.

300 ▾a비디오디스크 2매 (133분) : ▾bLD, 유성, 천연색 ; ▾c12 in.

300 ▾a1 videodisc (ca. 100 min.) : ▾bLD, sd., col. ; ▾c 12 in.

앞서 〈그림 5-7〉에서 설명한 바와 같이 546 필드에는 해당 자료에 사용된 언어에 관한 사항을 문장으로 기술하고, 041 필드에는 부호로 기술한다.

546 ▾a대사는 영어, 자막은 한국어

546 ▾aIn Persion; subtitle in Arabic and English

546 ▾aCommentary in English

KORMARC

001 000000223396
007 vd cgaizs
008 091205s1995 ulk174 vleng
028 41 ▾aSLC-601F ▾b삼성나이세스
245 00 ▾a사운드 오브 뮤직 ▾h[비디오녹화자료] = ▾xThe sound of music / ▾d로버트 와이즈 감독 ; ▾e에어자일 영화제작소 제작
260 ▾a서울 : ▾b벤엘프로그램 : ▾b삼성나이세스 [공급], ▾c1995
300 ▾a비디오디스크 2매 (174분) : ▾bLD, 유성, 천연색 ; ▾c12 in.
500 ▾a원작: 하워드 린제이, 러셀 크라우스
508 ▾a제작진: 음악, 리차드 로저스 ; 뮤지컬 작사·작곡, 리차드 로저스, 스카 해머슈타인 II
511 1 ▾a줄리 앤드류스, 크리스토퍼 플러머, 엘레노어 파커
530 ▾a같은 내용으로 비디오카세트와 DVD도 있음
534 ▾p원본출판사항: ▾cArgyle Enterprises, Twentieth Century Fox Film, 1965
538 ▾a디지털 스테레오
546 ▾a대사는 영어, 자막은 한국어
586 ▾a38회 아카데미 최우수 작품상, 감독상, 녹음상, 편곡상, 편집상, 1965
700 1 ▾a와이즈, 로버트, ▾e감독
700 1 ▾a린제이, 하워드, ▾e원작
700 1 ▾a크라우스, 러셀, ▾e원작
776 0 ▾t사운드 오브 뮤직 ▾h[비디오카세트]w00677855
776 0 ▾t사운드 오브 뮤직 ▾h[DVD]w00688567

〈그림 5-14〉 비디오디스크(LD, 뮤지컬영화): 연관저록, 서지적 관련성

〈그림 5-14〉는 1965년 21세기 폭스사에서 제작한 *The Sound of Music*(사운드 오브 뮤직)의 원본을 1995년 레이저디스크로 다시 제작한 것이다. 이 영화는 이외에도 1990년도에는 비디오카세트, 2006년에는 DVD로도 발매되었다.

534 필드에는 해당 자료가 영인, 복사, 마이크로형태 등에 의한 복제물이고 복제본을 중심으로 서지정보를 기술한 경우, 534 필드(원본주기)에 그 원본에 관한 사항을 기술하도록 한다. 〈그림 5-14〉의 예시에서는 비디오카세트와 DVD로도 제작되었지만 이들도 복제물이다. 1965년도에 제작된 영화가 가장 최초의 원본으로 볼 수 있다. 1965년도에 제작된 영화의 원작에 대한 사항은 500 필드에 기술한다.

500　▼a원작: 하워드 린제이, 러셀 크라우스
534　▼p원본출판사항: ▼cArgyle Enterprises, Twentieth Century Fox Film, 1965

776 필드(기타형태저록)에는 1990년도에 비디오카세트, 2006년에 DVD로 발행된 자료를 소장하고 있다면 그 내용을 기술함으로써 레코드가 서로 연결될 수 있도록 한다.

245 00 ▼a사운드 오브 뮤직 ▼h[비디오녹화자료] = ▼xThe sound of music / ▼d로버트 와이즈 감독 ; ▼e에어자일 영화제작소 제작
776 0　▼t사운드 오브 뮤직 ▼h[비디오카세트]w00677855
776 0　▼t사운드 오브 뮤직 ▼h[DVD]w00688567

이와 같이 *The Sound of Music*이라는 하나의 레코드에 대해 그 저작과 내용이 같지만 형태가 다른 저작(영화필름 원본, 비디오카세트, 레이저디스크, DVD), 영화를 제작하면서 각색을 하여 원본과 내용이 일부 달라졌지만 파생관계에 있다고 볼 수 있는 책자형 원본, 그리고 위의 레코드에서는 기술이 되어 있지 않지만 이 저작과 관련된 많는 논문들과 비평서들도 서지적으로 관련이 있다. 이와 같이 관련있는 저작들을 하나의 레코드로 연결함으로써 다양한 서지적 관계유형에 대해 접근성과 탐색능력, 식별능력을 보다 향상시킬 수가 있다.

3) 비디오카세트

KORMARC

001
007 vf cbahos
008 091205s2001 ulk128 b r vleng
041 0 ▾aeng▾bkor
082 ▾a791.43▾220
245 00▾a퍼펙트 스톰▾h[비디오녹화자료] /▾d볼프강 페터슨 감독 ;▾e폴라와인 스타인,▾e볼프강 페터슨 제작 ;▾e빌 위트리프 각색
260 ▾a서울 :▾b영성미디어,▾c2001
300 ▾a비디오카세트 1개 (128분) :▾b유성, 천연색 ;▾c1/2 in.
500 ▾a원작: 세바스찬 융거(Sebastian Junger)의 "The perfect storm"
508 ▾a제작진: 음악, 제임스 호너 ; 편집, 리차드 프랜시스 ; 촬영, 존 실 ; 기획제작, 베리 레빈슨
511 1 ▾a조지 클루니, 다이안 레인
521 1 ▾a12세 이용가
538 ▾aVHS; 디지털 돌비 스테레오
546 ▾a대사는 영어, 자막은 한국어
700 0 ▾a페터슨, 볼프강,▾e감독
700 0 ▾a스타인, 폴라와인,▾e제작
700 0 ▾a위트리프, 빌,▾e각색
700 12▾aJunger, Sebastian.▾tPerfect storm

〈그림 5-15〉 비디오카세트(영화): 부호화정보필드

〈그림 5-15〉는 비디오카세트로 발매된 볼프강 페터슨 감독의 영화 「퍼펙트 스톰」이다. 이 영화의 원작은 세바스찬 융거의 *The Perfect Storm*이다.

008 부호화정보필드는 MARC 21에서와 마찬가지로 KORMARC 형식에서도 40자리의 고정길이 필드로서 레코드 전반과 서지적 특성에 대한 정보를 부호화하여 나타내고 있다. 007 필드와 마찬가지로 지시기호와 식별기호는 설정되어 있지 않다. 자수위치 00-17, 26-28, 32, 35-39는 모든 형태자료에서 공동으로 적용되는 부호화 정보필드이고 18-25, 29-31, 33-34자리는 영화 및 비디오녹화자료에 적용되는 부호화 정보필드이다. KORMARC의 008 필드 자수위치는 다음과 같다.

00-05(입력일자), 06(발행년 유형), 07-10(발행년1), 11-14(발행년2), 15-17(발행국 명), 18-20(영화나 비디오녹화자료의 상영시간), 21(빈칸), 23-25(빈칸), 26-27(한국대학부호), 28(수정레코드), 30-31(빈칸), 32(목록전거), 35-37(언어), 38-39(한국정부기관부호)

22(이용대상자 수준): 일반이용자 '빈칸', 취학전아동 'a', 초등학생 'b', 중학생 'c', 고등학생 'd', 성인용 'e', 특수계층 'f', 아동 'j', 미상 'z'로 표시

29(자료의 형태): 마이크로필름 'a', 마이크로피시 'b', 마이크로오패크 'c', 복제자료 'r', 전자자료 's', 기타는 빈칸으로 표시.

33(시청각자료의 유형: 평면영사자료): 영화 'm', 비디오녹화자료 'v'로 표시.

34(기술수준): 애니메이션 'a', 애니메이션과 실연 'c', 실연 'l', 적용불가 'n', 미상 'u', 기타 'z'로 표시.

	00-05	06	07-10	11-14	15-17	18-20	21	22	23-25	26-27	28	29	30-31	32	33	34	35-37	38-39
008	091205	s	2001		ulk	128		b				r			v	l	eng	

예를 들어 008 필드가 위의 예시와 같이 기술되어 있는 경우, 그 의미를 살펴보면 다음과 같다. 즉, 입력일자는 2009년 5월 11일, 발행년의 유형은 단일년도(s), 발행년도는 2001년, 발행지는 서울(ulk), 상영시간은 128분, 이용대상자 수준은 12세 이용자(b), 자료의 형태는 복제(r), 시청각자료의 유형은 비디오녹화자료(v), 기술수준은 실제로 배우들이 출연한 실연(l), 본문언어는 영어이다(eng).

KORMARC

001
007 vf cbafrq
008 091205s2003 ulk124 vleng
028 01 ▾aEM03-04-02 ▾vEllie media
245 00 ▾aTwinkle English ▾h[비디오녹화자료] / ▾d한국엘리미디어
260 ▾a서울 : ▾b한국엘리미디어, ▾c2003
300 ▾a비디오카세트 2개 (124분) : ▾b유성, 천연색 ; ▾c3/4 in.
505 0 ▾a제1편. 인사 -- 제2편. 색깔/도형
521 1 ▾a6세 미만 불가
536 ▾a한국교육개발원의 2003년도 연구기금에 의해 출판
538 ▾aVHS
650 4 ▾a학습만화
710 ▾a한국엘리미디어
710 ▾aNHK educational
740 2 ▾a인사. ▾n제1편 ▾h[비디오녹화자료]
740 2 ▾a색깔/도형. ▾n제2편 ▾h[비디오녹화자료]

〈그림 5-16〉 비디오카세트(학습만화): 형태사항, 시스템사항 주기

〈그림 5-16〉은 한국교육개발원의 연구기금으로 한국엘리미디어에서 영어학습을 위해 만화형식으로 제작한 2개의 비디오카세트이다.

300 필드에는 비디오카세트의 형태사항을 특정자료종별과 수량, 재생시간, 영사특성, 음향특성, 색채, 크기(테이프의 폭을 mm 또는 in.) 등의 순으로 기술한다. 이때 특정자료종별은 '비디오카세트', 'videocassette' 등으로 기술하며, 재생시간은 분단위로 원괄호속에 기술한다. 재생시간이 5분 이상인 경우는 분까지, 5분 이하인 경우에는 초까지 기재한다. 비디오녹화에 사용된 시스템이나 음향구성에 특별한 점이 있으면 538 필드에 기술한다.

300 ▾a비디오카세트 2개 (124분) : ▾b유성, 천연색 ; ▾c3/4 in.

300 ▾a2 videocassettes (124 min.) : ▾bsd., col. ; ▾c3/4 in.

538 필드에는 앞서 〈그림 5-8〉에서 설명한 바와 같이 시스템사항에 관한 주기를 하며, 사운드나 비디오녹화자료의 경우에 상표명, 녹화방법(VHS, Beta), 해상도 등을 기술한다.

538 ▾aVHS

538 ▾aVHS; 디지털 돌비 스테레오

538 ▾aDVD; digital Dolby stereo

536 필드에는 해당 자료가 단체의 후원으로 또는 연구비를 받아 발간되었다면 이에 대한 기술한다.

536 ▾a한국교육개발원의 2003년도 연구기금에 의해 출판

536 ▾aSupported by the Korea Research Foundation Grant funded by the Korean Government

참고로 VHS(Video Home System, 브이에이치에스)는 카세트를 이용하여 동영상을 기록하고 재생할 수 있도록 만들어진 표준 규격이다. JVC사가 1976년 개발해 발표하였고, 현재까지 일반 가정에서 널리 쓰이고 있다. 발표 초기에는 소니사의 베타맥스 규격과 경쟁하였으나, 현재 대부분의 가정에서 VHS 규격만 사용한다. 베타맥스 방식에 비해 테이프의 움직임이 간단하고 기록 시간이 길다는 장점이 있다. VHS를 대체하는 동영상 저장 방식으로는 DVD가 있으며 현재 미국 등 일부 국가에서는 VHS 방식 영화 카세트를 더 이상 출시하지 않고 있다.

KORMARC

001 000007778392

007 vf cbafou

008 091205s1999 ulk450 e vlkor

245 00 ▾a우리는 이렇게 살았다 ▾h[비디오녹화자료] = ▾xKorea 100 tears : ▾b한국 100년 / ▾dMBC 프로덕션 제작

246 30 ▾a한국 100년 ▾h[비디오녹화자료]

246 30 ▾a(한국 100년) 우리는 이렇게 살았다 ▾h[비디오녹화자료]

246 31 ▾aKorea 100 tears ▾h[비디오녹화자료]

260 ▾a서울 : ▾bMBC 프로덕션 : ▾b문화미디어 [공급], ▾c1999

300 ▾a비디오카세트 10개 (총 450분) : ▾b유성, 천연색 ; ▾c1/2 in.

490 00 ▾aMBC 다큐멘터리

505 0 ▾a1. 깡패와 건달로 본 100년 1부 -- 2. 깡패와 건달로 본 100년 2부 -- 3. 닭 울음에서 전자시계까지 -- 4. 돈에 웃고 돈에 울고 … 10. 차(車) 차(車) 차(車).

521 ▾a연소자 관람가

538 ▾aVHS

710 ▾aMBC 프로덕션

740 2 ▾a깡패와 건달로 본 100년 1부. ▾n1 ▾h[비디오녹화자료]

…

740 2 ▾a차(車) 차(車) 차(車). ▾n10 ▾h[비디오녹화자료]

〈그림 5-17〉 비디오카세트(다큐멘터리): 여러 형태의 표제

〈그림 5-17〉은 「한국 100년 우리는 이렇게 살았다」는 제목으로 MBC 프로덕션에서 제작한 MBC 다큐멘터리로, 10개의 비디오테이프로 구성되어 있다.

KCR4에서는 화상자료나 영상자료에서 표제면이나 표제프레임, 판권기, 표지, 레이블, 화면, 제자란, 그림이나 사진 등의 뒷면, 딸림자료, 용기 등에 있는 정보원을 모두 표제와 책임표시사항의 기술을 위한 으뜸정보원으로 간주하고 있다(KCR4 7.0.3.2).

〈그림 5-17〉에서 표제가 될 수 있는 것은 'MBC 다큐멘터리', '한국 100년', '우리는 이렇게 살았다', '(한국 100년) 우리는 이렇게 살았다', '닭울음에서 전자시계까지', 'Korea 100 tears' 등이다. 여기서 'MBC 다큐멘터리'는 총서표제이며, '닭울음에서 전자시계까지'는 총서의 개별표제가운데 제3권의 표제이다. 활자크기가 가장 두드러진 '우리는 이렇게 살았다'를 본표제로 하였을 때 '한국 100년'은 표제관련정보로 볼 수 있다. 왜냐하면 관제가 본표제에 종속되어 있을 때는 관제로 취급하여 원괄호로 묶어 본표제 앞에 기술하지만 그렇지 않을 때는 표제관련정보로 기술하거나 식별상 중요한 어구가 아닌 경우에는 주기한다고 되어 있다(KCR4 1.1.1.2 6)). 그런데 도서관의 실제 목록을 조사해 보면 '한국 100년 우리는 이렇게 살았다'를 본표제로 기술한 경우도 많이 있다. 'Korea 100 tears'는 대등표제이지만 실제로는 표제관련정보인 '한국 100년'의 대등표제이다. 이와 같이 목록자에 따라서 표제가 다르게 기술되더라도 245 필드와 246 필드(여러 형태의 표제)에서는 이러한 다양한 표제들이 모두 접근요소가 될 수 있도록 기술하는 것이 중요하다고 생각된다.

본표제와 관련된 여러 형태의 표제는 246 필드에 기술하며, 구체적으로 검색을 위한 부분표제(245 필드내 저작의 일부를 나타내는 표제나 별표제), 대등표제, 식별표제, 기타표제(발행인명란 표제, 약표제, 제본자표제, 출판 이전의 도치된 형태의 표지표제 등), 표지표제, 부표제지표제, 권두표제, 난외표제, 책등표제, 원표제 등이 있다. 여기서 편제(▼p)나 표제관련정보(▼b)도 245 필드내의 저작의 일부를 나타내는 것으로 간주하여 검색을 위한 부분표제의 범주에 넣을 수 있다.

245 00 ▼a우리는 이렇게 살았다▼h[비디오녹화자료] = ▼xKorea 100
tears : ▼b한국 100년 / ▼dMBC 프로덕션 제작
246 30 ▼a한국 100년▼h[비디오녹화자료]
246 30 ▼a(한국 100년) 우리는 이렇게 살았다▼h[비디오녹화자료]
246 31 ▼aKorea 100 tears▼h[비디오녹화자료]

KORMARC

001 000000214129
005 19990515122005
007 vf cbafoq
008 091205s1995 ulk060 vlkor
040 ▾a224010
043 ▾a46790--
245 00▾a능주 씻김굿▾h[비디오녹화자료] /▾dKBS영상사업단 제작
260 ▾a서울 :▾bKBS영상사업단,▾c1995
300 ▾a비디오카세트 1개 (60분) :▾b유성, 천연색 ;▾c1/2 in.
306 ▾a006000
490 10▾a韓國의 民俗文化 ;▾v제11편
538 ▾aVHS
710 ▾aKBS영상사업단
830 0▾a韓國의 民俗文化 ;▾v제11편▾h[비디오녹화자료]

〈그림 5-18〉 비디오카세트(민속문화): 분할기술방식과 종합기술방식

〈그림 5-18〉은 「韓國의 民俗文化」라는 종합표제로 전체 16편이 발간된 비디오카세트 시리즈 중에서 제11편인 「능주 씻김굿」이라는 자료를 대상으로 목록레코드를 작성한 것이다(분할기술방식).

전집이나 총서의 경우에는 일반적으로 종합기술방식과 분할기술방식의 2가지 기술방식이 있다. 먼저, 전집이나 총서가 각각 독립된 개별표제와 저자가 있는 경우, 낱권으로 목록을 하며 이러한 방식을 분할기술방식이라 한다. 〈그림 5-18〉은 「韓國의 民俗文化」라는 종합표제를 총서표제(490 필드)로 기술하며, 개별표제의 하나인 제12편 「능주 씻김굿」을 본표제(245 필드)로 하여 레코드를 작성한 것이다. 이 경우에는 제11편 「능주 씻김굿」과 마찬가지로 나머지 15개의 레코드를 각각 작성해야 한다.

반면에 종합표제가 있는 경우 개별표제는 505 필드(내용주기)에 기술하며, 이러한 기술방식을 종합기술방식이라 한다. 종합기술방식이든 분할기술방식이든 검색의 측면에서는 전혀 문제가 없으며, 단지 레코드의 관리방식에 차이가 있을 뿐이다. 〈그림 5-18〉을 「韓國의 民俗文化」라는 종합표제아래 전체 16편을 하나의 레코드로 작성하면 아래와 같다. 이와 같이 종합표제가 있는 경우 개별표제와 개별책임표시는 모두 505 필드에 기술하며, 분출할 필요가 있으면 700 또는 740 필드에서 다시 기술한다(〈그림 3-9〉의 설명도 참조).

```
245 00 ▾a韓國의 民俗文化 ▾h[비디오녹화자료] / ▾dKBS영상사업단 제작
260    ▾a서울 : ▾bKBS영상사업단, ▾c1995.
300    ▾a비디오카세트 16개 (960분) : ▾b유성, 천연색 ; ▾c1/2 in.
505 0  ▾a제1편. 무(巫) -- 제2편. 죽음 -- 제3편. 부작 -- … 제11편. 능주 씻김굿
         -- 제12편. 경기 무속음악 / 이지산 재현 -- 제13편. 남도무속음악 / 박병천 재현
         -- 제14편. 동해무속음악 / 김석출 재현 -- 제15편. 한국춤 -- 제16편. 범패
538    ▾aVHS
710    ▾aKBS영상사업단
740  2 ▾a무(巫). ▾n제1편 ▾h[비디오녹화자료]
740  2 ▾a죽음. ▾n제2편 ▾h[비디오녹화자료]
…
740  2 ▾a능주 씻김굿. ▾n제11편 ▾h[비디오녹화자료]
…
740  2 ▾a범패. ▾n제16편 ▾h[비디오녹화자료]
```

제6장 전자자료

6.1 전자자료의 특성
6.2 전자자료의 종류
6.3 전자자료의 선택
6.4 전자자료의 조직
6.5 전자자료의 실례

제6장 전자자료

6.1 전자자료의 특성

전자자료란 기존의 도서관 자료에 대응한 개념으로서 각종 전자책 즉, 전자도서나 전자저널, 전자잡지, 전자문서, 전자사전, 전자백과사전, 전자신문, 전자사보, 전자뉴스레터, 전자그림, 전자지도, 각종 데이터베이스 등이 여기에 해당된다. 이러한 매체들은 독립적으로 기능하기보다 하나의 통합된 또는 부분적인 결합 형태로 기능을 한다고 볼 수 있다. Dickinson은 전자자료를 크게 하드디스크 내장형(컴퓨터의 하드드라이브에 저장됨), 온라인형(모뎀이나 기타 통신회선을 통하여 접근 가능함), CD-ROM형(CD-ROM과 같은 광디스크나 자기디스크에 저장됨), 그리고 기타(인공위성과 기타 정보원)유형으로 구분하여 개념설명을 하였는데,[58)] 실제 정보원의 대부분은 온라인형(네트워크형)과 CD-ROM형이며, 각종 전자책과 전자저널, 전자문서, 전자신문 등이 이들의 구체적인 형태이다.

笠原裕은 전자자료의 주요한 특징으로 다양한 검색을 가능하게 하는 데이터의 구조화, 텍스트·정지화·음성·동화 등의 미디어 특성을 살린 멀티미디어 표현, 그리고 효율적인 정보작성과 편집환경을 제공하는 정보의 생산성 등 세 가지를 들고 있다.[59)]

Baker는 인쇄형 자료의 역할을 분석하여 다음과 같은 기본적인 제한점들이 있음을 밝혀냈다.[60)] ① 다시 출판하기가 어려움, ② 배포하는데 비용이 많이 듬, ③ 갱신이 어려움, ④ 책이 한권일 경우 여러 사람이 공유하기가 어려움, ⑤ 책이 손상되기 쉬움, ⑥ 운반하는데 힘이 듬, ⑦ 저장된 자료가 동적이지 못하고 정적임, ⑧ 음성을 이용할 수 없음, ⑨ 동화상이나 애니메이션을 이용할 수 없음, ⑩ 독자의 움직임을 관찰할 수 없음, ⑪ 독자의 이해정도를 평가할 수 없음, ⑫ 자료를

---

58) G. K. Dickinson. Selection and Evaluation of Electronic Resources(Englewood : Libraries Unlimited, 1994), pp.5-7.

59) 笠原裕. "電子ブック ; 新しい情報の利用·流通形態," 電子情報通信學會誌, Vol.72, No.5 (1989. 5), pp.576-579.

60) Philip Barker. "Electronic Books and Libraries of the Future," The Electronic Library, Vol.10, No.3(June 1992), pp.140-141. [Philip Barker. 안현수 역. "電子冊과 未來의 圖書館," 圖書館, Vol.48, No.3(1993. 5/6), pp.21-22].

적극적으로 수정할 수 없음. 반면에 전자자료는 아직 일반적으로 확립된 정의는 없지만 대체로 위에서 언급한 인쇄형 자료의 제한점을 극복할 수 있는 형태로 개발되고 있으며, 전자환경에 기능할 수 있는 특성이 있다.

한편 오늘날 웹 자료로 대표되는 네트워크형 전자자료는 물리적인 제약을 받지 않으며, 여러 사람이 동시에 이용할 수 있고, 복제가 용이하다는 특성을 갖는다. 또한 물리적인 장소를 차지하지 않으며, 무엇보다 검색이 용이하다. 그런데 정보서비스에 이용되고 있는 정보원에는 신뢰할 수 있는 정보를 계속하여 공급한다고 하는, 어떤 의미에서 안정성이 요구된다. 이러한 측면에서 인쇄형 자료와 비교하여 네트워크상의 전자자료는 다음과 같은 문제점도 지니고 있다.[61]

첫째, 정보의 식별과 소재파악이 어렵다. 인쇄형 자료의 서지제어에 상당하는 작업이 전자자료에 대해서는 오늘날 거의 체계적으로 이루어지고 있지 않다. 따라서 어떠한 종류의 정보가 어느 정도 존재하고 있는지, 어디에 소장되어 있는지 잘 알 수가 없다.

둘째, 정보의 정확성과 신뢰성이 결여되어 있다. 인터넷 전자자료는 생겨난지 얼마되지 않았지만 인쇄형 자료에 비해 실로 엄청난 정보가 존재하고 있다. 네트워크 환경에서는 누구나 정보발신자가 된다는데 매력이 있다. 그런데 잡다한 정보가 범람하여 유통되고 있으므로 일반적으로 입수한 정보의 대부분은 자신이 원하는 것이 아닌 경우가 많다. 최근 구글과 같은 강력한 검색엔진이 개발되어 있지만 아직은 인터넷상에서 입수한 정보의 정확률이 매우 낮다고 볼 수 있다.

셋째, 보존체제가 확립되어 있지 않다. 전자자료의 대부분은 도서관자료와 같이 영구 보존형식으로 운영되고 있지 않다. 일시적으로 제공되는 정보, 신판이 발행되면 없어지는 정보 등 어떤 때는 입수 가능했던 정보지만 나중에 개정되어 입수하려고 하면 어디에도 존재하지 않는 정보도 발생하게 된다. 이것은 정보서비스의 정보원으로서 적절하다고는 할 수 없다. 물론 네트워크상에 유통되는 모든 정보가 영구 보존되어야 할 필요는 없지만 정보서비스의 정보원이 될 수 있는 것에 대해서는 체계적으로 조직하여 보존할 필요가 있다.

---

61) 戸田愼一. “ネットワ-ク情報資源と圖書館·情報サ-ビスの將來,” 情報の科學と技術, Vol.44, No.1 (1994. 1), pp.4-6.

6.2 전자자료의 종류

전자자료란 각종 유형의 전자책으로 구분할 수 있으며, 이들은 다시 출판되는 매체, 기능, 출판형식, 그리고 서비스방식에 따라 다양하게 분류될 수 있다.

Hickey는 전자자료의 형식 구성방식에 따라 단순 텍스트형식, 페이지 이미지형식, 텍스트 구조화형식의 세 가지로 구분하고 있다.[62] Marchionini와 Maurer은 전송형식에 따라 일반전송과 하이퍼텍스트형식의 두 가지로 구분하고 있는데, 전자는 파일서버에 PostScript나 LaTeX, 또는 ASCII의 형태로 파일을 저장해 놓고 전자우편이나 ftp를 이용하여 전송하는 형식이며, 후자는 하이퍼텍스트/하이퍼미디어 시스템에 문서를 저장해놓고 온라인 브라우징이나 정독을 하는 형식이다.[63] Barker와 Giller는 전자자료를 용도에 따라 보존용(archival), 정보용(informational), 교육용(instructional), 조사용(interrogational)의 4가지로 구분하여 설명하고 있다.[64] 金子朝男은 전자책을 크게 하드웨어 변화형과 소프트웨어 변화형의 두 가지로 구분하였는데, 하드웨어 변화형은 종래의 종이책을 CD-ROM이나 비디오잡지, 온라인 데이터베이스로 변환시킨 것이며, 소프트웨어 변화형은 하드웨어 변화형의 전자책을 취급방법까지 변화시킨 것 즉, 하이퍼미디어 구조 등으로 재구성한 것을 말한다.[65]

한편 목록규칙과 관련하여 한국목록규칙과 AACR2R에서는 전자자료의 유형을 파일의 특성에 따라 데이터(수치, 문자, 그림, 이미지, 사운드, 그리고 이들이 조합된 형태), 프로그램(데이터처리를 포함하여 어떤 업무를 수행하기 위한 지시나 루틴), 그리고 이 두 가지가 혼합된 자료(멀티미디어와 온라인 서비스자료 포함)의 세 가지로 구분하고 있으며,[66] ISBD(ER)에서는 이 세 가지 유형을 다시 하위계층으로 세분하여 다음과 같이 모두 30종으로 제시하고 있다.[67]

---

62) T. B. Hickey. "Present and Capabilities of the Online Journal," Library Trends, Vol.43, No.4(1995), pp.532-538.

63) Gary Marchionini and Hermann Maurer. "The Roles of Digital Libraries in Teaching and Learning," Communications of the ACM, Vol.38, No.4(1995), p.70.

64) Philip Barker. op. cit., pp.140-141.

65) 金子朝男. "情報の傳達と理解のための新しいメデイア '電子本'について," BugNews, 1988. 12, p.62.

66) 韓國圖書館協會. 韓國目錄規則, 第4版(서울 : 韓國圖書館協會, 2003), p.321.
ALA. *Anglo-American Cataloging Rules, 2nd ed., 1988 Revision*(Chicago : ALA, 1988), p.221.

전자 데이터 (Electronic data)
  전자 폰트 데이터 (Electronic font data)
  전자 이미지 데이터 (Electronic image data)
  전자 수치 데이터 (Electronic numeric data)
    전자 센서스 데이터 (Electronic census data)
    전자 서베이 데이터 (Electronic survey data)
  전자 묘사 데이터 (Electronic representational data)
    전자 지도 데이터 (Electronic map data)
  전자 음향 데이터 (Electronic sound data)
  전자 텍스트 데이터 (Electronic text data)
    전자 서지 데이터베이스 (Electronic bibliographic databases(s))
    전자 문서 (Electronic document(s))
    전자 저널 (Electronic journal(s))
    전자 뉴스레터 (Electronic newsletter(s))
전자 프로그램 (Electronic program(s))
  전자 응용 프로그램 (Electronic application program(s))
    전자 CAD 프로그램 (Electronic CAD program(s))
    전자 데이터베이스 프로그램 (Electronic database program(s))
    전자 출판 프로그램 (Electronic desktop publishing program(s))
    전자 게임 (Electronic game(s))
    전자 스프레드시트 프로그램 (Electronic spreadsheet program(s))
    전자 워드프로세서 프로그램 (Electronic word processor program(s))
  전자 시스템 프로그램 (Electronic system program(s))
    전자 운영 시스템 프로그램 (Electronic operating system program(s))
    전자 프로그래밍 언어 프로그램 (Electronic programming language program(s))
    전자 검색 프로그램 (Electronic retrieval program(s))
  전자 유틸리티 프로그램 (Electronic utility program(s))
전자 데이터 및 프로그램 (Electronic data and program(s))
  전자 인터액티브 멀티미디어 (Electronic interactive multimedia)
  전자 온라인 서비스 (Electronic online service(s))
    (예: Bulletin boards, Discussion groups/lists, Web sites)

또한 실제 목록작성에 있어서는 이들 전자자료를 직접접근 자료와 원격접근 자료의 두 가지로 구분하고 있는데, 직접(local)은 물리적 형태를 기술할 수 있지만 원격(remote)은 기술할 수 없다는 것을 의미한다. 즉, 직접접근을 위해서는 디스크나 카세트, 카트리지를 이용자가 컴퓨터에 삽입하거나 일시적으로 부착해야 한다. 원격접근은 단지 입출력장치의 이용이나 컴퓨터시스템의 접속(네트워크내의 자료)으로, 또는 하드디스크나 기타 축적장치에 저장된 자료의 이용으로만 제공될

67) IFLA. ISBD(ER); International Standard Bibliographic Description for Electronic Resources (München : Saur, 1997), p.51.

수 있다. 이와 같이 ISBD(ER) 즉, 목록규칙에 있어 원격은 일반적인 'distance'라는 거리개념이 아니라 주변장치와 정보원과의 일치여부를 나타낼 뿐이다. 이러한 정의는 인터액티브 멀티미디어를 포함하여 네트워크나 텔레커뮤니케이션을 통해 접근될 수 있는 대부분의 정보원에 적용될 수 있다.

6.3 전자자료의 선택

전자자료도 인쇄자료와 마찬가지로 성문화된 장서개발 정책을 수립해야 하며, 전통적인 장서구성 원칙을 적용하여 전자자료의 특성을 반영하면 된다. 특히 인터넷자료를 협동목록체제로 운영할 경우 지역사이트 관리자들과 협의하여 지역네트워크에 다운로딩하거나 원격 접근하도록 하는 목록을 위해 인터넷자원들을 식별하고 선정해야 한다.

국립중앙도서관의 OASIS (Online, Archiving & Searching Internet Service) 시스템은 국가대표도서관으로서 아래와 같은 기준으로 온라인 디지털자원을 수집·보존하고 있다.[68] 즉, 중앙정부가 생산한 온라인 디지털자원, 대학간행물, 회의자료, 전자저널, 기증/추천된 온라인 디지털자원, 최근 이슈가 되는 온라인 디지털자원, 국내 웹사이트 등의 자료를 우선적으로 수집하고 있으며, 채팅사이트, 언론 사이트, 게시판과 뉴스그룹, 기타 기술적으로 수집이 불가능하고 수집/보존의 가치가 없는 디지털자원 등의 자료를 수집에서 제외하고 있다.

Sha는 협동목록체제를 염두에 두고 미주리-콜롬비아 대학도서관의 인터넷자원 선택기준을 다음과 같이 제시하였다.[69]

① 지역시스템이 소장하고 유지하는 인터넷자원: 지역적으로 소장하고 있는 자원은 정보를 구하고 레코드를 유지하기 쉬우므로 이러한 자료를 목록하는 것은 좋은 출발점이 될 것이다.

② 지역 이용자들에게 가장 중요한 연구자료: 도서관들은 지역 이용자들에게 봉사하기 위해 존재하므로 이러한 자료들이 우선적이며, 예를 들어 법률도서관은 법률에 관련된 연구나 참고자료들이 이에 해당될 것이다.

68) 국립중앙도서관. *OASIS : Online, Archiving & Searching Internet Service*. 〈http://www.oasis.go.kr/〉 [인용 2009. 12. 20].

69) Vianne T. Sha. "Cataloging Internet Resources; the Library Approach," *The Electronic Library*, Vol.13, No.5(1995), pp.467-476.

③ 참고봉사의 질을 향상시킬 수 있는 주요 도구: 백과사전, 인명록, 통계자료 등의 즉답형 참고자료들은 도서관 직원들이 이용자들의 참고질문에 답변하는 것을 돕는다. 지역도서관에서 이용할 수 없을 때 이러한 자료들을 목록하는 것이 특히 중요하며, 그 결과 사서나 이용자들은 이러한 자료들의 온라인 유용성을 인식하게 된다.

④ 지식을 갱신할 수 있고 도서관 직원들의 기술을 향상시킬 수 있는 주요 도구: 최신 지식과 적합한 도구들은 이 업무의 질을 보증하는데 중요하며, 다량의 국가정보와 실용적인 도구들이 인터넷상에서 이용 가능하다. 도서관 직원들은 인쇄된 형태로 이용할 수 없을 때 이러한 자료에 접근할 수 있어야 한다.

〈표 6-1〉 CD-ROM 데이터베이스의 선택기준

항 목	구체적 선택 기준
도서관 환경	· 도입의 필요성 · 주제영역과 이용자의 지적 수준에의 적합성 · 인쇄자료 및 온라인 시스템의 유무와 활용가능성 · 이용자의 정보접근과 입수방식 및 이용경험 · 장서개발, 예산확보문제
소프트웨어 특성	· 수록정보의 특성과 범위 · 탐색성능 · 이용자의 수준별 검색의 가능성, 메뉴탐색과 명령어탐색의 가능성 · 탐색의 편이성 · 온라인 시스템과의 접속여부 · 개정빈도의 적절성
하드웨어 특성	· 컴퓨터와 주변기기 · CD-ROM 드라이브의 종류와 대수 · 인터페이스 카드(interface card), 케이블 · 하드웨어의 호환성
서비스 조건	· 직원교육지원 · 업그레이드 문제 · 시스템 에러 및 다운타임(down time)에 대한 대책
비용문제	· 하드웨어 및 소프트웨어의 가격 · 갱신료 · 직원훈련비용 · 유지 및 보수비용

〈표 6-2〉 인터넷 정보자원의 선택기준

항 목		구체적 선택 기준
웹 사이트	접근성 유용성	· 웹사이트의 접속이 용이한가 · 코드(code)에는 오류가 없는가 · 다운로드 시간은 어느 정도인가 · 사이트의 후원기관이나 관리기관을 파악하기 쉬운가 · 홈페이지 정보에 대한 안내가 있는가, 기밀정보가 있는가 · 무료인가, 유료인가. 웹사이트에서 비용을 확인할 수 있는가 · log-on이 필요한가. 필요하다면 log-on 정보를 제공하는가 · 사이트 방문회수가 자동으로 체크되며, 확인이 가능한가
	구조 디자인	· 디자인의 범위, 목적 등에서 표준포맷을 채택하고 있는가 · 검색방법을 지원하는 다른 매체나 프로그램이 있는가 · 표현된 언어는 어떤 것인가. 영어 이외의 언어도 있는가 · 사이트 내에서의 자유로운 이동이 가능한가 · 웹페이지의 이동에 대한 안내정보가 있는가.
웹마스터 (저자/관리자)의 권위와 신뢰성		· 웹마스터의 인적사항, 전공분야, 전자우편주소 및 연락처가 분명한가 · 전공 또는 주제분야의 저작물이나 실무경험이 풍부한가 · 웹마스터 이외의 후원기관이나 조력기관이 있는가
웹정보 자원	명확성 안정성 최신성	· 웹정보의 제목은 무엇이며, 어떤 주제분야인가 · 누구를 이용대상자로 하는가. 제한적인가. 무제한적인가 · 자료나 문서의 목적과 범위에 대한 설명이 있는가 · 작성일, 최후 갱신일 및 갱신주기가 있는가 · 사이트의 정보가 안정적인가, 얼마나 자주 갱신되는가 · 갱신된 내용을 쉽게 확인할 수 있는가
	범위 적합성	· 내용이 이용대상자의 요구를 충족시키는가 · 주제범위가 이용자에게 적합한가, 새로운 정보가 있는가 · 내용의 기술방법, 동료의 평가, 참고문헌 등이 제시되어 있는가
링크정보의 품질		· 링크된 정보에 관한 설명이 명확한가 · 신뢰성이 높은 자료가 링크되어 있는가 · 링크정보의 선정기준이 있는가 · 본문자체를 링크하는가 아니면 목록만 링크하는가
기 타		· 비슷한 주제의 다른 사이트와의 비교 · 인쇄물의 내용과의 동일성 여부 · 색인 프로그램의 평가 또는 검증여부

그리고 OASIS 시스템에서 수집/보존/서비스하게 되는 대상은, 하나 또는 몇 개의 파일 단위로서 정보의 가치를 가지게 되는 "개별자원"과 하나의 사이트 단위로

해당 사이트의 모든 자원을 가져와 미러링하게 되는 “웹사이트”로 구분한다.

추천/기증을 받은 웹문서 또는 수집팀이 직접 검색한 웹문서를 선별하여 수집을 실행한다. 로봇은 해당 웹자원을 수집하고, 기존 수집 웹자원과 중복되는지를 검사한 후 자동으로 분류체계에 따라 분류하고 요약정보를 추출한다. 수집이 완료된 웹문서는 관리자가 각종 메타정보를 입력하고, 교열검증을 하여 최종 목록 작성 후 보존하게 된다. 수집 전 저작권자에게 반드시 저작권 동의를 구하게 된다.

한편 전자자료의 대표적인 CD-ROM 데이터베이스와 인터넷 정보자원의 구체적인 선택기준은 각각 〈표 6-1〉과 〈표 6-2〉와 같다.[70]

6.4 전자자료의 조직

전자자료는 앞절에서 살펴본 바와 같이 CD-ROM과 같이 매체의 실체가 있는 자료와 웹자원과 같이 실체가 없이 네트워크상에 존재하는 두 가지 유형으로 구분되고 수 있다. CD-ROM과 같이 실체가 있는 자료는 영상자료나 녹음자료의 CD나 DVD와 같이 조직방법에 별다른 차이점이 없지만 웹자원과 같이 네트워크상에 존재하는 전자자료는 조직이나 관리방법이 다를 수밖에 없다.

6.4.1 전자자료의 조직유형

전자자료의 조직유형은 인터넷 자료를 중심으로 기술하기로 한다. 오늘날 인터넷 자료를 효과적으로 수집하여 조직, 검색하기 위한 여러 가지 방법이 시도되고 있다. 첫째, 가장 일반적인 방법이 Google, Yahoo, AltaVista, WebCrawler 같은 검색엔진처럼 인터넷상의 웹 페이지를 자동으로 색인하는 방법이 있으며, 둘째, 웹 자료를 기술하기 위해 고안된 더블린코어(Dublin Core), URC 템플리트, IAFA 템플리트, TEI 헤더 등과 같은 메타데이터(metadata)를 이용하는 방법, 셋째, 도서관에서 전통적으로 인쇄형 자료를 목록하는 것과 같이 마찬가지로 MARC 형식으로 인터넷 자료를 목록하는 방법이 있다.

1) 자동색인법

검색엔진은 인터넷상에 널리 흩어져 있는 정보들을 이용자가 찾을 수 있도록

---

70) 윤희윤. 장서관리론, 개정판(대구 : 태일사, 2007), pp.142-143.

도와주는 일종의 소프트웨어라고 할 수 있으며, 이는 검색을 하기 이전에 색인 즉, 데이터베이스를 어떻게 구축하느냐가 매우 중요하다고 할 수 있다.

대부분의 검색엔진들은 인터넷 자료에 대한 색인 데이터베이스를 구축함으로써 운영되며, 이는 실제로 텍스트로부터 단어나 구를 발췌하여 불 연산자 혹은 다른 방법을 사용하여 효율적으로 탐색할 수 있도록 파일을 구축하는 것이다. 이를 위해 웹 로봇, 웹 에이전트, 스파이더, 크롤러 등의 별명을 갖는 자동화된 소프트웨어가 주기적으로 인터넷상의 정보를 찾아다니며, 일반에게 공개된 웹의 모든 사이트를 방문하고 주소를 기록한 후 웹 데이터베이스를 생성하여 두었다가 이용자가 검색어를 입력하면 이 데이터베이스를 검색하여 위치정보를 제공해 주는 것이다. 모든 검색엔진들이 초기단계에서 이러한 과정을 거치며, 검색엔진의 데이터베이스 구축방법에 따라 검색기능, 검색대상, 출력내용, 이용자 인터페이스 등이 달라지므로 동일한 주제를 탐색하더라도 검색결과의 질과 양에 있어 큰 차이가 나게 된다.[71]

한편 검색엔진은 일반적으로 검색방법에 따라 크게 주제어 검색엔진, 디렉토리형 검색엔진, 그리고 혼합형 검색엔진의 세 가지로 구분하고 있다. 주제어 검색엔진은 AltaVista와 같이 인터넷상의 웹 페이지를 자동으로 색인을 하여 특정 키워드 즉, 주제어로 검색을 할 수 있다. 디렉토리형 검색엔진은 Yahoo와 같이 특정 주제별로 웹 분석 전문가가 직접 웹 페이지들을 분석하여 계층별로 분류하여 둠으로써 이용자가 주제별 또는 메뉴형식으로 검색할 수 있다. 혼합형 검색엔진은 Excite, Lycos, WebCrawler, InfoSeek와 같이 주제어와 디렉토리를 함께 사용하고 있는 것이다.

그런데 WebCrawler는 비록 이 시스템의 정교한 탐색기술이 관련 문헌들을 분류한다고 하더라도 탐색능력과 데이터식별이 제한되어 있다. Lycos는 정보원에 대하여 보다 서술적인 정보를 제공하지만 각각의 레코드에 대하여 표제, 키워드, 초록정보로 들어가기 위하여 인터넷 자료의 저자와 출판자들의 협력이 필요하다. Lycos의 레코드생성과 색인과정은 완전히 자동적이지는 않으며, 이용자들이 폭넓은 검색을 위해서는 다른 시스템들도 검색해야만 한다. Yahoo와 같은 디렉토리형은 정보의 신뢰도가 높으나 색인 데이터베이스의 수가 적을 경우, 풍부한 검색결과를 얻을 수 없다. 이러한 것은 모두 검색엔진의 검색방법이 문제가 아니라,

---

71) 이란주. “웹 검색엔진의 기능과 특징에 관한 연구,” 도서관, Vol.54, No.3(1999 가을), pp.6-7.

그 이전에 인터넷 자료를 어떻게 조직하여 데이터베이스를 구축했느냐가 문제라고 할 수 있다.

이외에도 여러 가지 유형의 검색엔진이 개발되어 일정한 성과를 거두고 있으나, 인터넷에서 전문(全文)을 대상으로 자동 색인을 하는 로봇색인만으로는 이용자의 요구를 만족시킬 수 없다고 생각된다.

2) 메타데이터

오늘날 인터넷 자료의 급증으로 이들 자료를 효과적으로 검색하기 위한 각종 검색엔진들이 개발되어 있으나, 앞서 살펴본 바와 같이 검색엔진만으로는 여러 가지 측면에서 한계가 있다.

이러한 문제를 해결하고자 종래의 자료 조직방법에 대해 새로운 변화가 일어나고 있는데, 지금까지와는 달리 정보자료를 자기 스스로 많은 이용자가 검색할 수 있도록 정보의 생산자 측에서 독자적인 도구를 개발하게 되었다. 즉, 정보의 생산자 측에서 부여하는 것을 전제로 하고 있는 이러한 도구들을 일반적으로 '메타데이터'라고 부르고 있으며, 이미 더블린코어를 비롯하여 URC 템플리트, IAFA 템플리트, TEI 헤더 등 다양한 형식이 개발되어 있다. 이제 메타데이터의 등장으로 도큐멘테이션은 도서관만의 관심사가 아니게 되었다.

메타데이터는 일반적으로 '데이터에 관한 데이터'라고 정의되며, 정보자료의 소재 지시, 발견, 관리, 평가, 선택을 하기 위한 것이다. 메타데이터의 기술대상은 도서나 잡지뿐만 아니라 사진, 회화, 지도, 데이터베이스, 웹 등 다양한 정보자료를 대상으로 하고 있으며, 적용분야나 이용자 수준에 따라 상이한 유형의 메타데이터가 제안되어 설계되고 있다. 최근에는 메타데이터의 개념이 주로 인터넷 자료를 기술하고 있는 데이터의 의미로 한정되어 사용되고 있으며, 여기에는 일반적으로 원래의 자료에 대한 기술사항(물리적 형태와 주제)과 접근점(제작자, 주제, 표준번호 등), 소재위치(URL) 등이 포함되어 있다.

처음 메타데이터를 개발하게 된 주된 이유는 형식과 구조를 단순화하여 네트워크 자료의 저자가 직접 메타데이터를 기술하도록 하기 위해서였다. 즉, MARC과 같은 기술수준으로 메타데이터를 유지하기 위해서는 많은 비용과 노력이 필요하기 때문에 MARC과는 독립된 메타데이터로 인터넷 자료를 기술하기 위한 것이다. 이로 인해 MARC 형식으로 구축된 방대한 서지데이터와의 공존이 불가피하고, 필요에 따라서는 메타데이터와 MARC 형식간의 데이터변환 프로그램이 필요하다.[72]

이와 관련하여 미국의 도서관협회에서는 메타데이터와 MARC을 기반으로 하는 서지레코드간의 관계에 대해 다음과 같이 규정하고 있다. 즉, 목록규칙에 따라 작성된 메타데이터가 아니라면 이를 서지데이터베이스에 포함하는 것은 서지데이터베이스의 질에 손상을 줄 수 있고, 따라서 메타데이터 형식에 따라 작성된 레코드는 별도의 레코드로 유지하는 것이 바람직하다고 결론짓고 있다.[73] OCLC의 CORC에서도 자동생성 프로그램에 의해 메타데이터를 MARC 21과 더블린코어 양쪽으로 유지하고 있다.

또한 일본의 村上泰子는 목록데이터를 전형적인 메타데이터의 하나로 규정하면서 메타데이터는 다음 세 가지 점에서 목록데이터와 다르다고 주장하고 있다.[74]

첫째, 메타데이터는 구문(syntax) 부분과 의미(semantics) 부분이 완전히 별개로 규정되어 있으며, 둘째, 메타데이터에는 현재 각 요소에 기술해야할 내용 등에 있어 메타데이터의 종류에 관계없이 적용할 수 있는 공통입력 매뉴얼과 같은 것이 존재하지 않고, 셋째, 메타데이터의 작성이 정보소비자 측이 아니라 생산자 측에서 이루어지고 있다는 것을 전제로 하고 있는 점이다.

이러한 차이점 가운데 형식면에서의 차이는 그만두고라도, 메타데이터의 부여가 생산자 측에서 이루어지고 있다는 점에서는 데이터의 정확성이나 완전성에 있어 충분한 보증을 할 수가 없다. 생산자 측에서 이러한 데이터를 부여하는 목적은 데이터이용을 촉진하기 위해서이며, 다시 말해 보다 많은 사람들이 검색할 수 있도록 하기 위한 판매 전략과 일치하는 경우 데이터의 정확성보다는 판매촉진의 목적이 우선할 수 있다는 것이다. 또한 메타데이터의 유형은 앞으로도 계속 늘어날 것이며, 같은 정보원에 대해서도 두 종류 이상의 메타데이터가 부여될 수도 있다. 이것은 메타데이터 간에 동일한 요소의 데이터 내용에 있어 차이가 있는 경우도 생각할 수 있다.

이와 같이 인터넷 자료의 조직화 도구로서 주목되고 있는 메타데이터이지만 데이터의 부여규칙이 아직 완벽하게 정비되어 있지 않으며, 안정성이 확보되지 않는 등 문제점이 많아서 인쇄자료의 조직화를 통하여 오랜 기간 도서관계가 경험하였던 내용들이 새삼 중요하게 인식되고 있다. 결국 메타데이터도 인터넷 자료

---

72) 김태수. 목록의 이해(서울 : 한국도서관협회, 1999), pp.148-149.

73) *Ibid.*, pp.162-163.

74) 村上泰子. "圖書館界とメタデ-タ; 米國議會圖書館の戰略を中心に," 情報の科學と技術, Vol.51, No.8(2001. 8), pp.403-404.

의 조직을 위한 유용한 하나의 정보원이 될 수 있지만 목록의 완전한 대체수단까지는 될 수 없을 것이다.

3) 전통적인 도서관 접근법

메타데이터도 인터넷 자료를 위해 매우 유용한 정보원이 되고 있지만 완전한 목록의 대체수단이 되기 위해서는 보다 완벽한 규칙의 정비와 함께 도서관계의 합의가 있어야 가능할 것이다. 원래 메타데이터는 자료의 상세한 기술이 목적이 아니라 신속한 탐색을 목적으로 한 것이므로 목록에 비해 식별요소가 부족하고, 전거파일과 같은 제어수단이 사용되지 않아 도서관의 서지데이터와는 질적으로 차이가 있다고 볼 수 있다.

오늘날 컴퓨터 소프트웨어 기술의 발전으로 전통적인 도서관의 목록레코드와 인터넷 자료간에도 서로 하이퍼링크를 제공할 수 있게 되었다. 즉, 저자, 표제, 주제 등에 따라 조직될 수 있는 도서관의 OPAC을 통하여 인터넷 자료에 곧바로 접근될 수 있다. 물론 이러한 방법도 목표를 달성하기 위해서는 더 많은 인간의 지적 작업과정과 시간이 필요하지만 우리가 도서관의 입장에서 인터넷 자료를 조직하는데 이러한 방법, 특히 MARC 형식을 사용해야 하는 이유에 대해 Sha는 다음과 같이 주장하고 있다.[75]

첫째, MARC이 표준커뮤니케이션 형식으로 구성되어 있다. 즉, 모든 사람들이 정보를 조직하기 위해 자신만의 독자적인 방법을 만들 수 있지만, 자신의 방법으로 데이터를 저장하여 다른 시스템과 호환되지 않는다면 정보자료를 공유할 수 없다. MARC 표준을 이용하면 서로 다른 시스템간의 정보자료들을 공유할 수 있고, 한 시스템을 다른 시스템으로 대체하더라도 데이터는 호환이 가능하다.

둘째, 모든 기술수준을 위해 단순한 레코드 구조를 제공하고 있다. 즉, MARC 형식은 필드 수와 길이에 제한되어 있지 않아서 다양한 수준의 정보를 유연하게 기술할 수 있는 하나의 단순한 레코드 구조를 갖고 있다. 따라서 서지정보(저자, 표제, 출판사, URL 등)를 포함하는 어떠한 유형의 정보자료에 대해서도 최소수준에서 최대수준까지 MARC 형식으로 기술할 수 있다.

셋째, 유연한 디스플레이 형식이다. 즉, MARC 레코드는 시스템간에 정보를 교환하고 저장할 수 있도록 설계되었으며, OPAC을 통해 MARC 태그별 또는 카드 형태와 같은 다양한 형식으로 불러낼 수 있다.

---

75) Vianne T. Sha. *op. cit.*, pp.468-470.

넷째, 다양한 접근점을 제공한다. 인터넷에서 자동으로 색인된 대부분의 레코드들은 키워드로 검색될 수 있고, 또한 인터넷 검색엔진에 따라 시스템자체에서 관련 문헌을 보다 세분하여 제공하기도 하지만, 이용자들이 광의의 주제로 검색을 하면 관련 없는 문헌들도 많이 포함되어 있다. MARC 형식은 저자, 표제, 주제는 물론이거니와 키워드탐색을 위한 색인 태그도 있으며, 레코드형태나 자료유형, 언어, 출판일 등 많은 데이터요소들이 한정어로 사용될 수 잇다.

다섯째, 서지적 기술이 충분하다. 목록 레코드는 이용자들에게 레코드를 통해서 그 자료가 정말 원하는 자료인지 판단할 수 있도록 충분한 도움을 줄 수 있어야 한다. 자동으로 색인되는 검색시스템에서는 MARC에서와 같은 상세한 정보를 제공할 수가 없다.

여섯째, 도서관목록으로 모든 정보자료를 통합할 수 있다. 이용자들이 인터넷의 특정 주제정보를 수집하기 위해서는 상이한 탐색 메커니즘을 이용하면서 온갖 사이트를 돌아다녀야 하며, 이러한 방법은 단편적이고 비능률적이라 하겠다. 기존의 MARC 표준으로 모든 유형의 정보원들을 OPAC에 통합함으로써 하나의 탐색 명령어로 모든 종류의 정보원을 검색할 수가 있다. 그리고 웹기반의 OPAC 개발과 더불어 인터넷 자료 목록레코드가 도서관 OPAC에 다운로드 되면 이용자들은 OPAC에 기술되어 있는 URL을 통해 인터넷 자료에 바로 접근할 수가 있다.

일곱째, 대중접근을 확실하게 보장한다. 오늘날 모든 사람들이 컴퓨터지식과 개인적인 인터넷 기술을 갖고 있지는 않다. 만약 우리가 모든 사람들이 정보에 접근할 권리를 갖고 있다고 생각한다면 우리에게는 전통적인 정보배포자인 도서관이 있으므로 인터넷 자료를 목록하여 대중에게 접근할 수 있는 기회를 제공해야 할 것이다. 그렇게 되면 이용자들은 인쇄자료나 지도자료, 시청각자료, 마이크로자료 등을 이용하는 것처럼 스스로 또는 다른 방법으로 접근할 수 없을 때 도서관에 와서 인터넷 시설들을 이용할 수 있을 것이다.

이와 같이 인터넷과 같은 네트워크 시스템은 메뉴기능과 디렉토리구조, 이용자들을 도울 수 있는 탐색도구들이 있지만 이러한 것들은 온라인 목록에 존재하는 MARC 레코드를 통해 탐색할 수 있는 다양성이라든지 통제어휘 시스템의 정확성을 아직은 제공할 수가 없다. 미국의 의회도서관에서는 이미 웹 서버와 Z39.50 게이트웨이를 통해 서지레코드와 인터넷 자료를 서로 연결시키고 있으며, 다른 많은 도서관에서도 개별적으로 필요한 자료를 선택하여 목록을 함으로써 자관의 레코드에 편입시키고 있다.

결국 인터넷 자료들이 기존 도서관의 표준 형식인 MARC으로 목록이 될 때 이들 레코드는 국가적으로 집적된 데이터베이스에 저장될 것이며, 개별 도서관의 OPAC에 다운로드 될 수 있다. 이렇게 되면 연구자들은 모든 형태의 정보자료에 접근하기 위해 오직 한 곳, 도서관에만 가면 되는 것이다. 이렇게 목록된 레코드들은 상세히 기술된 정보를 제공함으로써 그 정보원이 연구자들에게 정말 필요한 것인지 식별할 수 있는 근거가 되며, 인터넷에서 정보를 브라우징 하는데 걸리는 시간도 많이 절약할 수 있을 것이다.

6.4.2 전자자료의 목록

전자자료가운데 CD-ROM과 같이 실체가 있는 자료는 이미 도서관에서 MARC 형식으로 오래전부터 레코드를 작성하여 관리하고 있다. 웹자원과 같이 네트워크상에 존재하는 전자자료는 더블린코어와 MODS와 같은 범용 메타데이터의 개발로 OCLC를 비롯하여 대규모 메타데이터조직이 이루어지고 있다. 물론 MARC 형식과 더블린코어나 MODS는 서로 매핑을 하여 레코드를 변환할 수도 있다. 여기서는 KCR4 제8장 전자자료와 KORMARC 형식을 바탕으로 전자자료의 목록 기술에 대해서 언급하기로 한다.

전자자료는 보통 디지털화되어 기계가 읽을 수 있는 데이터, 프로그램 코드 등으로 구성되어 있으며, 컴퓨터에 의해 접속, 처리, 실행되도록 되어 있다. 전자자료의 예로 프로그램, 데이터파일, 이미지파일, 디지털화된 오디오와 비디오자료 등이 있다.

1) 정보원의 우선순위(8.0.3)

원칙적으로 기술대상 자료에 나타난 정보 그대로 기술하며, 다음과 같은 우선순위로 기술하도록 규정하고 있다.

① 레이블

② 내부정보원(표제화면, 주 메뉴, 프로그램 설명, 첫 번째 화면, 파일의 헤더 등)

③ 파일의 제작자가 만든 참조 매뉴얼, 이용자 매뉴얼, 안내 지침서 등의 딸림자료

④ 용기 및 용기에 부착된 레이블

⑤ 물리적으로 복수의 구성요소를 지닌 자료의 경우, 종합표제를 포함하고 있

는 용기나 용기에 부착된 레이블

⑥ 기타 정보원

2) 자료유형(8.1.2.1)

[전자자료], [electronic resource]

245 00 ▾a한국문헌목록정보 ▾h[전자자료] / ▾d국립중앙도서관

245 00 ▾aHeritage books archives. ▾pUnderwood biographical dictionary ▾h[electronic resource] / ▾dLaverne Galeener-Moore

자료유형표시 ▾h는 본표제(▾a, ▾n, ▾p)다음에 위치하고, 책임표시(▾d)앞에 위치한다.

3) 책임표시(8.1.6)

기술대상 전자자료의 제작자나 프로그램설계자, 프로그래머, 개발자, 원안자, 원작자, 원화 작성자 등을 그 범위로 한다.

4) 판표시(8.2.1)

전자자료의 판(edition, issue, version, release, level, update)이나 전자자료를 읽거나 실행하는데 필요한 응용프로그램 또는 운영체제의 특정버전에 관한 사항을 그 범위로 하며, 다음의 경우는 판으로 보지 않는다고 규정하고 있다.

① 사소한 변경(철자수정)

② 내용배열의 변경

③ 출력형식이나 출력매체의 변경

④ 물리적 특성의 변경(레코드의 블록이나 밀도의 변경)

AACR2R 2002 개정판도 이와 유사하게 규정하고 있으며, ISBD(ER)에서도 물리적 용기의 유형과 크기, 프린터와 관련된 파일형식, 시스템관련 형식, 캐릭터 코드나 블록킹, 레코드 밀도, 출력매체나 출력형식 등과 같은 차이점은 이판(異版)으로 취급하지 않고 있어 판의 개념을 매우 제한적으로 적용하고 있다.

이러한 규정에 따르면, 전자자료의 시스템관련 형식인 'IBM PC version'이나 'Macintosh version', 출력형식과 관련된 'ASCII edition'이나 'Postscript edition', 출력매체와 관련하여 인터넷자료를 다시 'CD-ROM 버전'이나 '플로피 디스켓 버전'으로 복제한 경우, 레코드 밀도와 관련된 '압축파일버전'이나 '일반버전' 등은 이판

(異版)으로 간주하지 않는다.

5) 자료특성사항(8.3)

전자자료의 유형은 전자 데이터(electronic data), 전자 프로그램(electronic program), 그리고 전자 데이터 및 프로그램(electronic data and program)의 3개 계층으로 구분하여 기술하도록 규정하고 있다.

6) 형태사항(8.5)

특정자료종별과 수량, 기타 형태사항, 크기, 딸림자료순으로 기술하며, 원격자료에 대해서는 형태사항을 기술하지 않는다.

(1) 특정자료종별(8.5.1)

특정자료종별에 따라 전자 광디스크, 전자 디스크, 전자 디스크 카트리지, 전자 칩 카트리지, 전자 카드, 전자 테이프 릴, 전자 테이프 카세트, 전자 테이프 카트리지 등의 용어를 부기한다. 전자 광디스크의 경우 특정 포맷을 알 수 있을 때는 원괄호 속에 기재한다.

(2) 기타형태사항

음향, 색채, 디스크의 면수, 기록밀도, 섹터에 관한 사항을 기술한다.

(3) 크기

디스크의 직경, 카트리지의 길이, 카세트의 길이 × 높이 등을 기술한다.

300 ▼a전자 디스크 2매 : ▼b유성, 천연색, 단면, 단밀도, 소프트섹터 ;
▼c5 1/4 in. + ▼e사용 안내서 1책

300 ▼a1 electronic optical disk (CD-ROM) : ▼bsd., col. ; ▼c3 1/2 in.
+ ▼e1 sound cassette

7) 주기사항(8.7)

(1) 자료의 성격이나 범위, 시스템조건에 관한 주기

전자자료의 경우, 자료의 성격이나 범위와 함께 시스템조건과 접근방법에 관한 사항을 아래와 같이 주기사항 가운데 가장 먼저 기술하도록 규정하고 있다. 즉, 자료의 시스템조건에 관한 사항을 '시스템조건: '('System requirements: ')이라는 어귀를 앞세워 다음과 같은 순서대로 기술한다.

① 컴퓨터의 모델명

② 필요한 기억용량

③ 운용체제

④ 소프트웨어 조건(프로그래밍 언어 포함)

⑤ 필요한 주변장치의 종류와 특성

그리고 원격으로만 접근할 수 있는 파일인 경우에 항상 접근방법을 주기한다.

538 ▼a시스템조건: 팬티엄급 이상의 IBM 호환 PC ; 8MB 이상의 MM ; 한글윈도우즈 98 이상 ; 4배속 CD-ROM 드라이버 ; 256 색상 SVGA 보드

538 ▼System requirements: 48K RAM ; Apple Disk Ⅱ with controller ; col. monitor

856 40 ▼ahttp://weekly.chosun.com/ ▼mweekly@chosun.com

(2) 표제와 책임표시에 관한 주기

표제와 책임표시사항에 기재되지 않은 공동제작자나 프로그램 설계자, 원작자, 원화 작성자, 매뉴얼 작성자 등을 기술할 필요가 있을 때는 그 역할어와 함께 이를 주기한다.

(3) 판표시와 서지적 내력에 관한 주기

빈번하게 갱신되는 원격 전자자료의 판에 관한 내용을 주기한다.

(4) 자료의 특성에 관한 주기

형태사항에 기술되지 않은 중요하다고 판단되는 사항을 기술한다.

KORMARC 형식 516 필드에는 컴퓨터파일의 특성에 관한 정보 즉, text, computer program, numeric 등의 용어를 기술한다.

516 ▼a숫자파일(간략통계)

516 ▼aType of file: Audio data (digital audio file)

6.5 전자자료의 실례

6.5.1 광디스크 자료

1) 전자도서

KORMARC

001 000000398118
007 co cga024apaua
008 091125s2008   ulk   m   c   kor
020   ▾a8983710438▾g03400
056   ▾a069.5▾24
090   ▾a069.5▾b전192ㅈ
245 00▾a전남대학교 박물관 전시유물▾h[전자자료] :▾b국립전남대학교박물관 상설전시실 /
    ▾d전남대학교 박물관
260   ▾a광주 :▾b전남대학교 박물관,▾c2008
300   ▾a전자 광디스크 (CD-ROM) 1매 :▾b유성, 천연색 ;▾c4 3/4 in.
538   ▾a시스템 사용환경: 팬티엄급 이상; 메모리 16MB 이상; 윈도우 95/98; CD-ROM 드라이브
    4배속 이상
710   ▾a전남대학교.▾b박물관

〈그림 6-1〉 전자도서: 형태기술필드

〈그림 6-1〉은 2008년 전남대학교 박물관 상시전시실에서 전시되었던 유물을 CD-ROM으로 제작한 것이다.

007 형태기술필드는 자료의 형태사항에 관한 정보를 부호로써 알려주기 위한 필드이다. 지시기호와 식별기호가 설정되어 있지 않으며, 전자자료의 007 필드는 14자리의 고정길이 필드로 이루어져 있다. 재량 요소이며, 반복기술이 가능하다. 많이 사용되는 자수위치는 다음과 같다.

00(자료범주표시): 전자자료는 모두 'c'로 표시.
01(특정자료종별): 광디스크 'o', 원격자료 'r'로 표시.
02(미정의): 빈칸
03(색채): 천연색 'c', 흑백색 'b'로 표시.
04(규격): 디스크 직경이 4 3/4 in. 또는 12 cm 'g', 적용불가 'n'으로 표시.
05(음향): 유성 'a', 무성은 빈칸으로 표시.
06-08(이미지의 비트 깊이): 세 자리 숫자로 표시.
09(파일형식의 종수): 동일한 종류 'a', 여러 종류 'm', 알 수 없음 'u'로 표시.
10(품질보증지표): 없음 'a', 적용불가 'n', 있음 'p'로 표시.
11(원시자료의 정보원): 원시자료를 재생산한 파일 'a', 적용불가 'n'으로 표시.
12(압축수준): 압축하지 않음 'a', 무손실 압축 'b', 미상 'u'로 표시.
13(재포맷의 품질): 접근 'a', 보존 'p', 미상 'u'로 표시.

	00	01	02	03	04	05	06-08	09	10	11	12	13
007	c	o		c	g	a	024	a	p	a	u	a

예를 들어 위의 예시와 같이 007 필드가 'co cga024apaua'로 기술되어 있는 경우, 그 의미를 살펴보면 다음과 같다. 즉, 자료의 범주는 전자자료이며(c), 특정자료표시는 광디스크(o), 색채는 천연색(c), 매체의 규격은 직경 4 3/4 in(g), 음향은 유성(a), 이미지는 24비트로 스캔되어 있으며(024), 파일의 포맷은 모두 이미지파일이고(a), 품질보증 대상이 있다(p). 파일은 원본으로부터 복제한 것이며(a), 압축수준은 알 수 없고(u), 접근용으로 제작된 파일이다(a).

KORMARC

001 000000399147

007 co cga024apaua

008 091215s2000   ulk   m   c   kor

082   ▾a796▾222

090   ▾a796▾b국39ㄱ

245 10 ▾a국민생활체육 프로그램 백과사전▾h[전자자료] / ▾d국민생활체육협의회

260   ▾a서울 : ▾b국민생활체육협의회, ▾c2000

300   ▾a전자 광디스크 (CD-ROM) 1매 : ▾b유성, 천연색 ; ▾c4 3/4 in.

536   ▾a문화관광부와 국민체육진흥공단의 지원으로 제작됨

538   ▾a시스템 사용 환경: IBM/PC호환 ; 펜티엄100MHz이상 ; 16MB이상 ; 16배속 이상 ;
256칼라이상 슈퍼 VGA카드 ; Windows 95/98

653   ▾a생활체육

710   ▾a국민생활체육협의회

〈그림 6-2〉 전자도서: 부호화정보필드

〈그림 6-2〉는 2000년 국민생활체육협의회에서 CD-ROM으로 제작한 「국민생활체육 프로그램 백과사전」이다. 이 CD-ROM은 문화관광부와 국민체육진흥공단의 지원으로 제작되었다.

008 부호화정보필드는 40자리의 고정길이 필드로서 레코드 전반과 서지적 특성에 대한 정보를 부호화하여 나타내고 있으며, 007 필드와 마찬가지로 지시기호와 식별기호는 설정되어 있지 않다. 필수 요소이며, 반복기술이 불가하다. 전자자료의 008 필드 자수위치는 다음과 같다.

00-05(입력일자), 06(발행년 유형), 07-10(발행년1), 11-14(발행년2),
15-17(발행국명), 18-21(빈칸), 22(이용대상자 수준), 23-24(빈칸),
26-27(한국대학부호), 28(수정레코드), 29-31(빈칸), 32(목록전거),
33-34(빈칸), 35-37(언어), 38-39(한국정부기관부호)
25(전자자료의 유형): 수치정보(통계자료포함) 'a', 컴퓨터프로그램 'b', 설명자료(그림이나 그래프정보) 'c', 문자 'd', 서지데이터 'e', 폰트 'f', 게임 'g', 음향 'h', 양방향 멀티미디어 'i', 온라인 시스템 또는 서비스 'j', 조합 'm', 미상 'u', 기타 'z'로 표시.

	00-05	06	07-14	15-17	18-21	22	23-24	25	26-27	28	29-31	32	33-34	35-37	38-39
008	091125	s	2000	ulk				m				c		kor	

예를 들어 008 필드가 위의 예시와 같이 기술되어 있는 경우, 그 의미를 살펴보면 다음과 같다. 즉, 입력일자는 2009년 11월 25일, 발행년의 유형은 단일년도(s), 발행년도는 2000년, 발행지는 서울(ulk), 이용대상자 수준은 일반이용자(빈칸), 컴퓨터파일의 유형은 문자와 그림의 조합(m), 입력된 목록데이터는 협력기관에서 받은 것이며(c), 본문언어는 한국어이다(kor).

KORMARC

001 000000456074

007 co cga024apaua

008 091215s1999 ulk m c kor

020 ▾a8987855090▾g98610 :▾c₩40000

056 ▾a980.227▾25

090 ▾a980.227▾b정78ㅎ

245 00▾a한국의 석탑▾h[전자자료] /▾d정진해 저

260 ▾a서울 :▾b포토CD출판정보원,▾c1999

300 ▾a전자 광디스크 (CD-ROM) 1매 :▾b유성, 천연색 ;▾c4 3/4 in.

490 10▾a한국의 전통문화

520 ▾a삼국시대부터 조선시대에 이르기까지 발전해 온 탑의 양식과 발생기를 조명하고 전국에 산재해 있는 국보 및 보물, 지방유형문화재로 지정된 탑을 중심으로 자세한 해설과 재원을 축적한 자료임

538 ▾a사용환경: CD-i, Video-CD, Photo-CD player, 3DO세턴등, 32비트게임기, CD-ROM driver 장착된 PC 또는 Macintoch컴퓨터

700 1 ▾a정진해

710 ▾a포토CD출판정보원

830 0▾a한국의 전통문화.▾h[전자자료]

〈그림 6-3〉 전자도서: 형태사항

〈그림 6-3〉은 1999년 포토CD출판정보원에서 CD-ROM으로 제작한 「한국의 석탑」이다. 이 CD-ROM은 전국의 국보 및 보물, 지방유형문화재로 지정된 탑을 중심으로 자세하게 소개되어 있는 전자도서이다.

해당 자료의 수량 및 특정자료표시, 물리적 특성, 크기와 딸림자료 등에 관한 사항은 300 필드에 기술한다. 이때 지시기호는 모두 빈칸이며, 식별기호는 다음과 같다. 복합매체와 같이 구성하는 자료가 물리적으로 서로 다른 특성을 지닌 경우 이 필드를 반복하여 사용할 수 있다. 인터넷 자료에 대해서는 형태사항을 기술하지 않는다.

300 ▾a전자 광디스크 (CD-ROM) 매수 :▾b음향, 색채, 디스크의 면수, 기록밀도, 트렉, 섹트 ;▾c디스크 직경 +▾e딸림자료

300 ▾a전자 광디스크 (CD-ROM) 1매 :▾b유성, 천연색 ;▾c4 3/4 in.

300 ▾a전자 광디스크 6매 :▾b유성, 천연색 ;▾c4 3/4 in. + ▾e사용안내서

300 ▾a2 electronic optical disks (CD-ROM) :▾bcol. ;▾c4 3/4 in.

300 ▾a3 electronic discs :▾bsd., col. ;▾c4 3/4 in. + ▾e1 user's manual

총서사항에는 매체표시를 나타내는 식별기호(▾h)가 포함되어 있지 않으므로 총서부출표목에 매체표시가 필요한 경우 위의 예시와 같이 490 필드(총서사항/부출되지 않거나 다르게 부출되는 총서표제)와 830필드를 사용하여 기술한다.

490 10▾a한국의 전통문화

830 0▾a한국의 전통문화.▾h[전자자료]

KORMARC

001 000000304405
007 co cga024apaup
008 091215s1998 ulk m c kor
082 ▾a951.901▾220
090 ▾a951.03▾b발92ㄴㄴ
245 00▾aCD-ROM 渤海史▾h[전자자료] = ▾xHistory of the Palhae dynasty / ▾d누리미디어 제작
256 ▾a전자 데이터 및 프로그램
260 ▾a서울 :▾b누리미디어,▾c1998
300 ▾a전자 광디스크 (CD-ROM) 2매 :▾b유성, 천연색 ;▾c4 3/4 in. + ▾e사용안내서 1책 (190 p. ; 19 × 24 cm)
500 ▾a집필: 북한사회과학원, 개발: 열린데이터베이스연구원
505 0 ▾a제1집. 발해사연구·론문집·문답집 전권, 발해관련 원사료, 원색 발해유물 유적 슬라이드, 용어사전 -- 제2집. 운영프로그램
530 ▾a인쇄형태로도 발행됨
538 ▾a사용환경: Pentium 100 이상 IBM 호환 PC; RAM 16M 이상; CD-ROM 드라이브; 마우스; 윈도우 95 이상
710 ▾a북한사회과학원
710 ▾a서울시스템주식회사
710 ▾a열린데이터베이스 연구원
710 ▾a누리미디어

〈그림 6-4〉 전자도서: 내용주기

〈그림 6-4〉는 북한사회과학원에서 집필한 인쇄자료 「渤海史」를 1998년 누리미디어에서 제작한 전자자료 「CD-ROM 渤海史」이다.

505 필드에는 종합표제 또는 대표표제 아래 2개 이상의 저작이 수록된 경우, 그 저작들의 내용을 기술한다. 505 필드는 기본형과 확장형의 두 가지 기술방법이 있다. 제2지시기호가 '0'이면 확장형, 빈칸이면 기본형이다. 기본형의 경우에는 7XX 필드에 다시 내용을 기술하여야 부출표목이 되며, 확장형의 경우에는 다시 입력하지 않아도 자동으로 생성된다. 아래의 예시는 기본형으로 작성된 것이다.

505 0 ▾a제1집. 발해사연구 · 론문집 · 문답집 전권, 발해관련 원사료, 원색
발해유물 유적 슬라이드, 용어사전 -- 제2집. 운영프로그램

표제와 책임표시사항을 나타내는 필드 245의 식별기호는 다음과 같은 순서로 기술하며, 자료유형표시를 제외하면 일반도서와 기술방법이 동일하다.

245 ▾a본표제 ▾h[전자자료] = ▾x대등표제 / ▾c책임표시

245 00 ▾a(CD-ROM) 渤海史 ▾h[전자자료] = ▾xHistory of the Palhae
dynasty / ▾d누리미디어 제작

앞서 〈그림 6-3〉에서 설명한 바와 같이 전자자료의 수량 및 특정자료표시, 물리적 특성, 크기와 딸림자료 등에 관한 사항은 300 필드에 기술한다

300 ▾a전자 광디스크 (CD-ROM) 2매 : ▾b유성, 천연색 ; ▾c4 3/4
in. + ▾e사용안내서 1책 (190 p. ; 19 × 24 cm)

300 ▾a2 electronic optical disks (CD-ROM) : ▾bsd., col. ; ▾c4 3/4
in. + ▾e1 user's manual (190 p. ; 19 × 24 cm)

2) 전자백과사전

KORMARC

001 000000452237

007 co cga024apaup

008 091220s2001 ulk m c kor

082 ▾a031 ▾25

090 ▾a031 ▾b한17

245 00 ▾a(디지털)한국민족문화대백과사전 ▾h[전자자료] = ▾xEncyclopedia of Korean Culture / ▾d한국정신문화연구원 편

250 ▾a전면 개정 증보(2001/2002년판), Network version

256 ▾a전자 데이터 및 프로그램

260 ▾a서울 : ▾b한국전신문화연구원, ▾c2001

300 ▾a전자 광디스크 (CD-ROM) 6매 : ▾b유성, 천연색 ; ▾c4 3/4 in. + ▾e사용안내서

500 ▾a5천년 한국 역사와 문화의 집대성

538 ▾a시스템 사용환경: 486 이상의 IBM 호환기종; 8MB 이상의 MM; 한글 Windows 95 이상; 4배속 이상 CD-ROM 드라이브; 800x600, 1024x768, 16비트 컬러 이상; 30MB 이상의 하드디스크 여유 공간

710 ▾a한국정신문화연구원

〈그림 6-5〉 전자백과사전: 컴퓨터파일의 유형, 시스템 사항에 관한 주기

〈그림 6-5〉는 한국정신문화연구원에서 2001년 네트워크버전의 CD-ROM으로 제작한 「한국민족문화대백과사전」이다. 이 CD-ROM에는 '전면 개정 증보(2001/2002년판)'과 'Network version'이라는 2개의 판표시가 되어 있다.

컴퓨터파일과 관련된 레코드의 특성은 256 필드에 기술하며, 여기에는 파일의 유형, 레코드 수, 명령문의 수, 바이트 수에 관한 정보가 포함된다. KORMARC 형식에는 파일의 유형을 전자 데이터(electronic data), 전자 프로그램(electronic program), 그리고 전자 데이터 및 프로그램(electronic data and program)의 3개 계층으로 구분하여 기술하도록 규정하고 있다. 516 필드에는 컴퓨터파일의 보다 세분된 유형을 주기하거나 008/25에서 열거하고 있는 일반적인 유형을 기술한다.

256　▾a전자 데이터 및 프로그램

256　▾a전자 데이터

256　▾a전자 프로그램

시스템 환경에 대해 기술하는 538 필드는 대체로 기종, 모델 또는 번호, 기억용량, 운영시스템, 소프트웨어 및 하드웨어 요건, 주변장치 등에 대해 다음과 같은 순서로 기술한다. 이때 시스템 요구조건이 Window, Macintosh, Unix 등의 환경에 따라 다르게 제시되어 있을 경우, 538 필드를 반복하여 각각의 요구조건을 기술하여 준다.

538　▾a시스템조건: 특정한 코드의 존재유무나 파일의 물리적 특성(기록밀도, 패리티, 블로킹 팩터); 파일을 사용할 수 있는 컴퓨터사양(제작자, 모델명); 기억용량; 운영체제; 프로그램언어를 포함한 소프트웨어 조건; 주변기기의 종류와 특성

538　▾a시스템 사용환경: 486이상의 IBM 호환기종; 8MB상의 MM; 한글 Windows 95 이상; 4배속 이상 CD-ROM 드라이브; 800x600, 1024 × 768, 16비트 컬러 이상; 30MB이상의 하드디스크 여유공간

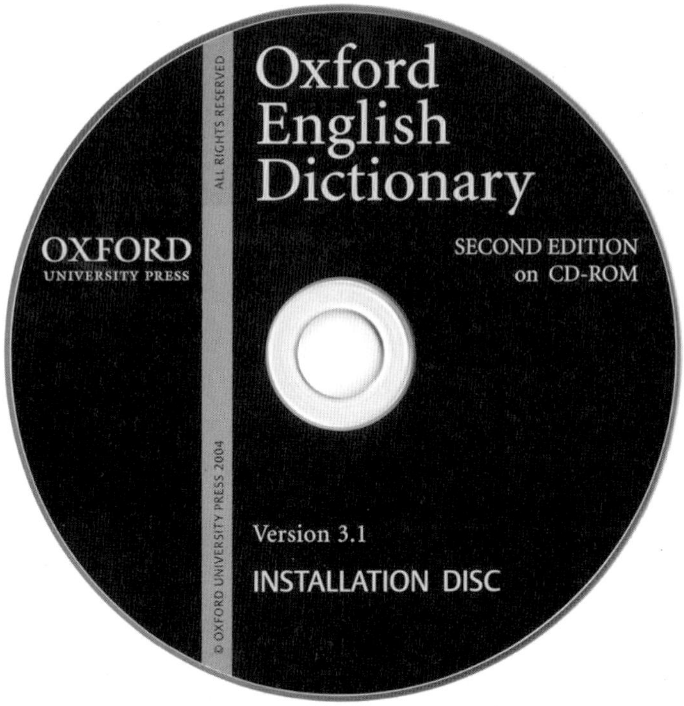

KORMARC

001 000013188737

007 co cga024apaup

008 091220s2004   uk   m   c   eng

082 0 ▼a423▼222

090   ▼a423▼b098o2▼cv.1-2

245 00▼aOxford English Dictionary▼h[electronic resource]

250   ▼a2nd ed., Version 3.1

260   ▼aHoboken, NJ :▼bOxford University Press,▼c2004

300   ▼a2 electronic optical disk (CD-ROM) :▼bcol. ;▼c4 3/4 in.

500   ▼aSecond ed. prepared by J. A. Simpson and E. S. C. Weiner

505 0 ▼a1. Installation disc -- 2. Data disc

530   ▼aAlso available on print ed.

700 1 ▼aSimpson, J. A.

700 1 ▼aWeiner, E. S. C.

770 0 ▼tOxford English Dictionary▼w13188741

〈그림 6-6〉 전자백과사전: 판사항

〈그림 6-6〉은 2004년 Oxford University Press에서 CD-ROM으로 제작한 *Oxford English Dictionary*이다. 이 CD-ROM은 '2nd ed., Version 3.1'과 같이 판표시가 되어 있다.

전자자료에서 사용되는 판에 관한 용어로는 일반적으로 판(edition), 호(issue), 버전(version), 발매(release), 레벨(level), 업데이트(update) 등이 있다. KCR4에서는 사소한 변경(철자수정), 내용배열의 변경, 출력형식이나 출력매체의 변경, 물리적 특성의 변경(레코드의 블록이나 밀도의 변경)등에 관한 것은 판표시으로 보지 않는다(KCR4 8.2.1). AACR2R 2002 개정판이나 ISBD(ER)도 이와 유사하게 규정하고 있다.

〈그림 6-5〉와 〈그림 6-6〉에서와 같이 판표시와 부차적인 판표시가 있을 때 쉼표로 연결해서 기술한다. 판표시가 2개인 것 같지만 하나는 부차적인 판표시로 취급한다. 판과 관련된 사항은 250 필드에 기술하며, 이 필드는 반복 기술하지 않는다.

250 ▾a전면 개정 증보(2001/2002년판), Network version

250 ▾a2nd ed., Version 3.1

※ KCR4의 규정에 따르면 전자자료에 있어 다음과 같은 판사항이 서로 대비되는 자료가 있을 때 판표시에 어떻게 기술하는가?(KCR4 8.2.1 참조)

IBM PC version / Macintosh version

ASCII edition / Postscript edition

Network version / 일반 version

Window version / Dos version

Disk edition / Cassette edition

14 cm disk edition / 9 cm disk edition

압축파일 version / 일반파일 version

Internet version / CD-ROM version / Floppy disk version

인쇄형식 판 / 전자매체 판

Korean version / English version / French version

School edition / 일반 및 대학생용 edition

3) 전자보고서

KORMARC

001 000000421267
007 co cga024apaua
008 091220s2000 ulk m c korBK
040 ▾a224010▾d224010
041 0 ▾akor▾aeng
082 ▾a388.021▾222
090 ▾a388.021▾b한17ㅇ
245 00▾a운수업통계조사보고서▾h[전자자료] =▾xReport on the transport survey :
▾b1997-1999 /▾d통계청
260 ▾a서울 :▾b통계청,▾c2000
300 ▾a전자 광디스크 (CD-ROM) 1매 ;▾c4 3/4 in.
530 ▾a같은 내용으로 인쇄형태도 있음
538 ▾a시스템 운영환경: 486 이상 windows 95 또는 98이 설치된 PC; 50MB 이상 빈 공간;
32MB 이상 권장; 4배속 이상의 CD-ROM 드라이브; Small font
710 ▾a한국.▾b통계청.
776 1 ▾t운수업통계조사보고서▾w130371

〈그림 6-7〉 전자보고서: 이용가능한 다른 형태 주기

〈그림 6-7〉은 통계청에서 발행한 「운수업통계조사보고서: 1997-1999」를 CD-ROM으로 제작한 것이다. 즉, 같은 내용의 인쇄형태도 존재한다.

이와 같이 해당 자료가 이용 가능한 다른 물리적 형태의 자료로도 간행되고 있을 경우, 이러한 내용을 알기 쉽게 풀이하여 530 필드(이용 가능한 다른 형태 주기)에 기술하며, 이것이 별도로 목록되어 데이터베이스의 제어번호를 갖고 있을 때는 표제와 제어번호를 776 필드(기타형태저록)에 입력하여 연관저록으로 나타낸다. 이때 776 필드의 내용은 530 필드에 기술되었으므로 다시 주기로 출력하지 않아도 된다.

530 ▼a같은 내용으로 인쇄형태도 있음
776 1 ▼t운수업통계조사보고서▼w130371

530 ▼aAlso available in a print ed.
776 1 ▼tSocial security handbook (Washington, D.C. : 1969)
▼x0361-5200▼w(DLC) 86645860

앞서 〈그림 6-2〉에서 설명한 바와 같이 008 필드의 /25에서는 전자자료의 유형을 아래와 같이 기호로 나타낸다. 〈그림 6-7〉은 수치정보와 문자가 혼합되어 있는 자료이므로 008/25 필드에는 'm'으로 표시함.

a: '수치정보'. 콘텐트가 숫자로 표시된 정보. 통계자료, 학생성적 등이 포함됨.
b: '컴퓨터 프로그램'. 컴퓨터를 기본적으로 운영하기 위한 프로그램이 수록됨.
c: '설명자료(그래픽 정보를 포함한 전자자료)'. 이미지형식의 문서는 포함되지 않음.
d: '문자'. 주로 문장형으로 이루어진 전자자료. 탐색소프트웨어가 포함되어 있더라도 문장형이 주된 자료라면 이 부호를 부여함.
e: '서지데이터'와 같이 도서관목록이나 서지 인용데이터베이스 등이 해당됨.
f: '폰트'. 예를 들면 Bitmapped and postscript.
g: '게임'. 교육 및 오락적 목적으로 제작된 게임에 적용. 비디오게임도 여기에 해당.
h: '음향'을 부호화 한 데이터 파일.
i: '양방향멀티미디어'. 다양한 종류의 미디어 네비게이션과 처리를 지원하는 전자자료.
j: '온라인 시스템 또는 서비스'. 예를 들면 온라인 도서관시스템, FTP 사이트, 전자게시판, 네트워크 정보센터 등.
m: '조합'. 자료가 둘 이상의 파일유형으로 구성되어 있음.
u: '미상', z: '기타'로 표시.

4) 전자연감

KORMARC

001 000013348500
007 co cga024apaua
008 091220c20069999ulk m a korQK
082 ▾a352.0519▾222
090 ▾a352.051▾b행73ㅎ
245 00▾a한국도시연감▾h[전자자료] =▾xMunicipal yearbook of Korea /▾d행정자치부
246 31▾aMunicipal yearbook of Korea▾h[전자자료]
260 ▾a서울 :▾b행정자치부,▾c2006-
300 ▾a전자 광디스크 (CD-ROM) 1매 ;▾c4 3/4 in.
310 ▾a연간
520 ▾a2006년 12월 현재 면 단위를 제외한 전국 시와 읍의 인구, 면적, 도시시설 및 건설상황, 재정, 사회복지, 문화 등 각 분야에 걸친 통계 자료를 수록하고 있음
362 0 ▾a제44호 (1997)-
500 ▾a2008년 4월부로 행정자치부가 행정안전부로 명칭변경 됨
710 ▾a한국.▾b행정자치부
710 ▾aMinistry of Government Administration & Home Affairs

〈그림 6-8〉 전자연감: 권·연차사항

〈그림 6-8〉은 행정자치부에서 2006년도에 소급하여 제44호(1997)부터 CD-ROM으로 발간하고 있는 「한국도시연감」이다.

전자연감의 경우 전자자료 이면서 연속간행물의 속성을 함께 지니고 있다. 따라서 전자자료의 특성(형태사항, 파일특성 시스템조건 등)과 연속간행물의 특성(간기, 권연차사항 등)이 함께 기술되어야 한다.

362 필드는 연속간행물의 간행에 대한 주기로서 창간호의 권・연차와 종간호의 권・연차를 기술하며, 계속 간행되고 있는 경우에는 종간될 때까지 종간호의 자리를 빈칸으로 둔다. 〈그림 6-8〉은 이미 오래 전부터 인쇄형으로 발간되고 있던 연감을 최근호부터 CD-ROM으로도 발간되고 있는 것이다. 이러한 경우 인쇄형과 CD-ROM의 창간연도(권・연차사항)는 아래와 같이 다르게 기술될 수밖에 없다.

• CD-ROM 「한국통계연감」 레코드의 권・연차사항

362 0 ▾a제44호 (1997)-

• 인쇄형 「한국통계연감」 레코드의 권・연차사항

362 0 ▾a제1호 (1952)-

한편 레코드 편성을 별도로 하지 않고 통합된 단일레코드 형식을 취했을 경우에는 362 필드에는 처음 창간된 권・연차를 기술한다.

복제물의 경우 그 대본인 원자료가 아니라 복제물 자체를 기술의 대상으로 하고 있지만 권호차, 연월차사항, 간행빈도 등에 대해서는 원본의 연속간행물에서 채기한다. 그러나 발행사항은 복제물의 발행사항을 기술한다(KCR4 11.0.3.3). 아래의 레코드에서 260 필드는 복제물의 정보, 310과 362 필드는 원자료의 정보이다. 〈그림 8-4〉의 설명 참조.

260 ▾a서울 : ▾b행정자치부, ▾c2006-

310 ▾a연간

362 0 ▾a제44호 (1997)-

6.5.2. 인터넷 자료

1) 인터넷 포털

KORMARC

001
007 cr cn ---mauuu
008 091215c20019999tgk m a kor
245 00 ▾a사이버독도 ▾h[전자자료] = ▾xDokdo of Korea / ▾d[경상북도청 독도수호대책팀]
256 ▾a전자 데이터
260 ▾a대구 : ▾b경상북도청 독도수호대책팀, ▾cc2001-
500 ▾a본표제는 홈페이지의 표제임: 2009. 11. 30. 검색
516 ▾a텍스트 및 그림파일
538 ▾a접근모드: World wide web
520 ▾a독도의 지명, 역사속 인물, 전설 및 설화, 독도의 생활, 자연생태 등에 관한 정보를 제공함
651 8 ▾a독도 ▾x역사
651 0 ▾aTok Island (Korea) ▾xHistory
710 ▾a경상북도청. ▾b독도수호대책팀
856 4 ▾uhttp://www.dokdo.go.kr/Index.do?command=search

〈그림 6-9〉 인터넷 포털: 본표제의 정보원, 주제명부출표목-지명

〈그림 6-9〉는 경상북도청 독도수호대책팀에서 제작하여 관리하고 있는 인터넷 포털사이트인 「사이버독도」이다.

일반 주기사항을 나타내는 500 필드에는 본표제의 정보원, 내용의 최종 수정이나 갱신일, 그리고 웹마스터나 설계자에 관한 정보 등을 기술한다. 이때 웹마스터나 설계자는 필요할 경우 700 필드에 부표목으로 다시 기술한다. 웹마스터에 관한 정보는 대개 'about'나 'developers' 링크에 포함되어 있다. 여기서 최종 갱신일은 판사항에 기술할 수도 있으나 인터넷 자료와 같이 빈번하게 갱신되고 있는 경우에는 일반적으로 주기사항에 기술하고 있다.

500 ▾a본표제는 홈페이지의 표제임: 2009. 11. 30. 검색

500 ▾a최종 갱신일: 2001. 11. 3.

500 ▾aTitle from Web page (viewed on May 7, 2002)

500 ▾aWebsite managed by Kendall Simmons

651 필드에는 주제명부출표목으로 사용된 지명을 기술한다. 주제명부출표목은 일반적으로 LCSH, NLSH, MeSH 등에 따라 접근을 제공하기 위해 서지레코드에 부여된다. 〈표 6-3〉은 LCSH (31th)의 '독도' 주제명을 발췌한 것이다.

651 8 ▾a독도 ▾x역사

651 0 ▾aTok Island (Korea) ▾xHistory

〈표 6-3〉 LCSH(31th)의 '독도' 주제명 표기 (2010년 1월 현재)

Tok Island (Korea)	
UF	Dogdo Island (Korea)
	Dok-do (Korea)
	Dokdo (Korea)
	Hornet Islands (Korea)
	Kaji-do (Korea)
	Kaji Island (Korea)
	Kajido (Korea)
	Liancourt Rocks (Korea)
	Sambong-do (Korea)
	Sambong Island (Korea)
	Sambongdo (Korea)
	Take-shima (Korea)
	Tokdo (Korea)
	Tok Islands
	Tok-to (Korea)
	Tokdo Islands (Korea)
	Tokto (Korea)
BT	Islands--Korea (South)

2) 인터넷 전자문서

KORMARC

001
007 cr cn
008 091215c2001 us d a eng
082 10 ▼a793.3 ▼222
245 00 ▼aBorn in slavery ▼h[electronic resource] : ▼bslave narratives from the Federal Writers' Project, 1936-1938 / ▼dMusic Division, Library of Congress
246 30 ▼aSlave narratives from the Federal Writers' Project, 1936-1938 ▼h[electronic resource]
256 ▼aElectronic data
260 ▼aWashington, D.C. : ▼bLibrary of Congress, ▼c2001
270 ▼aAmerican Memory Help Desk (LC) ▼k202-707-5000
538 ▼aSystem requirements: World Wide Web browser software
500 ▼aTitle from title screen dated Dec. 1, 2009
520 ▼aThis contains more than 2,300 first-person accounts of slavery and 500 black-and-white photographs of former slaves
650 0 ▼aSlave Narratives ▼zUnited States
710 ▼aLibrary of Congress. ▼bManuscript Division
710 ▼aLibrary of Congress. ▼bPrints and Photographs Division
856 4 ▼uhttp://memory.loc.gov/ammem/snhtml/

〈그림 6-10〉 인터넷 전자문서: 여러 형태의 표제

〈그림 6-10〉은 LC의 Music Division에서 2001년도에 제작한 인터넷 전자문서 *Born in Slavery* 이다.

246 필드는 표제관련정보나 대등표제, 별표제 등과 같이 본표제와 다르게 표현되는 변형표제가 있을 때 기술하며, 반복해서 기술할 수 있다. 그리고 필요한 임의의 표출어를 함께 나타내고자 할 때는 다음과 기술한다.

246 ▾i표출어: ▾a변형표제 ▾h[자료유형표시]

246 ▾iHTML title: ▾aEcuador (Library of Congress) ▾h[electronic resource]

246 1 ▾iHTML title: ▾aUSGS/UH Beach Monitoring Program ▾h[electronic resource]

인터넷 자료에 대한 내용문의나 기타 연락을 위한 주소정보는 270 필드에 기술한다. 이때 식별기호 ▾m은 전자우편주소, ▾k는 전화번호를 나타낸다. 이러한 주소정보는 대개 웹 페이지에서 'contact us', 'comments', 'feedback', 'questions', 기타 이와 유사한 어구아래 나타나 있다.

270 ▾a주소 ▾b도시 ▾d국가 ▾k전화번호 ▾m전자우편주소 ▾p연락자

270 ▾mWebmaster@gradschools.com

270 ▾aAmerican Memory Help Desk (LC) ▾k202-707-5000

인터넷 자료의 주소 및 접근에 관한 정보는 856 필드에 기술하며, 위의 예시와 같이 주소가 두 개 이상일 때는 필드를 반복해서 사용한다. 이때 제1지시기호는 접근방법에 관한 정보를 나타내며, 4는 http를 의미한다. 제2지시기호는 856 필드의 정보와 레코드에 기록된 정보원과의 관련성 및 표출어를 나타낸다. 또한 식별기호는 모두 28개가 있으며, ▾u는 URL, ▾3은 자료 범위지정, ▾z는 이용자용 주기를 나타낸다.

856 40 ▾uhttp://www.osha.gov/

856 40 ▾3Standard industrial classification manual ▾uhttp://www.osha.gov/oshstats/sicser.html

856 40 ▾zBEOnline test record ▾uhttp://www.amcity.com/baltimore/

3) 인터넷 전자소설

KORMARC

001
007 cr cna
008 091215s2007　　ulk　　　d　　　a　kor
245 00 ▼a미실 ▼h[전자자료] : ▼b김별아 장편소설 / ▼d김별아
256　　▼a전자 데이터
260　　▼a서울 : ▼b디지털교보문고, ▼c[2007]
270　　▼mgalliot@tolstoe.com
500　　▼a본표제는 홈페이지의 표제임: 2009. 11. 30. 검색
500　　▼a제작회사: 디지털컨텐츠앤북스
520　　▼a제1회 세계문학상 1억원 고료를 획득한 김별아의 작품이다. 작가 김별아는 개인적 체험과 경험적 사실에 의존하지 않고, 자신을 떠난 소재를 통해 말하기란 독특한 어법으로 확고한 자기만의 작품 세계를 구축하고 있으며, 이 작품은 역시 이러한 그녀만의 색채를 분명히 하는 작품임
516　　▼aPDF 파일 (e-book)
530　　▼a같은 내용으로 단행본도 있음
650　4 ▼a한국문학 ▼x소설
700 1　▼a김별아
710　　▼a디지털컨텐츠앤북스
776 1　▼a김별아. ▼t미실. ▼d서울 : 문이당, 2005, ▼z108074562707
856 4　▼uhttp://book.daum.net/detail/book.do?bookid=DGT4808974562700

〈그림 6-11〉 인터넷 전자소설: 상이한 물리적 형태 자료, 컴퓨터 파일 유형

〈그림 6-11〉은 2005년 문이당에서 출간한 단행본 소설 「미실: 김별아 장편소설」을 2007년도에 전자책을 취급하는 디지털교보문고에서 인터넷상에서도 볼 수 있도록 PDF 파일의 온라인 전자소설로 다시 출간한 것이다.

이러한 경우 단일 레코드 구성방식이 아닌 복수 레코드 구성방식을 택한다면, 위의 예시처럼 인터넷 자료의 목록은 인터넷에 출간한 것을 기준으로 레코드를 작성한다. 물론 이와 별도로 구성되어 있는 인쇄자료의 레코드는 단행본이 발간된 시점을 중심으로 작성되어 있을 것이다. 그리고 이 두 개의 레코드를 서로 링크시키기 위한 장치로서 여기서는 530 필드와 776 필드가 함께 사용되고 있다.

245 00 ▾a미실 ▾h[전자자료] : ▾b김별아 장편소설 / ▾d김별아

530 ▾a같은 내용으로 단행본도 있음

776 1 ▾a김별아. ▾t미실. ▾d서울 : 문이당, 2005, ▾z108074562707

컴퓨터파일의 유형 또는 데이터에 관한 주기는 516 필드에 기술한다. 이때 제1지시기호가 빈칸인 경우에는 '파일유형:'이라는 표출어를 나타내며, 8인 경우에는 표출어를 나타내지 않는 경우이다. 위의 예시는 파일의 유형이 'PDF'로서 '전자저널'임을 나타낸 것이다. 한편 코드화된 컴퓨터파일의 일반적인 유형은 고정길이 필드인 008/25에 제시되어 있으며(주로 텍스트자료이므로 'd'로 표시), 컴퓨터파일의 특성을 기술하는 256 필드에서 컴퓨터파일의 유형을 알 수 있는 경우, 중복해서 기술할 필요는 없다.

516 ▾aAdobet사의 PDF 파일로 제작

516 ▾a이미지 및 텍스트파일

516 ▾aPDF 파일 (e-book)

516 ▾aText (electronic journal)

516 ▾aElectronic journal articles are available in portable document format (PDF). Abstracts are in HTML format.

516 ▾aElectronic publication in Adobe Acrobat, Lotus, Excel, and Powerpoint formats

4) 인터넷 전자잡지

KORMARC

001
007 cr cn
008 091215c19999999ulk m a kor
245 00 ▾a주간조선▾h[전자자료] = ▾xWeekly Chosun : ▾bweekly.chosun.com
260 ▾a서울 : ▾b디지털조선, ▾c1999-
270 ▾mweekly@chosun.com
310 ▾a주간
362 0 ▾a제1552호 (1999년 5월 13일)-
500 ▾a본표제는 제2082호 (2009년 11월 30일)의 홈페이지 표제임
500 ▾a인터넷주소: http://weekly.chosun.com/
516 ▾a전자잡지 (텍스트 및 그림파일)
530 ▾a같은 내용으로 인쇄형태도 있음
538 ▾a접근모드: World wide web
710 ▾a조선일보사
776 1 ▾t週刊朝鮮, ▾x1228-2235▾w5477687
856 4 ▾uhttp://weekly.chosun.com/

〈그림 6-12〉 인터넷 전자잡지: 연관저록

〈그림 6-12〉는 일반 인쇄형태로 발간되던 주간조선이 1999년부터 인터넷에서도 볼 수 있도록 두 가지가 동시에 발행되고 있는 것이다.

이러한 경우 복수 레코드 구성방식을 택한다면, 인터넷 자료의 목록에 있어 260 필드의 발행년도와 362 필드는 인터넷 출간을 기준으로 기술한다. 물론 이와 별도로 구성되어 있는 책자자료의 레코드는 책자자료가 발간된 시점을 중심으로 작성되어 있다. 그리고 이 두 개의 자료가 서로 링크될 수 있도록 하기 위해 530(이용 가능한 다른 형태자료 주기) 필드와 776 필드(연관저록: 기타형태저록)를 사용하고 있다.

260 ▾a서울 :▾b디지털조선,▾c1999-
362 0 ▾a제1552호 (1999년 5월 13일)-
530 ▾a같은 내용으로 인쇄형태도 있음
776 1 ▾t週刊朝鮮,▾x1228-2235▾w5477687

접근방법에 대한 주기는 538 필드에서 '접근모드:' 또는 'Mode of access:'라는 표출어를 앞세워 간단하게 기술하고 있으며, 자주 변경되는 호스트이름과 주소에 대한 주기는 이 필드에 수용하지 않고 별도의 856 필드에서 상세하게 기술하도록 규정하고 있다.

538 ▾a접근모드: World wide web
856 4 ▾uhttp://weekly.chosun.com/

한편 인터넷 자료의 경우, 편목대상의 물리적 형태사항이 없으므로 300 필드는 기술하지 않아도 된다. 다만, 소리나 색상과 같은 물리적 특성은 주기사항에 기술하며, 007 필드에서 부호화하여 나타내고 있다. 〈그림 6-12〉는 007 필드에서 색상은 천연색이므로 'c', 소리는 무성이므로 빈칸으로 표시함.

컴퓨터파일의 유형에 관한 주기는 516 필드에 기술하며, 코드화된 컴퓨터파일의 일반적인 유형은 고정길이 필드인 008/25에 기술한다. 〈그림 6-12〉는 주로 텍스트와 그림파일이므로 008/25 필드에서 'm'으로 표시함.

008/25 m
516 ▾a전자잡지 (텍스트 및 그림파일)

5) 인터넷 전자저널

KORMARC

001
007 cr cnu
008 091215c19969999us d c eng
022 ▾a0737-3147
245 00 ▾aWashington business journal ▾h[electronic resource].
246 30 ▾aBusiness journal
260 ▾a[Charlotte, N.C.] : ▾bAmerican City Business Journals, ▾c1996-
310 ▾aWeekly
362 0 ▾aVol. 1, no. 1(May 17, 1982-)
500 ▾a Back issues available online from June 17, 1996
500 ▾aDescription based on: Nov. 30, 2009; title from home page
516 ▾aText (electronic journal)
530 ▾aAlso issued in print
651 0 ▾aWashington Region ▾xCommerce ▾vPeriodicals
651 0 ▾aWashington Region ▾xEconomic conditions ▾vPeriodicals
650 0 ▾aBusiness enterprises ▾zWashington Region ▾vPeriodicals
776 1 ▾tWashington business journal ▾x0737-3147
856 4 ▾zBEOnline test record ▾uhttp://www.amcity.com/washington/

〈그림 6-13〉 인터넷 전자저널: 발행사항

〈그림 6-13〉은 일반 인쇄형태로 발간되던 *Washington Business Journal*을 창간호부터 인터넷에서도 볼 수 있도록 한 후, 현재에는 두 가지가 동시에 발행되고 있다.

260 필드에는 인터넷 자료도 일반도서와 마찬가지로 발행년도를 포함한 발행사항을 기술한다. 그런데 인터넷 자료는 빈번하게 갱신되는 경우가 많으므로 위의 예시에서와 같이 발행년도를 대부분 단수년도로 고정하지 않고 계속자료로 취급하여, 필드 008/11-14(출판종료일)에는 계속 간행되고 있음을 나타내는 '9999'를 표시한다.

008/06 c
008/07-10 1996
008/11-14 9999
260 ▼a[Charlotte, N.C.] : ▼bAmerican City Business Journals,
▼c1996-

008/15-17 필드에서 발행지명(국가명)의 부호는 LC에서 관리하고 있는 *MARC Code List for Countries*를 기초로 작성되어 있다. 각 국가명은 2자리만 적용하고 있으며, 한국지명은 특별시, 광역시, 도별로 세분하여 3개의 알파벳문자로 구성되어 있다.

ko: 한국(남한) kn: 한국(북한) us: 미국 gw: 독일
ulk: 서울 bnk: 부산 tgk: 대구 kjk: 광주

〈그림 6-13〉은 260 필드의 발행사항 가운데 발행지 'Charlotte, N.C'가 008/15-17에 국명부호 'us'로 표기된 것이다.

008/15-17 us
260 ▼a[Charlotte, N.C.] : ▼bAmerican City Business Journals,
▼c1982-

KORMARC

001
007 cr cn u
008 091125c19749999ulk d a kor
022 ▾a0258-9125
245 00 ▾a정보과학회논문지 ▾h[전자자료] = ▾xJournal of the Korea Information Science Society / ▾d한국정보과학회 편
260 ▾a서울 : ▾b한국정보과학회, ▾c1974-
270 ▾mdbpia@nurimedia.co.kr
310 ▾a월간, ▾b제1권 제1호 (1974년 8월)-
362 0 ▾a제1권 제1호 (1974년 8월)-
500 ▾a본표제는 홈페이지의 표제임: 2009. 12. 3. 검색
516 ▾aPDF 파일 (전자저널)
530 ▾a인쇄형태로도 간행됨
538 ▾a시스템환경: 온라인상에서 읽으려면 Adobe Acrobat Reader 프로그램이 필요함
580 ▾a정보과학회논문지를 정보과학회논문지 A, B, C로 분리
710 ▾a한국정보과학회
776 1 ▾t정보과학회논문지, ▾g제1권 제1호 (1974년 8월)-
785 06 ▾t정보과학회논문지 A, ▾g제22권 제9호 (1995년 9월)-
785 06 ▾t정보과학회논문지 B, ▾g제22권 제9호 (1995년 9월)-
785 06 ▾t정보과학회논문지 C, ▾g제1권 제1호 (1995년 9월)-
856 4 ▾uhttp://www.dbpia.co.kr/view/is_view.asp?pid=750

〈그림 6-14〉 인터넷 전자저널: 연관저록설명주기

〈그림 6-14〉는 인쇄형으로 간행되던 「정보과학회논문지」를 창간호부터 소급하여 PDF 파일로 제작하여 인터넷에서 이용할 수 있도록 한 인터넷 전자저널이다. 이 학회지는 1974년도에 창간되어 월간으로 발행되어 오다가 1995년도부터 「정보과학회논문지 A, B, C」로 분리되었다.

580 필드(연관저록 설명주기)에는 다른 레코드와의 복합적인 관계를 자유스런 서술형으로 기술하는 주기로서, 연관저록필드의 표출어로 생성할 수 없는 복잡한 관계를 표현하기 위해 사용된다. 따라서 연관저록필드(760-787)에 기술된 필드가 있는 겨우에만 기술한다. 특히 〈그림 6-14〉와 같이 한 번 이상 출판된 연속간행물이 둘 이상의 제목으로 분리되어 있어 둘 이상의 레코드가 작성된 경우 이들 간의 관계를 나타낼 때 580 필드에 기술한다.

580 ▾a정보과학회논문지를 정보과학회논문지 A, B, C로 분리
785 06 ▾t정보과학회논문지 A, ▾g제22권 제9호 (1995년 9월)-
785 06 ▾t정보과학회논문지 B, ▾g제22권 제9호 (1995년 9월)-
785 06 ▾t정보과학회논문지 C, ▾g제1권 제1호 (1995년 9월)-

580 ▾aContinued in 1982 by: U.S. exports. Schedule E commodity groupings by world area and country
785 10 ▾tU.S. exports. Schedule E commodity groupings by world area and country ▾w(DLC)84641135

310 필드에는 현재의 간행빈도에 대한 사항을 기술한다. 해당 자료의 이전간행빈도가 있으면 321 필드에 기술한다.

310 ▾a월간, ▾b제10권 제1호 (1974년 8월)-
321 ▾a계간, ▾b제1권 (1965년)-제9권 (1973년)

310 ▾aMonthly (except July and Aug.), ▾b1990-
321 ▾aBimonthly, ▾b1980-

6) 인터넷 전자지도

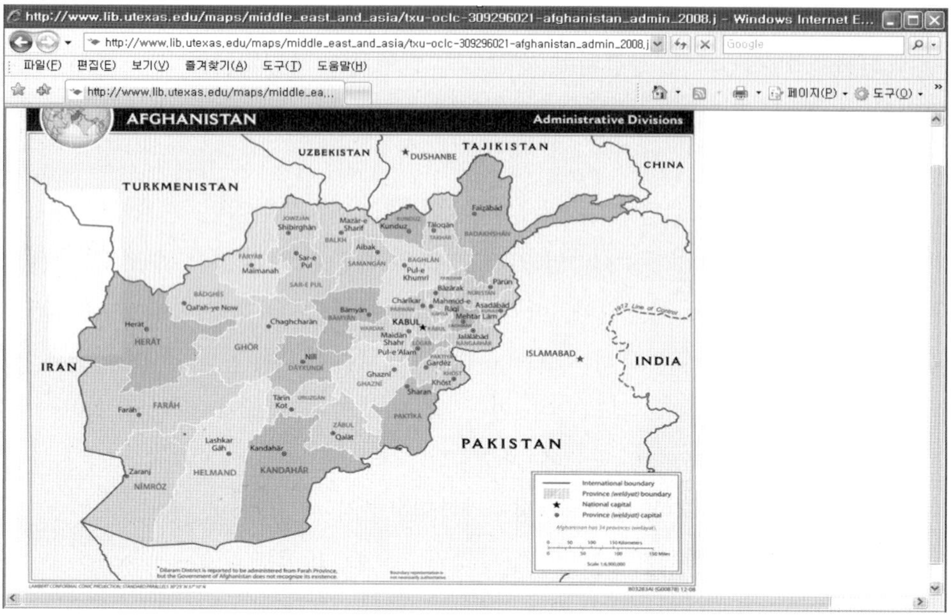

KORMARC

001
007 cr cnu
008 091215s2008   us   c   c   eng
245 00 ▾aAfghanistan ▾h[electronic resource] : ▾badministrative divisions / ▾dCentral Intelligence Agency
255 ▾aScale 1:6,900,000 ; ▾bLambert conformal conic proj. based on standard parallels of 30°25" N and 37°10" N
256 ▾aElectronic data (1 file : 291 KB)
260 ▾aWashington, D.C : ▾bCentral Intelligence Agency, ▾c2008
500 ▾aTitle from web page (viewed on Dec. 7, 2009)
500 ▾aLast modified: October 19, 2009
500 ▾aWeb page maintained by the DKL Web Committee
516 ▾aType of file: JPG file (electronic map)
520 ▾aAfghanistan has 34 provinces (welayat). Diagram district is reported to be administrated from Farah Province, but the Government of Afghanistan does not recognize its existence
710 ▾aCentral Intelligence Agency
856 4 ▾http://www.lib.utexas.edu/maps/middle__east__and__asia/txu-oclc-309296021-afghanistan__admin__2008.jpg

〈그림 6-15〉 인터넷 전자지도: 지도제작의 수치데이터, 자료유형표시

〈그림 6-15〉는 2008년 미국의 Central Intelligence Agency에서 인터넷 전자지도로 제작한 *Afghanistan: Administrative Divisions*이다. 이 지도는 축척이 1:6,900,000이며, 람베르트 등각원추형 도법(Lambert conformal conic proj.)을 사용하고 있다.

255 필드에는 축적, 도법, 경위도, 분점 등 지도제작과 관련된 수치데이터를 순서대로 기술한다. 〈그림 2-7〉의 설명 참조.

255 ▾aScale 1:6,900,000 ; ▾bLambert conformal conic proj. based on standard parallels of 30°25" N and 37°10" N

255 ▾aScale 1:22,000 ; ▾bConic proj. ▾c(E 72°--E 148°/N13°-N18°)

255 ▾a축척 1:25,000 ; ▾b횡축 메르카토르도법

〈그림 6-15〉는 245 필드의 자료유형표시(▾h)에서 아래와 같이 전자자료, [electronic resource] 또는 지도자료, [map] 모두 가능하지만, 자료유형을 전자자료로 기술하였다.

245 00 ▾aAfghanistan ▾h[electronic resource] : ▾badministrative divisions / ▾dCentral Intelligence Agency

245 00 ▾aAfghanistan ▾h[map] : ▾badministrative divisions / ▾dCentral Intelligence Agency

그런데 KCR4에서는 두 가지 이상의 자료유형을 기술할 필요가 있을 경우 아래와 같이 그 주된 유형을 기재하고 나머지를 원괄호로 묶어 부기할 수 있다고 규정하고 있다(KCR4 1.2.2).

245 00 ▾aAfghanistan ▾h[electronic resource(map)] : ▾badministrative divisions / ▾dCentral Intelligence Agency

245 00 ▾aAfghanistan ▾h[map(electronic resource)] : ▾badministrative divisions / ▾dCentral Intelligence Agency

7) 목록대상의 수준

KORMARC

001

007 cr cna

008 091215c19989999ulk m a kor

245 00 ▾a광고정보센터 ▾h[전자자료] : ▾badic / ▾d광고정보센터

256 ▾a전자 데이터 및 프로그램

260 ▾a서울 : ▾b광고정보센터, ▾c1998-

270 ▾myjhuny@ad.co.kr

500 ▾a본표제는 홈페이지의 표제임: 2009년 12월 2일 검색

505 0 ▾a애드넷 -- 저널 -- 광고 -- 문헌 -- AdData -- 아카데미 -- 행사

520 ▾a광고정보센터는 방송통신위원회 '방송발전기금'을 지원받아 구축, 운영되고 있는 광고관련 각종 정보를 집대성하여 제공하고 있음

538 ▾a접근모드: World wide web

710 ▾a광고정보센터

856 4 ▾http://www.adic.co.kr/

〈그림 6-16〉 목록대상의 수준: 상위 컬렉션

인터넷 자료를 목록하면서 직면하게 되는 어려운 문제가운데 하나가 인터넷자료의 집합성(collection)에 있다. 즉, 많은 사이트가 하나의 아이템만으로 구성되어 있는 것이 아니고 복합적으로 이루어 있는 경우가 많으므로 목록의 수준을 하위 개별아이템에 맞추어야 할지, 아니면 상위 집합아이템에 맞추어야 할지 애매하다고 하겠다. 예를 들어, Johns Hopkins 대학 출판사에서 간행하고 있는 저널의 전문(全文)제공 사이트인 'Project Muse'의 경우, 저널 하나하나에 대한 레코드 작성이냐, 아니면 집합적으로 상위 사이트 하나에 대한 레코드 작성이냐를 결정해야 한다.

여기에 대한 명확한 목록규정은 아직 없지만, 자관의 평소 자료 이용경향과 시스템의 수용능력에 따라 결정해야 할 문제라고 생각된다. 포털사이트인 경우 하위 아이템까지 레코드를 작성하기에는 시간적 경제적인 측면에서도 고려해야 한다. 그렇지만 필요하다면, 상위와 하위 아이템 모두에 대해 레코드를 작성할 수도 있다.

〈그림 6-16〉은 광고 분야에 관한 포괄적인 사이트라고 할 수 있는데, 여기서는 상위 사이트에 대한 레코드를 작성한 것이다. 이 사이트의 하위 아이템가운데 하나인 '광고인명록'에 대한 레코드작성은 〈그림 6-17〉과 같다.

LC의 'American Memory'에는 미국인과 관련된 디지털 역사적 자료의 일부로 광고자료를 조직하여 소장하고 있을 만큼 광고자료도 도서관의 중요한 자료로 다루고 있다. 그리고 KCR4와 AACR2R 2002에서는 본표제 기재시 '[써니텐 광고]', '[Manikin cigar advertisement]'와 같이 제품명이나 서비스명 다음에 '광고'나 'advertisement'라는 단어를 표기하도록 하고 있다.[76] 이와 같이 광고자료도 목록작성을 위한 근거가 마련되어 있다.

〈그림 6-16〉의 광고정보센터는 광고 관련 전문도서관으로, 온라인상으로 먼저 서비스를 시작하였다. 국내외 광고 관련 문헌뿐만 아니라 국내외 TV 광고자료 및 다른 매체의 광고자료에 대한 정보를 제공하고 있으며, 웹상에서 동영상을 볼 수 있다. 검색은 키워드 검색과 고급검색으로 나누어지며, 이 중 고급검색은 매체, 기간, 업종, 회사명, 상품명, 모델, 제작관련 등의 세부 항목으로 구성되어 있다.

---

76) 배주연. TV 광고자료를 위한 KORMARC 형식의 적용에 관한 연구(석사학위논문, 전남대학교 대학원 문헌정보학과, 2006), p.12.

KORMARC

001

007 cr cna

008 091125s19989999ulk   m   a kor

245 00 ▾a광고인명록 ▾h[전자자료] / ▾d광고정보센터

256 ▾a전자 데이터 및 프로그램

260 ▾a서울 : ▾b광고정보센터, ▾c1998-

270 ▾madnet07@ad.co.kr

500 ▾a본표제는 홈페이지의 표제임: 2009년 12월 2일 검색

500 ▾a'광고정보센터'(http://www.adic.co.kr/)에서 제공하고 있는 '광고인명록검색' 사이트임

520 ▾a광고인명록은 기업정보와 개인정보로 나누어 관리되며, 기업정보는 관리와 임직원 관리로 나누어 진행할 수 있다. 그리고 개인정보는 개인회원 로그인 후에 이용할 수 있음

650 4 ▾a광고학

650 4 ▾a채용정보 ▾z한국

710 ▾a광고정보센터

856 4 ▾http://www.adic.co.kr/adnet/directory/index.do

〈그림 6-17〉 목록대상의 수준: 하위 개별아이템

〈그림 6-17〉은 앞서 제시한 '광고정보센터' 사이트의 하위 개별아이템인 '광고인명록'중에서 선택한 아이템이다. 즉, '광고정보센터〉애드넷〉광고인명록'이라는 디렉토리로 접근된 것이다. 이용자 측면에서는 광고정보센터에 대한 전반적인 정보도 중요하지만 광고정보센터의 하위아이템인 '광고인명록'에 대한 정보도 매우 중요하다고 판단하여 '광고인명록' 아이템에 대한 목록레코드를 별도로 다시 작성한 것이다. 이와 같이 목록대상의 기준을 어디에 두어야 할지는 각 도서관의 사정에 따라 달라질 수밖에 없다. 상위 사이트에 대한 주기가 필요하면 500 필드에 기술한다.

500 ▼a'광고정보센터'(http://www.adic.co.kr/)에서 제공하고 있는 '광고인명록 검색' 사이트임

한편의 TV 광고를 제작하는데 투입되는 촬영 스태프는 약 40여명으로 광고주와 광고회사 담당자까지 포함하면 대략 50여명에 이른다. 이들은 각 분야별 전문가로 감독에 의해 구성되며, 이들의 모든 행동 및 준비는 감독의 지시에 따른다. TV 광고자료의 제작과정 및 목록적 특성을 고려하여 TV 광고자료의 목록 데이터 요소를 살펴보면 〈표 6-4〉와 같다.[77]

〈표 6-4〉 TV 광고자료의 목록 데이터 요소

구분	요소
작품 부문	광고매체, 제품명/서비스명, 광고주, 광고명/캠페인명, 방송일자, 업종, 개요/작품 해설, 상영시간, 제작연도, 수상/노미네이트, 스토리보드/카피, BGM/CM song, 색채, 언어자막, 용기, 음향, 촬영지, 합집, 장르, 저작권, 티저, 이용대상자/소구대상, 관련 이벤트, 심의일자 등
회사 부문	광고회사, 제작회사, 음악제작사, 모델 에이전시, 애니메이션제작사, 사운드 디자인 등
배역진 부문	모델, 나레이터 등
제작진 부문	감독/조감독, 프로듀서, CD, CW, AE, 촬영감독, AD, 편집/편집실, AP, 녹음, CG(2D/3D), 애니메이터, 음악 프로듀서, 작곡가, 조명감독, 가수, 작사가, 편곡자, 기타 제작진 요소 등

77) 상게논문, p.58.

8) 레코드 구성방법

KORMARC

001
007 cr cn u
008 091215c19989999ulk d a kor
022 ▾a1225-1305
245 00 ▾a대한해부학회지 ▾h[전자자료] = ▾xThe Korean Journal of Anatomy
260 ▾a서울 : ▾b대한해부학회, ▾c1998-
270 ▾mjinkum@catholic.ac.kr
310 ▾a격월간, ▾b제31권 제1호 (1998. 2)-
362 0 ▾a제31권 제1호 (1998. 2)-
500 ▾a본표제는 홈페이지의 표제임: 2009. 11. 30. 검색
500 ▾a웹사이트 운영자: 김종중
516 ▾aPDF 파일 (전자저널)
530 ▾a인쇄형태로도 간행됨
538 ▾a시스템환경: 온라인상에서 읽으려면 Adobe Acrobat Reader 프로그램이 필요함
700 1 ▾a김종중
710 ▾a대한해부학회
776 1 ▾t대한해부학회지
856 40 ▾uhttp://www.stroke.or.kr/journal/index.php

〈그림 6-18〉 레코드 구성방법: 단일레코드와 복수레코드

〈그림 6-18〉은 대한해부학회에서 격월간으로 발행하고 있는 「대한해부학회지」를 제31권 제1호 (1998. 2)부터 인터넷상에서도 이용할 수 있도록 PDF 파일로 변환한 것이며, 현재 인쇄형 저널과 전자저널을 동시에 발행하고 있다.

최근 복제기술의 진보와 매체의 다양화로 동일한 텍스트가 다양한 물리적 형태로 수록된 사례가 늘어나고 있다. 이때 물리적 형태에 따라 레코드를 별도로 구성할 수도 있고(separated record approach), 표제마다 원래의 자료를 대상으로 한 서지레코드를 마스터 레코드로 작성하여 기타 형태의 자료는 소장레코드로 기록할 수도 있다(single record approach). 즉, 위의 예시와 같이 인터넷 자료와 인쇄형 자료의 두 가지로 발간되고 있는 경우, 다음과 같이 두 가지 형태로 레코드를 구성할 수 있다.

첫째, 단일 레코드구성

① 온라인 버전을 이용할 수 있다는 정보를 인쇄형 버전 레코드의 530 필드에 기술

② 온라인 버전의 전자적인 소재는 856 필드에 기술

③ 온라인 버전의 표제가 인쇄형 버전과 다를 경우 246 필드에 기술

④ 온라인 버전을 위해 007 필드에는 전자자료의 내용을 적용할 수도 있음

245 00 ▾a대한해부학회지

530 ▾a온라인 버전으로도 간행됨.

856 41 ▾uhttp://www.stroke.or.kr/journal/index.php

[해설: 856 필드의 제2지시기호가 1이면, 레코드가 인쇄형 자료의 온라인 버전임을 나타냄]

둘째, 복수 레코드구성

① 온라인 버전을 위해 별도로 새로운 레코드를 생성

② 온라인 버전의 레코드에 인쇄버전도 이용할 수 있다는 것을 530 필드에 기술하며, 인쇄형 버전의 레코드와 링크될 수 있도록 776 필드에 해당 내용을 기술

③ 인쇄형 버전의 레코드에 온라인 버전도 이용할 수 있다는 것을 530 필드에 기술하며, 온라인 버전에 링크될 수 있도록 776 필드에 해당 내용을 기술한다. 또한 온라인 버전의 소재도 856 필드에 기술

④ 온라인 버전의 표제가 인쇄형 버전과 다를 경우 740 필드에 기술

□ 온라인 버전을 위한 레코드

245 00▼a대한해부학회지▼h[전자자료]

530 ▼a인쇄형으로도 간행됨

776 1 ▼t대한해부학회지

856 40▼uhttp://www.stroke.or.kr/journal/index.php

[해설: 776 필드의 표제는 인쇄형 자료이다. 856 필드의 제2지시기호가 0이면, 레코드가 원래 온라인 버전임을 나타낸다. 위의 예시에서 제시한 레코드도 복수 레코드의 구성방법에 따라 기존의 인쇄형 버전 레코드와는 별도로 온라인 버전(인터넷 자료)의 레코드를 다시 작성한 것임]

□ 인쇄형 버전을 위한 레코드

245 00▼a대한해부학회지

530 ▼a온라인 버전으로도 간행됨.

776 1 ▼t대한해부학회지▼h[전자자료]

856 41▼uhttp://www.stroke.or.kr/journal/index.php

[해설: 776 필드의 표제는 온라인 버전이다. 856 필드의 제2지시기호가 1이면, 인쇄형 자료의 온라인 버전임을 나타냄]

이러한 경우 레코드를 어떻게 구성하느냐 하는 것은 개별 도서관에서 선택할 사항이지만 우리는 보다 근원적인 문제를 생각해 보아야 할 것이다. CONSER에서는 단일레코드를 허용하고 있지만 실제 목록자들에게 복수레코드를 권장하고 있으며, OCLC에서도 복수레코드 방식을 더 선호하고 있다.

그러나 앞서 살펴본 바와 같이, 최근 IFLA의 서지레코드 기능요건에서 자료의 개념을 구현주의에서 표현주의로 전환할 것을 주장하고 있다. 또한 LC 21에서는 이것을 가소성(plasticity)의 문제로 언급하면서 "물리적 매체로 고정되어 있는 구현물은 종이나 디지털, 디지털이라도 HTML, XML, PDF 등의 형식에 상관없이 그것의 지적·예술적 내용을 문자, 지도기호, 소리부호 등과 같은 다른 표현형식으로 나타낸 것이라 하더라도 동일하며, 이러한 예는 인터넷 자료에 있어 더욱 증가하고 있다"라고 밝히고 있다.

제7장 입체자료

7.1 입체자료의 특성
7.2 입체자료의 종류
7.3 입체자료의 관리
7.4 입체자료의 조직
7.5 입체자료의 실례

제7장 입체자료

7.1 입체자료의 특성

입체란 여러 개의 평면이나 곡면으로 둘러싸여 3차원의 공간에 놓여진 물체 또는 그 물체가 차지하는 공간을 추상화한 기하학적 도형을 의미하며, 보통 원기둥·각기둥·원뿔·각뿔·구 등이 이에 속한다.[78] 이러한 측면에서 입체자료란 입체의 형태 즉, 3차원의 공간으로 이루어져 있는 자료라고 할 수 있다.

입체자료의 중요성은 일찍이 교육공학자들이 주장한 시청각자료의 교육공학적 관점에서 살펴볼 수 있다. Hoban은 시청각자료가 추상적인 것을 얼마나 구체적으로 전달할 수 있는가에 따라 가치가 결정된다고 생각하고 사실의 정도에 따라 시청각자료를 구별하였다. 그는 구체적인 것에서부터 추상적인 것으로 나아갈 때 효과적이며, 추상적인 개념은 언어와 더불어 시각적인 자료를 제시한 후 구체적인 경험을 할 수 있도록 해야 효과적으로 학습할 수 있다고 주장하였다. 이러한 입장에서 그는 수업에 활용할 수 있는 자료들을 구체성의 수준에 따라 분류를 시도하였는데 실물, 모형, 필름, 입체도, 슬라이드, 회화사진, 지도, 도표, 언어 등의 순으로 분류하였다. 여기서 가장 구체성이 높은 자료는 실물이고, 추상성이 가장 높은 자료는 언어이다.[79]

Dale은 Hoban의 개념을 더욱 확장시켜 구체적인 것에서부터 추상적인 것으로의 개념형성을 강조하였다. 즉, 시청각자료를 추상성의 정도에 따라 구분한 경험의 원추라는 모형을 제시하였는데, 그는 이 경험의 원추를 통해 학습경험을 직접적인 행위를 통한 경험, 영상을 통한 경험, 상징을 통한 경험으로 구분한 후, 시청각자료가 제공하는 구체적인 경험의 정도에 따라 그 자료들을 분류하였다.[80] 이러한 Dale의 모형에서도 직접적인 행위나 실물과 같은 구체적인 것으로 부터의 개념형성이 강조되고 있다.

이와 같이 시청각자료 가운데 가장 구체성이 높은 자료는 실물과 모형 등과 같

---

78) 브리태니커. 〈http://enc.daum.net/dic100/contents.do?query1=b18a1934a〉 [인용 2009 12. 20].

79) 박성익 외. 교육방법의 교육공학적 이해(서울 : 교육과학사, 2000), p.216.

80) 나일주, 정인성. 교육공학의 이해(서울 : 학지사, 1997), p.31.

은 입체자료이며, 또한 사실대로 전달할 수 있는 자료이다. 반면에 추상성이 가장 높은 자료는 언어로 표기된 일반 텍스트라고 할 수 있다. 결국 대부분의 비도서자료가 교육매체의 관점에서 출발한 것을 감안하면, 교육매체 중에서도 가장 직접적이고 구체적이며, 사실대로 경험을 할 수 있는 입체자료들을 결코 가볍게 취급할 수는 없을 것이다.

7.2 입체자료의 종류

입체자료는 앞서 언급한 바와 같이 주로 교육공학적 측면에서 비도서자료 즉, 시청각자료 중에서도 가장 사실적이고 구체성이 높은 실물이나 모형 등을 중심으로 다양한 자료들이 개발되어 있다. 입체자료는 자료의 형태나 재질, 용도 등 기준에 따라 여러 가지로 나눌 수 있지만 여기서는 주로 목록규칙에서 언급하고 있는 기술대상을 중심으로 살펴보기로 한다.

AACR2R에서는 모형, 디오라마, 게임(퍼즐 및 시뮬레이션 포함), 점자카세트, 조각 및 3차원미술작품, 진열품, 기계, 의류 등을 포함한 모든 종류의 3차원자료들을 입체자료의 목록기술대상으로 하고 있다.[81]

한국목록규칙 제4판에서 입체자료는 조각이나 염직, 도예, 공예품, 민속자료, 출토자료, 표본, 모형, 완구, 기계, 기구 등의 전시품, 진열품, 기타 입체적인 작품을 기술 대상으로 하고 있다. 다만 다른 장에서 다루고 있는 입체자료는 여기에 포함되지 않는다. 예를 들면 지구의, 천구의, 지형모형 등은 지도자료에서 다루는 자료이다.

日本目錄規則에서는 한국목록규칙에서 언급한 내용과 거의 유사하게 되어 있지만 이러한 입체자료를 박물자료(博物資料)로 명명하여 다루고 있으며,[82] 박물자료를 유형문화재와 민속문화재로 구분한 후, 다시 세분하여 기술하고 있다.

이와 같이 영미목록규칙에서 규정하고 있는 입체자료의 대상은 모든 종류의 3차원자료들을 기술대상으로 한다고 규정하고 있는 반면, 한국목록규칙이나 일본목록규칙에서는 민속자료나 문화재 등을 구체적으로 언급함으로써 박물자료, 역사자료, 민속문화재 등과 같이 주로 박물관에서 대상으로 하고 있는 자료들까지 포괄하고 있다고 생각할 수 있다. 주요 입체자료와 관련된 용어들의 정의를 살펴

81) ALA. *Anglo-American Cataloging Rules, 2nd ed. 2002 rev.* (Chicago : ALA, 2002), p.10-2.
82) 日本圖書館協會. 日本目錄規則, 1987年版 改訂2版(東京 : 日本圖書館協會, 2001), p.212.

보면 아래와 같다.

- 모형(model): 실물의 크기, 부피와 똑같은 입체모형.
- 실물(realia): 모사품(replica)에 대응한 것으로서의 실물(공예품, 표본).
- 실물모형(mock-up): 교육용이나 분석용으로 특정 기능을 강조하기 위하여 변경이 가능한 장치나 과정.
- 디오라마(diorama): 평면에 그려진 배경 앞에 물체나 인물상 등을 놓아 만든 어떤 장면의 3차원적인 전시물. KCR4에서는 입체자료로 구분하고 있지만 KORMARC 형식(008 필드 시청각자료)에서는 디오라마를 '투시도'라고 명명하여 평면비영사자료로 구분하고 있다.
- 키트(kit): 여러 자료로 구성된 또 하나의 자료로서 주로 교육용으로 사용된다. 구성체의 여러 자료는 그 구성체를 대표할 수 있는 정도로 중요하게 취급되는 자료가 없는 것이 특징이다. 여기에는 사회교육용 교육자료 세트와 같이 교재, 학습장, 안내서, 활동기록장 등이 하나의 세트를 이루는 자료나 시험지, 답안지, 평가지침, 점수표, 해설자료 등의 하나의 패키지를 이루어 만들어진 교육용 테스트자료들이 이에 해당한다. KORMARC과 MARC 21 형식에서는 키트를 007 필드에서 자료범주를 'o'로 표시하여 독자적인 자료로 간주하고 있지만 KCR4(1.1.2.1)에서는 자료유형으로 구분되어 있지 않다. AACR2R(1.1C1)에서도 독자적인 자료로 구분되어 있다.

7.3 입체자료의 관리

3차원 미술작품이나 진열품 등은 미술관에서 관리하며, 박물자료나 민속문화재 등은 박물관에서 주로 관리하고 있다. 물론 대부분의 도서관에서는 이들 자료들을 미술관이나 박물관처럼 전문적으로 다루지는 않지만 도서관에 따라서는 일반 도서자료와 함께 수집하여 관리하기도 한다.

일반적으로 입체자료는 매체의 재질에 따라 관리방법이 완전히 다르겠지만, CD나 DVD, 화상자료, 마이크로자료 등 일반적인 비도서자료의 관리방법과 크게 다를 바 없다. 또한 입체자료를 이용하기 위해서 학습기기나 게임기 등과 같이 일부 입체자료는 조작을 위한 전원장치나 별도의 기기가 필요할 수도 있다. 실물이나 모형, 민속자료 등과 같은 대부분의 입체자료들은 별도의 장치는 필요하지 않지만 특수한 진열공간이나 열람공간이 필요하다.

한편 입체자료는 일반 비도서자료와 같이 보존환경을 고려하지 않을 수 없다. 그런데 전문 박물관에서도 온도와 습도 기준은 전시자료에 따라 다르기 마련이며, 실질적으로 각 전시공간의 온도와 습도 환경을 세밀히 제어한다는 것이 도서관에서는 쉬운 일이 아니다. 다만 실물이나 모형, 학습기기 등의 입체자료는 앞서 제1장에서 언급한 〈표 1-5〉의 자료보존 환경기준에 따라 관리하면 무방하리라 생각된다. 특수한 관리가 요구되는 박물자료나 민속문화재 등은 적합한 관리공간이 마련될 때까지는 이들 기관에 위탁 관리하는 것이 바람직 할 것이다.

7.4 입체자료의 조직

7.4.1 입체자료의 분류

앞서 입체자료의 종류에서 살펴본 바와 같이 입체자료는 재질이나 용도, 형태 등에 따라 여러 가지로 분류할 수 있지만 표준적인 분류체계는 확립되어 있지 않다. 외국의 경우 실물이나 모형 등 입체자료를 상당 부분 소장하고 있는 도서관도 있지만 국내 도서관의 경우 체계적으로 수집하여 관리하고 있는 도서관은 거의 알려져 있지 않다. 입체자료를 소장하고 있는 대표적인 전문기관인 박물관의 분류체계를 살펴보면 아래와 같다.

국립중앙박물관의 '유물분류표준화'에 따라 대체로 전문박물관의 소장품 분류는 아래와 같이 이루어져 있다.[83]

① 국적/시대별 분류: 해당유물이 제작된 시기를 말하며, 국적, 국적별 시대, 상세연도 등으로 기록한다.

② 용도/기능별 분류: 해당 유물의 쓰임새나 기능을 말하며, 의식주라는 기초생활에서 구분될 수 있지만 이것을 토대로 사회 문화생활 등을 고려하여 더욱 전개 될 수 있다.

③ 재질별 분류: 해당 유물의 재질을 말하며, 복합적인 재질로 구성되어 있는 경우는 모든 재질을 모두 기록한다.

④ 지역/출토지별 분류: 해당 유물이 출토되었던 장소나 제작된 후 현재까지

83) 김혜경. 전문 박물관 소장품 분류의 제안 연구(석사학위논문, 경희대학교 경영대학원, 문화예술경영학과 박물관 · 미술관경영전공, 2003), pp.38-39.

위치해 있던 장소를 말하며, 유물이 실제로 제작된 지역이나 양식이 발달된 지역을 말한다.

⑤ 문화재 지정 구분별 분류: 해당 유물의 국가 지정 문화재 등록 여부와 지정된 유물일 경우의 그 지정구분을 말하며, 국보, 유물, 중요민속, 시(市)지정, 도(道)지정, 기타 지정 등으로 분류한다.

⑥ 문양/장식별 분류: 유물에 나타난 문양이나 부조 또는 부착된 여러 가지의 문양이나 문양 형태의 장식을 말한다. 복합적으로 표현된 문양이나 장식은 가장 많이 표현된 것을 기준으로 하지만 비중이 적은 것도 학술적, 예술적으로 중요하다고 판단되면 주문양이나 장식으로 한다.

7.4.2 입체자료의 목록

입체자료 가운데 조각이나 공예 등과 같은 3차원 미술작품, 진열품, 박물자료 등을 위해서는 CDWA(Categories for the Description of Works of Art), CCO (Cataloging Cultural Objects), VRA Core Categories 등 많은 표준메타데이터들이 개발되어 있지만,[84] 이들 자료들은 도서관의 일반목록규칙과 MARC 형식으로도 기술할 수 있다.

앞서 입체자료의 종류에서 언급한 바와 같이 한국목록규칙에서 입체자료의 목록대상은 실물이나 모형, 게임 등은 물론 문화재 등과 같은 박물자료까지 포괄하고 있다. KORMARC 형식의 007 필드에서 자료범주표시(007/00)를 살펴보면, 입체자료에 대한 직접적인 정의가 되어 있지 않다. 이는 다양한 입체자료를 구분하여 코드화하기가 쉽지 않으므로 형태를 알 수 없는 자료(007/00 = z)에 나타낼 수밖에 없다고 생각된다. MARC 21 형식에서도 007 필드는 KORMARC 형식과 마찬가지로 입체자료는 정의되어 있지 않다. 아래의 내용은 KCR4 제9장 입체자료(실물)와 KORMARC 형식을 중심으로 내용을 기술한 것이다.

1) 정보원의 우선순위(9.0.3)

① 자료에 직접 기재되어 있거나 레이블 또는 명(銘)에 표시된 정보

② 딸림자료(사용설명서, 해설서, 카탈로그 등)

③ 용기(상자, 함, 부대 등)

---

84) Murtha Beca, etc. *Cataloging Cultural Objects : a Guide to Describing Cultural Works and Their Images*(Chicago : ALA, 2006), pp.1-2.

④ 자료이외의 정보원

2) 본표제(9.1.1)

입체자료에서는 다음의 표제를 본표제로 한다.

① 첫 번째 전시 때 붙여진 표제

② 통칭이나 전래되어 온 표제

③ 소장기관이 부여한 표제

3) 자료유형(9.1.2)

[입체자료], [3D]

4) 책임표시(9.1.6)

입체자료의 예술적 내용의 창조와 구현 및 제작에 참여한 인물과 단체를 그 범위로 하며, 공예품이나 박물자료, 역사자료, 민속문화재 등 유형문화재의 제작에 참여한 인물을 분명하게 알 수 없는 경우에는 책임표시를 생략한다.

5) 축소 및 확대비율에 관한 사항(9.3)

기술대상 입체자료가 실물의 모형이거나 복제(복원)한 자료인 경우, 그 축소비율이나 확대비율을 '축소율 1: ', '확대율 1: '과 같은 방법으로 기재한다.

6) 형태사항(9.5)

특정자료종별과 수량, 기타 형태사항, 크기, 딸림자료 순으로 기술한다.

(1) 특정자료종별(9.5.1)

입체자료의 특정자료종별은 해당 기관에서 부여한 종별 및 수량을 표현하는 용어로 기술한다.

(2) 기타 형태사항(9.5.2)

재료, 색채, 용기의 명칭 순으로 기술한다.

(3) 크기(9.5.3)

'세로 × 가로 × 높이'나 직경을 센티미터로 기술한다. 그리고 특정 부분의 크기, 부피나 두께, 중량 등을 덧붙여 기술할 수 있다.

300 ▼a조각 1기 :▼b대리석 ;▼c20 × 38 × 80 cm

300　▼a거울 1점 :▼b동제 ;▼c직경 12 cm, 125 g

300　▼a1 game　:▼bcol. ;▼cin box 27 × 27 × 9 cm

300　▼a1 model :▼bplastic, col. ;▼c10 × 16 × 14 cm

7) 주기사항(9.7)

① 자료의 축소와 확대에 관한 주기: 기술대상자료가 원자료를 확대한 경우(주로 모형이나 조각에서), 그 관계를 적는다. 원자료와의 관계에는 축척이나 확대, 입체적인 축척 또는 확대, 중량의 축소나 확대 등을 포함한다. 이때 축척은 '축소율' 또는 '배율'이라는 도입어구를 앞세워 기술한다. 특정 부분만을 축소, 확대한 경우에는 축소나 확대한 부분을 나타내는 어구를 앞세워 '길이축소율' 식으로 기재하며, 중량의 축소나 확대는 '중량축소율' 또는 '중량배율'로 기술한다.

② 소장에 관한 주기: 기술대상자료의 소장사항(소장지, 소장자, 소장년)이 판명된 경우에는 이를 주기하고 필요에 따라 그 소재지나 입수년을 원괄호 속에 보기한다.

③ 문화재 지정에 관한 주기: 기술대상자료나 복제화의 원작이 국보나 보물, 중요문화재, 지방문화재 등으로 지정된 경우, 지정일자를 주기한다.

7.5 입체자료의 예시

7.5.1 학습기기

KORMARC

001

007 zz

008 091215s2005   ulk   cg kor

090   ▼a274.2▼220

245 00▼a마스터 에듀워드▼h[입체자료] = ▼xMaster Eduword :▼b영어학습기

260   ▼a[서울] :▼b레오,▼c[2005]

300   ▼a학습기기 1점 (본체 1개, 카트바퀴 1세트, 퍼즐교구 1세트, 화이트보드 펜 및 지우게 1점) : ▼b천연색 ;▼c42 × 89 × 79 cm + ▼e설명서 1책

500   ▼a화이트보드로도 사용이 가능함

520   ▼a교육기관에서 다수의 학생들에게 영어교육을 할 때 유용한 영어학습 기기이며, 1,400 여개의 풍부한 단어와 200 여개의 발음을 교육할 수 있는 자료가 수록되어 있음

521   ▼a유아원 및 초등학생용임

〈그림 7-1〉 영어학습기기 세트: 형태기술필드

〈그림 7-1〉은 (주)레오에서 유아원 및 초등학생용으로 개발한 영어 학습기기 「마스터 에듀워드(Master Eduword)」이다.

007 형태기술필드는 자료의 형태사항에 관한 정보를 부호로써 알려주기 위한 필드이지만 입체자료(실물)에 대한 007 필드는 정의되어 있지 않다. 따라서 입체자료는 자료범주표시가 'z'인 형태를 알 수 없는 자료(unspecified)에 기술하면 된다. 007 필드/형태를 구분할 수 없는 자료는 지시기호와 식별기호가 설정되어 있지 않으며, 아래와 같이 2자리의 고정길이 필드로 이루어져 있다. 이 필드는 재량요소이며, 반복기술이 가능하다.

00(자료범주표시): 형태를 구분할 수 없는 자료인 경우 'z'로 표시.

01(특정자료종별): 다양한 형태의 자료 'm', 형태가 특정화되어 있지 않은 자료 'u', 기타 'z', 부호화하지 않음 '|'로 표시.

참고로 007 필드의 자료범주는 아래와 같이 모두 16개로 구분하여 표시하고 있다.

a: 지도 c: 전자자료 d: 구체 f: 촉감자료 g: 평면영사자료
h: 마이크로자료 k: 평면비영사자료 m: 영화 o: 키트 q: 악보
r: 원격탐사도 s: 녹음자료 t: 문자자료 v: 비디오녹화자료
w: 고서 z: 형태를 구분할 수 없는 자료

7.5.2 게임기

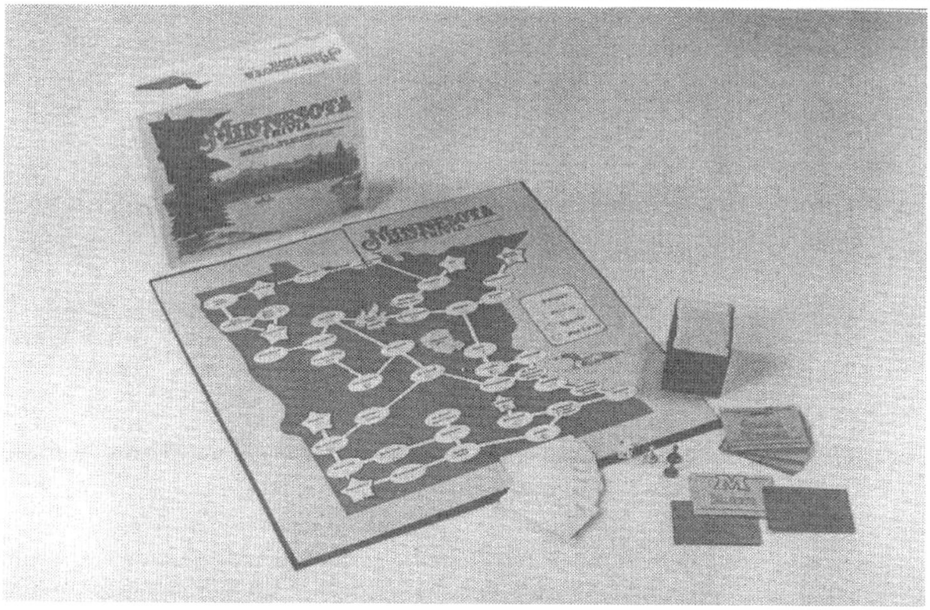

KORMARC

001

007 zz

008 091215s1984   us   cg eng

082   ▾a606.5▾222

090   ▾a606.5▾bM46iu

245 00▾aMinnesota trivia ▾h[3D]

260   ▾aMinnetonka, MN : ▾bMinnesota Trivia, ▾cc1984

300   ▾a1 game : ▾bcol. ; ▾cin box 27 × 27 × 9 cm

500   ▾aIncludes 1 game board, 4 markers, 1 die, 500 question/answer cards, 2 card boxes, 28 scoring cards, 1 rule sheet

520   ▾aGame for two or more players or teams in which players must answer Minnesota related questions on people, places, sports, or 'pot-luck' to move from city on the board.

650 0▾aBoard games

650 0▾aEducational games

710   ▾aMinnesota Trivia, Inc.

〈그림 7-2〉 게임기: 부호화정보필드

〈그림 7-2〉는 1984년 Minnesota Trivia Inc.에서 개발한 교육용 게임기 *Minnesota Trivia*이다.

008 부호화정보필드는 40자리의 고정길이 필드로서 레코드 전반과 서지적 특성에 대한 정보를 부호화하여 나타내고 있으며, 007 필드와 마찬가지로 지시기호와 식별기호는 설정되어 있지 않다. 필수 요소이며, 반복기술이 불가하다. 008 필드에서 입체자료는 시청각자료에 정의되어 있다. 시청각자료의 008 필드 자수위치는 다음과 같다.

00-05(입력일자), 06(발행년 유형), 07-10(발행년1), 11-14(발행년2)
15-17(발행국명), 18-20(영화나 비디오 상영시간), 21(빈칸),
22(이용대상자 수준), 23-25(빈칸), 26-27(한국대학부호), 28(수정레코드)
29(자료의 형태), 30-31(빈칸), 32(목록전거), 33(시청각자료 유형),
34(기술수준), 35-37(언어), 38-39(한국정부기관부호)

	00-05	06	07-14	15-17	18-20	21	22	23-25	26-27	28	29	30-31	32	33	34	35-37	38-39
008	091125	s	1984	us									c	g		eng	

예를 들어 008 필드가 위의 예시와 같이 기술되어 있는 경우, 그 의미를 살펴보면 다음과 같다. 즉, 입력일자는 2009년 11월 25일, 발행년의 유형은 단일년도(s), 발행년도는 1984년, 발행지는 미국(us), 입력된 목록데이터는 협력기관에서 받은 것이며(c), 시청각자료의 유형은 입체자료 중에서 게임(g), 본문언어는 영어(eng)이다.

여기서 시청각자료의 유형(008/33) 가운데 입체자료는 예술품원본(a), 예술품복제품(c), 게임(g), 마이크로스코프 슬라이드(p), 모형(q), 실물(r), 장난감(w)으로 구분되어 있다.

7.5.3 모형

(완성된 모형)

(모형의 표지 삽화)

KORMARC

001

007 zz

008 091215s1987   us   cq eng

082   ▾a153▾222

090   ▾a153▾bM46iu

245 00▾aSpeedy Andrew's repair shop▾h[3D]

260   ▾a[Lake Crystal, Minn.] : ▾b[A.A. Olson], ▾c[1997]

300   ▾a1 model : ▾bplastic, col. ; ▾c10 × 16 × 14 cm

500   ▾aAssembled by Andrew A. Olson from 76-piece Tyco-kit manufactured in West Germany by Pola

520   ▾aModel of automobile repair shop of the 1920-1930 period 'pot-luck' to move from city on the board

521   ▾aFor ages 8 years and up

650 0▾aService stations

700 1 ▾aOlson, Andrew A.

〈그림 7-3〉 모형: 형태사항

〈그림 7-3〉은 8세 이상의 어린이용으로 제작된 1920-1930년대의 자동차 수리점에 대한 모형을 나타낸 것이다.

입체자료의 형태사항은 300 필드에 특정자료종별과 수량, 재료, 색채, 용기의 명칭, 크기, 딸림자료 순으로 기술한다. 이때 크기는 세로 × 가로 × 높이를 cm 단위로 기술한다.

300   ▾a1 game ; ▾cin box 27 × 27 × 9 cm

300   ▾a1 model : ▾bplastic, col. ; ▾c10 × 16 × 14 cm

300   ▾a학습기기 1점 : ▾b천연색 ; ▾c42 × 89 × 79 cm + ▾e설명서 1책

300   ▾a도자기 1점 : ▾b청자 ; ▾c높이 27 cm, 입지름 8.8 cm, 바닥지름 9.1 cm

7.5.4 문화재

KORMARC

001
007 zz
008 091215q09181392ulk cr kor
056 ▾a631.21104▾25
090 ▾a631.21104▾b청72
245 00▾a청자광구병▾h[입체자료]
260 ▾a[한국] :▾b[발행처불명],▾c[고려시대 (제작)]
300 ▾a도자기 1점 :▾b청자 ;▾c높이 27 cm, 입지름 8.8 cm, 바닥지름 9.1 cm
500 ▾a한자표제: 靑磁廣口甁
520 ▾a이 청자는 녹청색의 청자광구병이다. 구연부는 광구형태이며 목이 길다. 어깨는 높으며 어깨에서 최대경을 이룬다. 동체부에 일부 잡물이 부착되어 있으며 동체 하단에는 균열이 있다. 바닥은 평저이며 유약을 닦은 후 모래와 내화토를 받쳐 번조하였다. 음식기이나 음식병으로 사용됨
852 ▾a조선대학교 박물관▾p유물번호: 조선대 216

〈그림 7-4〉 문화재(고려청자): 발행사항

〈그림 7-4〉는 조선대학교 박물관이 소장하고 있는 고려청자 「청자광구병(青磁廣口甁)」을 예시한 것이다.

민속공예품이나 가구, 문화재, 출토품 또는 배포를 목적으로 하지 않은 자료에서는 제작지, 제작처, 제작년의 순으로 기술하고, '제작'이란 어구를 원괄호속에 기술한다. 제작사항이 불명인 경우는 추정되는 제작년을 기술한다.

260 ▼a[한국] :▼b[발행처불명],▼c[고려시대 (제작)]

입체자료의 특정자료종별은 해당 기관에서 부여한 종별 및 수량을 표현하는 용어를 기술한다. 아래와 같은 단위어를 기술하되 단위어를 적용할 수 없는 경우에는 적절한 단위어를 사용할 수 있다.

건물	동(棟)
석탑, 석등, 비(碑), 부도(浮屠), 대(臺,) 조각, 등대	기(基)
불상, 신상(神像), 초상(肖像)	구(軀)
신상(神像), 불상, 보살(菩薩)의 등의 좌상(坐像)	좌(座)
종(鍾)	구(口)
경판(經板)	판(板)
기타 벽화, 병풍, 지석(誌石), 토우(土偶), 가마, 의류, 표본, 향로, 병, 거울, 장신구, 토기(도자기), 석기, 골각기(骨角器), 등자, 사리함, 문진, 탈(가면 등), 은장도, 대접	점(点)

852 필드에는 소장자료의 위치에 관한 정보 즉, 소장기관명(▼a), 하위기관 또는 집서(▼b), 자료 고유번호(▼p) 등을 기술한다. 복본의 소장처가 각기 다른 경우에는 852 필드를 반복 기술한다.

852 ▼a조선대학교 박물관▼p유물번호: 조선대 216

852 ▼a국립중앙도서관▼b보존서고▼p1100064014

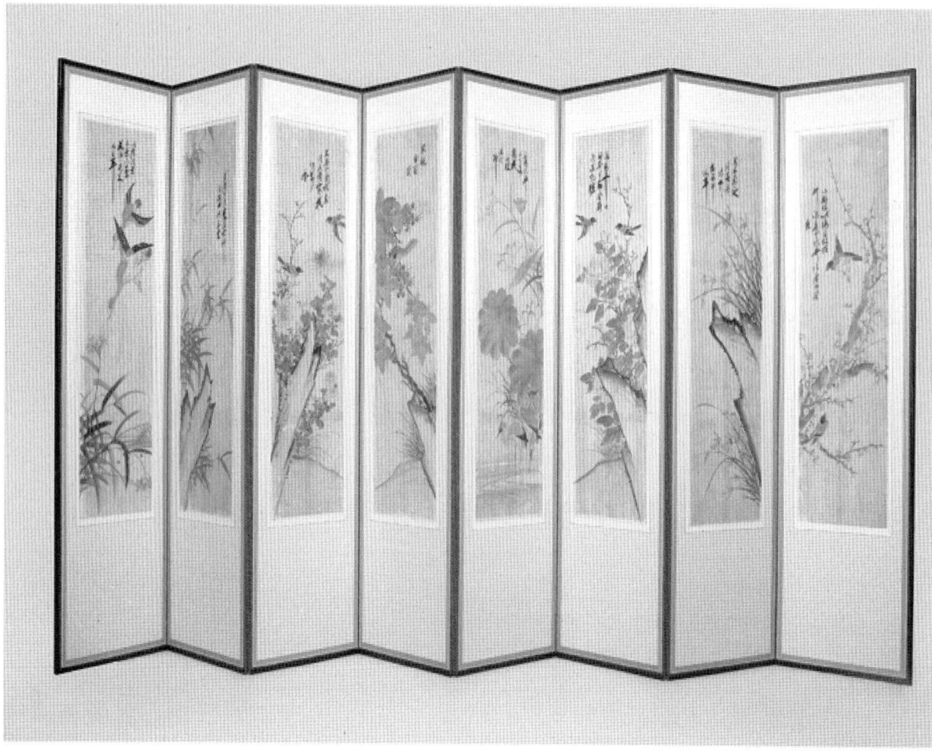

KORMARC

001

007 zz

008 091215q19101945ulk cgr kor

056 ▾a606.9▾25

090 ▾a606.9▾b화75

245 00▾a화조도팔폭병풍▾h[입체자료]

260 ▾a[한국] :▾b[발행처불명],▾c[일제강점기 (제작)]

300 ▾a병풍 1점 (8폭) :▾b종이 및 기타, 천연색 ;▾c높이 163 cm, 전체길이 354 cm

500 ▾a한자표제: 花鳥圖八幅屛風

500 ▾a감정평: 1940년대 일제말엽 유행한 동리(洞理) 공용(共用) 병풍으로 제작된 화조도팔폭 병풍이다. 작가는 미상이지만 상당한 수준급 화조병풍이다. 채색은 당시 화가들이 사용한 물감으로 수묵과 매우 조화되어 있다

852 ▾a조선대학교 박물관▾p유물번호: 조선대 48

〈그림 7-5〉 문화재(병풍): 본표제

〈그림 7-5〉는 조선대학교 박물관이 소장하고 있는 8폭짜리 병풍 「화조도팔폭병풍(花鳥圖八幅屛風)」을 예시한 것이다. 병풍은 방안을 막거나 무엇을 가리기 위하여, 또는 장식용으로 방 안에 치는 물건이다. 일반적으로 장방형으로 짠 나무틀에 종이를 바르고 그 위에 그림이나 자수, 글씨 등을 붙여 펴고 접을 수 있게 하였다. 2폭에서 12폭까지 짝수로 이루어져 있으며, 2폭 병풍을 특히 곡병풍, 또는 가리개라 하고, 머리맡에 치는 것을 머리병풍 또는 침병이라고 한다.

입체자료에서는 다음의 표제를 본표제로 한다.

· 첫 번째 전시 때 부여된 표제
· 통칭이나 전래되어온 표제
· 소장기관이 부여한 표제

그리고 공예품이나 박물자료, 역사자료, 민속문화재 등 유형문화재의 제작에 참여한 인물을 분명하게 알 수 없는 경우에는 책임표시를 생략한다.

245 00 ▾a화조도팔폭병풍 ▾h[입체자료]
245 00 ▾a청자광구병 ▾h[입체자료]

제작사항이 불명인 경우는 추정되는 제작년을 기술한다. 이때 008 필드의 발행년 유형에는 고려시대(918-1046)라는 추정연도를 기술한다.

008/06 q
008/07-10 0918
008/11-14 1046
260 ▾c[고려시대 (제작)]

300 필드에는 특정자료종별과 수량, 재료, 색채, 크기순으로 기술한다. 이때 특정자료종별 다음에 병풍의 폭 수를 알 수 있는 경우 원괄호속에 부기하며, 크기는 높이와 전체길이를 cm 단위로 기술한다.

300 ▾a병풍 1점 (8폭) : ▾b종이 및 기타, 천연색 ; ▾c높이 163 cm, 전체길이 354 cm

제8장 마이크로자료

8.1 마이크로자료의 특성
8.2 마이크로자료의 종류
8.3 마이크로자료의 관리
8.4 마이크로자료의 조직
8.5 마이크로자료의 실례

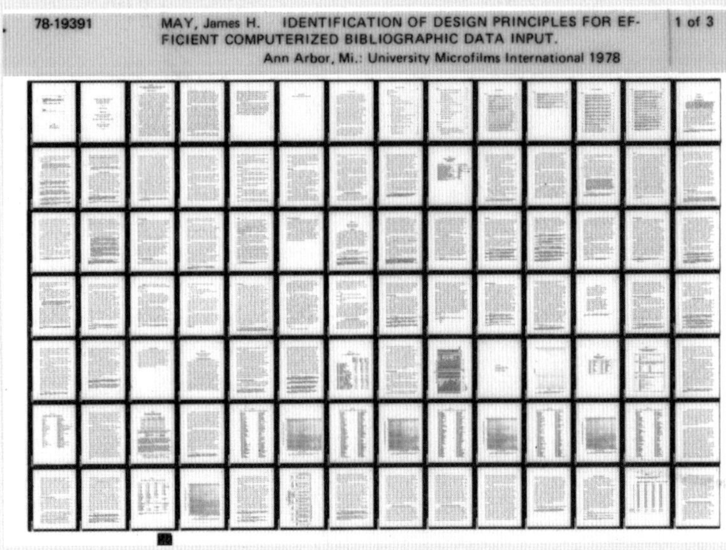

제8장 마이크로자료

8.1 마이크로자료의 특성

마이크로자료란 오패크와 같이 마이크로이미지를 기록하는 매체를 의미한다. 마이크로이미지는 아파추어카드, 마이크로피시, 마이크로필름, 마이크로오패크 등에 컴퓨터로 생성된 문자나 그림 등의 페이지 단위의 이미지로서 너무 작기 때문에 이를 읽기 위해서는 판독기를 사용한다. 일반적으로 마이크로자료는 이미 존재하는 텍스트자료 또는 이미지자료를 재생산하거나 자체를 원본으로 생산하기도 한다.

도서를 최초로 마이크로자료로 제작한 것은 1853년 영국 맨체스트의 과학자 John B. Dancer라고 알려져 있으며, 도서관에서 최초로 도서를 마이크로화 한 것은 1905년 LC이다. 또한 LC에서는 'Project-A'라는 마이크로화 계획을 실시하였는데, 1927년부터 8년에 걸쳐 대영박물관 소장자료 300만점을 마이크로필름에 촬영하였다.[85] 그후 1960년대 미국정부가 기술보고서를 마이크로피시에 수록하여 보급함으로써 활성화되기 시작하였으며, 또한 1963년 COM(computer output microform)의 개발로 기존자료의 마이크로화는 더욱 가속화되었다. 오늘날에도 많은 기관에서 장기보존매체로 여전히 마이크로자료를 선호하고 있으며, 대표적으로 국가기록원에서는 장기보존의 필요가 있는 중요한 기록물을 마이크로필름에 수록하여 보관하고 있다.

도서관에서 마이크로자료의 최대 이점은 보존공간의 경제성을 들 수 있으며, 기계적 자동검색으로 검색시간의 절약 및 처리인력의 최소화로 인건비 절약, 훼손이나 분실의 최소화, 원자료의 영구보존을 가능하게 한다는 점이다. 반면에 마이크로자료는 육안판독이 불가능하고, 마이크로필름 리더기 판독시 눈이 쉽게 피로해지며, 비교나 대조가 곤란하고 원본 폐기시에 기록의 소멸성, 현상이나 보관조건의 불량으로 화상의 퇴색과 소멸 등의 단점이 있다.

85) 圖書館情報學ヘンドブック(東京 : 丸善, 1988), p.289.

8.2 마이크로자료의 종류

마이크로필름은 영화필름과 마찬가지로 화상에 따라 음화와 양화[86]로 구분할 수 있으며, 축소율에 따라 저축소율(15배 이하), 중축소율(16-36배), 고축소율(31-60배), 초축소율(61-90배), 극초축소율(91배 이상)의 5단계로 구분할 수 있지만 일반적으로 마이크로필름의 형태에 따라 아래와 같이 구분한다.

8.2.1 마이크로필름

일반적으로 마이크로필름이라고 하면 롤(roll)의 형태로 되어 있는 마이크로필름 롤을 지칭하며, 이것이 릴(reel)에 감겨 있으면 마이크로필름 릴, 카세트에 들어 있으면 마이크로필름 카세트, 카트리지에 들어 있으면 마이크로필름 카트리지로 구분한다. 그리고 필름의 폭에 따라 16 mm, 35 mm, 70 mm, 105 mm로 구분되며, 이 가운데 도서관의 문헌용으로 많이 사용되는 35 mm의 경우 1프레임 표준크기가 32 × 42 mm, 1릴의 길이는 30.5 m(640 프레임)이다.

8.2.2 마이크로피시

1장의 사진 필름 위에 다수의 화면, 화상, 문자, 도형 등을 수용한 것으로 105 × 148.75 mm가 표준사이즈로 사용되고 있으며, 1매의 피시 내에 98프레임(7단14열), 206 프레임을 수용할 수 있다. 도서관에서는 98 프레임이 많이 사용되며, 학술논문이나 문서, 도면, 지도 등에 이용된다. 격자모양으로 배열된 마이크로이미지를 담고 있으며, 격자모양은 축소비율에 따라 다양하다. 헤드부분은 표식공간으로서 확대장치가 없어도 읽을 수 있는 큰 글자로 된 식별기호, 서지기호, 계속기호가 있다.

8.2.3 마이크로오패크

이는 마이크로피시와 유사하지만 필름대신에 인화지와 같은 불투명한 카드로 양면에 수록할 수 있으며, 확대장치가 없어도 읽을 수 있는 큰 글자로 된 식별정

86) 음화(negative)는 사진의 건판에 감광시켜 현상한 화상으로 좌우가 바뀌고 명암이 실물과 반대이며, 양화(positive)는 음화를 인화지에 박은 사진으로 명암과 흑백이 실물과 똑같이 나타난다. 판독만 하기에는 양화가 적합하고, 프린트하기에는 음화가 더 적합하다.

보를 가지고 있다. 과거에는 대량으로 배포하였지만 화상이 선명하지 못한 단점으로 오늘날은 마이크로피시로 대치되고 있다.

8.2.4 아파추어카드

이는 펀치카드와 같은 모양에 우측 중간일부를 절단하여 마이크로필름을 끼울 수 있도록 직사각형 구멍(aperture)이 나있다. 35 mm 필름의 한 프레임 크기가 주로 사용되고, 16 mm 필름을 사용하여 4 프레임 또는 8 프레임의 수용도 가능하다. 독립된 도면자료나 특허자료 등의 수록과 관리에 적합하다.

8.3 마이크로자료의 관리

8.3.1 마이크로자료의 선택

마이크로자료를 입수하거나 도서관 보존용으로 사용하기 위해서는 그 형태에 관계없이 아래의 사항에 만족하는지 점검한다.[87]

① 낙장 또는 면수 매김의 오차가 있는가?

② 문자나 기호가 선명하지 않거나 화상의 농도가 엷어 판독이 곤란하지 않은가?

③ 필름면이 미세하게 손상되어 문자나 화상이 훼손되지 않았는가?

④ 화상의 농도가 너무 짙어 판독이 곤란하지 않은가?

⑤ 화상의 상하좌우 위치가 가지런히 정돈되어 있는가?

⑥ 시험도표와 같은 것이 잘못되어나 누락된 것이 없는가?

⑦ 검색용 코드가 있는 경우 검색작동이 정확하게 이루어지고 있는가?

⑧ 원문헌에 사진이나 색상의 일부분이 있는 경우 마이크로자료에서도 필요한 부분이 판독가능한가?

⑨ 지문 등과 같은 얼룩이나 미생물, 곰팡이 등이 묻어 있지는 않은가?

8.3.2 마크로자료의 기본시설

마이크로자료를 도서관에서 자체 생산하기 위해서는 마이크로필름 카메라와 같은 입력기기가 필요하며, 촬영된 필름을 실제로 이용할 수 있도록 가공하기 위해

---

87) 圖書館情報學ヘンドブック(東京 : 丸善, 1988), p.391.

서는 현상기와 복제기 등과 같은 가공기기가 필요하다. 국가기록원이나 연구기관의 전문도서관 등에서는 실제로 자체 생산한 자료를 마이크로자료로 제작하는 경우가 많다.

일반적으로 도서관에서 마이크로자료를 이용하려면 우선 마이크로리더와 리더프린터를 위시한 기본적인 시설 및 환경이 갖추어져야 한다. 모든 형태의 마이크로자료를 읽을 수 있고 인쇄해 낼 수 있는 리더프린터가 없는 것은 아니지만 마이크로필름이나 마이크로피시는 각기 다른 리더와 프린터를 필요로 하며, 그 종류와 형태는 다양하다.

8.3.3 마이크로자료의 보관

마이크로자료는 앞서 〈표 1-5〉에서 언급한 바와 같이 13~17℃, 상대습도 35~45%가 가장 알맞다. 습도가 많으면 필름에 곰팡이가 나고, 건조하면 필름이 부스러지기 쉽다. 그리고 마이크로자료실은 먼지가 나지 않는 곳이 좋으므로 먼지 없는 열람실이 필요하며, 사용하지 않을 때는 마이크로리더기와 프린터는 덮개를 씌워두는 것이 좋다. 규칙적으로 피시홀더의 유리판과 리더의 렌즈를 닦아 주어야 한다. 환기가 잘되고 특히 화기에 주의해야 한다. 또한 직사광선을 피하고 햇빛 차단용 커튼이나 블라인더가 필요하다.

마이크로자료는 그 수량에 따라 다양한 방법으로 보관될 수 있다. 예를 들면 500~1,000매 정도의 마이크로피시는 봉투(cardboard)나 철제 파일함에 보관할 수 있으며, 마이크로필름 릴은 라벨이 붙은 보관상자에 넣어서 보관할 수 있다. 롤 형태의 자료로 수량이 많은 경우에는 회전식 카트리지 파일링시스템을 이용하기도 한다. 보관함이나 캐비닛에 보관할 때는 방열기를 피하고 방습제를 넣어두면 좋다.

8.4 마이크로자료의 조직

8.4.1 마이크로자료의 분류

마이크로자료는 일반적으로 마이크로필름의 형태에 따라 마이크로필름, 마이크로피시, 아파추어카드, 마이크로오패크 등으로 분류하여 관리하고 있지만, 마이크로필름이나 마이크로피시와 같이 대규모로 수집되는 경우 기존의 자료와 마찬가지로 주제별로 분류를 하지 않으면 필요한 자료를 효과적으로 검색할 수가 없다. 따라서 일반 단행본 및 비도서자료를 통합검색하기 위해서는 KDC나 DDC와 같이 기존의 분류체계를 그대로 적용한 후 별치기호를 사용하여 매체별로 구분하여 별도로 관리하는 경우가 많다.

8.4.2 마이크로자료의 목록

아래의 내용은 KCR4 제10장 마이크로자료와 KORMARC 형식을 중심으로 기술한 것이다. KCR4 제10장에서 마이크로자료는 마이크로필름, 마이크로피시, 아파추어카드, 마이크로오패크 등 모든 종류의 마이크로자료를 기술 대상으로 하고 있다. 마이크로자료는 처음부터 마이크로자료로 발행된 것도 있지만 대부분의 자료가 기존의 출판물을 복제한 것이다. 이들 복제물은 일반 영인본을 편목하는 것과 유사하다. 원저작에 관한 데이터는 어느 것이든 레코드의 기술부에 정보를 옮겨 적을 때 무시하거나 주기사항에 기재하지만, 지도자료의 축척 및 좌표, 악보의 종류, 연속간행물의 권호차는 예외적으로 원저작의 데이터를 그대로 기재한다.

1) 정보원의 우선순위(10.0.3.1)

① 마이크로 필름, 마이크로피시, 마이크로오패크: 표제프레임(title frame)

② 아파추어카드: 표제카드 또는 카드자체

③ 헤드

④ 카세트, 카트리지: 마이크자료의 기타 부분

⑤ 육안으로 식별할 수 있는 딸림자료나 용기

⑥ 마이크로이외의 자료

2) 자료유형(10.1.2.1)

[마이크로자료], [microform]

245 00 ▼a독립신문 ▼h[마이크로자료] = ▼x(The) independent /
▼d한국언론재단 편

245 00 ▼a(The) principles of psychology ▼h[microform] /
▼dby William James

3) 자료특성사항(10.3)

마이크로자료에 수록된 지도자료나 악보, 연속간행물의 경우에는 각기 해당 장의 자료특성사항의 기술규정에 따른다.

255 ▼a축척 1 : 50,000 ;▼b횡단 메르카토르도법▼c(E 79°--E 86°/ N 20°--N 12°)

254 ▼a총보

362 0 ▼a창간호 (1920년 1월)-

4) 발행사항(10.4)

원자료의 발행사항(발행지, 발행처, 발행연도)을 기술하는 것이 아니라 마이크로자료의 발행사항을 기술한다. 원본에 관한 사항은 주기한다.

260 ▼a서울 :▼b문학사상사,▼c1975

534 ▼p원본발행사항:▼c[京城] : 漢城圖書, 1941

5) 형태사항(10.5)

특정자료종별과 수량, 기타 형태사항, 크기, 딸림자료순으로 기술한다.

(1) 특정자료종별(10.5.1)

아파추어카드(aperture card), 마이크로필름 릴(microfilm reel), 마이크로필름 카세트(microfilm cassette), 마이크로필름 카트리지(microfilm cartridge), 마이크로피시(microfiche), 마이크로피시 카세트(microfiche cassette), 마이크로오패크(micro-opaque)

(2) 기타 형태사항(10.5.2)

마이크로자료의 극성(양화 또는 음화), 삽화, 색채 등을 순서대로 한다.

(3) 크기(10.5.3)

마이크로필름은 필름의 폭을 mm 단위로 기술한다. 표준크기(직경 7.5 cm)인 경우는 그 기재를 생략한다. 마이크로피시의 경우는 높이와 폭이 표준크기(10.5 × 14.8 cm)가 아닌 경우 세로 × 가로를 cm 단위로 기술한다.

· 마이크로필름 릴

마이크로필름 릴 수량 : 극성, 삽화, 색채 ; 필름의 폭 + 딸림자료

300 ▼a마이크로필름 릴 100개 :▼b음화, 삽화 ;▼c35 mm

· 마이크로피시

마이크로피시 매수 (프레임 수) : 극성, 삽화, 색채 ; 세로 × 가로 + 딸림자료

300 ▼a마이크로피시 4매 :▼b음화 ;▼c12 × 17 cm +▼e해설서 1책

6) 주기사항(10.7)

(1) 자료의 특성에 관한 주기

기술대상자료의 원본이 지도이거나 악보, 또는 연속간행물인 경우 자료특성사항에 포함되지 않은 기타특성사항을 기술한다.

500 ▼a원본축척: 약 1:50,000

500 ▼aScale of original: ca. 1:6,000

(2) 형태사항에 관한 주기

기타 형태사항 이외의 형태에 관한 사항 즉, 축소비율, 판독기의 사양, 필름특성 등을 기술한다. 축소비율의 경우 축소비율이 16-30:1 이외의 경우에는 '저축소율'(16:1 미만), '고밀도 축소율'(31-60:1), '최고밀도 축소율'(61-90:1), '초고밀도 축소율'(90:1 이상), '축소율 다양'으로 구분하여 기재한다.

500 ▼a고밀도축소율

500 ▼aHigh reduction

8.5 마이크로자료의 실례

8.5.1 마이크로피시

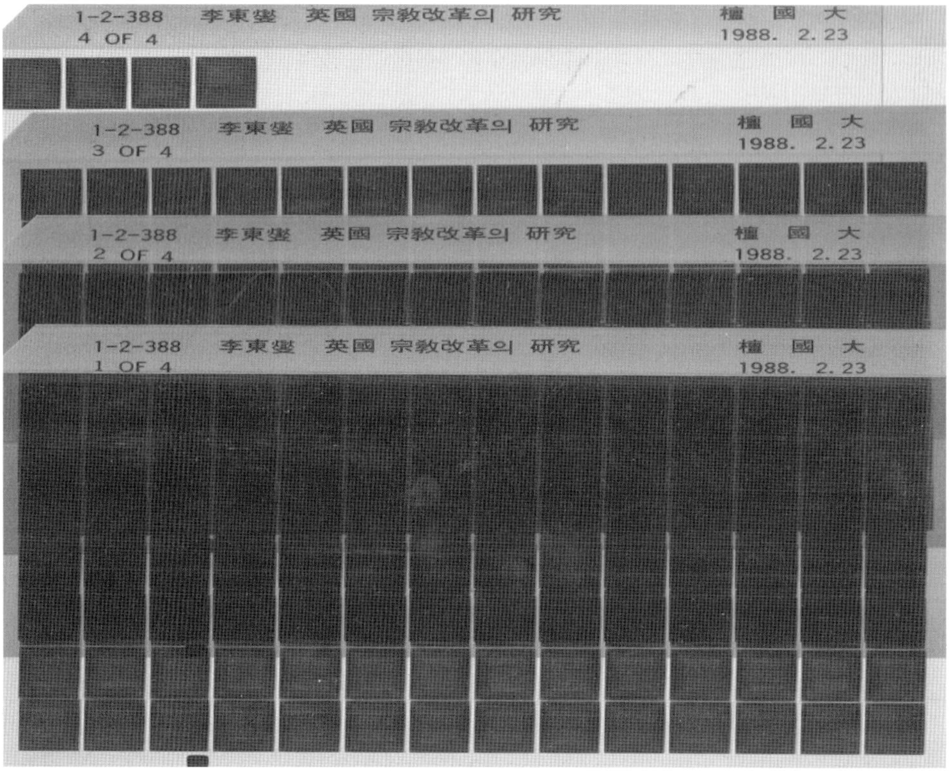

KORMARC

001

007 he bmb030bmuu

008 091215s1988 ulk b c kor

245 00 ▾a英國 宗敎改革의 研究 ▾h[마이크로자료] : ▾bTudor 王政時代를 中心으로 / ▾d李東燮 著

260 ▾a서울 : ▾b단국대학교 대학원, ▾c1988

300 ▾a마이크로피시 4매 : ▾b음화 ; ▾c12 × 17 cm

502 ▾a학위논문(박사) - ▾b단국대학교 대학원 : ▾c사학과 서양사전공, ▾d1987

651 8 ▾a영국 ▾x역사 ▾yTudor 왕정시대

700 1 ▾a이동섭

710 ▾a단국대학교. ▾b대학원

〈그림 8-1〉 마이크로피시: 형태기술필드

〈그림 8-1〉은 1988년도에 박사학위논문 「英國 宗敎改革의 硏究」를 마이크로피시로 제작한 것이다.

007 형태기술필드는 자료의 형태사항에 관한 정보를 부호로써 알려주기 위한 필드이다. 지시기호와 식별기호가 설정되어 있지 않으며, 마이크로자료의 007 필드는 13자리의 고정길이 필드로 이루어져 있다. 재량 요소이며, 반복기술이 가능하다. 많이 사용되는 자수위치는 다음과 같다.

00(자료범주표시): 마이크로자료의 경우 모두 'h'로 표시.

01(특정자료종별): 아파추어카드 'a', 마이크로필름 카트리지 'b', 마이크로필름 릴 'd', 마이크로피시 'e', 마이크로오패크 'g', 기타 'z'로 표시.

02(미정의): 빈칸

03(감광상태): 양화 'a', 음화 'b', 혼합 'm'으로 표시.

04(규격): 8 mm 'a', 16 mm 'd', 35 mm 'f', 4 × 6 인치 'm'으로 표시.

05(축소비율의 범위): 저축소율 'a', 정상축소율 'b', 고밀도축소율 'c', 최고밀도축소율 'd', 초고밀도축소율 'e', 알 수 없을 경우 'u'로 표시.

06-08(축소비율): 구체적인 마이크로자료 축소율을 3자리숫자로 표시.

09(색채): 천연색 'c', 흑백색 'b'로 표시.

10(감광유제): 실버 할리드 'a', 디아조 'b', 베지큘라 'c', 혼합 'm'으로 표시.

11(복제단계): 제1세대(마스터) 'a', 이용제공용 'c', 미상 'u'로 표시.

12(필름의 기본재료): 미확인 안전체 'a', 미상 'u'로 표시.

		01	02	03	04	05	06-08	09	10	11	12
007	h	e		b	m	b	030	b	m	u	u

예를 들어 위의 예시와 같이 007 필드가 'he bmb030bmuu'로 기술되어 있는 경우, 그 의미를 살펴보면 다음과 같다. 즉, 자료의 범주는 마이크로자료이며(h), 특정자료표시는 마이크로피시(e), 감광상태는 음화(b), 매체의 규격은 4 × 6 인치(m), 축소비율은 정상축소율(b), 구체적인 축소율은 030, 색채는 흑백(b), 감광유제는 혼합(m), 복제단계와 필름의 기본재료는 알 수 없다(u).

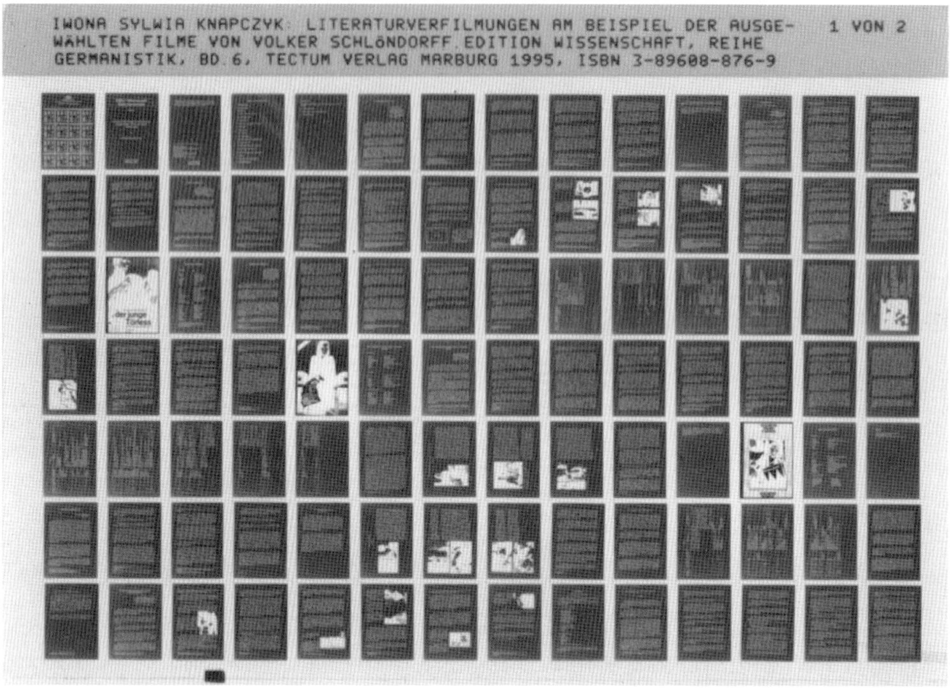

KORMARC

001 000000357135

007 he bmb030bmuu

008 091215s1995 gw b c dut

020 ▾a3896088769

082 00▾a943▾220

090 ▾a943▾bK67IwA

245 00▾aLiteraturverfilmungen am beispiel der ausgewaehlten filme von volker schloendorff ▾h[microform] / ▾cIwona Sylwia Knapczyk

260 ▾aStuttgart : ▾bEdition Wissenschaft, ▾c1995

300 ▾a2 microfiches (125 fr.) : ▾bnegative, ill.

700 1 ▾aKnapczyk, Iwona Sylwia.

772 00▾tKleine deutschlandkunde▾w356415

〈그림 8-2〉 마이크로피시: 부호화정보필드

008 부호화정보필드는 40자리의 고정길이 필드로서 레코드 전반과 서지적 특성에 대한 정보를 부호화하여 나타내고 있으며, 007 필드와 마찬가지로 지시기호와 식별기호는 설정되어 있지 않다. 필수 요소이며, 반복기술이 불가하다. 시청각자료(마이크로자료)의 자료형태는 008/29에서 구분하여 나타낸다.

자수위치 00-17, 26-28, 32, 35-39는 모든 형태의 자료에서 공동으로 적용되는 부호화 정보필드이고 18-25, 29-31, 33-34자리는 영화 및 비디오녹화자료에 적용되는 부호화 정보필드이다. KORMARC의 008 필드 자수위치는 다음과 같다.

00-05(입력일자), 06(발행년 유형), 07-10(발행년1), 11-14(발행년2), 15-17(발행국 명), 18-20(영화나 비디오녹화자료의 상영시간), 21(빈칸), 22(이용대상자 수준), 23-25(빈칸), 26-27(한국대학부호), 28(수정레코드), 30-31(빈칸), 32(목록전거), 33(시청각자료의 유형), 34(기술수준), 35-37(언어), 38-39(한국정부기관부호)

29(자료의 형태): 마이크로필름 'a', 마이크로피시 'b', 마이크로오패크 'c', 복제자료 'r', 전자자료 's', 기타는 빈칸으로 표시.

	00-05	06	07-14	15-17	18-20	21	22	23-25	26-27	28	29	30-31	32	33	34	35-37	38-39
008	091125	s	1995	gw							b		c			dut	

예를 들어 008 필드가 위의 예시와 같이 기술되어 있는 경우, 그 의미를 살펴보면 다음과 같다. 즉, 입력일자는 2009년 11월 25일, 발행년의 유형은 단일년도(s), 발행년도는 1995년, 발행지는 독일(gw), 자료의 형태는 마이크로피시(b), 입력된 목록데이터는 협력기관에서 받은 것이며(c), 본문언어는 독일어(dut)임을 의미한다.

〈그림 8-2〉의 예시는 Kleine deutschlandkunde의 부록(딸림자료)으로 제작된 것이다. 해당 자료가 모체레코드의 보유판, 별책부록, 특별호(수직적 관계)일 경우, 772 필드에는 모체레코드에 대한 정보를 기술한다.

245 00 ▾aLiteraturverfilmungen am beispiel der ausgewaehlten filme von volker schloendorff ▾h[microform] / ▾cIwona Sylwia Knapczyk

772 00 ▾tKleine deutschlandkunde ▾w356415

8.5.2 마이크로오패크

[프레임 1]

UR - 80
RL - 22
Micro Card

[프레임 2]

A Contingency Theory Approach to an Empirical Classification of Management Accounting Information Systems
by Robert Clinton Elmore

A thesis submitted to the Faculty of the Mississippi University in partial fulfillment of the requirements for the degree of Philosophy Doctor in the School of Accounting Science
1985

KORMARC

001
007 hg bmb030bmuu
008 091215s1986 us c c eng
082 ▾a657▾220
090 ▾a657▾bM46iu
245 01▾a(A) contingency theory approach to an empirical classification of management accounting information systems▾h[microform] /▾dby Robert Clinton Elmore
260 ▾aAnn Arbor, M.I. :▾bUniversity Microfilms International,▾c1986
300 ▾a3 microopaques (130 fr.) :▾bnegative ;▾c8 × 13 cm
490 10▾aACRL microcard series ;▾vno. 115
500 ▾aMicrocard: UR-80 RL22
502 ▾aThesis(Ph.D.) -▾bThe University of Mississippi :▾cSchool of Accounting Science,▾d1985
700 1 ▾a Elmore, Robert Clinton
710 ▾aThe University of Mississippi
830 0▾aACRL microcard series ;▾vno. 115▾h[microform]

〈그림 8-3〉 마이크로오패크: 학위논문

마이크로오패크의 경우 마이크로오패크의 맨 앞에 있는 표제프레임이 기본정보원이다. 〈그림 8-3〉에 나타나 있는 예시에서는 표제프레임이 표제와 책임표시정보를 제공하고 있으며, 발행사항과 총서사항 등의 정보는 육안으로 읽을 수 있는 유형으로 카드상단에 나타나 있다.

마이크로오패크 특정자료종별은 '마이크로오패크'와 'microopaque' 용어를 사용하며, 마이크로피시와 같이 프레임(frame) 수를 확인할 수 있는 경우 원괄호 속에 그 수를 부기한다. 기타 형태사항에는 마이크로오패크의 극성(양화 또는 양화), 삽화, 색채 등을 순서대로 한다. 이때 극성이 양화일 때에는 그 기재를 생략하고 음화 일 경우에는 '음화' 또는 'negative' 로 기재하며, 전부나 일부에 색채가 있을 경우 이를 기재한다. 크기는 세로 × 가로를 cm 단위로 기술한다.

300 ▼a3 microopaques (130 fr.) : ▼bnegative ; ▼c8 × 13 cm

300 ▼a마이크로오패크 5매 ; ▼c8 × 13 cm

〈그림 8-3〉은 1985년에 Mississippi 대학교에서 수여한(발행한) 박사학위논문을 University Microfilms International에서 마이크로오패크로 제작한 것이다. 발행자는 마이크로오패크를 제작한 University Microfilms International을 기재하며, 학위논문주기는 502 필드에 기재한다.

학위논문은 공식적으로 출판되지 않기 때문에 원본에 관한 주기가 없으며, 학위논문주기가 사실상 원본주기역할을 한다고 볼 수 있다. 학위논문의 경우 학위수여 대학명, 전공학과명, 학위수여년도 등을 다음과 같이 502필드(학위논문주기)에 기술한다.

502 0 ▼a학위논문(석사) -▼b전남대학교 대학원, ▼c문헌정보학과, ▼d1998

502 1 ▼a학위논문(박사) -▼b서울대학교 대학원, ▼c국어국문학과, ▼d1995

502 1 ▼aThesis(Ph.D.) -▼bColumbia University : ▼cSchool of Library Science, ▼d1978

502 0 ▼aThesis(A.B) -▼bSyracuse University, ▼d1974

502 0 ▼aThesis(M.A.) -▼bUniversity of Michigan, ▼cDept. of Computer Science, ▼d1969

8.5.3 마이크로필름

1) 마이크로필름 신문

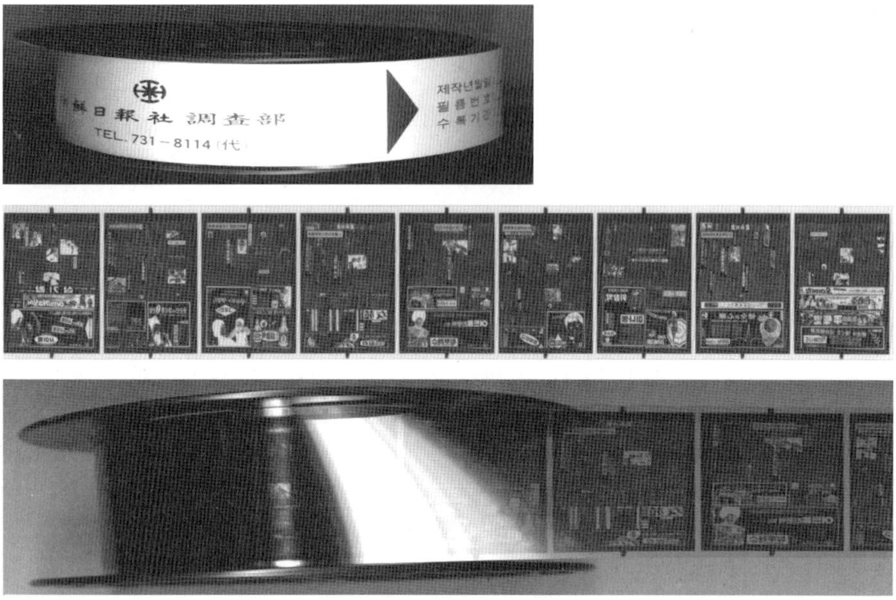

KORMARC

001 000000285066
007 hd bfb030bmuu
008 091215s1990 ulk a c kor
082 ▾a079.519▾220
090 ▾a071.1▾b조53ㅈ▾cv.1-100
245 00▾a朝鮮日報▾h[마이크로자료] /▾d朝鮮日報社 調査部 제작
246 10▾a朝鮮日報 micro film▾h[마이크로자료]
260 ▾a서울 :▾b朝鮮日報社 調査部,▾c1990
300 ▾a마이크로필름 릴 100개 :▾b음화, 삽화 ;▾c35 mm
310 ▾a일간
362 0 ▾a1920년 3월 1일-1950년 12월 30일
530 ▾a인쇄형 신문도 이용가능
534 ▾p원본발행사항:▾c서울 : 朝鮮日報社, 1920-1950
710 ▾a조선일보사.▾b조사부
776 1 ▾t朝鮮日報▾w57837538

〈그림 8-4〉 마이크로필름 릴: 신문

〈그림 8-4〉의 예시는 인쇄매체로 발간된 「朝鮮日報(1920-1950)」을 마이크필름 릴의 형태로 다시 제작한 것이다.

원칙적으로 KCR4에서는 복제물의 경우, 그 대본인 원자료가 아니라 복제물 자체를 기술의 대상으로 한다. 다만 일부 서지사항(권호차,연월차사항, 간행빈도와 이전 간행빈도)에 대해서는 원본의 연속간행물에서 채기한다(KCR4 11.0.3.3). 이렇게 볼 때 발행사항에는 복제물의 발행사항(260 필드)을 기재하며, 원본의 발행사항은 주기사항(534 필드)에 기재한다.

260 ▾a서울 :▾b朝鮮日報社 調査部,▾c1990

534 ▾p원본발행사항:▾c서울 : 朝鮮日報社, 1920-1950

복제물의 원본이 연속간행물인 경우 간행빈도(310 필드)나 권호차·연월차표시(362 필드)는 원본의 사항을 기재한다. 그리고 복제물에 별도의 권호차나 연월차가 있을 경우에는 이를 500 필드에 주기한다(〈그림 6-8〉의 설명 참조).

310 ▾a일간

362 0 ▾a1920년 3월 1일-1950년 12월 30일

마이크로필름의 형태사항은 마이크로필름의 수량, 극성, 삽화, 색채, 크기를 순서대로 기술한다. 크기는 필름의 폭을 mm 단위로 기술하며, 표준크기(직경 7.5 cm)인 경우는 그 기재를 생략한다.

300 ▾a마이크로필름 릴 100개 :▾b음화, 삽화 ;▾c35 mm

300 ▾a마이크로피시 2매 (125 프레임) :▾b음화 ;▾c12 × 17 cm

300 ▾a1 microfilm reel :▾bnegative, ill. ;▾c16 mm +▾e1 pamphlet (30 p. : 22 cm)

300 ▾a2 microfiches (125 fr.) :▾bnegative, ill. ;▾c12 × 17 cm

2) 마이크로필름 고서

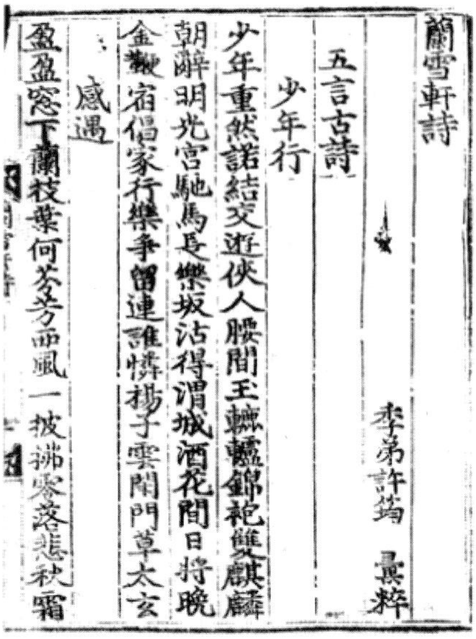
蘭雪軒詩
李弟許筠 彙粹
五言古詩
少年行
少年重然諾結交遊俠人腰間玉轆轤錦袍雙麒麟
朝辭明光宮馳馬長樂坂沽得渭城酒花間日將晩
金鞭宿倡家行樂爭留連誰憐揚子雲閉門草太玄
感遇
盈盈窓下蘭枝葉何芬芳西風一披拂零落悲秋霜

11

KORMARC

001 000000285066
007 hd bfb030bmuu
008 091215s1990 ulk a c kor
056 ▾a811.29▾25
090 ▾a0811.29▾b허192ㄴ
245 00▾a蘭雪軒詩▾h[마이크로자료] /▾d許蘭雪軒 著 ;▾e許筠 彙粹
260 ▾a서울 :▾b국립중앙도서관,▾c1990
300 ▾a마이크로필름 릴 1개 :▾b음화 ;▾c35 mm
500 ▾a수록책수: 3종 7책
530 ▾a인쇄형 자료도 이용가능
534 ▾p원본간사사항:▾c肅宗 18(1692) [後刷].▾b木板本
536 1 ▾a국립중앙도서관 (일산古3644-75)
700 1 ▾a허난설헌
700 1 ▾a허균
776 1 ▾t蘭雪軒詩▾w783832

〈그림 8-5〉 마이크로필름 릴: 고서

〈그림 8-5〉는 肅宗 18년(1692) 목판본으로 간행된 「蘭雪軒詩(許蘭雪軒 著 ; 許筠 彙粹)」를 1990년 국립중앙도서관에서 35 mm 마이크로필름 릴의 형태로 다시 제작된 것이며, 이를 바탕으로 목록레코드를 작성한 것이다.

776 필드에는 해당 자료가 이용가능한 다른 물리적 형태의 자료로 간행되고 있을 때, 이에 관한 사항을 기술한다.

245 00 ▾a蘭雪軒詩▾h[마이크로자료] / ▾d許蘭雪軒 著 ; ▾e許筠 彙粹

530 ▾a인쇄형 자료도 이용가능

776 1 ▾t蘭雪軒詩▾w783832

해당 자료가 영인, 복사, 마이크로형태 등에 의한 복제물이고 복제본을 중심으로 서지정보를 기술한 경우, 534 필드에는 그 원본에 관한 사항을 기술한다. 이때 원본관련 설명어구를 나타내는 식별기호 ▾p는 반드시 기술되어야 한다.

534 ▾p원본간사사항: ▾c肅宗18(1692) [後刷]. ▾b木板本

534 ▾p원본출판사항: ▾c京城 : 朝鮮總督府, 昭和[1931]

기술대상 자료의 원본이나 복제본이 타기관에 소장되어 있는 경우, 그 원본이나 복제본의 소장처를 기술한다. 이 필드는 원본이나 복제본이 기술된 자료와 다른 곳에 있을 경우에만 기술한다. 아래의 예시에서 제1지시기호가 '1'이면 원본소장기관, '2'이면 복제본 소장기관을 나타낸다.

536 1 ▾a국립중앙도서관 (일산古3644-75)

3) 마이크로필름 저널

[프레임 1]

START

[프레임 2]

Southern Musical Advocate and Singer's Friend

Mountain Valley, Virginia

[프레임 3]

[Reproduction of LC Card]

Microfilmed 1970, Library of Congress Photoduplication Service

[프레임 4]

Vol.1 No.1(July 1859) thru Vol.7 No.12(June 1867)

[Real 1]

KORMARC

001 000000285066
007 hd bfb030bmuu
008 091215s1970 us a c eng
082 ▾a079.519▾220
245 00▾aSouthern musical advocate and singer's friend▾h[microform]
260 ▾a[Washington] : ▾bLibrary of Congress Photoduplication Service, ▾c1970
300 ▾a9 microfilm reels : ▾bnegative, ill. ; ▾c35 mm
310 ▾aMonthly
362 0 ▾aVol. 1, no. 1 (July 1859)-v. 7, no. 12 (June 1867)
530 ▾aAlso available on paper journal
534 ▾pReproduction of: ▾cMountain Valley, Va. : Funk & Sons, 1859-1867
776 1 ▾tSouthern musical advocate and singer's friend▾w778383
785 00▾tMusical advocate and singer's friend▾w383832

〈그림 8-6〉 마이크로필름 릴: 저널

〈그림 8-6〉은 인쇄형으로 발간된 저널을 마이크로필름 릴의 형태로 다시 제작한 것이며, 마이크로필름 복제물의 맨 앞에 있는 4개의 연속적인 표제프레임을 바탕으로 목록레코드를 작성한 것이다.

534 필드에는 해당 자료가 마이크로형태 등에 의한 복제물이고 복제본을 중심으로 서지정보를 기술한 경우 아래와 같이 그 원본에 관한 사항을 기술한다

534 ▼pReproduction of: ▼cMountain Valley, Va. : Funk & Sons, 1859-1867

534 ▼pOrigin version: ▼cNew York : Garland, 1987

〈그림 8-6〉은 제8권부터 *Southern Musical Advocate and Singer's Friend*에서 *Musical Advocate and Singer's Friend*로 표제가 변경되었다. 이와 같이 해당 자료의 직접적인 후속자료가 있는 경우(선후관계) 785 필드에는 후속저록의 내용을 기술하며, 둘 이상의 후속자료가 있는 경우에는 785 필드를 반복해서 사용한다. 이때 제2지시기호는 해당 자료와 후속저록 사이의 관계를 기술하는 값을 나타내며, 아래와 같이 값이 '0'일 경우 '~로 개제(continued by)' 되었음을 나타낸다.

245 00 ▼aSouthern musical advocate and singer's friend ▼h[microform]

785 00 ▼tMusical advocate and singer's friend ▼w(DLC)

〈그림 8-6〉은 인쇄형 저널로 발간되고 있는 것을 제1권부터 제7권까지 마이크로필름으로 제작한 것이다. 이와 같이 776 필드에는 해당 자료가 이용가능한 다른 물리적 형태의 자료로 간행되고 있을 때(수평적 관계), 이에 관한 사항을 기술한다.

245 00 ▼aSouthern musical advocate and singer's friend ▼h[microform]

530 ▼aAlso available on paper journal

776 1 ▼tSouthern musical advocate and singer's friend ▼w(DLC)

참고 문헌

국립중앙도서관. 비도서자료관리과정. 서울 : 국립중앙도서관, 2002.

국립중앙도서관. 비도서자료관리과정. 서울 : 국립중앙도서관, 2004.

국립중앙도서관. 한국문헌자동화목록형식 : 통합서지용. 서울 : 한국도서관협회, 2006.

국립중앙도서관. OASIS : Online, Archiving & Searching Internet Service. 〈http://www.oasis.go.kr/〉 [인용 2009. 12. 20].

김남석. 비도서자료의 조직이론, 개정증보판. 대구 : 계명대학교출판부, 2007.

김남석. 비도서자료편목법, 제3개정증보판. 대구 : 계명대학교출판부, 2009.

김정현. 전자자료조직론. 대구 : 태일사, 2002.

김태수. 목록의 이해, 개정증보. 서울 : 한국도서관협회, 2008.

김혜경. 전문 박물관 소장품 분류의 제안 연구. 석사학위논문, 경희대학교 경영대학원, 문화예술경영학과 박물관·미술관경영전공, 2003.

남태우, 박현영. "KCR4판(초안)의 '정지화상자료' 목록규칙에 관한 분석 : AACR2R, NCR을 중심으로," 한국정보관리학회, 제9호(2002), pp.147-154.

동아출판사. 동아원색세계대백과사전. 서울 : 동아출판사, 1990.

라미나. 방송 영상정보자료 분류에 관한 연구. 석사학위논문, 서울여자대학교 대학원, 문헌정보학과, 2006.

문정현. 시청각기록물의 기술요소에 관한 연구 : 기록관, 도서관, 박물관을 대상으로. 석사학위논문, 중앙대학교 대학원, 기록관리학과, 2009.

박성익 외. 교육방법의 교육공학적 이해. 서울 : 교육과학사, 2000.

朴秀貞. 國樂錄音資料의 目錄記入에 관한 硏究. 석사학위논문, 성균관대학교 대학원, 도서관학과 도서관학전공, 1984.

박온자. "도서관에서의 마이크로형태자료," 서울여자대학논문집, 제13호(1984. 6), pp.277-307.

박찬훈. 비도서 자료 편목규칙에 관한 연구 : AACR과 AECT규칙을 중심으로. 석사학위논문, 중앙대학교 대학원, 문헌정보학과, 1999.

배주연. TV 광고자료를 위한 KORMARC 형식의 적용에 관한 연구. 석사학위논문, 전남대학교 대학원 문헌정보학과, 2006.

브리태니커 백과사전. 〈http://premium.britannica.co.kr/bol/topic.asp?article_id=b16a0030b〉 [인용 2010. 1. 5].

사공철 등편. 문헌정보학용어사전. 서울 : 한국도서관협회, 1987.

徐漢範. 國樂通論. 서울 : 태림, 1999.

성경린. 朝鮮의 雅樂. 서울 : 博文出版社, 1947.

손정표. "서양 고전음악 녹음자료의 국문 통일표제 기술에 관한 연구," 사회과학, 제17집(2005), pp.39-78.

손정표. "음악녹음자료의 표목지시사항 관련 규칙에 관한 연구," 사회과학, 제16권(2004), pp.29-66.

손정표. "한국전통음악 녹음자료의 통일표제 기술에 관한 연구," 한국도서관・정보학회지, 제38권 제3호(2007), pp.425-454.

안세영. 디지털오디오의 이론과 응용: CD, DAT, DCC, MD를 중심으로 한. 서울 : 탐구원, 1996.

오동근 외. KORMARC의 이해. 대구 : 태일사, 2007.

윤경철 외. 지도학개론. 서울 : 진샘미디어, 2008.

윤희윤. 장서관리론, 개정판. 대구 : 태일사, 2007.

위유열. 위상 미술이론. 서울 : 열린교육, 2007.

이경호, 김정현. 자료목록법, 제4판. 대구 : 인쇄마당, 2009.

이두영. "문화예술관계 자료관의 특성," 도서관, 제46권, 제1호(1991), pp.5-23.

이미화. 영화자료를 위한 Kormarc 형식의 확장 설계에 관한 연구. 석사학위논문, 梨花女子大學校 大學院, 문헌정보학과, 1994.

이란주. "웹 검색엔진의 기능과 특징에 관한 연구," 도서관, Vol.54, No.3(1999 가을), pp.3-27.

이영동. 알기쉬운 오디오. 서울 : 삼호, 1992.

이영일. 영화개론. 서울 : 집문당, 1998.

이영준. 시청각교육론. 서울 : 교학연구사, 1987.

이유건. 오디오의 세계 : 음에 대한 교양과 평론. 서울 : 두남출판사, 1990.

이홍수. (고등학교) 음악 : 교사용 지도서. 서울 : 두산, 2007.

이희승 편. 국어대사전. 서울 : 민중서림, 1994.

이희연. 지도학. 파주 : 법문사, 1995.

장인석. 레코딩 아트. 서울 : 샤프랫뮤직, 2001.

정양희. 녹음자료의 목록기술에 대한 비교 연구 : AACR2R과 KORMARC을 중심으로. 석사학위논문, 전북대학교 대학원, 문헌정보학과, 2002.

정옥연. 비도서자료의 교육적 활용방안에 관한 연구 : 서울지역 중등학교도서관을 중심으로. 석사학위논문, 중앙대학교 대학원 문헌정보학과, 2003.

정유진. 음악자료의 목록정보 확장에 관한 연구. 석사학위논문, 이화여자대학교 대학원, 문헌정보학과, 2003.

정인성. 교육공학의 이해. 서울 : 학지사, 1997.

車惠仁. "地圖資料의 分類 및 標目選擇에 관한 고찰," 도협월보, 제20권 제6호(1979), pp.22-28.

최정아. 미술관 전산화 시스템 구축을 위한 연구. 석사학위논문, 홍익대학교 미술대학원, 예술기획전공, 2001.

한경신. "녹음자료의 목록에 관한 연구," 한국도서관 · 정보학회지, 제32권 제1호(2001), pp.125-150.

한국도서관협회. 도서관편람. 서울 : 한국도서관협회, 2009.

한균형. 지도학 원론. 서울 : 민음사, 1996

韓國圖書館協會. 韓國目錄規則, 第4版. 서울 : 韓國圖書館協會, 2003.

金子朝男. "情報の傳達と理解のための新しいメディア '電子本'について," *BugNews*, 1988. 12, pp.59-64.

圖書館情報學ヘンドブック. 東京 : 丸善, 1988.

若林 駿介 著 ; 최종대 譯. (신판)레코딩기법 입문. 서울 : 성안당. 2001.

流山市立図書館(Navareyama Public Library) AV 資料ジャンル表 分類表 〈http://www.library-city-nagareyama.jp/avjyanruhyou.pdf〉 [인용 2009 12. 20].

谷口祥一, 錄川信之. 知識資源のメタデ—タ. 東京 : 勁草書房, 2007.

日本圖書館協會. 日本目錄規則, 1987年版 改訂2版. 東京 : 日本圖書館協會, 2001.

笠原裕. "電子ブック ; 新しい情報の利用・流通形態," 電子情報通信學會誌, Vol.72, No.5 (1989. 5), pp.576-579.

村上泰子. "圖書館界とメタデ-タ; 米國議會圖書館の戰略を中心に," 情報の科學と技術, Vol.51, No.8(2001. 8), pp.402-408.

戸田愼一. "ネットワ-ク情報資源と圖書館·情報サ-ビスの將來," 情報の科學と技術, Vol.44, No.1(1994. 1), pp.3-9.

ＡＶ資料ジャンル表 : 分類表. 〈http://www.library-city-nagareyama.jp/avjyanruhyou.pdf〉. [인용 2009 12. 20].

ALA. *Anglo-American Cataloging Rules*, 2nd ed., 2002 Revision. Chicago : ALA, 2002.

ALA. *RDA: Resource Description and Access*, Full Draft. 2008. 〈http://www. rdaonline.org/constituencyreview/〉 [cited 2009. 12. 20].

American Geographical Society. *AGS Map Classification System*. 〈http:// www4.uwm.edu/libraries/AGSL/ags_main_subject_divisions_class.cfm〉 [인용 2009. 12. 10].

Barbara Ealker, "Map," In: *Handling Special Materials in Libraries* / ed. by Frances E. Kaiser(New York : Special Libraries Association, 1974), p.70.

Beca, Murtha etc. *Cataloging Cultural Objects : a Guide to Describing Cultural Works and Their Images*. Chicago : ALA, 2006.

Burnett, Ron. *Cultures of Vision : Images, Media, and the Imaginary*. Bloomington : Indiana University Press, 1995.

California State University, *The ANSCR Classification System for Sound Recordings* 〈http://www.calstatela.edu/library/guides/anscr_class.htm〉 [인용 2009 12. 20].

Cook, Michael. 기록물 보존. 서울 : 진리탐구, 2002.

Daly, Heather, Eleanor Kleiber, Claudette Rocan. *Boggs & Lewis Classification*. 2005. 〈http://www.slais.ubc.ca/courses/libr517/04-05-wt2/projects/Maps/Maps/Boggs.htm〉 [인용 2009. 12. 10].

Dickinson, G. K. *Selection and Evaluation of Electronic Resources*. Englewood : Libraries Unlimited, 1994.

Ehrenberg, Ralph E. *Archives Manuscripts : Maps and Architectural Drawings*. Chicago : Society of American Archivists, 1982.

Frost, Carolyn O. *Media access and organization : a cataloging and reference sources guide for nonbook materials*. Englewood, Colo. : Libraries Unlimited, 1989.

Hickey, T. B. "Present and Capabilities of the Online Journal," *Library Trends*, Vol.43, No.4(1995), pp.528-543.

Hsieh-Yee, Ingrid. *Organizing audiovisual and electronic resources for access : a cataloging guide*. 2nd ed. Westport, Conn.: Libraries Unlimited, 2006.

IFLA. *International Standard Bibliographic Description (ISBD)*, preliminary consolidated edition. 2007. 〈http://www.ifla.org.sg/VII/s13/pubs/ISBD_consolidated_2007.pdf〉 [cited 2009. 12. 20].

IFLA. ISBD(ER); *International Standard Bibliographic Description for Electronic Resources*. München : Saur, 1997,

Kaiser, Frances E. *Handling Special Materials in Libraries*. New York : Special Libraries Association, 1974.

The Library of Congress. *American Memory*. 〈http://memory.loc.gov〉. [cited 2009. 12. 20].

Mangan, Elizabeth Unger. *Cartographic materials : a manual of interpretation for AACR2, 2002 revision*, 2nd ed. Chicago: American Library Association, 2003.

McCroskey, Marilyn. *Cataloging nonbook materials with AACR2R and MARC : a guide for the school library media specialist*. 2nd ed. Chicago : American Association of School Librarians, 1999.

Michael Cook. 기록물 보존. 서울 : 진리탐구, 2002, pp.134-135.

Nancy B. Olson. *Cataloging of Audiovisual Materials and Other Special Materials : a Manual based on AACR2 and MARC 21*, 5th ed. Westport, Conn.: Libraries

Unlimited, 2008.

OCLC. *OCLC Cataloging and Metadata : Connexion.* 〈http://www.oclc.org/ connexion/〉 [cited 2009. 12. 20].

Olson, Nancy B. *Cataloging of audiovisual materials and other special materials : a manual based on AACR 2.* 4th ed. DeKalb, Ill. : Minnesota Scholarly Press, 1998.

Roe, Sandra K. *The audiovisual cataloging current.* New York : Haworth Information Press, c2001.

Roger Silverston. *Television and Everyday Life.* London : Routledge, 1994.

Ron Burnett. *Cultures of Vision : Images, Media, and the Imaginary.* Bloomington : Indiana University Press, 1995.

Sha, Vianne T. "Cataloging Internet Resources : the Library Approach," *Electronic Library,* Vol.13, No.5(1995), pp.467-476.

University Library, California State University, Los Angeles. *The ANSCR Classification System for Sound Recordings.* 2008. 〈http://www.calstatela.edu/library/guides/ anscr_ class.htm〉 [인용 2009 12. 20].

UWM Libraies : *American Geographical Society Library.* 〈http://www4.uwm.edu/ libraries/AGSL/ ags_main_subject_divisions_class.cfm〉 [인용 2009. 12. 10]

[부록] KORMARC 형식: 통합서지용*

1. 00X 제어필드

001 제어번호 [반복불가, 필수]
003 제어번호 식별기호 [반복불가, 필수]
005 최종처리일시 [반복불가, 필수]
006 부호화정보필드-부가적 자료특성 [반복, 재량]
007 형태기술필드 [반복, 재량]
008 부호화정보필드 [반복불가, 필수]

2. 01X-09X 숫자와 부호필드

010 LC제어번호 [반복불가, 해당시필수]
012 국립중앙도서관 제어번호 [반복불가, 해당시필수]
013 특허제어정보 [반복, 재량]
015 국가서지번호 [반복, 재량]
016 국가서지기관 제어번호 [반복, 해당시필수]
017 저작권 등록번호 [반복, 재량]
018 저작권료부호 [반복불가, 해당시필수]
020 국제표준도서번호(ISBN) [반복, 해당시필수]
제1지시기호 b̸ - 낱권번호 1 - 세트번호 제2지시기호 b̸
식별기호 ▾aISBN ▾g부가기호 : ▾c입수조건
▾z취소/사용하지 않는 국제표준도서번호[반복]
예) 020 ▾a8933438348 : ▾c₩10000
020 ▾a8936435848 ▾g03181 : ▾c₩8000
020 ▾a8934535848 ▾g03181(전2권) : ▾c₩20000

022 국제연속간행물번호(ISSN) [반복, 해당시필수]
제1지시기호 b̸ - 세분하지 않음 0 - 국제수준의 계속자료
1 - 국제수준의 계속자료가 아님
제2지시기호 b̸
식별기호 ▾aISSN ▾y부정확한 국제연속간행물번호[반복]
▾z취소/사용하지 않는 국제연속간행물번호[반복]
예) 022 ▾a0475-3423

* 국립중앙도서관. 한국문헌자동화목록형식 : 통합서지용, 간략판(서울 : 한국도서관협회, 2006).

022 ▾a0018-3679▾z0018-3675

023 출판시도서목록제어번호 [반복불가, 해당시필수]
제1, 2지시기호 b̸
식별기호 ▾a출판시도서목록(CIP) 제어번호[반복불가]
▾z취소/사용하지 않는 출판시도서목록제어번호[반복]
예) 023 ▾aCIP2005123456

024 기타 표준부호 [반복, 해당시필수]
제1지시기호 0 - 국제표준녹음자료부호(ISRC), 1 - 세계상품부호(UPC)
2 - 국제표준악보번호(ISMN)
3 - European Article Number(EAN)
4 - Serial Item and Contribution Identifier(SICI)
7 - ▾2에 부호의 정보원을 직접 입력하는 경우
8 - 형태를 알 수 없는 표준번호
제2지시기호 b̸ - 제공된 정보 없음
0 - 인쇄된 것과 기계적으로 인식한 것이 차이가 없음
1 - 인쇄된 것과 기계적으로 인식한 것이 차이가 있음
식별기호 ▾a표준부호▾c입수조건▾d표준부호의 부가기호
▾z취소/사용하지 않는 부호▾2부호의 정보원
예) 024 2 ▾aM571100511
024 0 ▾aFRZ039700212

027 표준기술보고서번호 [반복, 해당시필수]

028 녹음, 녹화, 음악관련 발행처번호 [반복, 해당시필수]
제1지시기호 0 - 발행번호 1 - 매트릭스번호 2 - 플레이트번호
3 - 기타 음악자료번호 4 - 비디오녹화자료번호
5 - 기타 발행처번호 8 - 표출어 생성을 하지 않음
제2지시기호 0 - 주기로 표시하지 않고 부출하지 않음
1 - 주기로 표시하고 부출
2 - 주기로 표시하고 부출하지 않음
3 - 주기로 표시하지 않고 부출함
식별기호 ▾a발행처번호▾b발행처번호의 정보원

033 사건 일시와 장소 [반복, 재량]
제1지시기호 -(일시유형) b̸ - 일시에 대한 정보없음,
0 - 단일 일시, 1 - 다수 일시, 2 - 일시의 범위

제2지시기호 -(사건유형) ꝥ - 해당 없음, 0 - 포착, 1 - 방송, 2 - 발견
식별기호 ▾a정형화된 일시[반복] ▾b지역부호[반복]
▾c지역세분부호[반복] ▾3자료 범위부호

034 지도제작의 수치데이터 부호 [반복, 해당시필수]
제1지시기호 - (축척의 유형) 0 - 축척표시 없음, 1 - 단일 축척,
3 - 축척이 범위로 표시된 경우
제2지시기호 - 링(ring)의 유형
ꝥ - 적용불가 0 - 외계 원형 1 - 배제 원형
식별기호 ▾a축척의 종류(a -직선비례 축척, b -각 축척, z -기타)
▾b등비수평 축척[반복] ▾c등비수직 축척[반복]
▾d좌표-최서경선 ▾e좌표-최동경선 ▾f좌표-최북위선
▾g좌표-최남위선 ▾h각 축척 ▾j적위-북방계
▾k적위-남방계 ▾m적위-동방계 ▾n적위-서방계
▾p분점 ▾sG-원형 위도 ▾tG-원형 경도

035 협력기관 제어번호 [반복, 재량]
제1, 2지시기호 ꝥ
식별기호 ▾a도서관부호와 제어번호
▾z취소/사용하지 않는 도서관부호와 제어번호[반복]

036 컴퓨터 데이터 파일의 원연구번호 [반복불가, 재량]
제1, 2지시기호 ꝥ
식별기호 ▾a원연구번호 ▾b번호부여기관

037 입수처 [반복, 재량]
제1, 2지시기호 ꝥ
식별기호 ▾a재고번호/주문번호 ▾b재고번호/주문번호 부여기관
▾c입수 조건 ▾f발행형식 ▾g부가적 형식 특성 ▾n주기

040 목록작성기관 [반복불가, 필수]
제1, 2지시기호 ꝥ
식별기호 ▾a최초 목록작성기관 ▾b목록언어 ▾c입력기관
▾d수정기관 ▾e기술규칙

041 언어부호 [반복, 해당시필수]
제1지시기호 0 - 번역물이 아니거나 번역물을 포함하고 있지 않음
1 - 번역물이거나 번역물이 포함됨

제2지시기호 b̸
식별기호 ▾a본문언어/음성녹음대 언어[반복] ▾b요약문 언어/자막의 언어[반복] ▾d노래나 연설문의 언어[반복] ▾e가사의 언어[반복] ▾f내용목차의 언어[반복] ▾g가사이외 딸림자료의 언어[반복] ▾h원저작의 언어나 중역의 언어[반복]

043 지역부호 [반복불가, 해당시필수]
제1, 2지시기호 b̸
식별기호 ▾a지역구분부호[반복]

048 악기나 성악부호 [반복, 재량]
제1, 2지시기호 b̸
식별기호 ▾a연주자 도는 앙상블[반복] ▾b독주자 또는 독창자[반복]

049 소장사항 [반복불가, 재량]
제1지시기호 0 - 해당 자료 전체가 동일한 곳에 배가되는 경우
1 - 해당 자료 전체가 동일한 곳에 배가되지 않는 경우
제2지시기호 b̸
식별기호 ▾a소장기관 부호 ▾l등록번호[반복] ▾v권 · 연차기호[반복] ▾c복본기호[반복] ▾f별치기호[반복]

050 미국의회도서관 청구기호(LCCN) [반복, 재량]
052 국립중앙도서관 청구기호 [반복, 해당시필수]
제1지시기호 0 - 국립중앙도서관 소장, 1 - 국립중앙도서관 미소장
2 - 국립중앙도서관 분관 소장자료
3 - 국립중앙도서관 매체변환자료(CD-ROM)
4 - 국립중앙도서관 매체변환자료(마이크로자료)
제2지시기호 0 - KDCP로 분류된 자료, 1 - KDC로 분류된 자료
2 - DDC로 분류된 자료
3 - 조선총독부 신서부분류표로 분류된 자료
4 - 조선총독부 양서부분류표로 분류된 자료
5 - 조선총독부 고서부분류표로 분류된 자료
식별기호 ▾a분류기호 ▾b도서기호 ▾c권 · 연차기호
예) 052 01 ▾a020.9▾b김15ㄷ
052 02 ▾a330.9739▾bT245e▾c1-5

056 한국십진분류기호(KDC) [반복, 해당시필수]
제1, 2지시기호 b̸

식별기호　▼a한국십진분류기호[반복] ▼b도서기호 ▼2판표시
예) 056　▼a020.951▼24

074　정부간행물번호 [반복, 재량]
080　국제십진분류기호(UDC) [반복, 재량]
제1, 2지시기호　ƀ
식별기호　▼a국제십진부류기호 ▼b도서기호 ▼x공통보조구분[반복]
▼2판표시

082　듀이십진분류기호(DDC) [반복, 재량]
제1지시기호　0 - 완전판, 1 - 요약판
제2지시기호　ƀ - 정보를 제공하지 않음
0 - LC에서 부여, 1 - 국립중앙도서관에서 부여
4 - LC 및 국립중앙도서관 이외의 기관에서 부여
식별기호　▼a듀이십진분류기호[반복] ▼b도서기호 ▼2판표시
예) 082　▼a355.021▼221

085　기타 분류기호 [반복, 해당시필수]
제1지시기호　ƀ - 기타, 0 - KDCP, 1 - NDC, 2 - 조선총독부
신서분류표 3 - 조선총독부 양서분류표, 4 - 조선총독부
고서분류표, 5 - 사부분류
제2지시기호　ƀ
식별기호　▼a분류기호[반복] ▼b도서기호 ▼2분류기호의 정보원

086　정부문서분류기호 [반복, 해당시필수]
088　보고서번호 [반복, 해당시필수]
090　자관 청구기호 [반복, 해당시필수]
제1, 2지시기호　ƀ
식별기호　▼a분류기호 ▼b도서기호 ▼c권 · 연차기호

3. 1XX 기본표목

100　기본표목-개인명 [반복불가, 해당시필수]
제1지시기호　0 - 성으로 시작하지 않는 이름(forename)
1 - 성으로 시작하는 이름(surname)
3 - 가계명(family name)
제2지시기호　ƀ
식별기호　▼a개인명▼b이름에 포함되는 世系를 칭하는 숫자▼c이름과
관련된 정보(직위, 칭호 및 기타 명칭, 歷朝, 國名, 한국 및 중국

의 世系)[반복] ▾d생몰년 ▾e역할어[반복] ▾f저작연도 ▾g기타 정보 ▾l저작의 언어 ▾q(이름의 완전형),

예) 100 1 ▾a김정현
100 1 ▾a허균, ▾d1563-1589
100 1 ▾a멘델스존, 아코프 루드비히 페릭스, ▾d1809-1847, ▾e작곡
100 0 ▾a세조, ▾c조선 7대왕, ▾d1417-1468
100 0 ▾a나폴레옹 ▾bⅢ, ▾c프랑스왕, ▾d1808-1873
100 1 ▾aGresham, G. A. ▾q(Geoffrey Austin)
100 1 ▾a오르데가 이 가세트, 호세
100 3 ▾aHebert family

110 기본표목-단체명 [반복불가, 해당시필수]
제1, 2지시기호 ｂ
식별기호 ▾a기본요소 ▾b하위기관[반복] ▾c회의개최지 ▾d회의일자나 조약 체결일자[반복] ▾e역할어[반복] ▾g기타정보 ▾k형식부표목[반복] ▾l언어 ▾n분과 및 부회 회의 회차[반복] ▾p저작의 편제[반복]

예) 110 ▾a전남대학교. ▾b호남문화연구소
110 ▾a한국. ▾b대통령 (1963-1979 : 박정희)
110 ▾a한국도서관협회. ▾b총회 ▾n(제50차 : ▾d1999 : ▾c국립중앙도서관)
110 ▾a한국. ▾b행정자치부. ▾k부령

111 기본표목-회의명 [반복불가, 해당시필수]
제1, 2지시기호 ｂ
식별기호 ▾a회의명 ▾n(회차 : ▾d회의일자 : ▾c회의장소). ▾e하위단위

예) 111 ▾a국제동양문화연구세미나 ▾d(1987 : ▾c동경)
111 ▾a전국대학원심포지움 ▾n(제5회 : ▾d1974 : ▾c연세대학교
111 ▾a전국도서관대회 ▾n(제41회 : ▾d2003 : ▾c제주도). ▾e공공도서관분과

130 기본표목-통일표제 [반복불가, 해당시필수]
제1지시기호 ｂ
제2지시기호 0 - 그대로 인쇄, 1 - 원괄호를 제외하고 인쇄
식별기호 ▾a통일표제 ▾h[자료유형] ▾p권차표제[반복] ▾l언어 ▾s판 ▾f저작년도

예) 130 0 ▾a춘향전
130 0 ▾a성서. ▾p구약. ▾p창세기. ▾l한국어
130 0 ▾a성서. ▾p구약. ▾p출애급기 20장, 2-17절
130 0 ▾a성서. ▾p신약. ▾p빌립보서. ▾s개정표준판. ▾f1980
130 0 ▾a불전. ▾p금강경. ▾l한국어

4. 20X-24X 표제와 표제관련필드

210　축약표제 [반복, 재량]
제1지시기호　0 - 표제를 부출하지 않음, 1 - 표제를 부출함
제2지시기호　b̸ - 축약등록표제, 0 - 기타 축약표제
식별기호　▾a축약표제▾b부가적 식별정보▾2축약표제 정보원[반복]
예) 210　00▾aJAMA▾2dnlm
210　0▾aJAMA j. Am. Med. Assoc.
245　00▾aJournal of the American Medical Association

222　등록표제 [반복, 해당시필수]
제1지시기호　b̸
제2지시기호　0 - 그대로 인쇄, 1 - 원괄호를 제외하고 인쇄
식별기호　▾a등록표제▾b부가적 식별정보
예) 222　0▾aDoseogwan
245　00▾a도서관 /▾d국립중앙도서관 편

240　통일표제 [반복불가, 해당시필수]
제1지시기호　0 - 표제를 출력하지 않음, 1 - 표제를 출력함
제2지시기호　0 - 그대로 인쇄, 1 - 원괄호를 제외하고 인쇄
식별기호　▾a통일표제▾h[자료유형표시]▾p권차표제▾l언어▾s판▾f발행년도
예) 240　10▾a사씨남정기
245　00▾a남정기 /▾d김만중 저

240　10▾a햄릿
245　00▾a햄리트 /▾dW. 셰익스피어 원작 ;▾e이덕수 역

240　10▾aLaws, etc. (1969-1970)
245　00▾aOrdinances & statutory rules & orders of the Virgin Islands

243　종합통일표제 [반복불가, 재량]
제1지시기호　0 - 표제를 출력하지 않음, 1 - 표제를 출력함
제2지시기호　0 - 그대로 인쇄, 1 - 원괄호를 제외하고 인쇄
식별기호　▾a통일표제▾h[자료유형표시]▾k형식부표목▾f발행년도
예) 243　10▾a소설집
245　00▾a이광수 소설전집 /▾d이광수 저

243　10▾aWorks.▾f1983
245　21▾a(The) Globe illustrated Shakespeare

243 10▼aOrchestra music.▼kSelections
245 00▼aRosen aus dem Süden

245 표제와 책임표시사항 [반복불가]
제1지시기호 0 - 표제를 부출하지 않음(표제기본표목인 경우)
1 - 표제를 부출함, 2 - 관칭을 포함해서 표제부출
제2지시기호 0 - 그대로 인쇄, 1 - 원괄호를 제외하고 인쇄
식별기호 ▼a본표제▼h[자료유형표시] =▼x대등표제 :▼b표제관련정보.▼n권차,▼p권차표제 /▼d첫 번째 책임표시 ;▼e두 번째 이하 책임표시 ;▼e역할을 달리하는 책임표시
예) 245 00▼a한국도시연감▼h[전자자료] =▼xMunicipal yearbook of Korea /▼d행정자치부 편.
245 00▼a식객▼h[비디오녹화자료] /▼d김강우,▼e임원희,▼e이하나 ;▼e전윤수 감독 ;▼e허영만 원작
245 00▼a은산 별신굿▼h[녹음자료] =▼xEunsan Byeolsin Cut =▼xEunsan Village Shaman Ceremony /▼d국립문화재연구소

246 여러 형태의 표제 [반복, 해당시필수]
제1지시기호 0 - 주기함, 표제를 부출하지 않음
1 - 주기함, 표제를 부출
2 - 주기하지 않음, 표제를 부출하지 않음
3 - 주기하지 않음, 표제를 부출함
제2지시기호 b̸ - 표출어를 생성하지 않음 0 - 검색을 위한 부분표제
1 - 대등표제 2 - 식별표제 3 - 기타표제
4 - 표지표제 5 - 부표제면표제 6 - 권두표제
7 - 난외표제 8 - 책등표제 9 - 원표제
식별기호 ▼i설명어구 표시:▼a본표제[자료유형표시] :▼b표제관련정보
예) 245 00▼a은산 별신굿▼h[녹음자료] =▼xEunsan Byeolsin Cut =▼xEunsan Village Shaman Ceremony /▼d국립문화재연구소
246 31▼aEunsan Byeolsin Cut▼h[녹음자료]
246 31▼aEunsan Village Shaman Ceremony▼h[녹음자료]

247 변경전 표제나 표제변동 [반복, 해당시필수]
제1지시기호 0 - 표제를 부출하지 않음, 1 - 표제를 출력함
제2지시기호 0 - 주기함, 1 - 주기하지 않음
식별기호 ▼a본표제/간략표제▼b표제관련정보▼f권 · 연차표시▼xISSN

5. 250-28X 판차, 발행 등 필드

250 판사항 [반복불가, 해당시필수]
제1, 2지시기호 ƀ
식별기호 ▾a판표시 /▾b해당 판의 저작자 표시
예) 250 ▾a네트워크 버전

254 악보의 표현형식 [반복불가, 해당시필수]
제1, 2지시기호 ƀ
식별기호 ▾a악보의 표현형식
예) 254 ▾a총보
254 ▾a연습곡악보
254 ▾aFull score

255 지도제작의 수치데이터 [반복, 해당시필수]
제1, 2지시기호 ƀ
식별기호 ▾a축척표시 ;▾b도법표시▾c경위도표시
예) 255 ▾a축척 1:36,000,000
255 ▾aScale [ca. 1:90,000]
255 ▾a축척 1:36,000 ;▾b횡단 메르카토르도법
255 ▾aScale 1:7,500,000▾c(W 125°--W 65°/N 49°--N 25°)

256 컴퓨터파일 특성 [반복불가, 해당시필수]
제1, 2지시기호 ƀ
식별기호 ▾a컴퓨터파일 특성
예) 256 ▾a전자 데이터 (550레코드)
256 ▾a전자 프로그램 (2파일 : 4300, 1250바이트)
256 ▾aComputer data (2 files : 876,000, 775,000 records)
256 ▾aComputer programs (2 files : 4300, 1250 bytes)

257 기록필름의 제작국명 [반복불가, 해당시필수]
제1, 2지시기호 ƀ
식별기호 ▾a제작국명

260 발행, 배포 간사사항 [반복, 해당시필수]
제1지시기호 ƀ - 적용불가/제공되는 정보 없음/최초 발행지
2 - 중간발행처, 3 - 현행/최근 발행처
제2지시기호 ƀ

식별기호　▼a발행지 :▼b발행처,▼c발행년▼e(제작지 :▼f제작처,▼g제작년)
예) 260　▼a대구 :▼b태일사,▼c2006▼g(1992 5쇄)
　　260　▼a서울 :▼b디지털조선,▼c1999-

263　발행예정일자 [반복불가, 재량]
제1, 2지시기호　b̸
식별기호　▼a발행예정일자

270　자료관련주소 [반복, 재량]
제1지시기호　b̸ - 특정 수준 없음, 1 - 주된 주소, 2 - 부차적인 주소
제2지시기호　b̸ - 특정 유형 없음, 0 - 우편, 7 - 식별기호▼i에 기술된 유형
식별기호　▼i주소의 유형▼a주소▼m전자우편주소

6. 3XX 형태사항 등

300　형태사항 [반복, 필수]
제1, 2지시기호　b̸
식별기호　▼a특정자료종별과 수량[반복] :▼b기타 물리적 특성 ;
　▼c크기[반복] +▼e딸림자료
예) 300　▼aix, 254 p. ;▼c24 cm
　　300　▼a1책 (가제식) ;▼c24 cm
　　300　▼a345 p. :▼b삽화 ;▼c23cm +▼e오디오테이프2개 + 설명서 1책
　　300　▼a슬라이드 53매 :▼b유성, 천연색 ;▼c7 × 7 cm
　　300　▼a지도 2매 :▼b천연색 ;▼c25 × 35 cm
　　300　▼a마이크로피시 1매 (150프레임) :▼b음화, 삽화 ;▼c11 × 15 cm
　　300　▼a녹음 카세트 1개 (40분) :▼b아날로그, 돌비처리 ;▼c18.4 cm
　　　+▼e해설서 1책 (61 p. : 천연색삽화 ; 23 cm)
　　300　▼a전자 디스크 1매 ;▼c12 cm
　　300　▼a조각 1기 :▼b대리석 ;▼c20 × 38 × 80 cm

306　재생/연주시간 [반복불가, 재량]
제1, 2지시기호　b̸
식별기호　▼a재생/연주시간[반복]

310　현재 간행빈도 [반복불가, 해당시필수]
제1, 2지시기호　b̸
식별기호　▼a현재 간행빈도,▼b현재 간행빈도 시작 연.월
예) 310　▼a격월간

310 ▾a월간, ▾b1990.1-

321 이전 간행빈도 [반복, 재량]
제1, 2지시기호 b̸
식별기호 ▾a이전 간행빈도, ▾b이전 간행빈도 시행 연.월
예) 310 ▾a월간, ▾b1985-
321 ▾a연 10회 간행, ▾b1982-1984

362 권호차, 연월차사항 [반복, 해당시필수]
제1지시기호 0 - 확정형, 1 - 미확정형
제2지시기호 b̸
식별기호 ▾a권 · 연차표시 또는 발행년 표시 (창간-종간) ▾z확인자료명
예) 362 0 ▾a제1집(1983)-
362 0 ▾a제15권 제1호 (1985년 1/2월)-제25권 제6호 (1995년 11/12월)
362 1 ▾a1976년 창간. ▾z한국잡지총람 참조
362 0 ▾aVol. 1, no. 1 (Apr. 1981)-

7. 4XX 총서사항

440 총서사항/부출표목-표제 [반복, 해당시필수]
제1지시기호 0 - 총서표제를 부출함
1 - 관제를 포함해서 총서표제를 부출함
제2지시기호 0 - 그대로 인쇄, 1 - 원괄호를 제외하고 인쇄
식별기호 ▾a총서표제 = ▾x대등총서표제[반복]. ▾n총서의 편차반복], ▾p총서의 편제[반복],
▾sISSN ; ▾v총서번호
예) 440 00 ▾a세계아동문학전집 ; ▾v10
440 01 ▾a(신생아를 위한) 가정의학백과, ▾s2345-3582 ; ▾v8
440 00 ▾a구한말일제침략사료총서. ▾n2, ▾p경제편 ; ▾v1
440 00 ▾a도서관업무전산화 = ▾xLibrary automation series ; ▾v14

490 총서사항/부출되지 않거나 다르게 부출되는 총서표제 [반복, 해당시필수]
제1지시기호 0 - 부출되지 않는 총서표제
1 - 다르게 부출되는 총서표제
제2지시기호 0 - 그대로 인쇄, 1 - 원괄호를 제외하고 인쇄
식별기호 a총서사항[반복], ▾sISSN ; ▾v총서번호[반복]
예) 490 10 ▾a연구보고서 ; ▾vv. 5
830 0 ▾a연구보고서 (한국원자력연구소) ; ▾vv. 5

490 10▼a국립국악원 창작음악 시리즈 ;▼v1
830 0▼a국립국악원 창작음악 시리즈 ;▼v1▼h[녹음자료]

8. 5XX 주기사항

500 일반주기 [반복, 재량]
제1, 2지시기호 b̸
식별기호 ▼a일반주기
예) 500 ▼a본표제는 홈페이지의 표제임: 2009. 11. 30. 검색
500 ▼a최종 갱신일: 2001. 11. 3.
500 ▼aTitle from Web page (viewed on May 7, 2002).
500 ▼aLast updated: Nov. 3, 2001.
500 ▼a중요무형문화재 제91호(製瓦匠), 보유자 한형준

502 학위논문주기 [반복, 재량]
제1지시기호 0 - 석사학위논문, 1 - 박사학위논문
제2지시기호 b̸
식별기호 ▼a학위논문의 종류 -▼b학위수여기관,▼c학과 및 전공,▼d학위년도
예) 502 0 ▼a학위논문(석사) -▼b전남대학교 대학원,▼c문헌정보학과,▼d2005
502 1 ▼a학위논문(박사) -▼b서울대학교 대학원,▼c컴퓨터공학과,▼d2005

504 서지주기 [반복, 재량]
제1, 2지시기호 b̸
식별기호 ▼a서지주기.▼b참고문헌의 수
예) 504 ▼a참고문헌: p. 235-240
504 ▼a서지와 색인이 포함되어 있음

505 내용주기 [반복, 재량]
제1지시기호 0 - 완전한 내용주기, 1 - 불완전한 내용주기
2 - 부분 내용주기, 8 - 표출어를 생성하지 않음
제2지시기호 b̸ - 기본형, 0 - 확장형
식별기호(기본형) ▼a형식화된 내용주기
(확장형) ▼n권차[반복].▼t표제[반복] /▼d첫 번째 책임표시[반복],
▼e두 번째 이하 책임표시[반복]▼g기타정보▼uURI[반복]
예) 505 0 ▼a1. 칸트의 사상 -- 2. 니체의 사상 -- 3. 사르트르의 사상 --
4. 플라톤의 사상 -- 5. 소크라테스의 사상
505 00▼n1.▼t사랑 /▼d이광수 --▼n2.▼t운현궁의 봄 /▼d김동인 --
▼n6.▼t삼대 /▼d염상섭

506 이용제한주기 [반복, 재량]
제1, 2지시기호 ␢
식별기호 ▾a이용제한사항 ▾b법적제한 ▾c 물리적 접근에 필요한 규정
▾3자료범위 지정
예) 506 ▾a대외비
506 ▾3비디오테이프를 제외한 모든 자료▾a이용불가

507 그래픽자료의 축척주기 [반복불가, 재량]
제1, 2지시기호 ␢
식별기호 ▾a대표적 비율 축척주기 ▾b기타 축척주기
예) 507 ▾a축척 1:10
507 ▾a1 피트에 16인치 축척

508 제작진 주기 [반복, 해당시필수]
제1, 2지시기호 ␢
식별기호 ▾a제작진 주기
예) 508 ▾a제작진: 기획, 이성훈 ; 각본, 신동익, 전윤수 ; 프로듀서, 황현정 ; 촬영, 박희주
508 ▾aCredits: Music, Michael Fishbein ; camera, George Leskay

511 연주자와 배역진 주기 [반복, 해당시필수]
제1지시기호 1 - 배역, 8 - 표출어를 생성하지 않음
제2지시기호 ␢
식별기호 ▾a연주자와 배역진 주기
예) 511 8 ▾a노래: 서태지와 아이들
511 1 ▾a정경화, 바이올린 ; 정명화, 첼로
511 1 ▾a최민식(대수 역) ; 유지태(우진 역) ; 강혜정(유진 역) ; 지대한(주환역) ; 오달수(철웅 역)
511 8 ▾aMarshall Moss, violin ; Neil Roberts, harpsichord
511 8 ▾aHosted by Hugh Downs

515 특수한 권차표시 주기 [반복, 해당시필수]
제1, 2지시기호 ␢
식별기호 ▾a특수한 권차표시 주기
예) 515 ▾a1988년 통권38호부터 새로운 권호로 간행
515 ▾a53권과 54권이 합병되어 간행

516 컴퓨터파일과 데이터유형 주기 [반복, 재량]

제1지시기호　　ƀ - 파일유형,　8 - 표출어를 생성하지 않음
제2지시기호　　ƀ
식별기호　▾a컴퓨터파일과 데이터유형
예) 516　▾a숫자파일(간략통계)
　516　▾a컴퓨터 프로그램
　516 8　▾aType of file: Graphic data (Architectural drawings)

518　촬영/녹음 일시와 장소 주기 [반복, 재량]
제1, 2지시기호　ƀ
식별기호　▾a촬영/녹음 일시와 장소▾3자료 지정범위
예) 518　▾a지리산 뱀사골에서 1993년 10월 14일 11시 촬영

520　요약 등 주기 [반복, 재량]
제1지시기호　　ƀ - 요약,　0 - 주제,　1 - 평론,　2 - 범위와 내용,
　　　　　　　3 - 초록　4 - 해제,　8 - 표출어를 생성하지 않음
제2지시기호　　ƀ
식별기호　▾a요약주기.▾b추가요약정보

521　이용대상자 주기 [반복, 재량]
제1지시기호　　ƀ - 이용대상자,　0 - 독서수준,　1 - 대상 연령
　　　　　　　2 - 대상 학년,　3 - 특수 이용대상,　4 - 동기유발 수준
　　　　　　　8 - 표출어를 생성하지 않음
제2지시기호　ƀ
식별기호　▾a이용대상자▾b정보원
예) 521　▾a유아원교육용임▾b한국교육학회
　521 2　▾a중학교 1학년 이상

530　이용 가능한 다른 형태자료 주기 [반복, 재량]
제1, 2지시기호　ƀ
식별기호　▾a이용 가능한 다른 형태 주기;▾b이용 가능한 정보원;
　　　　　▾c이용 가능한 조건;▾d주문번호▾uURI
예) 530　▾a마이크로피시로도 이용 가능
　530　▾aAvailable on CD-ROM

533　복제주기 [반복, 해당시필수]
제1, 2지시기호　ƀ
식별기호　▾a복제형식.▾m복제한원본의 발행기관[반복].▾b복제장소[반복] :
　　　　　▾c복제기관[반복],▾d복제일자.▾e복제형태사항

예) 533 ▼a마이크로필름.▼m1920-1945.▼b서울 :▼c동아일보사,
▼d1989.▼e마이크로필름 릴 25개 : 35 mm

534 원본주기 [반복, 해당시필수]
제1, 2지시기호 ƀ
식별기호 ▼p원본관련 설명적 문구:▼t원본표제.▼c원본출판사항.
▼e원본형태사항.▼x원본ISSN▼z원본ISBN
예) 500 ▼a축소영인본임
534 ▼p원본출판사항:▼c京城 : 朝鮮總督府, 大正13[1924]

536 기금정보주기 [반복, 재량]
제1, 2지시기호 ƀ
식별기호 ▼a기금정보주기▼b계약번호[반복]▼c교부금번호[반복]▼d고정번호[반복]▼f프로젝트번호[반복]▼g과제번호[반복]
예) 536 ▼a한국과학재단 연구기금에 의해 출판됨

538 시스템사항에 관한 주기 [반복, 재량]
제1, 2지시기호 ƀ
식별기호 ▼a시스템에 관한 사항:▼uURL[반복]
예) 538 ▼a시스템사양: 펜티엄급 이상의 IBM 호환 PC; 8MB 이상의 MM; 한글윈도우즈 98 이상; 4배속 CD-ROM 드라이버
538 ▼aSystem requirements: IBM 360 and 370; 9K bytes of internal internal memory; OS SVS and OSMVS

540 이용과 복제 제한에 관한 주기 [반복, 재량]
제1, 2지시기호 ƀ
식별기호 ▼3자료 범위지정▼a이용과 복제 주기;▼b소관부서;▼c근거;
▼d이용권한이 있는 이용자▼uURI[반복]
예) 540 ▼a도서관 내부에서만 이용가능

550 발행처 주기 [반복, 해당시필수]
제1, 2지시기호 ƀ
식별기호 ▼a발행처주기

580 연관저록 설명 주기 [반복, 해당시필수]
제1, 2지시기호 ƀ
식별기호 ▼a연관저록 설명 주기

585　전시주기 [반복, 재량]
제1지시기호　ƀ - 수상, 8 - 표출어를 생성하지 않음
제2지시기호　ƀ
식별기호　▾a전시주기
예) 586　▾a전시: "아! 고구려", 과천, 국립현대미술관, 1993.11.17-1994.1.15

586　수상주기 [반복, 재량]
제1지시기호　ƀ - 수상, 8 - 표출어를 생성하지 않음
제2지시기호　ƀ
식별기호　▾a수상주기
예) 586　▾a노벨문학상, 2005

9. 6XX 주제명부출표목

600　주제명부출표목-개인명 [반복, 해당시필수]
제1지시기호　100 필드와 같음
제2지시기호　0 - LC주제명표목표, 1 - LC아동문학용 주제명표목표
2 - 의학주제명표목표
3 - 국립국립농학도서관 주제명전거파일
4 - 주제명표목표를 알 수 없는 경우
7 - ▾2에 주제명표목표를 직접 입력하는 경우
8 - 국립중앙도서관 주제명표(NLSH)
식별기호　▾a, ▾b, ▾c, ▾d, ▾q는 100필드와 같음
▾v형식세목[반복]▾x일반세목[반복]▾y시대세목[반복]
▾z지리세목[반복]▾2주제명표목표/시소러스
예) 600 18▾a김동리▾v전기
600 18▾a이광수▾x평론, 해석
600 38▾a권씨▾v족보
600 18▾a안중근▾x기념관▾z한국
600 18▾a게이츠, 빌▾v강연집

610　주제명부출표목-단체명 [반복, 해당시필수]
제1지시기호　ƀ
제2지시기호　600 필드와 같음
식별기호　▾a, ▾b, ▾c, ▾d, ▾g, ▾k, ▾l, ▾n, ▾p는 110 필드와 같음
▾v형식세목[반복]▾x일반세목[반복]▾y시대세목[반복]
▾z지리세목[반복]▾2주제명표목표/시소러스
예) 610　8▾a국립중앙도서관▾x역사

610　8▼a한국문예진흥원▼x역사▼y1980

611　주제명부출표목-회의명 [반복, 해당시필수]
제1지시기호　ƀ
제2지시기호　600 필드와 같음
식별기호　▼a, ▼c, ▼d, ▼e, ▼n은 111 필드와 같음
▼v형식세목[반복]▼x일반세목[반복]▼y시대세목[반복]
▼z지리세목[반복]▼2주제명표목표/시소러스
예) 611　8▼a한국호텔경영자회의▼n(제5차 :▼d1999 :▼c제주)▼x회의록

630　주제명부출표목-통일표제 [반복, 해당시필수]
제1지시기호　ƀ
제2지시기호　600 필드와 같음
식별기호　▼a, ▼h, ▼p, ▼l, ▼s, ▼f는 130 필드와 같음
▼v형식세목[반복]▼x일반세목[반복]▼y시대세목[반복]
▼z지리세목[반복]▼2주제명표목표/시소러스
예) 630 08▼a성서.▼p구약.▼p시편▼x해설

650　주제명부출표목-일반주제명 [반복, 해당시필수]
제1지시기호　ƀ
제2지시기호　600 필드와 같음
식별기호　▼a주제명-일반주제
▼v형식세목[반복]▼x일반세목[반복]▼y시대세목[반복]
▼z지리세목[반복]▼2주제명표목표/시소러스
예) 650　8▼a음악▼x대중가요▼y1900-1930▼z한국

651　주제명부출표목-지명 [반복, 해당시필수]
제1지시기호　ƀ
제2지시기호　600 필드와 같음
식별기호　▼a주제명-지명
▼v형식세목[반복]▼x일반세목[반복]▼y시대세목[반복]
▼z지리세목[반복]▼2주제명표목표/시소러스
예) 651 8▼a아마존강▼x생태계

653　비통제 색인어 [반복, 해당시필수]
제1지시기호　ƀ
제2지시기호　600 필드와 같음
식별기호　▼a비통제 색인어[반복]
예) 653　▼a지역문화▼a육성방안▼a공공도서관

10. 70X-75X 부출표목

700 부출표목-개인명 [반복, 해당시필수]
제1지시기호 100 필드와 같음
제2지시기호 ƀ - 정보가 제공되지 않음, 2 - 분출표목
식별기호 ▾a, ▾b, ▾c, ▾d, ▾q는 100 필드와 같음
▾n권차[반복] ▾p저작의 편제[반복]. ▾t저작의 표제
예) 245 00 ▾a왕과 나 ▾h[비디오녹화자료] / ▾d월터 랭 감독 ; ▾e찰리 브래켓 제작 ; ▾e어니스트 레만 각본
700 1 ▾a랭, 월터, ▾e감독
700 1 ▾a브래켓, 찰리, ▾e제작
700 1 ▾a레만, 어니스트, ▾e각본

710 부출표목-단체명 [반복, 해당시필수]
제1지시기호 ƀ
제2지시기호 ƀ - 정보가 제공되지 않음, 2 - 분출표목
식별기호 ▾a, ▾b, ▾c, ▾d, ▾g, ▾k, ▾l, ▾n, ▾p는 110 필드와 같음
▾t저작의 표제

711 부출표목-회의명 [반복, 해당시필수]
제1지시기호 ƀ
제2지시기호 ƀ - 정보가 제공되지 않음, 2 - 분출표목
식별기호 ▾a, ▾c, ▾d, ▾e, ▾n은 111 필드와 같음
▾t저작의 표제

730 부출표목-통일표제 [반복, 해당시필수]
제1지시기호 ƀ
제2지시기호 0 - 그대로 인쇄, 1 - 원괄호 제외하고 인쇄, 2 - 분출표목
식별기호 ▾a, ▾h, ▾p, ▾l, ▾s, ▾f는 130 필드와 같음
▾t저작의 표제

740 부출표목-비통제 관련/분출표제 [반복, 해당시필수]
제1지시기호 ƀ
제2지시기호 ƀ - 정보가 제공되지 않음, 2 - 분출표목
식별기호 ▾a부출표제 ▾h[자료유형표시]. ▾n권차, ▾p권차표제
예) 245 00 ▾a은산 별신굿 ▾h[녹음자료] / ▾d국립문화재연구소
505 0 ▾a1. 축원 -- 2. 당산굿, 할아버지 무당의 노래 -- 3. 칠성 풀이 -- 4. 제석굿 -- 5. 마마굿

740 2▼a축원.▼n.1▼h[녹음자료]
740 2▼a당산굿, 할아버지 무당의 노래.▼n.2▼h[녹음자료]
740 2▼a칠성풀이.▼n3▼h[녹음자료]
740 2▼a제석굿.▼n.4▼h[녹음자료]
740 2▼a마마굿.▼n.5▼h[녹음자료]

11. 76X-78X 연관저록

760 상위총서저록 [반복, 재량]
762 하위총서저록 [반복, 재량]

765 원저저록 [반복, 해당시필수]
제1지시기호 0 - 주기로 표시한다, 1 - 주기로 표시하지 않는다
제2지시기호 ƀ - 원저자료, 8 - 표출어를 생성하지 않음
식별기호 ▼a기본표목,▼t표제▼h[형태기술],▼b판차,d발행지 : 발행자, 발행년.▼g관계표시,▼zISBN,▼xISSN▼w레코드제어번호
예) 245 00 ▼a인간의 굴레 /▼d서머셋 모옴
765 0 ▼aMaugham, William Somerset.▼tOf human bondage, ▼z0877790105

767 번역저록 [반복, 재량]
제1지시기호 0 - 주기로 표시한다, 1 - 주기로 표시하지 않는다
제2지시기호 ƀ - 번역자료, 8 - 표출어를 생성하지 않음
식별기호 ▼a기본표목,▼t표제▼h[형태기술],▼b판차,d발행지 : 발행자, 발행년.▼g관계표시,▼zISBN,▼xISSN▼w레코드제어번호
예) 245 00 ▼a하얀전쟁 /▼d안정효 지음
767 0 ▼aAhn, Jeong Hyo.▼tWhite badge,▼z0874343508

770 보유판 및 특별호 저록 [반복, 재량]
제1지시기호 0 - 주기로 표시한다, 1 - 주기로 표시하지 않는다
제2지시기호 ƀ - 부록/보유자료, 8 - 표출어를 생성하지 않음
식별기호 ▼a기본표목,▼t표제▼h[형태기술],▼b판차,d발행지 : 발행자, 발행년.▼g관계표시,▼zISBN,▼xISSN▼w레코드제어번호
예) 245 00 ▼a한국어 입문 /▼dJohn H. Koo 저
770 0 ▼t한국어입문▼h[녹음자료]▼w34562

772 모체레코드저록 [반복, 해당시필수]
제1지시기호 0 - 주기로 표시한다, 1 - 주기로 표시하지 않는다

제2지시기호 b̸ - 본편, 0 - 모체자료, 8 - 표출어를 생성하지 않음
식별기호 ▾a기본표목, ▾t표제 ▾h[형태기술], ▾b판차,d발행지 : 발행자, 발행년. ▾g관계표시, ▾zISBN, ▾xISSN ▾w레코드제어번호
예) 245 00 ▾a한국의 퉁소가락 ▾h[녹음자료] / ▾d한국고음반연구회 편
772 0 ▾t한국음반학, ▾g제10호 ▾w159447

773 기본자료저록 [반복, 해당시필수]
제1지시기호 0 - 주기로 표시한다, 1 - 주기로 표시하지 않는다
제2지시기호 b̸ - 수록자료, 8 - 표출어를 생성하지 않음
식별기호 ▾a기본표목, ▾t표제 ▾h[형태기술], ▾b판차,d발행지 : 발행자, 발행년. ▾g관계표시, ▾zISBN, ▾xISSN ▾w레코드제어번호

774 구성단위저록 [반복, 재량]
제1지시기호 0 - 주기로 표시한다, 1 - 주기로 표시하지 않는다
제2지시기호 b̸ - 구성단위, 8 - 표출어를 생성하지 않음
식별기호 ▾a기본표목, ▾t표제 ▾h[형태기술], ▾b판차,d발행지 : 발행자, 발행년. ▾g관계표시, ▾zISBN, ▾xISSN ▾w레코드제어번호

775 이판저록 [반복, 해당시필수]
제1지시기호 0 - 주기로 표시한다, 1 - 주기로 표시하지 않는다
제2지시기호 b̸ - 이용가능한 다른 판, 8 - 표출어를 생성하지 않음
식별기호 ▾a기본표목, ▾t표제 ▾h[형태기술], ▾b판차,d발행지 : 발행자, 발행년. ▾g관계표시, ▾zISBN, ▾xISSN ▾w레코드제어번호

776 기타형태저록 [반복, 재량]
제1지시기호 0 - 주기로 표시한다, 1 - 주기로 표시하지 않는다
제2지시기호 b̸ - 이용가능한 다른 형태자료, 8 - 표출어를 생성하지 않음
식별기호 ▾a기본표목, ▾t표제 ▾h[형태기술], ▾b판차,d발행지 : 발행자, 발행년. ▾g관계표시, ▾zISBN, ▾xISSN ▾w레코드제어번호
245 00 ▾a왕과 나 ▾h[비디오녹화자료] / ▾d월터 랭 감독 ; ▾e찰리 브래킷 제작 ; ▾e어니스트 레만 각본
776 0 ▾t왕과 나 ▾h[비디오카세트] ▾w00672951
776 0 ▾t왕과 나 ▾h[DVD] ▾w00673557

777 동시발간저록 [반복, 해당시필수]
제1지시기호 0 - 주기로 표시한다, 1 - 주기로 표시하지 않는다
제2지시기호 b̸ - 동시발간, 8 - 표출어를 생성하지 않음
식별기호 ▾a기본표목, ▾t표제 ▾h[형태기술], ▾b판차,d발행지 : 발행자,

발행년. ▾g관계표시, ▾zISBN, ▾xISSN ▾w레코드제어번호

780 선행저록 [반복, 해당시필수]
제1지시기호 0 - 주기로 표시한다, 1 - 주기로 표시하지 않는다
제2지시기호 0 - ○○○을 개제, 1 - ○○○을 일부 개제
2 - ○○○의 대체, 3 - ○○○의 일부 대체
4 - ○○○과 ○○○을 합병, 5 - ○○○을 흡수
6 - ○○○을 일부 흡수, 7 - ○○○으로부터 분리
식별기호 ▾a기본표목, ▾t표제 ▾h[형태기술], ▾b판차,d발행지 : 발행자,
발행년. ▾g관계표시, ▾zISBN, ▾xISSN ▾w레코드제어번호
예) 245 00 ▾a文獻情報學原論 / ▾d정필모
780 02 ▾t情報經濟學原論

785 후속저록 [반복, 해당시필수]
제1지시기호 0 - 주기로 표시한다, 1 - 주기로 표시하지 않는다
제2지시기호 0 - ○○○으로 개제, 1 - ○○○의 한 부분으로 개제
2 - ○○○으로 대체, 3 - ○○○으로 일부 대체
4 - ○○○으로 흡수, 5 - ○○○의 한 부분으로 흡수
6 ○○○과 ○○○으로 분리, 7 - ○○○에 합병
8 ○○○으로 소급변경
식별기호 ▾a기본표목, ▾t표제 ▾h[형태기술], ▾b판차,d발행지 : 발행자,
발행년. ▾g관계표시, ▾zISBN, ▾xISSN ▾w레코드제어번호
예) 245 00 ▾a情報經濟學原論 / ▾d정필모
785 02 ▾t文獻情報學原論

787 비특정적 관계저록 [반복, 재량]
제1지시기호 0 - 주기로 표시한다, 1 - 주기로 표시하지 않는다
제2지시기호 b̸ - 관련자료, 8 - 표출어를 생성하지 않음
식별기호 ▾a기본표목, ▾t표제 ▾h[형태기술], ▾b판차,d발행지 : 발행자,
발행년. ▾g관계표시, ▾zISBN, ▾xISSN ▾w레코드제어번호

12. 80X-830 총서부출표목

800 총서부출표목-개인명 [반복, 해당시필수]
810 총서부출표목-단체명 [반복, 해당시필수]
811 총서부출표목-회의명 [반복, 해당시필수]

830 총서부출표목-통일총서표제 [반복]

제1지시기호 b̸
제2지시기호 0 - 그대로 인쇄, 1 - 원괄호를 제외하고 인쇄
식별기호 ▾a부출표목(다르게 부출되는 총서표제), ▾sISSN ; ▾v총서권호
예) 490 10 ▾a연구보고서 ; ▾vv. 5
830 0 ▾a연구보고서(한국원자력연구소) ; ▾vv. 5

490 10 ▾a국립국악원 창작음악 시리즈 ; ▾v1
830 0 ▾a국립국악원 창작음악 시리즈 ; ▾v1 ▾h[녹음자료]

13. 841-88X 소장, 변형문자 등

850 소장기관 [반복, 재량]
852 소장위치 [반복, 재량]

856 전자적 위치 및 접근 [반복, 재량]
제1지시기호 b̸ - 정보가 제공되지 않음, 0 - 전자우편
1 - 파일전송(ftp), 2 - 원격접속(telnet)
3 - 전화회선(dial-up), 4 - http
7 - 식별기호 ▾2에 명시된 접속방법
제2지시기호 ▾a - 호스트명[반복], ▾b - 접근번호[반복]
▾c - 압축정보[반복], ▾d - 경로[반복]
▾f - 파일명[반복], ▾h - 이용자 ID
▾i - 명령어[반복], ▾j - BPS
▾k - 비밀번호, ▾l - 로그온
▾m - 접속지원[반복], ▾n - 호스트 설치장소
▾o - 운영체제, ▾p - 포트
▾q - 전자형식 유형, ▾r - 세팅(setting)
▾s - 파일크기[반복], ▾t - 터미널 에뮬레이션[반복]
▾u - URL[반복], ▾v - 전자자료 이용시간[반복]
▾w - 레코드 제어번호[반복], ▾x - 업무용 주기[반복]
▾z - 이용자용 주기[반복], ▾2 - 접속방법
▾3 - 자료 범위지정, ▾8 - 필드 링크와 일련번호[반복]
예) 856 1 ▾uftp://path.net/pub/docs/urn2urc.ps
856 0 ▾umailto:ejap@phil.indiana.edu ▾iejap subscription
856 40 ▾uhttp://www.cdc.gov/ncidod/EID/eid.htm ▾qtext/html
856 40 ▾3Standard industrial classification manual
▾uhttp://www.osha.gov/oshstats/sicser.html
856 40 ▾zBEOnline test record ▾uhttp://www.amcity.com/baltimore/

890 미입력자료표시 [반복불가, 해당시필수]
제1, 2지시기호 b̸
식별기호 ▾b문자를 빈칸으로 입력한 경우
▾h한자를 한글로 입력한 경우
▾r로마자 이외의 문자를 로마자로 입력한 경우
▾s레코드의 단축
▾x한자이외의 문자를 한글로 변형 입력한 경우

14. 9XX 로컬에서 정의한 필드

900 로컬표목-개인명 [반복, 재량]
910 로컬표목-단체명 [반복, 재량]
911 로컬표목-회의명 [반복, 재량]
930 로컬표목-통일표제 [반복, 재량]
940 로컬표목-표제 [반복, 재량]
949 로컬표목-총서표제 [반복, 재량]
950 로컬표목-가격 [반복, 재량]
980 로컬표목-소장표시 [반복불가, 재량]

비도서자료의 이해

초판 인쇄 | 2010년 2월 5일
1쇄 발행 | 2010년 2월 10일
2쇄 발행 | 2011년 5월 12일
3쇄 발행 | 2011년 3월 10일
4쇄 발행 | 2011년 9월 20일

저자 | 김정현 · 문지현 · 김효숙
발행 | 김윤수
발행처 | 전남대학교출판부

등록 | 1981. 5. 21. 제53호
주소 | 500-757 광주광역시 북구 용봉로 77
전화 | (062) 530-0571~3
팩스 | (062) 530-0579
홈페이지 | http://altair.chonnam.ac.kr/~cnup

값 20,000원

ISBN 978-89-7598-786-1 (93010)